人大附中高考作文取胜之道

材料作文六讲

于树泉　贾耀红　著

中国青年出版社

图书在版编目（CIP）数据

材料作文六讲 / 于树泉, 贾耀红著. -- 北京 : 中国青年出版社, 2025. 5. -- (人大附中高考作文取胜之道系列). -- ISBN 978-7-5153-7753-7

Ⅰ. G634.343

中国国家版本馆CIP数据核字第2025J6D965号

人大附中高考作文取胜之道

材料作文六讲

作　　者：于树泉　贾耀红

责任编辑：周　红

美术编辑：杜雨萃

出　　版：中国青年出版社

发　　行：北京中青文文化传媒有限公司

电　　话：010-65511272 / 65516873

公司网址：www.cyb.com.cn

购书网址：zqwts.tmall.com

印　　刷：大厂回族自治县益利印刷有限公司

版　　次：2025年5月第1版

印　　次：2025年5月第1次印刷

开　　本：787mm×1092mm　　1/16

字　　数：368千字

印　　张：27.5

书　　号：ISBN 978-7-5153-7753-7

定　　价：69.90元

目 录

第六讲　放飞风筝　牵牢丝线——寓言故事类　371

一、贤明的国王　374

二、鲸与沙丁鱼　392

精彩分享 高考满分作文是怎么炼成的——宝贵启示　413

自　序

　　这是一本讲材料作文写法的书。书中有"鱼"，也有"渔"；有理，也有情；有术，也有道。

　　在各类高考作文中，材料作文是写作难点，也是命题重点。而这里收录的150多篇范文，大多是材料作文，而且是原汁原味的人大附中范文，是从十多届学生的上千篇范文中精选而来。当一篇篇认识深刻、立意新颖、内容鲜活、满纸灵动的范文出现在眼前时，就像一个个精神抖擞、生命强健的孩子，欢蹦乱跳、兴高采烈地迎面而来，让人喜悦而振奋。有了这样一批千挑百选、难得一见的范文，就如同拥有了一笔宝贵的财富。它不只为你写好材料作文提供了重要参照，也为你赢得高考蓄足了底气。

　　谁都知道，写好作文，需要丰富的积累和持久的努力。到了高中，尤其是高三，时间紧，课业重，拿出专门的时间来大量读书积累，已无可能。而面临同样的困境，高考中，人大附中的高考作文却依旧成绩斐然。究其原因，是老师们总结出了一套行之有效的作文指导方法，其中的"范文研读法"尤为关键。这种方法对范文学习的要求是："勤读细读，读懂读透。入脑入心，为我所用。"一旦学生学会了借鉴化用，就可以信笔挥洒出属于自己的精彩了。人大附中高考作文成绩在北京市的成功登顶，以及校平均分连续突破50分大关的传奇，莫不与此有关。本书将"范文研读法"的指导经验与练习心得，毫无保留地呈现出来，目的就是希望这一道道方法指导的光束，能够帮学生照亮脚下的路，登上难攀的峰。

本书讲材料作文的方法技巧，但它不限于讲方法技巧。全书共六讲，几乎每讲的"精彩分享"里，都有感人的写作故事。每个故事里，都融入了师生的酬唱赠答、真情互动。可谓故事里有诗，诗里有故事。在故事里，你能看到同学们有的开窍，有的警醒；有的感动，有的奋起；有的解惑，有的释然……材料作文写作真经、提升妙法的奇妙作用，就这样无声地发挥出来。

有幸得到过著名语文特级教师方晓山的一首赠诗，其中"亦师亦友亦诗友"一句（全诗见第一讲"精彩分享"第80页）堪称点睛妙笔。在学校，师生一旦成为"师友""诗友"，必然情意相近，言行相契，心神相通，教学相长。在这种情况下，学生的"心力"就会迸发出来。而"人之力莫大于心。阳气发处，金石亦透；精神一到，何事不成！"（《心之力》）人大附中优异的高考作文成绩已充分证明了这一点。

作文教学是语文教学的难点，各种教法，见仁见智。加之才学所限，动笔仓促，书中疏漏在所难免。诚请各位老师和朋友不吝赐教。

最后，真诚地感谢优秀的高三语文教师团队，以及诸多异彩纷呈的优秀范文的创作者。没有师生的合力，人大附中材料作文这道景色就不会如此靓丽多彩，高考作文成绩也不会如此辉煌。

乙巳蛇年正月

于秦皇岛

第一讲

各擅其妙　个性之美
——现象概括类

01

材料作文使用的命题材料，在取材范围上没有限制。天地万物、人间万象，取之不尽，用之不竭。在选材内容上没有限定，古今中外、科学人文、宏观微观、具象抽象，无所不可。在命题形式上不拘一格，灵活多样，百般变化，巧妙出新。但有一点是确定不变的，即命题材料对立意有指向性作用，对展开联想有限定性作用，是作文立意的依据。

材料作文使用的命题材料，有的内容比较具体，有的则比较概括，只是生活现象或自然现象的罗列。"圈"和"生命的养分"2个作文材料，就属于后者。

以概括、罗列的现象作为命题材料，所命制的题目往往具有以下两个突出特征："大"而"虚"。所谓"大"，是说此题目的外延和内涵往往极其广阔和丰富，天地之间，包罗万象，囊括无涯。所谓"虚"，则是因题目太大所致。由于没有具体内容，只有一些现象，动笔时，很容易产生无从下手的感觉。

作为选拔性考试的作文，万众一题，限制严格，规定明确，条件平等。要想把"带着镣铐的舞蹈"舞得精彩，作文就要富于个性之美。这是考场作文脱颖而出的关键因素。

然而，当一个"大"而"虚"的题目突如其来地摆在眼前时，容易让人手足无措，一片茫然。不知写什么是好，也不知怎么去写才好，以致"大脑一片空白"。心慌意乱、头昏脑涨之际，只好硬着头皮涂抹那种司空见惯的模式化作文。几乎每次考试，这种毫无个性可言的平庸之作都会严重失分。阅卷时，在老师的极速扫描中"泯然众人"。

其实，这种"大"而"虚"的题目是把双刃剑。一方面，它会让你无所适从，进退失据；另一方面，它也会让你如鱼得水，游刃有余。因为这种"大"而"虚"的特点同时也等于创设了一个广阔的立意空间和自由的选材空间，有利于同学展现才情，写出"个性之美"。

那么，怎么才能写出富于个性之美的作文呢？

其实答案就在范文中。

翻开"圈"和"生命的养分"这两个材料作文的11篇满分作文和20篇其他一类作文，从中你会蓦然发现，这里的每一篇范文，都堪称"个性之美"的典范；每一篇都在告诉你怎样去写出"个性之美"。面对同一个作文材料，这里的范文或者立意不同，或者角度不同，或者论据不同，或者详略不同，或者表达不同，或者章法不同……同样画庐山，可以"横看成岭侧成峰"，也可以"远近高低各不同"；同样写国歌，可写《义勇军进行曲》，也可写法国《马赛曲》；同样写"圈"，可写"圈里圈外"，也可写"出圈入圈"；同样写"生命的养分"，可写千古茶圣陆羽，也可写文徵明小楷；同样写音乐，可写气势恢宏的《黄河大合唱》，也可写激昂悲壮的《命运交响曲》……千姿百态，仪态万方，目不暇接，丰富多彩。可以说，这里的每一篇优秀范文，都是"个性之美"的成功，都是如何写出"个性之美"的出色领航员。

为什么面对同一个题目，作文却能够"各擅其妙"、展示"个性之美"呢？为什么在一样的限制条件下，作文可以写得如此绚丽多彩、美不胜收呢？早在300年前，清代诗人赵翼给出了这样的答案：

> 人面仅一尺，竟无一相肖。
>
> 人心亦如面，意匠戛独造。
>
> 同阅一卷书，各自领其奥。
>
> 同作一题文，各自擅其妙。
>
> 问此胡为然，各有天在窍。
>
> ——《闲居读书》

诗人告诉我们，在这个世界上，在万事万物中，人的心灵是最为丰富也最是奇妙的存在。世上没有两张完全相同的面孔，更不会有两颗完全相同的心灵。因此，作为心灵产物的作文，就不会千部一腔，千人一面。而避免雷同、写出个性之美文章的"窍要"，就在于"各自擅其妙"。

"擅其妙"成就"个性美"，"个性美"彰显"擅其妙"，两者相辅相成。但无论何时何地，"擅其妙"始终是决定性因素。

"各自擅其妙"告诉我们：每个心灵都奇妙无比，每个生命都有着不可复制的精彩，每个人都有着与众不同的人生视野、生活积淀，这种由先天和后天造成的种种差异、特质、禀赋及其他诸多不同，就是每个人的"灵妙"所在，也是每个人的独到"优势"和特有"精彩"。作为高中生的我们，"擅其妙"就是首先要积累"妙"，进而写出"妙"，让自己的作文呈现个性之美，让生命绽放绚丽，让高考作文获得成功。

"各自擅其妙"还告诉我们：平时要有"妙"在手，藏"妙"在心，用时才能随心所欲，否则就会"书到用时方恨少"。写好作文需要丰富的积淀，所谓"巧妇难为无米之炊"。《〈红楼梦〉，"出圈"之作》以及《吞吐六百年的京城文化圈》《新编戏应跳出快餐艺术之圈》《中国动画，"出圈"才有出路》等一大批优秀作文，都充分说明了这一点。

能否"各擅其妙"，重在落实。本讲的30多篇范文之所以能够在成千上万篇作文中崭露头角，就在于小作者们"各擅其妙"，展示了"个性之美"。古人说得好，"纸上得来终觉浅，绝知此事要躬行"。要想把"各擅其妙"的道理内化为写作能力，有一个最为便捷而有效的方法，就是研读范文。假如你从每篇范文中找出至少3个体现"个性之美"的亮点，30篇范文的上百个亮点就聚成了一束光，照亮了借鉴的路。从此，你便走在了成功的路上。

一、圈

题 目

阅读下面的文字，按要求写作文。

了解生物学的人都知道，各种生物不是独立生存的，而是生活在大大小小的生态圈中，彼此依赖，相互影响。人类社会也有各种各样的圈，大到国家，小到个人，哪个不在圈中？圈可以令人感受温暖、安全、成功……也可以让人狭隘、迷失、窒息……

面对形形色色的圈，请展开联想，谈谈你的感受或看法，自选文体（除诗歌外），自拟题目，写一篇不少于800字的作文。

解 题

"圈"是一个开放性很强的题目，其立意点无限丰富。

从地域方面，可以写民族、国家、人类；从情志方面，可以写思念、习惯、精神；从规矩方面，可以写习俗、守则、法律；从人性方面，可以写善恶名利。其他方面，诸如生态圈、人际圈、朋友圈、生活圈、娱乐圈、文艺圈、体育圈、利益圈，甚至国家联盟、缔约组织、宗教团体……天下万物，人间万象，圈里圈外、大圈小圈、入圈出圈、虚圈实圈、护圈破圈、真圈假圈、善圈恶圈，几乎没有什么不在"圈"中，没有什么不可以写。

越是在这种情况下，越是考验学生选择最佳立意的能力，这是写好这篇作文的关键所在。

满分作文

《红楼梦》，"出圈"之作（满分作文5篇）

说明

下面的5篇满分作文是从七八百篇高三学生作文中精选出来的，真正的百里挑一。每篇作文后面，主要从立意角度、论点论据、语言表达等方面写了点儿"借鉴引导"，意在对满分作文的学习有所启发。

范文

❶《红楼梦》，"出圈"之作 （60分）
戴茗菲

中国文学千载纵横，百家争鸣，万星闪耀，唯《红楼梦》代表着古代小说的最高成就，原因何在？依我看，是作者曹雪芹思想超出俗套之圈的限制，超出时代之圈的束缚，最终成就了这"千古血泪篇"的灿烂辉煌。

在感性认识上，多年来作家多拘于旧套之圈，思维受限，新意全无，作品自然难臻上乘，索然无味，最终不过归于一篇新的"旧套之作"，深可叹惜。谈松自然是傲然不屈，谈竹自然是虚心有节……看看曹雪芹手中的笔，看看他笔下的《红楼梦》吧！同样是竹，却是"几竿翠竹隐着一道幽栏"、"凤尾森森，龙吟细细"、"幽窗棋罢指犹凉"，好一个"指犹凉"！不写竹之气节，不堕千古之成套，跳出围在竹旁的定式之圈，写出如身临其境之感的静谧与超脱。竹之幽绿，心之旷达，丝毫不受长年来狭隘之圈的束缚。挣脱旧套之圈，给了曹雪芹舒怀内心的辽阔海洋，给了《红楼梦》得以翱翔的广阔天空，给了后人难以言喻的文学瑰宝。类似的例子在《红楼梦》中还有很多：柳絮——漂浮轻薄的象征，可是宝钗一句"好风频借力，送我上青云"寄托高及天空的志向，难怪雪芹借书中人物之口赞其"翻得好气力！"的确，这种"出圈"之作无疑给人以耳目一新之感，轻盈灵动之境，如此作品流为万世经典，绝不足奇。

《红楼梦》之所以被称为"古今第一奇书"，绝不仅仅因为其感性认识新奇夺目、得以跳出"旧套之圈"，理性认识上跳出时代之圈的巨大飞跃自然也成就了其绝难撼动的文学地位。

在理性认识上，即使名家也难以先于时代，有超前的认识。因而，时代之圈让大部分人迷失在局限性的"当时"中，眼光不远，作品的时空穿透力自然受到极大限制，就连"艺术水平较高"的《西厢记》、《牡丹亭》，虽有冲破时代圈限之势，却也终落于时代所限的"才子佳人"之圈，而在《红楼梦》里"史太君破陈腐旧套"一回中，曹雪芹借贾母之口明确指出了这一限制文学穿透力的时代之圈，也用《红楼梦》整整一部书做成了跳出时代之圈的典范。不仅如此，《红楼梦》还跳出了时代之圈通过阶级地位、家道背景给作者带来的束缚。曾经"鲜花着锦，烈火烹油"的贾府最终落得"好一似食尽鸟投林，落了片白茫茫大地真干净"的境地，曹雪芹没有归于圈限所引导的哀怨，而是敏锐地指出封建大家庭必将走向衰亡的现实，这在当时，是多么"出圈"的思想认识啊！就是在今天看来，其勇于破除时代之圈限制的认识也是难能可贵的。

不论是感性之圈的限制，还是理性之圈的束缚，《红楼梦》都没有被困其中。也惟有如此"出圈"之作，才能在文学史上万世闪耀！

借鉴引导

读罢此文，令人叹赏。

1. 立意别出心裁。《红楼梦》乃开天辟地第一奇书，曹公思想超出世俗、时代之圈亦为人所共知，然能于命题之"圈"的束缚下，披枷带锁畅谈《红楼梦》"破圈"者，非深研曹公者不可为。

2. 内容翔实可信。作者对《红楼梦》原文的引用准确典型，展现了扎实的《红楼梦》阅读储备，非熟稔原著者不可道。

3. 论证分析充分。文章逻辑严谨，说理语言精练，理中含情，且首尾圆融，浑然天成，体现了扎实的写作素养。

总之，此作堪称《红楼梦》专题写作中的范本，值得研习。

发现"个性之美"练习（示例）

1. 立意新颖，不同凡响。_____

2. "感性""理性"，角度独特。_____

3. 专评《红楼梦》，举重若轻。_____

❷ 吞吐六百年的京城文化圈 （60分）

张宇浩

"冰糖葫芦……"清脆的叫卖声从幽深的胡同里飘出，皇城根儿下这延续了六百年的旋律在空中回响。京城文化像是一个圈儿，它圈着包括京味儿叫卖在内的众多元素，走过了六百年的岁月……

什么是京味儿？喝一碗豆汁，几百年的酸甜回荡在口中；听一段京剧，地道的字正腔圆飘转在耳边；走一趟紫禁城，金瓦红墙讲述的沧桑展现在眼前。六百年来，伴随着古都的发展，各式各样的文化涌入了京城文化这个圈子。于是，京城文化的圈子吞吞吐吐，让多元文化飘荡出京味儿，也让传统文化走向了世界。

京城文化的圈子让多元文化渐渐融合，并凝练出独特的京味儿。刘一达先生说过："京味儿文化是包容的文化。"这样的包容在京味文化的各个方面都得到了体现。顺着历史的坐标，我看到蒙古的铁蹄踏入燕山大地，他们带来的涮肉进入皇城百姓家，西北游牧民族的饮食文化凝练成了东来顺的前门飘香；徽班的戏子踏入燕门，他们带来的戏曲风靡了京城，中原农耕文化的艺术凝练成了京剧的地道悠长；大清的皇帝从江南回来，带来了南方的建筑师，水乡文化的婉约清丽凝练成了皇家园林的宏伟秀美……华夏大地的人们穿着藏袍、戴着哈达、拉着胡琴，进了京门，京城的气息已随着槐花的清香氤氲在城墙根儿下。来自神州各地的文化清泉在京城文化的圈子里汇合、醇化，酿造出充满京味儿的美酒。

京城文化的圈子让传统文化得到提升，并从这里走向世界。京剧就是其中最典型的例子。六百年来，京剧的唱腔渐渐清脆、圆润，凝化成了无与伦比的戏曲国粹。在这六百年中，不得不提的人是梅兰芳先生。从小在京城文化圈子里长大，这里祥和、浓厚的文化氛围深深地影响了梅兰芳。每天清晨，一只巨大的酒坛放在木架上，面对着绿瓦红墙，头顶着碧蓝的天，一口口流利的对白从梅兰芳的嗓中"吊"出。这样刻苦的练习扎实了梅兰芳的表演功底，京城的生活体验也加深了他对京剧的理解。于是，一口口唱腔飘出国门，一步步身段来到了日本、苏联、美国，外国的"票友"们深深地体会到了中华文化的博大精深。京城文化的圈子培养了郁郁豌华梅兰芳，也让国粹逐步走向国际大舞台。

就这样，京城文化的圈子逐渐扩大、纯化了几百年，现在这个圈子被赋予了新时代的色彩。新北京在日益加快的现代化进程中面向了世界，于是世界各地的文化开始迈入京城文化的圈子。以麦当劳、摇滚乐为代表的欧美文化，以浪漫剧、动漫为代表的日韩文化……国际文化的跳入让新京城文化呈现出前所未有的五彩斑斓。然而，我却看到，地道的北京土话已无法在这片土地上扎根，当年的京剧票友们多已年至耄耋。在这样一个染缸般鲜艳的文化圈子里，原汁原味的京味儿文化只能躲在日渐减少的胡同里无力叹息。面对着政府仅有的力量甚微的保护措施，我所担心的是，会不会有一天，我们要指着照片里的胡同牌楼，给后人讲述——曾经有一种味道叫京味儿？

这样的讲述无疑是辛酸的。京城文化的圈子吞吐了六百年，吞入多元文化，吐出中华精髓。我希望它能更加长久地吞吐下去。

借鉴引导

1. 立意恢宏大气。"文化圈"可谓千形万象，惝恍迷离；更何况是"吞吐"万方的、"六百年"悠悠岁月的、煌煌京城的"文化圈"呢。此等立意，若非艺高胆大者想不到也不敢想，更写不了。而小作者却由此挥洒出一篇难得一见的满分作文。

2. 论述举重若轻。全文紧扣"京城文化圈"去写，开篇便通过一声清脆的"冰糖葫芦……"，以及随后"喝一碗豆汁"、"听一段京剧"、"走一趟紫禁城"的渲染，烘托出浓浓的"京城文化圈"。

接下来，用"吞吐"二字写"京城文化圈"的汹涌激荡。"吞"写文化的"融入"，几个典型的历史事件，生动形象地写出600年京城文化圈的包容多元、融汇八方与多姿多彩。"吐"写文化的"输出"，以京剧为例，写京剧传统文化的提升和传扬。文章时空交织，事理相融，点面相映，理畅辞达，犹如一曲京城文化圈的宏大乐章。如果不是平时喜欢读书，善于积累，此等厚积薄发、举重若轻之作就不会出现。

3. 认识难能可贵。怎么看待吞吐六百年的"京城文化圈"呢？小作者站在历史高度写道：不仅"来自神州各地的文化清泉在京城文化的圈子里汇合、醇化，酿造出充满京味儿的美酒"，而且京城文化圈也"让传统文化得到提升，并从这里走向世界"。尤其值得称道的是，小作者不是一味的赞美，而是关注现实，喜忧参半。对在欧美、日韩有关文化的冲击下，"吞吐六百年的京城文化圈"如今是否还能续写辉煌，流露了自己的深沉忧思，使本文有了认识价值和现实分量。这也是本文最为难能可贵之处，因为认识是文章的灵魂。高考作文评卷的赋分标准中，"认识能力"常常占有最大比重，其原因恐怕也在于此。

发现"个性之美"练习

1. _____

2. _____

3. _____

❸ 新编戏应跳出快餐艺术之圈　（60分）

宋哲

在当今社会，艺术变得愈发快餐化：短期内拍摄又在更短时间内消失的电影，迅速录制又更快地被抛弃的歌曲，陡然窜红又即刻被遗忘的艺人……在这种浪潮下，作为传统艺术代表之一的京剧，也被裹挟着身陷到快餐艺术的圈子之中，不能自拔。这一现象，集中体现在了一批又一批粗制滥造的新编戏上。

"大场面""大制作"是许多快餐艺术的特点，而在新编戏上，这一点甚为突出。脱离传统、脱离现实，而又脱离史实的行头出现在了近乎每一出剧目里，迷幻的灯光效果、庞大的布景道具也常被使用。没有人不知道要控制成本，但似乎所有编导都迷失在了快餐艺术圈里，把这些都看成是必然。而"大手笔"的另一个表现，则是唱腔旋律的繁复冗长——开口即是唱，开唱即不停。无病呻吟的唱词与似戏非戏、卖弄技巧的唱腔，真可谓是"珠联璧合"。这种追求"大手笔"的现象，究其根本原因，实是在于剧目本身的苍白无力。正是因为这种苍白无力，编导们才不得不想方设法地找噱头。然而，再华丽的外表，没有了内容的填充，怕也只是一个空壳。

新编戏的又一特点，是剧情和唱腔上的"标准化生产"：开场必有伴唱，逢悲戏必用"反二黄"曲牌，结尾必定"大团圆"……各出戏间由于这种标准化生产而变得高度相似。"标准化生产"的目的是什么？不正在一个"快"字吗？这是在快餐艺术圈中不知道自己的路该怎么走的编导们，为了跟上快餐艺术圈中共同的脚步，做出的又一对观众不负责的举动，而如此下去，新编戏的路子也必然愈走愈窄。

迷失得太深，脚步太快，新编戏已然甩开了京剧的灵魂。京剧不是电影，不是话剧，它的灵魂，是广泛的民众基础。电影、话剧放过一遍，观众当然可能学不上来演员的表演；而京剧剧目要是一遍演过而观众什么都学不上来，则是彻底的失败。新编戏以其华而不实的行头、纷繁复杂的唱腔和空洞无物的内容，成为了这种失败的成功的典型。这就是追逐快餐化的结果。

至此我想起了著名京剧表演艺术家周信芳先生。解放前纸醉金迷的上海滩，某些艺术团似乎对快餐和噱头有着一种偏好，而身处圈中的周信芳先生新戏是一出接一出。纵观大师在艺术日臻化境的晚年所上演的剧目，多是一桌二椅的经典传统戏：大师知道，什么，才是真正的艺术。

跳出快餐艺术之圈，不要被快餐思维限制乃至扭曲了创作思想，更不要急功近利地追逐快餐化，才是新编戏的唯一出路。

借鉴引导

1. 立意角度独特。"圈"的世界，漫无边际；万事万物，都在"圈"中。但立意时，弱水三千，我饮一瓢；万绿丛中，吾赏一点——面对艺术圈的快餐化现象，小作者矛头所向，直指"新编戏"的弊端，可谓眼光独到，匠心独具。

2. 针砭痛快淋漓。新编戏的粗制滥造现象让小作者痛心疾首，于是不平则鸣，一吐为快。通过摆现象，挖原因，论危害，揭本质，对新编戏的"快餐化"、"标准化生产"等倾向痛加针砭，词锋凌厉，雄辩滔滔。文章鞭辟入里，观点颇有见地，值得称道。

3. 练笔堪为"模板"。开篇洗练明快，单刀直入；收篇斩钉截铁，掷地有声。主体结构并列、对比兼用。全文环环紧扣，层层深入，逻辑严密，层次井然，令人称道。

发现"个性之美"练习

1. _____

2. _____

3. _____

❹ "相声圈"（60分）

李重阳

社会上有演艺圈，有歌唱圈，那么相声自然也有一个"相声圈"了吧？我以为不然。目前，相声没有一个圈，而是两个圈，我们不妨称它们为"主流相声圈"和"非主流相声圈"。

"主流相声圈"是以姜昆老师为代表的相声圈子，他们是公认的相声艺术家，以电视作为他们的舞台，其相声有明显的教育意义，而他们自己也主张相声应摒弃传统相声的低俗特点，发展成为高雅、上档次的艺术。然而正是由于这些条框（比如电视相声的时间限制、要有教化意义等），他们的相声越发遗失了"逗"这一最大的主题，使得大批的观众对相声失去了兴趣，一度出现了"相声干不过小品"的尴尬局面。

"非主流相声圈"是以自称"草根相声演员"的郭德纲为首的相声圈子，主要指德云社。他们"力挺"传统相声，坚守在茶馆、剧场演出，拥有深厚的相声功底，终于十年磨一剑，在2005年年底一炮走红，使得近乎灭亡的相声有了复苏的态势。但是，由于传统相声源于民间，自然会带有一些低俗的段子，这也使"非主流相声圈"备受争议。

两圈分化之后，矛盾便随之而来，纷争从未间断。"主流相声圈"中的曲协领导曾召开大会，要在相声界开展"反三俗"活动，即抵制低俗、庸俗、媚俗（合称"三俗"）的演出，这无疑是将矛头直指"非主流相声圈"。近日，"主流相声圈"的两会代表又上交提案，意图取缔小剧场演出，这更是要将"非主流相声圈"连根拔起。当然，"非主流相声圈"也不甘示弱，在他们的相声中对其进行冷嘲热讽，还创作出了《我要反三俗》《我要上春晚》等段子专门予以回击。一时间，两圈"战"得不可开交。

我认为，唇枪舌剑不可避免。相声演员在台上嬉笑怒骂，在台下更不会轻易示弱，这种好斗也许是整个相声界的"特色"。然而虽然两个圈子不能融合，却也不应该向对方"下黑手"，要斗就应该真刀真枪地比功力、赛能耐。传统相声毕竟是老前辈一百多年的智慧结晶，"主流相声圈"演员应该多从中汲取些营养，把"说学逗唱"这四门功课夯实些，吸引观众才是正途；而"非主流相声圈"也要收敛一些，传统要继承，然而糟粕还是要去除为好。喜欢你们的观众爱的是你们会的多、功力深，不要为了一时的口快而丢了好不容易培养出来的观众啊！

两圈的激烈竞争倒不一定是一件坏事，这正可以让未出师的演员多下些功夫，成了名的再回回炉，继承传统、努力创新，使相声这个"大圈"在竞争中得以蓬勃发展，真正让相声复苏并兴盛起来！

🉑 借鉴引导

1. "奇"在立意。从相声角度立意，本就让人耳目一新；且又是相声"大圈"中的两个"小圈"的是非恩怨，更显得立意别具一格。

2. "妙"在说理。近年来，两个"相声圈"矛盾丛生，积怨甚深。小作者不去拱火，不拉偏架，而是客观公正地指出"两圈"互有短长，各有千秋；唯有取人之长、弃己之短，才能"真正让相声复苏并兴盛起来"。希望双方能够消除积怨、抛却前嫌、握手言和的殷殷之情与良善之意，溢于言表。

3. "趣"在表达。通篇使用对举手法，评判是非得失，一是一二是二，秉持公正，事理分明。且直言快语之间，不乏机智风趣——真乃劝架高手。

发现"个性之美"练习

1. _____

2. _____

3. _____

❺中国动画，"出圈"才有出路　（60分）

吴嘉宝

现今，中国动画之"式微"已是不争的事实。日本动漫的流行，早已超越了小众文化现象，而成为影响大批中国青少年的重要文化问题。在这来自于邻国的文化侵略面前，我们看到国产动画似乎不堪一击。对此，我要说：被一层层旧圈禁锢着的中国动画啊，是时候跳出你的圈子了！

国产动画陷入的是创作理念的陈旧之圈。"动画只是做给小孩子看的。""动画必须有教育意义。"这两条传统的"金科玉律"长久以来一直束缚着国产动画的创作，使它困于狭小的圈中天地，难于展翅翱翔。其实，随着时代的进步，动画的受众早已不止是小孩子们：优秀的动画，往往是老少咸宜的艺术作品。日美动漫正是在这一点上大做文章，才得以使动画事业获得蓬勃发展。相形之下，中国动画脚本故事的低幼化、简单化，正是其软肋所在。而更为严重的是，许多动画在创作中生硬地追求教育意义，使原本单薄的故事被改造的更加索然无味，无怪乎孩子们不爱看这些由大人强加于他们的动画。不妨来看看迪士尼制作的《猫和老鼠》吧。这部动画丝毫没有刻意的说教，仅凭其想象丰富、趣味盎然的情节，就轻易征服了无数世界观众的心。中国动画正该向这样的优秀动画学习，努力摆脱创作旧圈的束缚，才有可能超越自我、打动观众。

除此之外，国产动画还陷入了技术制作的盲从之圈。面对国产动画日益衰微的局面，动画制作者往往盲从于以美国为首的一些国外动画制作方式，以为唯有追求高新技术，才能获得成功。然而这种一味求新的后果，常常是邯郸学步的悲剧。许多中国动画一度在追求画面三维效果上费尽心机，却因技术的不成熟造成画面僵化造作，落得个费力不讨好的下场。同时，许多急待被继承发展的中国传统动画技术却被束之高阁、覆灰蒙尘。譬如水墨片《小蝌蚪找妈妈》、剪纸片《渔童》《葫芦兄弟》这样的传统动画的精髓没有被继承，中国动画自己的风格特色也被忘却，这无疑是一种悲哀。其实，传统动画技法的巨大魅力常常是新技术所难以比肩的。日本动画大师宫崎骏的电影为何广受赞誉？我想，原因之一就在于他坚持做手绘动画，创造出了清新自然而又淳朴的动画风格，给人以美学的享受。可见，认为传统技法已经过时只是误解。中国动画应突破技术上盲目求新之圈，在制作上脚踏实地，才能使自己的动画艺术得以弘扬。

可喜的是，中国动画近来终有佳作问世。一部《喜羊羊与灰太狼》，以其明快轻松的风格，风靡全国，在动画市场上刮起一股新风。国产动画出圈之势已蓄而待发。相信在不久的将来，中国的动画市场将不再只是日美动漫的天下，中国的孩子会看着自己的动画片长大。

愿中国动画早日"出圈"而腾飞！

借鉴引导

1. 本作文写于2006年，小作者在当时有如此新颖的立意，独特的角度，让人点赞。这些年，中国动画有了长足发展。尤其近期《哪吒2》的问世，犹如平地一声春雷，宣告了中国动画时代的到来。

2. 论证充分，分析透彻。作文开宗明义："中国动画之'式微'已是不争的事实"，而"被一层层旧圈禁锢"是其根本原因。随后提出"陷入创作理念的陈旧之圈"和"陷入技术制作的盲从之圈"两个分论点，并以"向优秀动画学习，努力摆脱创作旧圈束缚"和"突破技术上盲目求新之圈……使自己的动画艺术得以弘扬"为问题破局，最后以一句"愿中国动画早日'出圈'而腾飞"响亮收篇。本文论点鲜明，论证充分，分析透彻，充满真知灼见，不啻"中国动画出圈"的一剂良药。

3. 观点鲜明，逻辑严密，内容充实，层次井然。由此可见小作者的积淀之厚与笔力之功。

发现"个性之美"练习

1. _____

2. _____

3. _____

———————— 其他一类作文 ————————

回归自然圈（其他一类作文4篇）

说 明

下面有4篇其他一类作文，你在阅读时，请找出每篇作文的立意角度、论点论据、语言表达等方面的"个性之美"，写在作文后面的横线上。

这是一条提升作文成绩的有效捷径。坚持下来，你的作文将取得不可思议的进步。

范 文

❶ 回归自然圈 （56分）

和悦

我们自从呱呱坠地的那一刻起，就离不开两个圈：自然圈和社会圈。作为人类这一生物，我们生活在地球母亲为我们创造的自然圈之中；可又因为我们"是伟大人类社会的一个成员，从生到死，社会都在支配着他的物质生活和精神生活"，我们又离不开社会圈。那么，在纷杂的社会中，你是否感到迷失与窒息呢？如果是的，就请你回归到自然圈，去听听心灵自由的声音。

在自然圈中，我听到先人智慧的话语。且不说"细雨闲花"的寂寞，"千金散尽"的豪放，"饮酒南山"的悠闲，"梧桐细雨"的悲伤，单是一个苏轼便足以告诉我自然圈的重要。在社会圈中，苏轼感到了官场的污浊，这令他窒息，在迷失的时刻，他回归到了自然之中，知晓"江上清风"与"山间明月"才是人间的"无尽藏也"。是自然圈，让他洗去了世俗之气，给予了他容纳百川般宽广的胸怀；是自然圈，让他以"也无风雨也无晴"的豁达笑看政治风云变幻；是自然圈，塑造了这个"无可救药的乐天派"，创造了"三赤"的辉煌。更不必说，梭罗瓦尔登湖畔的沉思，泰戈尔《飞鸟集》中的吟唱，他们无不是在社会圈令人窒息之时，回归自然圈的质朴，才得以挥洒出浸透着人生哲理的篇章！

在自然圈中，我听到灵魂快乐的歌唱。现代作家裘山山曾在《在那遥远而陌生的地方》中写到西藏——她的灵魂故乡。她说西藏是"抚慰心灵中伤"的地方：在那里，她看到在艰苦环境中顽强生活的人们，他们朝圣者般的坚韧让她感动和震撼。在那一刻，被社会圈麻痹污染的灵魂在与自然的对话中找到了重燃希望之光的生命火种。这些人的灵魂无不是被生活重担所压，慧眼被社会圈的纷杂所遮，而自然圈，让他们重新找回自己生命的航向，让灵魂重新轻快地飞翔，完成自己生命意义的升华。

久久处于水泥钢筋森林中的我们是不是也在社会圈中丢掉了那份最纯净的梦呢？那么回归自然吧，去随着自然圈的呼吸而搏动，感受山的沉稳，水的灵动，让它们去影响你，带你重新找回心中的梦。当你再次审视社会圈，定会以澄澈的目光解开曾经的烦杂，生命也会因此变得更加充盈。

回归自然圈，找回纯朴如初的美丽。

发现"个性之美"练习

1.＿＿＿＿＿＿＿＿＿＿＿＿＿＿＿＿＿＿＿＿＿＿＿＿＿＿＿＿

2.＿＿＿＿＿＿＿＿＿＿＿＿＿＿＿＿＿＿＿＿＿＿＿＿＿＿＿＿

3.＿＿＿＿＿＿＿＿＿＿＿＿＿＿＿＿＿＿＿＿＿＿＿＿＿＿＿＿

---

❷ 美丽的圈 （54分）

张安琪

每个人都需要一个圈，来将他与纷乱的尘世隔绝开来，给予他安宁与温暖。我想，即便是那些强大的人也不例外。

20多岁的莫奈，已为印象派的建立铺下最初的基石，但和所有"行走在黎明中"的人一样，他是孤独的。生活上的潦倒、守旧派的谩骂嘲讽——这双"上帝的眼睛"被鄙陋的俗世推来搡去，浸满泪水。

　　然而命运带来了卡蜜儿·董席欧。这位美丽的金发少女成为他唯一的模特、缪斯，也成为了他人生的伴侣。他一直都拥有天赋和对这世界的爱，但在她走进他的画布之前，他却从未发现所有这些颜色竟那么鲜艳动人——然而她所给予他的却又不仅仅是这些。卡蜜儿不只是优雅地坐在树下让他描绘她白色鸢尾花般的裙摆，也不只是回眸一瞥留下一片忧郁于他的画作里。她用她柔弱的双臂在那个充满悲伤与冲突的乱世里为漂泊的莫奈拥成一个美丽的圈。这时的莫奈不是印象派大师，不是世人公认的天才，他甚至没有钱让她和孩子生活过冬，但她却用短暂生命的1/3追随着他，守护着他。"不管别人怎么说，我相信你的艺术……请你将心灵停靠于此。我将为你守护……"

　　是的，莫奈天赋异禀，但我看到，许多同样天赋异禀的人却不幸走向了充满痛苦的极端。那另一些人也许也为这个世界留下了别样的财富，他们的从痛苦中迸发的呐喊同样弥足珍贵，但怀着一份体贴，我们难道不应感激那些像卡蜜儿一样默默为强大的心灵圈出一方宁静的人们吗？没有她的不离不弃，就不会有莫奈完整充实的人生历程，也就不会有他画作中那份从摇摆朦胧中映出的稳定坚实；没有她的温柔抚慰，就不会有莫奈充满生机与力量的强大精神，也就不会有他色彩中那份从蓝与橙的邂逅中意外生发的平衡与和谐。卡蜜儿的圈，不只是一个家，一个港湾，它为莫奈的画作注入独一无二的柔美与平和，它赋予无数"美"以"可能"。当无数强大的艺术生命因残酷现实的摧折而变得短暂，我们会发现，一个看似充满感性的纤弱的圈，有时却可以成为圈定幸福的一道永恒。

　　对于莫奈与卡蜜儿爱情的记述，并没有许多，但确凿的是，这位美丽的妻子在1879年9月5日，以37岁的芳华匆匆离世了。在他们携手共度的那短短十载中，命运并未眷顾他们，而辞世时，卡蜜儿那曾经动人的脸庞也早已被病痛夺走了风韵，但在莫奈的世界里，这个美丽的圈却不曾瓦解。几十年后，他在他的池中种下连接底比斯东岸与西岸的睡莲；又几十年，他完成一幅以睡莲为主题的巨大环形壁画。她的双臂曾那样温暖地环住他让他依靠，而现在，他又重现了她那美丽的圈……

月光在睡莲池中留连，莫奈凝眸着他睡去了的爱人。一湾宁静、美丽的圈……

发现"个性之美"练习

1. _____
2. _____
3. _____

❸ 挣脱家庭的禁锢 （54分）
邓澈

女人，生而柔弱如鲜花。而家庭的圈子变成了她们温暖的依托，这里有的是宠爱，有的是安全，有的是幸福，却也有的迷失了本该灿烂的生命。

"相夫教子""三从四德"家庭温暖的圈子掩去了多少女子曾经的壮志？多少女子在这呵护下与禁锢前抛却一身才华，隐在尘俗作一介贤妻良母？而她没有。伟大的科学家索菲亚从小热衷于科学，立志从事科学研究，遵父命与丈夫结婚后，她并未自熄光华，做一个当时认为的女子应该做的——一个贤妻良母。在别的女人忙于家庭琐事，围着锅台转时，她整日低头演算，研读先人的著作；当别的女人相夫教子，带着孩子玩耍时，她四处求学，交流。如是，一颗雄心不曾为家庭温暖的圈子束缚，一个刚强的灵魂并未在锅碗的磕碰声中碌碌以终老。因了不变的信仰，这支柔弱而刚强的红杏伸出了家庭温暖的圈子，烁于历史的天空凝成永恒。

　　家庭的温暖与呵护会让女人迷失了方向，失了一颗进取之心，而让自己的生活意义顿失，成了浩浩历史中一粒随风而去的尘埃，而家庭的安全与温情也会让女人惯于依附而失去了一颗自强、自立的心。著名的演员沈殿霞与丈夫结婚后家庭和睦，又有了女儿郑欣宜，安全与温情的家庭圈子给久而漂泊的肥肥一个依恋的港湾，而她并没有失去自强自立之心。当家庭濒于破碎时，刚强的她并没有哭天抢地，不知所向，没有恳求丈夫为了女儿延续婚姻，尽管这些都是那些被深情的家庭圈子磨失了自强之心的女人的正常表现。她毅然离婚，带着女儿独自生活，尽管女儿还小，需要人照顾，尽管工作繁忙不能着家，尽管无人护理，得病时要左手举着滴瓶，右手在手术单上签字，但她并没有软弱，没有想回到那温情的圈子，甚至她还随时展现给世人她标志性的笑容。我看到一个柔弱的生命并未被温情的家庭圈子夺去自强之心。

　　女人如花花似梦，梦醒时分最铿锵。

　　不被家庭那温柔、深情的圈子所限，拥有不被磨灭自身的向往和自我的刚强之心，如今那些渴望做家庭主妇，不用工作，渴望依附一个好男人以终老的女人们不当从这些铿锵的背影中学到什么吗？

发现"个性之美"练习

1. _____

2. _____

3. _____

❹ "圈子"圈住了什么 （54分）

李鹏南

中国是一个凡事都讲究"关系"与"情面"的国家。这样一来，"圈子"在人与人的社会交往中，就显得别样重要了。因为有了圈子，就等同于有了四通八达的关系网，有了与其他孤立个体的利益交织，办起事来，自然能有捷径可行。"同事圈""朋友圈""同学圈""战友圈"……诸如此类，不胜枚举。我们每一个人都是诸多"圈子"的交集，似乎脱离了任何一个，我们的生活便会"脱轨"。

然而，当我们穿梭于诸多圈子之中，享受着它提供的丰富"资源"的同时，是否该回头看看，"圈子"到底圈住了什么。

"圈子"圈住了我们生活中那一份温馨与宁静。我们也许都经历过这样的场景——当我们正和妻子儿女或父母兄弟齐聚一堂，畅享天伦之乐时，一阵急促的手机铃声响起，接着，耳边响起了这样的话语："单位聚会，领导点名找我，不去不合适，一家人嘛，以后机会多着呢。"于是，窗外引擎发动，窗内意兴阑珊。或者，当我们逃离了一天繁重的学习工作，驱车郊外，想独自一人看看晚霞夕阳，在大自然中释放疲惫的身心，又是一个电话，那头的声音热情而诚恳："兄弟，今天这场合，你不来怎么行！"于是，我们只能连声应许。挂掉电话，苦笑一声，十万火急赶回城市嘈杂的灯红酒绿。无奈——谁让我们都是"圈子"中的一员。无尽的应酬成了我们应尽的义务，亲情与闲暇成了我们应缴的"会费"。当越来越多的现代人抱怨是手机束缚了我们的生活，又有谁人能清楚地看到，其实我们每个人都正在一个个"圈子"中带着镣铐跳舞。

"圈子"圈住了我们对原则甚至道德的坚守。我们也许都会遇上这样的情形——曾经亲密无间的同学或战友突然手提大包小包，登门造访。一阵"好久不见""别来无恙"的寒暄后，故人终于引入了正题，"老伙计，今年我孩子中招，离理想的学校差两分。你在这事上比我管事儿，看看能不能帮咱孩子使把劲？"于是，一个不假思索的承诺脱口而出，"没问题！可这东西绝不能留下。明年我们家那小子的工作，还不得麻烦你！""行，到时我一定尽力安排，算还你人情！"临别前又是一阵推推搡搡，终于让故人收回了厚礼。故人的委托，也许就是一个电话一顿饭，而心里那块一直悬着的石头，却如此轻易有了着落。就这样，"圈子"为我们铺路架桥，让我们能够背着那一小袋手中的权力，开赴利益交换的市场。可社会的公正与公平，那些我们在学生时代最坚定的信仰，却也就此被弃尸荒野。不知道这些名字会不会让我们清醒——胡长春、周良洛、陈良宇……

讲究"情面"，讲究"关系"，其实都是讲究"圈子"。我们是否该思考，我们究竟是为自己而活，为崇高理想而活的"人"，还是永远满面堆笑，游走在各个"圈子"间的"小丑"？请别让"圈子"圈走家的温馨，别让"圈子"圈走你驻足小憩的片刻宁静，别让"圈子"圈走你的原则、信仰与良知，别让"圈子"圈走你本应多彩的人生。

发现"个性之美"练习

1. _____

2. _____

3. _____

二类作文

谈谈圈儿（二类作文2篇）

说 明

这里有2篇二类作文。把它们放在这里，目的是给读者提供"镜子"，以便照出自己作文中的毛病。这种做法，有利于提醒自己时时引以为戒，在日后作文中别犯同样的错误。每篇作文后面设计的"找不足"练习，如果认真思考一下，做一做，对自己会大有帮助。

例 文

❶ 谈谈圈儿 （45分）

画画的、创作的有艺术圈，唱歌的、跳舞的有娱乐圈，志趣相投、脾性对口的是朋友圈。应了老话"物以类聚"。

得到肯定是令人鼓舞的，不被理解是让人着恼的。入了圈，就是有了一批同志，自然在谈吐自己观点之时腰板儿就硬了起来，毕竟"我不是一个人"。圈儿真好，靠山。可是入圈是有代价的。

那是圈儿内交际的潜规则。张弛之间，要顾及到圈儿内其他的人，每个人都有自己的禁忌，关系越近，禁忌程度也会越深。那么遵守是"混"下去的唯一方法。于是呼喝谈吐之间，奉迎吹捧之间全然弥散着虚伪的腐臭。而活在其间的人，有几个受得住恭维？恐怕是几次交涉之后，都染上了一身互相捧喝的恶习。圈儿有圈儿的规则，在此，原则将被瓦解，因为"我不是一个人"。

君子之交淡如水，那些真正的意趣相投之士不会为了抬高身价，而奉迎着投他人所好而入圈儿。自由是他们的情人，哪怕是性命所碍，他们也会无畏地选择前者的。

可是众人恐惧自由。

因为"绝对自由意味着道德沦陷"。与其生活在混乱中，不如舒适着享受"规则"所带来的安逸。那种"自由"追求，实在是种叛逆。圈儿内的人如是说。

恐惧自由是正常的，因为很清楚内心的原则尺度深浅。自由的洪流可以轻易摧毁原则大堤。这不只是一个有良知的人所惧怕的，更是一些享有既得利益阶级所担忧的，于是，一个愿打，一个愿挨。规则高筑，和平年间，大家都是一团和气，而圈儿内的人享受"安逸"，早被磨灭得面目全非，性格全无了。这时候，再见到那可以冲垮一切"安逸"的自由洪流之际，恐惧与憎恶如何按捺得住？于是，镇压。

那么，圈是个什么样的地方呢？起初，它制度严明，志向清节。后来，它鱼龙混杂，乌烟瘴气。进而，它麻木不仁，利益占尽。最后，它就剩一片黑暗了。

这是圈儿，因为它不是一个人。

找不足

1. _____

2. _____

3. _____

---

❷ "圈"的精神——包容 （46分）

无论年幼的稚童还是白发苍苍的老者——我们每一个人，无一例外地生活在形形色色的圈里。在圈里，我们成长并快乐地生活，感受温暖、安全和成功。如此重要的圈缘何形成？答案是简单的两个字：包容。

所谓"海纳百川，有容乃大"。圈的精神便是包容。

圈能包容一个人的长处与不足。我们每个人身上都同时有着许多优、缺点，正所谓"金无足赤，人无完人"。因而哪怕是由最优秀群体组成的圈，亦要包容每一个优秀者身上的不足。倘若为了变成最优秀的圈，不惜将所有有缺点的个人"驱逐"，那么这个圈最终只能空空如也。

圈亦能包容不同人的不同特色。一个年轻的圈子里，有喜静的温柔姑娘，有洒脱的豪放女侠，有稳重的成熟男生，又有好玩的淘气男孩，这样才显得生气勃勃。一个排除异己，性格单一的圈子又怎么能有特色并让身处其中的人感到快乐？

因而，我们知道，是包容造就了一个优秀的圈。包容了每个身上有特点的人，圈才称为圈，有了"人场"；包容了不同人的不同特色，圈才有了活力，有了"气场"。这"人场"与"气场"，使这个圈拥有无限的魅力，不仅使身处其中的人感受到来自集体的温暖、力量，见识到不同所带来的快乐与美丽生活，更能感染周围的人，使他们不自觉地想要加入其中。因为包容，圈使人们生活得更快乐，更幸福。

其实，我们每个人都是一个小"圈"的"创始人"。不错，我们每个人的生活都是一个以自己为中心的小圈。每一天接触的人，体验的事都是圈中不可或缺的成分。因而，为了更快乐地生活，我们需努力使自己的小圈拥有迷人的魅力，而这途径便是学习借鉴"大圈"的精神——包容。包容出现在自己生活中的不同人，哪怕他们有令自己不很满意的地方。

朋友，无论"大圈"与"小圈"，其精神都在包容。让我们怀着包容，快乐地生活在"大圈"与"小圈"中吧。

找不足

1. _____

2. _____

3. _____

二、生命的养分

阅读下面的文字,按要求写作文。

生命的含义是极其丰富的,有生物方面的,也有社会方面的……;生命的养分是多种多样的,有物质方面的,也有精神方面的……

请以"生命的养分"为题,写一篇作文。立意自定,文体自选,不少于800字。

解 题

这个题目很大,天地万物,几乎无所不包,无所不容,似乎写什么、怎么写都行,其实不然。

其一,题目是个偏正短语,而"养分"是中心词,是作文的重点写作对象。为此,必须明确你写的"养分"是"什么"并加以突出,否则就容易造成偏题或跑题。

其二,"生命"是修饰语,它与"养分"构成了限制与被限制的关系。作文内容必须体现这种关系,不能写了"养分"丢了"生命",或者相反,否则就扣题不准。

你的作文里面,不论写的是何种"生命",也不论写的是生命的繁衍与发育、成长与壮大、繁茂与凋零、兴盛与衰落,一切的一切,都离不开"养分"这个决定因素。这样去写,才合乎题意,扣题紧密。

生命的养分（满分作文6篇）

❶ 生命的养分　（60分）

崔禾

书法老师轻轻踱来，"往后练这个吧。"一本《文徵明小楷七种》映入我的眼帘。于是，七岁时，这位四五百年前的书画大师空降我的生活。十年来，他温润秀劲、意态生动的墨迹一直是我生命中不可或缺的养分。

文徵明的小楷《赤壁赋》没有火气，流露出温文的儒雅之气。我在临写这篇作品时，则将文师之温婉沉静收入心底，达到内心的平和宁静。临写《赤壁赋》时，没有悬腕书写时挥毫泼墨的畅快之感，而是要压腕。指甲盖大小的字要想写得结构谨严，一横一竖一撇一捺要稳住神，沉住气，这时候任外界如何嘈杂，要不为所动。这样写着写着，倒有了些"一心只读圣贤书"的意味。写出温文之感，心灵就要柔和纯粹，从墨汁落在纸上起，只沉浸在这黑白单纯的世界，内心执著于一笔一画本身。一钩一提不急躁，才能少些外露的锐气，多些质朴的古意。临写一篇《赤壁赋》，往往需要一整天的时间，从清晨第一缕阳光洒进，到星辰夜幕升起。墨汁耗尽的同时，已是嘴角上扬，呼吸均匀，心被浸润得澄净而透明。

观文徵明的作品《前后出师表》，虽无雄浑的气势，却能透出一种坚挺刚健之气。临写这幅书作，我也将执著坚韧的品性收入心底。《前后出师表》一笔一画从头写到尾，一千八百多字，要超过十四小时。我冬日习字，往往手指僵硬，写到最后手腕几乎不能活动。夏日习字，衣衫都已被汗水浸透，双手滑腻。但见帖中小楷笔笔工整，一丝不苟，自己也丝毫不敢怠慢，心中渐生执著的信念。见帖中小楷字字端庄，波澜不惊，胸中就添了几分坚忍和志气。临写文师的这幅作品，倒像是描摹着他的生平了，永远的认真谨严，绝不放弃。这时候我的那管毛笔更像是根，从中汲取"于万变前，不可动者"的养分，源源不断。有着这样的滋养，心灵也变得厚重而充实。

十年来，我会从《八角石记》中汲取灵动与轻盈，我会从《莲社十八贤图记》中汲取淡泊名利品性，我会从《离骚经》中汲取浩然正气。文师的墨迹一直是我生命中的养分，培植着我的精神，涵养着我的性情。

将来，或许有那么一个时刻，浮躁就像漫天的黄沙，淹没了心灵的绿洲。或许有那么一个时刻，绝望就让心变成了龟裂的土地，支离破碎。可是，只要一支写卷、一尺水纹、一滴清墨就够了，就够我循着文徵明的墨迹，在他的生命里寻找自己生命的清泉、脂膏，孜孜不倦，清润着我的生命。

🌀 借鉴引导

满纸的墨香，和着翩然的灵动之气，崔禾同学的佳作《生命的养分》，以其脱俗的气质、清雅的神韵、绰约的身姿，向我们轻轻走来。小作者从一个独特的角度，在那一钩一提一撇一捺的临摹描述中，展示了自己的积淀与底蕴，抒写了澄心净虑的心灵感受，充分表达了文徵明那温婉沉静执著坚韧品性的滋养给自己带来的生命成长的喜悦。文章视角新颖，扣题紧密，情感真挚，个性独具，实为难得佳作。

---

❷ 生命的养分 （60分）

马原

在任何一个国家争取自由和捍卫领土的战争中，一定有一支歌，它神圣如同国旗，它是战士生与死的信条；在任何一个大国崛起的历史上，一定有一支旋律，将任何一个渺小而微不足道的个体凝聚起来，使他们爆发无限的勇气与斗志，以大无畏的英雄气概誓死卫国。是的，国歌，便是我们生命的养分，它浇筑了一个民族的脊梁，灌溉了一个民族的崛起。

国歌，使一个民族无畏与不屈——是《马赛曲》，使法兰西民族的脊梁在炮火硝烟中依旧笔直。1792年，普奥联军踏上法国领土。国难当头，马赛的五百人义勇军，五百个血气方刚的年轻人，正是一遍又一遍高唱着《马赛曲》进入巴黎的。"公民们，武装起来！"两三个小时后，那令人热血沸腾的副歌已在所有的大街小巷回响。与这强烈的节拍，激昂而富有战斗性的旋律一同传播的是对祖国的热爱，对胜利的信心和对自由的向往。当热马普和内尔万地区的团队发起决定性的冲锋时，正是唱着这支歌进行编队的；当成千上万的士兵同时高唱这支歌，"像咆哮的海浪向敌军冲去"，任何强大的敌人都"无法阻挡这可怕的圣歌所产生的爆燃力量"。正如乐队指挥格雷特里所说："《马赛曲》是具有大炮一样威力的音乐。"正是一曲《马赛曲》将陷于利益纠纷、党派斗争的泥淖中的法国拯救出来，以它那激昂的节奏将一盘散沙一样的法国人凝聚起来，捍卫自己的自由与领土。《马赛曲》正是滋补法兰西民族的养分，让他们义无反顾地走上战场，铸起祖国边疆一道又一道墙堡。

国歌，使一个民族坚韧和顽强——是《义勇军进行曲》，让中华民族"把我们的血肉，筑成我们新的长城"。1931年，日本帝国主义发动"九·一八事变"，拉开了日本全面武装侵略中国的序幕。日军长驱直入，短短四个月内，东北128万平方公里山河全部沦陷。已经盘踞东三省的日军，又策动华北五省自治。眼见半个中国被日本鲸吞，南京政府却不断妥协，丧权辱国。救亡图存的急迫，山河沦陷的悲愤，抵御外敌的决心在共产党员田汉、聂耳的胸中氤氲，汇成了那个危难时代中华民族的最强音。"起来！不愿做奴隶的人们！"，那激昂旋律随着电影《风云儿女》的上映传遍大江南北。当影片结束，白新华与战友高唱《义勇军进行曲》奔赴抗日一线，银屏前的每一个中国人无不热泪盈眶。马上，《义勇军进行曲》传遍大街小巷，给每一个绝望中的中国人带去了无畏和勇气，在民族面临空前危难时，以豪迈激昂的歌声凝聚中华精魂，让中华民族"把我们的血肉，筑成我们新的长城"。迅速，《义勇军进行曲》成了抗战一线的冲锋号，在"前进！前进！前进！进！"的激越的歌声中，战士们不畏枪林弹雨，前仆后继地冲向敌阵。正如剑虹在《音乐与教育之功用》中所说，国歌使"我四百兆同胞，能合群，能进取，能爱国，足以杜列强之窥视，国未有不勃然而兴者"。国歌以进取之勇气，以爱国之热诚涤荡民族的心灵，在一个民族面临空前危难的时刻，锤炼一个民族坚韧的性格，灌溉一个民族顽强的崛起。

国歌，如胜利女神尼姬（Nike），她在战场上翱翔，给战士们带来激情和斗志；国歌，又是每一个国民的力量之源，信念之源。国歌，因而是一个民族不可或缺的养分，它构筑一个民族的脊梁，更灌溉一个民族的崛起。

📖 借鉴引导

1. 观点响亮，旗帜鲜明。
2. 例证典型，有说服力。
3. 青春勃发，正气浩然。

---

❸ 生命的养分 （60分）

汪由

仁风暗结珠蓓蕾，先春抽出黄金芽。摘鲜焙芳旋封裹，百草不敢先开花。

——卢仝

传说中，神农尝百草，遇毒以茶解。往事越千年，茶早已不只是解毒的良方。有诗中说："一碗喉吻润，二碗破孤闷。三碗搜枯肠，惟有文字五千卷。"显出茶不仅能滋顺身体，更可以润养心灵。如此天物，真可以算得上"生命的养分"了。

茶，能使人快意洒脱，不为尘世纷扰所累。

古人中，爱茶者甚蕃。负筐曳屐，穿行于青山秀水之间，于眉眼盈盈处煮开一壶清泉，茶色在水中漫透。他——陆羽，也举杯邀明月，对影成三人。天子召见，高官厚禄，可以统统抛诸脑后。只作首诗回应："不羡朝入省，不羡暮入台。"只愿过得轻松快活，这不正是茶滋养了他的生命，让他能活得如此率真自在。

茶，也是温柔的抚慰，平复心灵，使人释然。

"踏遍江南南岸山，逢山未免更留连。独携天上小团月，来试人间第二泉。"苏轼也是爱茶之人。在竹柏乱影下，在清风明月间，与友人共品香茗，"戏作小诗君勿笑，从来佳茗似佳人。"也是茶，在他的豪气干云中添了一片开朗与豁然，不计被排挤、贬谪。"人似秋鸿来有信，去如春梦了无痕。"若没有茶所赋予的此等达观，身在天涯海角，心中怎能"也无风雨也无晴"呢？

时至今日，茶的作用也不减当年。每当困倦，大可以捧一杯暖茶，倚立窗边。品着毛峰的清新如同高山上缭绕的云雾，或是看着祁红的颜色如何晕染杯中清水，感到心一下变得轻快、欣然。那些纷纷扰扰、喧喧闹闹，尘世间奔波烦恼，都可以暂时忘却，再看看窗外，云淡天高。

这就是茶，不需松间明月、石上清泉，只要你想，随时可以一品那千年的芬芳；随时给你清新，安顺你的心灵，为新鲜的生命隔绝开那些艳俗的馥郁，不致变成城市中积满灰尘的塑像。

或许有一天，你老了。可是，还好有茶，你临江不叹逝者如斯，你闭上眼，看见江山如画，春秋倒淌。

🏮 **借鉴引导**

1. 角度新颖，意境脱俗。

2. 内容别致，感受独特。

3. 诗情画意，娓娓道来。

❹ 生命的养分 （60分）

李宇杉

随着旋律从指间流淌而出，霎时间整个世界焕然一新。心灵沐浴在乐声之中，在和谐的共鸣中与自然融为一体。音乐，正如生命的养分，滋养着我们的灵魂，为我们带来希望和力量。

音乐，为人们指明前进的方向。正值世纪之交，许多音乐评论家指出，市面上已有太多贝多芬作品录音，并预言将出现一段"贝多芬旱季"。然而，统计结果却显示，我们仍然无法抑制对贝多芬音乐的欲求。相信任何一个领略过《命运交响曲》的人，都会对那段由黑暗到光明、由失败到胜利的过渡记忆犹新。打破常规的惊天手笔、势如破竹的节奏力度，乐而忘返的淋漓兴致、延绵紧密的玉韵丽声，还有在交响音乐长河中史无前例的乐以载道、勇赴心灵的荆棘之旅并荣登胜利的彼岸——贝多芬音乐中的这些决定性特质，依然如甘露般滋润着聆听者的心田，为绝望困顿者鼓劲、为踌躇满志者加勉。尽管遭受失聪的巨大苦难，但贝多芬始终用他的音乐为人类指引着前进的方向，正如音乐学者所罗门所揭示的："如果我们对演奏贝多芬音乐所体现的美感和兄弟情谊等升华了的境界视而不见，将不会有人挺身而出抗衡将人类文明卷入恐怖的威胁，也不会有什么阻止奥斯维辛成为人类潜在的楷模。"是的，伟大的音乐指引人们求真，向善。

音乐，激起一个民族抗争的力量。诞生于抗日战争时期的《黄河大合唱》就是这样一部饱含激愤的不朽之作。作曲家冼星海第一次读到光未然的词后，便热血沸腾，仅用了不到一周时间就完成了创作。在那气势磅礴的歌唱声中，有怒吼澎湃的惊涛骇浪，有搏击风雨的黄河船夫，有家破人亡、投河自尽的悲惨妇人，更有奋勇杀敌的爱国儿女。浩瀚而深沉的音域，饱满而充沛的爱国情，随着黄河的怒涛汹涌而来，赤诚的中华儿女们就是高唱着"保卫黄河、保卫华北、保卫全中国"前仆后继地冲向战场。悲怆而愤懑的歌郁结着对日寇的满腔仇恨，生发出无穷的力量。正如周总理对

《黄河大合唱》的评价："为抗战发出怒吼，为大众谱出呼声。"这部豪迈的作品令中华儿女们振奋，使他们从中获得养分，冲破艰难的逆境，顽强而坚毅地走向胜利。音乐，唤起了一个民族的斗志。

赫胥黎对音乐有着精辟的解释："在沉默之后，对于无法言说的东西最有效的表达就是音乐。"音乐能够唤起生命内心最深处的情感，为生命提供永不枯竭的滋养。

✦ 借鉴引导

1. 立意角度小。

2. 论据典型有力。

3. 论证分析好。

❺ 生命的养分　（60分）

钱成

出名的人把前沿的潮流当做自己生命的养分，著名的人把高尚的艺术当做自己生命的养分，伟大的人把故土的文化当做自己生命的养分。

在写作中，故土的文化充实着记忆。

德国籍女作家赫塔·穆勒出生在一个罗马尼亚的偏僻乡村。作为罗马尼亚少数族裔，穆勒会说德语和罗马尼亚语两种语言。罗马尼亚国家安全部看中了她的双语才华，曾要求她从事间谍工作，却被她拒绝，她因此失去了原有的翻译工作。在独裁政府的压迫之下，赫塔·穆勒不得不离开故乡，移民德国。虽然赫塔·穆勒在罗马尼亚的那段生活是黯淡的，但故土的文化已经深深地植入她的记忆中，成为一种挥之不去的情结。这段生活成了她写作的源泉，她把记忆中的场景书写下来，尖刻地批判罗马尼亚当局的独裁政府，但字里行间也流露着对故乡的一种复杂的思念之情。"对我来说最有意义的生活便是在罗马尼亚集权统治下的那段经历。"赫塔·穆勒如是说。的确，赫塔·穆勒生命的养分来自故乡的文化，她的作品因她独特的经历而极富真实感，她也因此获得了2009年诺贝尔文学奖的殊荣。

在聆听中，故土的文化滋养着心田。

"我感激自己出生在这里，这片土地虽然遥远偏僻，但她如此美丽，对我意义重大。"这是意大利盲人歌唱家安德烈·波切利在家乡托斯卡纳开演唱会时的开场白。12岁双目失明并不能使波切利失去对生活的希望，他听托斯卡纳酒吧里悠扬的萨克斯风，他听教堂里低沉的管风琴，他听意大利歌唱家高亢的歌喉……在聆听中，故乡的音乐充实着他的生活，故土的文化成为了他生命的养分。无论是在拉斯维加斯的顶级度假村演出还是在欧洲各国巡演，波切利总会提起自己的故乡，因为在那里受到的音乐熏陶是他一生的精神财富。

在阅读中，故土的文化深刻了思想，指明了人生的道路。

傅聪曾经在父亲傅雷的引导下阅读中国古代文化典籍，《左传》、《史记》、《论语》、《孟子》……傅雷坚信，唯有道德规范才是生活中的行为准则，唯有学懂中国的传统文化，才能做一个优秀的人，成为一个优秀的钢琴家。面对西方与中国截然不同的社会风尚，中国古典文学时刻警醒傅聪：不能为金钱所诱惑，要时刻保持一种高尚的品格。中国的传统文化是傅聪生命的养分，帮助他踏踏实实地走好艺术和人生之路。

无论身处何地、享誉何等殊荣，故土的文化永远是人们生命中最重要的养分。

🔅 借鉴引导

1. 新颖的立意角度。

2. 典型有力的论据。

3. 清晰严谨的结构。

⑥ 生命的养分（60分）

项允

在那个奇妙的世界里，有飞向奇幻岛的不想长大的孩子，有驾着海盗船四处作恶的虎克船长，还有栖息在大榕树上，龇着雪白锋利的牙齿却无比善良的龙猫。那些优秀而动人的动画作品，陪伴我走过了十余年流光溢彩的岁月。它们就如同生命的养分，让我的心灵有所寄托，并滋养了我灵魂中最美好的情愫。

优秀的动画作品，使我有一颗轻盈而善感的心。每一个看似简单的故事都承载着世间最质朴、最真切、最动人的情感，这些美丽的情感如一股温暖的清泉涌入我的身躯，滋润我的心灵。于是，跟随小丑鱼尼莫的父亲穿越深蓝的大海寻找儿子，感受着比海洋更宽广的父爱；聆听着深夜的伦敦上空此起彼伏的狗吠，那是全城的狗为帮助彭哥夫妇找寻丢失的小狗在彼此传递着信息；还有美丽善良的女孩贝尔，用她执着而坚定的爱温暖着野兽的灵魂。有了优秀动画作品的滋养，我的心逐渐轻盈而善感，更加细腻入微地去体味世界。

优秀的动画作品，让我有一份坚守童真的信念。百看不厌的，是迪士尼最脍炙人口的长片《小飞侠》。爱幻想的孩子们坚信着故事中美丽的世界确实存在，虽然经常被父亲训斥"整天胡思乱想"，小家伙儿们仍认为奇幻岛上住着小飞侠彼得潘。小飞侠真的出现了！他带领孩子们飞向奇幻岛——一个小孩子永远不会长大的地方，经历了一个又一个奇遇。最终，孩子们还是要回家要长大，那又有什么关系呢？重要的是他们拥有一颗不会老去的心。美丽的故事滋养我的心灵，使我的心田充满欣喜与希望。于是，不畏惧外物纷杂，不流于世俗纷乱，不陷于生活琐碎，因为我始终坚守内心那块最纯净的地方，那是精神的伊甸园，是心灵自由飞翔的地方。

优秀的动画作品，使我有一片不染纤尘的灵魂。欣赏日本动画大师宫崎骏的作品，赞叹他能将情感处理得融化人心的同时，看到其中不停讲述着的人类灵魂的矛盾。像《千与千寻》中的汤婆婆为了自己的利益极尽压迫着手下的雇员；像《天空之城》里人们为了权力而互相残杀；像《风之谷》中人类谋求发展却毁掉了整个生态环境。在这种种矛盾之中，我们的灵魂该何去何从？动画中给出了答案。于是，我们勇敢而善良的主人公总会坚持正义的道路，拯救自我，拯救同伴，也拯救了整个世界。当青嫩的绿草和娇艳的鲜花重新蔓布原本荒芜凄凉的山谷时，我的灵魂被深深震撼。正是这弥足珍贵的养分让我的灵魂不会被利欲弄脏，永葆纯净透明。

对于我的生命，优秀的动画作品正是这样一份不可或缺的养分，使我的心灵之土得到滋养，精神之泉得到补给，灵魂之根得到滋润，从而使生命之树高大而繁茂。

借鉴引导

1. 立意角度别出心裁。

2. 论据新颖，内容充实。

3. 感受真切，娓娓道来。

—————— 其他一类作文 ——————

生命的养分（其他一类作文16篇）

说 明

　　下面有16篇其他一类作文，你在阅读时，去认真发现每篇作文的"个性之美"，挖到自己可以借鉴的"宝"。这是一条有效提升作文成绩的捷径！坚持下来，你的作文将取得不可思议的进步。

范 文

❶ 生命的养分 （57分）

隋心舒

　　"面朝大海，春暖花开"，诗人海子使人们把温柔的海与温暖的生命永远联系在了一起。然而其实这曾孕育了地球生命的大海，无论是波澜不惊还是浪涛翻滚，无论是春暖花开还是狂风骤雨，都给予着人们无尽的精神馈赠，滋养抑或是历练着人的品格，是生命宝贵的养分。

　　平静的海，舒缓人的心灵，蕴养出高贵的博爱和宽容的气质。

　　"母亲，你是大海，我只是刹那间溅跃的浪花……"著名的文学家冰心生于海军军官家庭，长于海边，大海，就是她生命最重要的养分。冰心最享受的便是到海边漫步，眺望浩瀚的海洋，感受心灵的共振。平静开阔的洋面和水天一色的纯净安抚了她年轻浮躁的心；海阔天空下的几点白帆如母亲怀中的摇篮，让她感叹自己的渺小，却感发出宽厚的博爱。当轮船驶过横滨港，又是那一望无际的慈祥的海，抚平了冰心少年离家的乡愁，将自己的一腔思念化作一只纸船送入母亲梦中。大海的熏染，使冰心拥有了如海一般充满爱与宽容的生命，更为她兼具灵性、严肃思考和丰富情感的恬淡动人的文学作品提供了源源不断的营养。平静的大海，是滋润了冰心一生的养分。

汹涌的海，振奋人的精神，历练出直面自我和直面世界的勇气。

"请把我埋葬在黑岛，面对着我熟识的海洋，每个狂暴的空间都有岩石和风浪"，智利伟大的诗人聂鲁达在《漫歌集》中如是说。一九三九年，流亡国外的聂鲁达从欧洲回到智利，定居在黑岛海边的一处住所。当时的智利政变频繁，政治观点鲜明而富有个性的他饱受非议和压力；同时，他还面临着一次爱情的抉择。而正是门前这片波涛汹涌的海给予他颇受挤压的生命以养分。惊涛拍打着岸边的岩石，唤醒了他对自己的认识，再次激起了他惯有的、如同拍岸惊涛般的顽强斗志和不屈勇气。海浪冲上岸的贝壳乃至木板，都被他收藏并狂热地崇拜。海浪拍击在他的心上，海的勇气和魄力鼓舞着他。他最终选择了有情人终成眷属，继续坚守自己的政治信仰，而他的作品也一如既往地强硬和虔诚。只要黑岛的海依旧涌动，依旧卷贝壳上沙滩，聂鲁达生命的养分就不会中断，他的精神也不会萎缩、勇气也不会消失，生命脉搏会永远跳动。

大海是生命宝贵的养分。不管有没有一所房子，不管是否春暖花开，我们都应该常去看一看海，用心感受大海，汲取我们所需要的养分，撷取大海无尽的精神馈赠。

发现"个性之美"练习

1. _____

2. _____

3. _____

---

❷ 生命的养分 （58分）

高羽婷

你是否曾在内心烦躁时听音乐让自己平静下来？你是否曾在心情低落

时从音乐中寻找激情？生命离不开音乐，优秀的音乐作品就是那力量的源泉，精神的支柱，心灵的纽带，如同营养丰富的养分，给生命以滋养。

音乐是力量的源泉。抗日战争时期，一首《义勇军进行曲》使无数华夏儿女获得力量，英勇抗战。这首歌原是电影《风云儿女》的主题歌，它旋律豪迈激昂，歌词铿锵有力，给观众留下了极为深刻的印象。"起来！不愿做奴隶的人们！"第一句话就向人们发出了号召。人们从歌曲中仿佛听到了警钟敲响的声音。是啊，我们怎能甘心成为侵略者的奴隶？我们必须拿起武器，"把我们的血肉，筑成我们新的长城"，亲手保卫我们自己的国家！"前进！前进！前进！进！"这振奋人心的歌词一下子激起了全国人民对中华民族的热爱，给予了人们保卫家园的无限勇气，使人们从中获得了战斗的巨大力量。在《义勇军进行曲》的鼓舞下，中国人民揭竿而起，奋力赶走了侵略者，终于保卫了我们自己的家园。音乐是力量的源泉，是生命的养分，它滋养着生命，给人以巨大的力量，帮助人们渡过难关。

音乐是精神的支柱。在俄罗斯有座专为一首歌曲而建立的纪念馆，这首歌就是著名的《喀秋莎》。在苏德战争时期，这首浪漫情歌《喀秋莎》曾成为苏联红军战士精神的支柱。战场上的炮火硝烟与歌中描绘的美好爱情构成了鲜明的对比。冷酷无情的战争中，是动听的《喀秋莎》给了战士们无尽的温情，将他们的生命温暖。心中回响着《喀秋莎》的旋律，年轻的小伙子们为爱而战，将《喀秋莎》作为精神的支柱，拼尽全力保卫家园，与敌人殊死搏斗，立誓保护心爱的姑娘。最终，苏联红军英勇击败了敌人，迎来了战争的胜利。《喀秋莎》功不可没！音乐是精神的支柱，是生命的养分，它滋养着生命，在精神上支撑着人们，激励人们奋勇向前。

音乐是心灵的纽带。2008年北京奥运会的主题曲《我和你》，受到全世界人民的好评，广为传唱。不需要复杂的曲调，不需要华丽的辞藻，《我和你》传达出的那一份和谐感足以打动人心。"我和你，心连心，同住地球村。我和你，心连心，永远一家人。"我们是一家人，我们的心应永远紧密相连。在这首歌曲悠扬的旋律声中，北京奥运会处处展现着人与人心相连的和谐之美。赛场上，每个运动员都铭记友谊第一，比赛第二；无论哪个国家赢得了奖牌，观众们都真心为之喝彩。来自各国的运动员以心沟通，生命中少了些争抢，多了份和谐。《我和你》就是一条神奇的纽带，悄悄连起了人们的心。音乐是心灵的纽带，是生命的养分，它滋养着生命，连接着人与人的心灵，教会人们和谐相处。

音乐是生命的养分。任何时候，请不要忘记从音乐中汲取你所需的营养。

发现"个性之美"练习

1. _____
2. _____
3. _____

❸ 生命的养分 （57分）

李京川

围棋可以算是我生命中不可或缺的一部分了，自从七岁第一次用手触摸那尚未熟悉的棋子开始，围棋就在我心里扎了根，这一扎就是十年。当年那个热爱下棋的小孩已褪去了稚嫩，但仍旧不变的是对黑白世界的向往，以及对这一生命养分的眷恋。

围棋，让我学会了感悟和谐。围棋，看似一场残酷的纷争，一次生死的较量，殊不知，其精神内涵竟是"和谐"二字。围棋，实际上是一种手段，一种沟通对弈者心灵的方式，对弈的目的，绝非将对方当作敌人并置之于死地，恰恰相反，对弈双方可以通过围棋这一无声的工具进行交流，增加彼此之间的了解与友谊，真可谓"此时无声胜有声"。对弈双方不曾道出只言片语，却可以让心灵彼此相通，这不是一种最好的沟通方式吗？两人对坐于一张棋盘两侧，轮流在上面落子，没有任何言语，四周寂静无声，对弈者用心灵去体会，用手来表达，构成了一种和谐的美，这可能也是称围棋为"手谈"的原因吧。

围棋，让我学会了感悟智慧。围棋是一种高雅的智力游戏，对弈双方要在有限的空间内争取最大的利益，来增大获胜的机会，其智慧必然非同一般。有人将围棋比作战争，我认为如此比喻既恰当又不恰当。恰当在于两者的体制是相似的，获胜是本身的目的，而不当之处正在于这看似格式化的游戏竟比好像相对灵活的战争更加变幻莫测，更加复杂。这十九乘十九的正方格棋盘上每个棋子都是平等的，每个子发挥的效用仅取决于它与其他子的相对位置以及落子的时机，围棋的复杂正是寓于它自身规则的简单之中，正因为没有条条框框的约束，棋手享有最大化的自由，才需要足够的智慧去驾驭时刻变化的复杂局面，于是才有了所谓"一着不慎，满盘皆输"的箴言。弃子，腾挪，声东击西在棋盘上早已是司空见惯的手法，唯有善于把握形势并能够做出合理选择的一方才能稳操胜券，立于不败之地。

围棋，不仅是我一个人生命的养分，让我感悟颇多，受益匪浅，更是无数文人雅士生命的养分。作为中国古代人民的智慧结晶，围棋能带给一个人的远不止棋艺的提高，而是精神上的升华，文人雅士们高雅宁静的生活情趣与围棋的熏陶有着很大的关系。可以说，学会了下棋，就学会了高雅而智慧地生活，这作为生命的养分，将使我受益终生！

发现"个性之美"练习

1. _____

2. _____

3. _____

❹ 生命的养分 （55分）
付俊宝

蓦然回首，那人却在灯火阑珊处。

放下书卷，停下阅读，屈原的身影却不断地在我心中萦绕。他行走了一生，留下了不尽的风景。在那些风景中，我领悟到了那生命的养分——屈原的勤奋、自省与忠国。

在伏虎山上，屈原教会我勤奋。年少的屈原曾在伏虎山中避世苦学，这一学便是十年光景。在山中，他苦读着上古典籍，他苦学着治国之道，他苦思着苍生之事，他苦求着明智之心。他日后的博学和睿智便是在这十年的孜孜不倦中造就的。他的勤奋时刻刻提醒我，提醒我不要懈怠了前进的步伐。每当我懒惰心神时，每当我放纵形骸时，脑海中便会不断地闪现出屈原手捧书简，蹙眉苦读的身影，然后我便心灵一振，重拾起被丢在身后的勤奋。屈原的勤奋，滋养了我的生命。

在照面井中，屈原教会我自省。中年的屈原在经历世殊事异后，重归故里，依旧遵循着姐姐女嬃为他定下的规矩："日省吾身。"哪怕举世皆浊，哪怕众人皆醉，哪怕谗士高张，哪怕壮志难酬，他在如此逆境中从不与佞臣同流合污，从不做污秽不堪之事，更不曾放弃自己的追求。这一切便是因为在照面井中每日自省的结果。每晚睡前，我也便学着屈原开始自省。自省使我平静下浮躁的心，找寻自己的不足，分析自己的得失，提高自己的修养，固化自己的梦想。屈原的自省，滋养了我的生命。

在汨罗江边，屈原教会我忠国。晚年的屈原在滔滔江水上回望，回望他所深爱的楚疆，满眼泪光。他曾拒绝了韩国国相之请，他曾回绝了渔父归隐之劝，他只是怀抱着自己的赤子心、忠国情不忍看那山河破碎，烽火郢都的滚滚战尘。在一个苍穹欲雨的夏夜，他纵身一跃，溺于江中，给自己的生命加了一道永恒的休止符。蓦地，想起陈涉所说的"死国，可乎？"屈原用他的行为回答了这位百年后的后生，也给我以启示。想来自己原来的爱国之情着实肤浅；抵制日货，抵制家乐福的行为也着实幼稚。爱国忠国应是理智而坚定的，要真正用心去为国谋利，为国争光。屈原的忠国，滋养了我的生命。

"路漫漫其修远兮，吾将上下而求索……"

屈原的勤奋、自省与忠国，是我永恒不变的生命的养分。

发现"个性之美"练习

1. _____

2. _____

3. _____

❺ 生命的养分 （58分）

熊之量

茫茫的非洲平原，阳光普照着大地，温暖滋润了青草。贫瘠的非洲大陆，正因那颗如同温煦阳光般的关爱之心，无数年幼的生命之树能够快乐地成长。

那样一颗关爱之心，来自奥黛丽·赫本。或许是童年曾经历战争所带来的痛苦，赫本深知他人的关爱对于儿童的成长有多么地重要。在逐渐淡出影坛之后，赫本将工作重心转移到了她一直关注的慈善事业上。她不顾战争的硝烟，不顾传染病的肆虐，多次亲赴非洲，走到地球上生活最贫瘠、苦难最深重的角落去拥抱饱受折磨的非洲儿童。即使是患上了癌症，处于重病痛苦中的赫本仍然坚持飞往非洲，她像美丽的天使，用她温暖的爱抚慰那里幼小的干渴心灵。当赫本瘦弱的双手握着孩子同样瘦弱的手时，心也因爱而彼此靠近，孩子们那几近枯萎的生命之根正被慢慢滋润着。在这片荒凉的土地上，孩子们渐渐学会了微笑，这不仅是因为他们拥有了一位如此美丽的母亲，更因为这是一位能带给他们温暖关爱的天使。照片中，孩子们不再是那充满痛苦和绝望的眼神，而是微笑着坐在赫本身旁，和她游戏。

那样一颗关爱之心，来自迈克尔·杰克逊。谱写多首慈善歌曲，设立39家基金会，举办数十场慈善演唱会，这就是曾因做慈善创下吉尼斯纪录的杰克逊。即使曾经被整个世界误解，但他却坚持常年为非洲贫困地区的儿童捐赠食品和药物，还曾将满满两船的玩具运往非洲。非洲每个地区的孤儿院和儿童医院几乎都曾出现过杰克逊的身影，他给孩子们带去衣物，送去玩具。杰克逊所到之处，他的周围必定拥满了开心的孩子，争着和他说话，他也慈爱地抚摸每个孩子的小脸蛋，告诉孩子们：他是多么爱他们。杰克逊温柔的话语、温情的抚慰，如同阳光一般，霎时温暖了孩子们破碎的心灵。即使在他走以后，即使世界又回到了原来的样子，即使病魔更快速地吞噬着孩子们还在成长中的身体，但孩子们却会微笑着迎接每一个黎明的晨曦，因为他们知道，这个世界上还有那样一颗心，一颗温暖、慈爱的心。

这样的关爱之心，犹如黑暗森林中突来的阳光，成为了孩子们生命的养分，它使非洲儿童的生命之树得到了温暖、滋润，使非洲儿童的生命之树生机勃勃，郁郁参天。

发现"个性之美"练习

1. _____
2. _____
3. _____

⑥ **生命的养分** （57分）

李曈

一棵大树，高拔参天，其根必深植于地，惟有深入汲取敦厚的土地中绵绵不断的养分，方能成己之高壮于上，荫人以绿盖于下。对于中国这一大生命而言，传统文化的精神便是其心灵的故乡，是其根底的养分。这一片热土中的养分延绵千年而不绝，给予它生长、繁茂的力量。

九十年前，五四运动的火把燎遍了中国大地，梁启超高呼"法治"，胡适之高唱"自由"。反传统的激情背后，却恰恰是中国士人数千年来从未改变过的拳拳赤心——这拳拳赤心，曾属于在刑场上为嵇康送行的太学生；曾属于写下"国家兴亡，肉食者谋之；天下兴亡，匹夫有责"的顾炎武。从魏晋的太学生到明朝遗民；从黄花岗的林觉民烈士到"为民请命著书勤"的毛主席前秘书李锐老人，实践的都是中国这个大生命自古以来真正的养分——良心与责任。曾子曰："仁以为己任，不亦重乎？死而后已，不亦远乎？"

黄霑，那是一个渐行渐远的中国背影。"一个会说纯正伦敦腔英语的香港才子，却远比内地的学者更中国。"香港——这南方海滨的"弹丸之地"，却承载着流亡的中国文化——当内地"批孔"的锣声喧天，香港大学钱宾四的"新理学"盛行香港学界；当内地"破四旧"响彻云霄，香港街头巷尾流行的是鸳鸯蝴蝶、痴男怨女、江湖侠义、宫墙床帏；当内地政策落实，改革开放，一时文化饥渴的内地音乐人竞学西方，而香港的黄霑，却得尽中国传统之真传——"浪奔，浪流"的《上海滩》"淘尽了多少事，亦不能平息其中争斗"——它的背后，是在赤壁漫吟大江东去的苏东坡，是在酒肆醉拍栏杆的施耐庵；"人生是美梦与热望，梦里依稀有泪光"的《倩女幽魂》——它的背后，是"狂歌漫舞五十年"的唐伯虎，是"忏尽情禅空色相"的苏曼殊；在《黄飞鸿》系列电影中，黄霑直接将古曲《将军令》填词而成"豪气面对万重浪"的《男儿当自强》；在港版《笑傲江湖》中，他甚至走到前台，拿起话筒，吼出了他的《沧海一声笑》——那笑中所含的，是看透人生的归去，是黏稠情思的泪光，是江湖侠士的义气，是深味世间的悲凉——真正的"中国风"，不是"芭蕉惹骤雨，门环惹铜绿"包装起来的RAP，而是"偶开天眼觑红尘，可怜身是眼中人"的大悲凉、"松亭十里常来往，笑揖峰头月一轮"的大解脱、"我再来时人已去，涉江谁为采芙蓉"的大痴情——这些中国传统文化最深处的养分，涵养了最震撼人心的音乐。在这深沉的涵养中，生命发出天籁般的歌唱。

歌唱？是否是那个鼓盆而歌的疯子，他生命的养分来自天外——"上与造物者游，下与外死生无终始者为友"——那个眼极冷心肠极热的男人，是鲁迅所谓"中国文化真正的根柢"。参透无为之深意，方可入有为之世间；以无生之觉悟，乃得行有涯之事业——"菩提在世间，不离世间觉"——六祖慧能如是说。被俘后的文天祥写下："人一阴阳性，本来自长生""世间惟豪杰，神仙立地成"；明末夏完淳《狱中上母书》云："大道本无生，视身如敝屣。但为气所激，缘悟天人理。神游天地间，可以无愧矣！"惟参透生死，乃不畏生死；惟不畏生死，乃献身理想。"坦然归去付春风，体似虚空终不坏"，超拔的出世精神是中国士人的社会责任最深处的养分——从"原始反终，故知死生之说"的孔丘，到"患难悟光明"的文天祥，乃至"阑入楞严十种仙"的谭嗣同……出世的最高境界，即是入世的最高境界；入世者得此养分，可以涤清俗念；出世者得此养分，可以济世献身。"自有一双无事手，为作世间慈悲人"，这出世到极致，便再入世到极致的精神，是中国文化中最深处的养分。

从千年前祖先的仰观俯察，到今日对现代化的不懈追求，中国的大生命根深叶茂，而且生机盎然。它根底千年不易的养分，是对苍生热土的深厚眷恋，是对爱恨情仇的深入体味，是对人生宇宙的深刻洞察。这养分滋养出了一代又一代以铁肩担当道义的伟人、将韵律赋予生命的巨人、与天地合其德的圣人。而中国的大生命也借由这深沉而且充沛的养分，走过了数千年的风雨苍黄，创造过无与伦比的辉煌。尽管现实问题重重，前方坎坷无数，只要不失去那些深沉的滋养，前方也便有了希望与光明。因为生命的养分于斯，生命的希望于斯。

发现"个性之美"练习

1. _____

2. _____

3. _____

❼　生命的养分 （57分）

许一先

什么是生命？苍茫的宇宙在一百多亿年的沉寂后，终于等到了地球的回答：最高级的生命——人类，在寂静的宇宙中不断回响着生命之音。是什么滋养出了这最高级的人类？我想，是音乐，伟大的生命不可或缺的养分。

从蓝藻吐出的气泡声，到音乐家谱写的交响乐，生命的进化恰好是一部音乐发展史。如果说亿万年前霸王龙的排山倒海的轰隆给了它们统治地球的勇气，那么百万年前从非洲传来的第一次对话，便像一曲圣歌，激励了人类崛起的梦想。在猎骨和石头的撞击声中，在编钟与竖琴的弹奏声中，人类一点一点地得到哺育和滋养，摆脱蛮夷，获得礼教和智慧。

千百年来，东西方虽然语言文字差别悬殊，但文化中对音乐的重视却如出一辙。在重视礼乐的古代中国，春秋时代便编定了《诗经》，传递着几千年前勤劳智慧的东方人充满音乐诗意的生活；中世纪的欧洲人，尽管终生受教会的钳制，但他们却有唯一的文化活动——吟唱宗教圣歌。也幸亏有"哈利路亚"的经久流传，我们才得以在千年之后，领略欧洲的古老文化。足以见得，在社会的发展进步中，音乐是潜移默化、孕育生机的养分。

在人的成长过程中，音乐也往往作为必需的养分，滋润着人的心灵。《论语》记载，孔子教导颜渊，"仁"的根本是"克己复礼"，可见孔子把礼乐与操行放到了同等重要的位置，因为这位儒家鼻祖深知音乐可以陶冶情操的道理，美好的音乐对"仁"有锦上添花的作用。周恩来在法留学期间，不仅接触了西方先进思想，更听到了许多优秀的交响乐，柴可夫斯基的《1812序曲》后来成为他的最爱。古典音乐的熏陶给了他温文儒雅的品格，最终使他成为让人铭记的一代名相。高山流水的俞伯牙、写下广陵绝唱的嵇康、月光奏鸣中的贝多芬……这些音乐家，哪位不是受人景仰的名士？长期沉浸于音乐的养分中，使他们的心灵得以升华。

从音乐中汲取养分，应当成为我们人生的必修课。听《二泉映月》，坚毅的阿炳让我们感受到凄美的力量；听《自新大陆》，德沃夏克的乡愁让人为之动容；听《病中吟》《光明行》，品味刘天华对人生和艺术的执着；听《英雄交响曲》，拿破仑的骁勇给我们十足的斗志；听《黄河大合唱》，民族自豪感与爱国热血涌上心头；听迈克尔·杰克逊，让我们认识到还欠这世界太多……

现代音乐家约翰·凯奇曾经创作过一首《4分33秒》，内容竟是4分33秒的寂静。所谓大智若愚、大音希声，在人类社会高度发达的今天，我们确实需要一处隔音的地方。在宇宙最初的沉寂中，在"此时无声胜有声"的境界中，让我们摒弃那些世俗的杂音，让那些震撼心灵的声音回响在脑海，发酵这生命的养分。

发现"个性之美"练习

1. _____

2. _____

3. _____

❽ 生命的养分 （58分）

李雅祺

从众多艺术大师的巨作中，我们可以看出他们对生活的态度，我们可以找到自然的身影。是的，艺术之作是由大师们从生命中提炼出的精华凝炼而成，而生命又是源于自然的。所以我想，是自然滋润了艺术家们的身心，成为他们生命的养分，使他们的艺术之树不断生长，变得更加茁壮。

每当欣赏那些大师的作品时，我的心灵总是会受到震撼。透过那些作品，我仿佛看到了艺术家们在自然的滋润下领悟生命真谛的过程。

犹记得第一次看到张建中所画的黄山时，自己不禁屏息静赏的情景。黄山的山石险峻，劲松身姿万千，而最令人惊叹的是它那变幻莫测的云海。黄山的云是有灵气的，时而如翩翩仙女着霓裳起舞，时而又如莽莽壮汉持金枪翻腾，其灵动的神韵有时连人眼都难以捕捉，但是从张建中所绘的黄山图中我却仿佛看见了四方云气萦于山涧，此升彼降，汹涌奔腾的动态景象。试想，倘若张建中没有亲自融入过自然之中，走进过黄山，他还能如此用画笔筑起一座座纸上黄山么？"画山水者必须在大自然中濡染灵性。"张建中如是说。他在黄山脚下一待就是52年，其间他登山数十次，面对那险峻的高山静思冥想。若没有黄山"精神"的滋润与驱动，张建中也就无法于险峰危峦中体察黄山风云之变幻，四季之更迭。正是大自然的滋养使张建中能够用画笔捕捉黄山山顶上生动活泼、风情万种的云山之景，从而画出了黄山的旖旎风光。

还记得第一次悠游在贝聿铭设计的拙政园中时，我的心灵受到的强烈震撼。漫步其中，缓慢而内敛的情绪漫溢四周，朴野撩人的气息萦绕左右。贝聿铭老人将植物、山石和绿水聚于一园之中，营造出了独一无二的艺术意境。拙政园是贝聿铭老人用近一年的时间设计完成的。一年中他会经常四处走走。西子湖畔，澄澈的湖水让他的身心得到舒缓；扬子江边，奔腾的江水又让他迸发出无限的灵感，还有那云雾缭绕的黄山，更是令他沉浸其中，流连忘返。秀美的自然如同生命的养分滋养着贝聿铭老人的身心。所以，当看见碧水环绕的拙政园的素墙时，他心头便萌生了将其改造成山水画的灵感。正是大自然的滋养使贝聿铭老人集自然山水灵气于一身，聚江南婀娜景色于一体，于是在拙政园如白纸般的素墙上出现了泰山石切片拼绘而成的山形水湾。当我静立于前时，宛如身侧就是高耸入云的黄山，脚边就是蜿蜒回绕的碧波绿水。

万物皆始于自然。艺术家们融入于大自然之中，感受领悟自然的博大与宁远，从中汲取无限的养分，这让他们能够在自己有限的生命中创作出无比绝妙的作品，从而使他们的艺术之树更加茁壮，让他们的生命篇章更加辉煌！

发现"个性之美"练习

1. _____

2. _____

3. _____

❾ 生命的养分 （56分）

陈思语

每一个人都如一棵树，正如需要养分来促进它生长，人的生命也需要养分来滋养，让它更成熟，更充实。而对我来说，这生命的养分便是作者凝于散发着余香的纸张上那泛黄的记忆，是泪水、是欢笑、是迷茫、是坚韧。

小时候在一个阴雨绵绵的日子里，我打开了《假如给我三天光明》——它是我生命的养分。我读懂了海伦·凯勒小时候的不安与烦躁；我读懂了她在第一次面对恩师时的不屑与厌恶；我读懂了当老师用蘸着水的手指在她那小小的手掌上写下一个海伦无法看到听到的神奇的东西时，她内心的那一份激动；我读懂了海伦那原已破碎却又奇迹般痊愈的心灵，我甚至听到她那祈祷时的心跳，海伦让那时的我明白了这有声有色的世界是多么地来之不易，我们应该把它小心地捧在手心而不是肆意挥霍。从此，海伦的故事成为了我生命的养分，它时刻提醒我要珍惜现在所拥有的一切，这一切，来之不易！

再大一些，在一个薄云蔽日的日子里，我打开了《我与地坛》——它是我生命的养分。我理解了史铁生残疾后的一段时间内他那绝望的心情；我理解了他在青年之时遭遇苦难而当时却无从发泄只能摔东西的无奈；我理解了他看到或听到别人奔跑在杨树花上的那种内心的伤感；我也理解了他在母亲去世后那瞬间的顿悟。从此，史铁生的感悟成为了我生命的养分，它告诉我在珍惜的基础上，生命还会给你许多苦难，而在面对这些时，不要忘记：千万不要放弃希望，要充满希望，有盼头地活着，只有这样，才会感受到生命的美好和幸福的感觉。

逐渐步入青年，在一个阳光漫洒的日子里，我打开了《活着》——它是我生命的养分。我明白了文中的老人冒死也要回到家乡的情感；我明白了他经历过丧妻丧子之痛，却还能坚强站立的原因；我明白了他在亲眼看着独子命丧黄泉，却还能擦掉眼角的泪水，拉着老黄牛到田间继续耕作的心情。从此，这位老人的信念成为了我生命的养分，它向我娓娓地讲述着人生除了珍惜与希望，还有另一个要素——坚强。人生会给我们设许多关卡，只有拥有一个叫坚强的行囊的人才可以顺利通过这场艰难的考验，即使受到再大的打击，也不要忘记昂起头，告诉自己：我最坚强！

书籍是我生命的养分，是精神世界不可或缺的一部分，它让我在一个个催人泪下或感人至深抑或激人奋进的字里行间遨游，去揭开那隐藏在话语背后发人深省的人生哲理，而这些哲理将会融入我生命的土壤中，成为我生命中最珍贵的养分。

发现"个性之美"练习

1. _____

2. _____

3. _____

⑩ 生命的养分 （56分）

姜静远

陶潜手捧南山之菊，看到了生命的宁静与安然；摩诘独立鸟鸣之中，听到了生命的悠然与恬淡；东坡夜游承天寺，从月影中得到了生命的欣喜与慰藉……是的，自然如同养分，不仅带给我们感官上美的享受，更滋润着我们的心灵，补给我们的灵魂。

自然，是龟裂土地上的清冽的泉水。当画商对自己的作品嗤之以鼻，亲人也毫不仁慈地一一离去，自然成了文森特·凡高唯一的慰藉。在阳光永远灿烂的阿尔勒，凡高用全副精神追求着光明，仿佛要用响亮明丽的画面来告慰人生的苦难。他从金色的阳光中看到希望，从饱满的葵花中读出生命的蓬勃，从满缀着璀璨星辰的夜空中感受到了无边无际的光亮。他将自然带给他的豁然开朗融入油彩，创造出了最震撼人心的美。自然如涓涓细流浸润了凡高因屡遭重创而早已干涸的心田，唤起他对生命的渴望、对艺术的追求，凡高的生命因这珍贵的养分得以丰盈、闪耀。

自然，是狂风骤雨后温暖的阳光。当在壮年遭遇双腿残疾、轮椅代步的暴雨，史铁生瞬间成了"找不到工作，找不到出路，忽然间几乎什么也找不到"的弃子。这时，地坛的花草树木映入眼帘。"祭坛周围的老柏树愈见苍幽，到处的荒草野藤也茂盛得坦荡自在。"荒芜的地坛毫无衰败之感，全然没有落寞的影子，有的只是饱经风霜的淡定与坦然。那淡出喜忧、镇静地站过明清两代的苍黑巨柏，那"压弯了草叶轰然坠地摔出万道金光"

的露水，无不触动着史铁生被雷电击伤本应绝望的心。自然带给他的希望渐渐放大，不仅使他的生命日益强劲，更通过他的文字滋养了更多更多饥渴的生命。自然如雨后阳光般温暖了史铁生的生命，抚平了他内心深处的创伤，他的生命因这珍贵的养分得以坚韧、充实。

是的，自然是人类最珍贵的养分。"造物无言却有情，每于寒尽觉春生。"对于世间的每一个生命，自然都能丰盈心灵，在严冬里给予奋然前行的勇气与希望，带来一个又一个明媚的春天。所以，学会享受这弥足珍贵的养分吧。

发现"个性之美"练习

1. _____

2. _____

3. _____

⑪ 生命的养分 （58分）

王碧宇

细细品味中华千年的历史文化，一部经典从始至终闪耀光芒。无数中华儿女以之为范本，无数炎黄子孙在它的滋养下成为仁爱、儒雅、忠义之士，无数仁人志士在它的养育启迪下带领中华民族走向辉煌。它就是《论语》。《论语》是中国人生命的养分。

《论语》如潺潺流水，细细地滋润叶嘉莹的生命。

著名学者叶嘉莹在晚年回忆自己的成长经历时，认为《论语》对自己影响深远。6岁时，叶嘉莹在姨妈的带领下背诵《论语》。《论语》在潜移默化中使她变得儒雅。年轻时教书，由于家境贫寒，没有华美的衣衫，然而《论语》中"衣敝温袍，与衣狐貉者立，而不耻者，其由也与"的话语滋养她的生命，让她懂得安贫乐道，让她学会颜渊的"一箪食，一瓢饮，在陋巷，人不堪其忧，回也不改其乐"的人生态度。有时他人对自己态度恶劣，叶嘉莹并不因此怨恨他人，因为《论语》中"以直抱怨，以德报德"的字句，让她懂得宽容。丧母的痛苦，他乡的困境，丈夫的责难，一列列人生的苦难，叶嘉莹都能以忍辱负重为美德，默默承受了下来，而且，她的人生体验和悟性总是使她一下子就能深入到一首诗的魂魄中去，发掘出曲折幽微又最能感发人心共通共鸣的精髓。正是《论语》的细细滋润，使叶嘉莹终成一代古典文化学术大师。

《论语》如丝丝清风，无声地濡养马英九的生命。

现任台湾地区领导人马英九在大选时就以"温和亲民"的形象获得选举胜利。年幼时，马英九就在父亲的严格教育下，每日背诵《论语》，使他逐渐形成"温良恭俭让"的性格。上任后，面对台湾吏治腐败的现实，马英九重温《论语》，从中感悟为政道理。从《论语》"其身正，不令而行；其身不正，虽令不从""子率以正，孰敢不正"中积极汲取，吸收营养，马英九悟出肃贪应从高层领导做起，关键在于"正人先正己，自清后人清"。如果说早年背诵《论语》的经历让马英九形成"温良恭俭让"的良好品德，那么执政期间的重温《论语》让马英九更好地认识问题所在，帮助他顺利执政。可见，《论语》对人的滋养并不仅局限于一时，《论语》是贯彻生命始终的养分，将《论语》作为为官圭臬，从中获取精华，马英九在《论语》滋养下，一步步成为台湾政坛领袖。

刘禹锡在《论语》的滋养下，虽居陋室却依然保持乐观，笑言"何陋之有？"；韩愈以"三人行，必有我师焉"为养分，坚持从师问道；赵普从《论语》中吸收养分，凭"半部论语治天下"。

朱熹曾评《论语》为"入道之门，积德之基"。的确，在很多方面，《论语》都是人们的行为准则。在中国几千年灿烂的文化长河中，《论语》就如同厚实的大地，虽朴实无华，却一直源源不断地为中华大地输送养分。现在,《论语》仍然滋养着华夏儿女的生命,使中华儿女不断创造奇迹。终有一日,中华民族会屹立于世界强国之林。

发现"个性之美"练习

1. _____

2. _____

3. _____

⑫ 生命的养分 （57分）

郭立轩

生命的种子突出新的嫩芽,生命之花绽放出美丽的容颜,生命之树结出累累的硕果。生命的养分滋养着生命,催发了这一切的一切。武侠小说就是一种生命的养分。

读武侠,让人明白人世间真情的温暖。黄药师为寻爱女,破誓离岛,几天之中便见清瘦,而黄蓉见父如此,心中自责不已。由这,你怎能感受不到这浓浓父女情,你怎能感受不到真情的温暖?少室山下,素未谋面的义兄被近千敌人围攻,虚竹不见情势之危险,只见义兄性命之忧,他挺身而出,与义兄并肩而战,由这,你怎能不为这深厚的手足之情所感动?你怎能感受不到这真情的温暖?丁典与凌霜华苦苦相恋,却因凌退思的阻挠而最终无法走到一起。凌霜华甚至自己毁去了自己格外珍惜的如花的容颜,为的只是能留住清白,能每天远远地望见丁典一眼。天可怜见,这对苦命的鸳鸯生不能共枕而眠,死最终能同棺而葬。面对两人凄美的爱情,在感动落泪的同时,你心里是否会生出一丝温暖,为两人真挚的爱而感到温暖?武侠是生命的养分,它使人明白人世间真情的美好与温暖,这生命的养分使得生命感受到温暖,使得生命得到滋润。它让生命不会因当今社会的种种虚伪的情感而脆弱困惑。它使得生命更坚强。

读武侠，让人懂得江湖中侠义的真谛。令狐冲见到衡山派师妹仪琳要遭到田伯光的欺侮时，他虽与仪琳素不相识，他也明白，即使是三个令狐冲也不是一个田伯光的对手，却依旧仗义相助，纵然送命也在所不惜，到最后，身受重伤却毫无怨言。这就是侠义。读武侠，你就能得到养分的滋养，懂得侠义就是救人于水火之中，助人于危难之时，"虽九死其犹未悔"。这就像方招、陈及时一样。当然，这还只是小侠小义。武侠这生命的养分还会告诉你何谓大侠何谓大义。郭靖，远离武林纷争，隐居于东海桃花岛。闻襄阳有难，便以一介布衣的身份助守襄阳，数十年，至死而终。何也？郭靖曾说："为国为民，侠之大者。"这是对侠义的最深解读，最高诠释。武侠是生命的养分，它让人懂得侠义不仅仅是路见不平拔刀相助，更是一种以天下为己任的责任，一种心系苍生的情怀，一种为国为民的行动。武侠是生命的养分，它使得生命领略侠义，使得生命得到滋养。他让生命不会因现下随处可见的不侠不义的行为而迷茫，它让生命更执著。

武侠是生命的养分，这养分让生命更坚强，让生命更执著。这养分，滋养着人们的心灵，使生命保持常青，让生命对生活充满希望。

发现"个性之美"练习

1. _____

2. _____

3. _____

⑬ 生命的养分 （58分）

杜双立

天上的繁星亘古不变，地上的黄河奔腾不息。当你看到这景象时，能不对这世界感到神奇，对世界的本质充满着渴望？又当你看到满树桃花一叶落尽，不知晦朔的小虫死在面前时，能不为之感慨生命的短暂，寻求人生的意义？当你开始思考，开始询问时，你便进入了哲学的世界。哲学是生命重要的养分。

通过哲学，人们开始认识世界，热爱世界。

"遂古之初，谁传道之？上下未形，何由考之？"屈原的《天问》以一百五十八个关于时间的问题开始了中国对于世界的思考，而当时是中国哲学发展最快速的时期。物理学、逻辑学、生物学的创始人，亚里士多德却偏偏是一个哲学家。他与他的老师柏拉图看法不同，认为世界是物质的，就此事与柏拉图争论不休，连拉斐尔的《雅典学园》中描写的也是他与柏拉图的争论。柏拉图死后，因为新首脑只关注柏拉图的数学成果，亚里士多德便离开了那里。后来在亚历山大大帝的帮助下继续研究哲学及探索世界，也因此他的生命绽放着光彩，至今不被人遗忘。既然生命寄居在这个世界中，怎能不了解这个世界呢？哲学便促使人去探索世界，正如养分一般使生命之花永不凋零。

通过哲学，人们开始认识人生，了解人生。

老子的"道生一，一生二，二生三，三生万物"不仅回答了屈原的问题，也解释了人生的道理，人由道来，死后也是道。既是一种轮回的思想，而这种思想给了当时的人舍生取义的勇气，是当时众多英雄的养分。后来人们意识到人只有一生，便开始"享受人生"，贪图玩乐。直至张若虚的"人生代代无穷已，江月年年望相似。"及王羲之的"后之视今亦犹今之视昔。"警醒了人们，人生是有限的，但世界是无限的，所以要在有限的生命中做出一番贡献。这个思想激励了后来众多的文人志士，成为了他们生命中最重要的养分。

　　只有了解世界，认识人生，生命才能绽放得更美丽。而了解世界，认识人生的唯一途径便是哲学。因此哲学是生命的养分。无论是文学、科学、艺术，又或者生活、学业、娱乐，处处有着哲学的身影，无时无刻不给人以能量，以动力。

　　让我们拥抱哲学吧，处处观察身边的哲学，时时思考人生的哲学，我们将从哲学中获得无尽的能量、思想及希望。

　　哲学是生命必需的养分。

发现"个性之美"练习

1. _____
2. _____
3. _____

⑭ 生命的养分 （57分）

赵文嘉

　　如此安稳且宁静的，他们卧于纸上，一百年一千年的滞留，等待着那些寻寻觅觅的焦灼的灵魂。诞生于诗人的笔下，他们注定被赋予了人间最真挚与伟大的情感，而开卷的人们——那些渴望抚慰、期冀感动抑或是追寻信仰的人们，则把诗歌视作平凡生命中最为宝贵的养分，仿佛那些蜿蜒的诗行就此成为通向心灵的路，荆棘丛里的追寻之后，远方终究会有诗中的美好，化作常青之树、不败之花。

　　诗歌如流水，流淌着不尽的爱。当白日里的纷繁躁动终于失落在夜晚，月寂寥、人寂寥，唯有诗歌能唤醒心底最柔软的角落，让麻木的人们重温美的感动，滋养干涸的心田。伴着诗，你恍惚间回到过去那曾经的童年，

"郎骑竹马来，绕床弄青梅"，天真烂漫的笑声飘散在此刻的记忆，缤纷花雨落下，纪念彼时的美好；伴着诗，你耳边回荡着那至死不渝的爱情誓言，"死生契阔，与子成说。执子之手，与子偕老"，当目光穿过尸横遍野的古战场，他知道：云的那边是家，守候在远方的她是他今生永远的家；伴着诗，你望见离人含泪的眼眸，"鸿雁长飞光不度，鱼龙潜跃水成文"，清冷的月光摇落江畔树上，她的思念丝丝缕缕弥散在梦里。……在诗的国度，我们感动于人间最纯粹的爱。这份饱含真与善的养分回馈我们更为虔诚的生命，从此珍重生命中一切美好，感恩造化一切仁慈的赐予。

诗歌如泥土，担荷着世间的不平。最伟大的诗人有着悲悯的心，他们沉痛悲怆于人世的苦难，毕生追索着救赎身在水火中的人们。屈原长歌于江畔，"长太息以掩涕兮，哀民生之多艰""亦余心之所善兮，虽九死其犹未悔"，纵使君王放逐、世人误读，屈原的心里永远留存着那个济世兴邦的梦想。当愁思郁结，他的信仰终究没有在现实成真，那个萧瑟的秋日里，汨罗江畔最后的背影为中华诗史定义了悲壮与崇高。杜甫沉吟于屋前，"安得广厦千万间，大庇天下寒士俱欢颜"，诗人的命运浮沉于乱世，四海飘零，心中却始终系着天下众生的悲苦，仿佛所有人的苦难都是自己的一般，诗人盼望着能解脱众生于这世间的种种贫穷与折磨，而这份悲苦一日留存于世上，笔下的沉郁便难减分毫。……而今我们生存的时代里，这种悲悯的情怀已难觅踪迹，在种种诱惑摆于眼前之时，我们越发需要伟大精神与崇高理想的指引。而诗歌，恰恰能给予我们这种不可或缺的养分，在庸碌的世界里时时警醒着我们：这世界上有一种伟大与崇高是永恒的存在，我们或许平凡，但灵魂却理应拥有重量。

在人类的种种艺术中，诗歌或许最为接近灵魂，因为她是如此的逼近了生命的真实，轻盈如水，却又坚实如土。就这样在诗歌的道路上走下去，也许在某一个黄昏之前，我们会邂逅一棵郁郁了千年的树——那是先人给予我们的、永恒的庇护。

发现"个性之美"练习

1. _____

2. _____

3. _____

⑮ 生命的养分 （58分）

崔伯铭

一个人从呱呱坠地地来到这个世上，直到走完他的一生，生命被赋予了许许多多的含义，也同时被注入了各种各样的养分。生物方面的养分使人不断发育成长；物质方面的养分使人不断发展；精神上的养分则使人感悟人生的真谛，提高自己的修养和境界。而对于我来说，那生命珍贵的养分就是电影。

电影是生命的养分，它把我带入一个个新奇的世界。当我被学习压得喘不过气，厌倦于这个忙碌的世界时，我会独自坐在沙发上，欣赏一部电影。我仿佛走入了《天堂电影院》，和那位慈祥的老电影放映员阿尔弗雷多一起，给闭塞的意大利小镇上的人们带来欢笑；我似乎坐到了《十二怒汉》的身边，与他们一起捍卫一位素不相识的小男孩的生命权利；我好像进入了那座疯人院，与杰克·尼科尔森一起帮助那些无辜"病人"《飞越疯人院》。每当我欣赏一部电影，我就像身临其境般踏入了一个个我以前从未接触的新奇世界。我与演员们一同体验不同寻常的生活。这时，不仅考试、升学的压力被抛到脑后，我自己的生命也吸收了各式各样养分，是电影让我体验了新的生活，电影是我生命的养分。

电影是生命的养分，它在我遭受打击时，帮我渡过难关。每当我过得不如意，备受打击时，电影都会是那新鲜的养分，它补充到我的体内，让我的生命重新焕发生机与活力。我知道不论遇到什么挫折，只要像《当幸福来敲门》中的克里斯·加德纳一样，总是为每一丝希望付出100%的努力，不抛弃、不放弃，就一定能听到幸福敲门的声音；我体会到了无论遭遇什么样沉重的打击，只要像圭多一样永远乐观、保持积极向上的生活态度，一定会迎来《美丽人生》；我感受到面对生活的挑战和挫折，只要像弗瑞斯特·甘一样相信自己、坚持不懈，在生活的道路上不断奔跑，就能赢得他人尊重，取得成功。电影就像是养分，它在我需要鼓励、帮助的时候，及时滋养了我的生命，让获得这无比珍贵养分的我，重新认识了生命的意义，进而能够走出低谷，继续前进。

电影是养分，它教会了我除了物资上的财富外，还有更重要的精神上的财富值得我去追求。我在肖申克的监狱中，看到了一个真正男人的勇气和智慧，我了解到一个人即使变得一无所有，但还可以去追求友情和自由；我在北海上那只漂泊的船中，知道了即使受到政府无情的迫害与打击，我还可以追求那触摸唱片的快感，享受自由的生活，并赢得所有听众的心，我还可以让音乐通过《海盗电台》让所有人快乐；我仿佛坐到了那位一生都不曾下船的《海上钢琴师》1900的身边，体会到了在生命中即使你永远不曾踏上那五彩缤纷的陆地，你也可以在海上为你所热爱的钢琴付出一切乃至生命。电影就是这样，它在把人们带入一个个新奇世界并把人带出低谷的同时，更像养分一样，让我重新认识了生命的意义和价值。电影给我的生命注入了精神上的养分。

花儿生命的养分来自土壤和阳光；鱼儿生命的养分来自小溪中的清水；而我生命的养分来自电影，它带我进入一个个新奇世界，帮我走出困境，并让我得到精神上的升华。我爱电影，我爱这生命中的养分。

发现"个性之美"练习

1. _____

2. _____

3. _____

⑯ 生命的养分 （55分）

龚竞超

"这是一个关于文字如何喂养人类灵魂的独特故事，一个撼动死神的故事"，摘自《偷书贼》中的这句话，真切地道明了书籍于我的作用——它是我生命的养分，无时无刻不在滋养着我的灵魂，让它鲜活、饱满、灵动。

书籍如涓涓细流滋润着我的内心，滋润情感的种子在幼小的年纪悄然发芽。还记得深夜里顶着被子打手电筒看书的艰难一幕，瞒过父母，牺牲睡眠，只为探求《傲慢与偏见》中的一对冤家是否真的尽释前嫌，从此幸福快乐。最终读到了伊丽莎白与达西夕阳下的牵手，自己竟情不自禁地在被子里痴笑。小小的年纪哪里懂得爱情的真谛，只不过白底黑字的细流浇灌了内心中深埋的情感种子，让爱与希望在那时悄然生根发芽。就像后来追捧了6年的《哈利·波特》，简单的善与恶的较量，却因爱的魔法而熠熠生辉。书籍给了我人生中最重要的情感养分，让我对人世间的爱笃信不疑，塑造了我对真善美的渴望与追求。

书籍的滋养不仅在于丰富情感，更在于增添思维的分量，汲取人类的智慧以及探寻人生的意义。还记得初读史铁生《我与地坛》时内心受到的冲击，平淡的文字背后是一个曾经彷徨与迷惘的生命，而那些关于灵魂的拷问与追寻又体现了这个生命怎样地刚强。这份刚强在苏轼那里也找到了同样的表达："回首向来萧瑟处，也无风雨也无晴。"是的，以一种平常心观察生活，又以一种审美的态度来对待人生，这份有悲观垫底的执着就是人生真正的超脱。正是书让我从自己的世界中走出来，走到人群的苦难中，走到人生的境界中，走进思维的成长中。它给了我另外一种养分，这养分让我从生活的安逸中警醒，重新审视自己作为人的价值与意义——

是的，人之所以为人，就在于他有权利去选择甚至改变命运的轨迹，有能力在漫漫长夜中守望黎明，有义务帮助更多的生命得到幸福。

那作为人、作为社会中一员的崇高感与使命感在书籍的涵养下奔涌而出，与血液融为一体：

史铁生逆命运洪流而上的执着，就是我的执着；

苏轼顺逆境而饮酒赋诗的豁达，就是我的豁达；

曾经苍白软弱的灵魂因为这些书籍的滋养而灵动、鲜活、饱满，一点一滴地，助我走向成熟。

书籍于我就如黄河于中华民族的滋养，永不停歇，永不老去。

发现"个性之美"练习

1. _____

2. _____

3. _____

———————— 二类作文 ————————

生命的养分（二类作文2篇）

说 明

这里有2篇二类作文。把它们放在这里，目的是给读者提供"镜子"，以便照出自己作文中的毛病。这种做法，有利于提醒自己时时引以为戒，在日后作文中别犯同样的错误。每篇作文后面设计的"找不足"练习，如果认真思考一下，做一做，对自己会大有帮助。

例 文

❶ 生命的养分 （49分）

生命最大的特点就是活着。但是活着和活着却不尽相同。臧克家说，有的人活着，他已经死了。他说的是没有意义的生命。有意义的生命是能结出果子的。和植物一样，要想结果，就要有养分。细细挑选，从书架上抽下一本诗词，这就是你我生命的养分吧？

这一页，是"风乍起，吹皱一池春水"。人问：风乍起，吹皱一池春水，干卿何事？正中笑而不答。这是诗人的特质，也是诗词的特质。不管是苍苍蒹葭为霜白露，还是疏窗外的萧萧黄叶，都在诗人的笔下有了情，因而在所有人的心中激起了感动。这便是诗人"悲落叶于劲秋，喜柔条于芳春"的敏感与关怀。花鸟虫鱼皆能令其动容，更何况关系最近的人呢？默念一遍这句词，体味心中暗生的情愫，珍藏因物而起的感动。我想，泥融沙暖之时，再见一池春水层层涟漪，我不会再漠然走过，应该会驻足，听心底的怜惜。那么，漫天飞雪之日，再见路边瑟瑟乞讨的老人，我就不可能再漠然走过，一定会驻足，让心底的怜惜化作瓷缸中硬币的清响，化作温暖关切的话语。这时的生命，在诗词的滋养下，结出了人性的关怀。

这一页，是"愿将终夜长开眼，报答平生未展眉"。元稹的悼亡诗千古传唱，两行清泪滑过时光至今未干。十四个字，见得他对妻子的爱怜与体贴。那个时代，怨妇从"弃捐箧笥中，恩情中道绝"唱到了"柳叶双眉久不描，残妆和泪污红绡"，却依旧只得独自凭栏。可元稹，元稹却能在男性普遍的淡漠里注意到妻子的"平生未展眉"，这份爱怜与体贴着实令人动容。然而冲撞人心扉的却是那以"终夜长开眼"为报之誓。才发现世人艳美的，不是元稹能得此妻，而是女子能有此夫。于你我，也总会有很多人在疼爱。虽说他们的付出并不是为了回报，但我们若能转身回馈以体贴与感谢，给予他们的，是因意料之外所以更深的幸福，更多的感动。真是有很强烈的冲动，在读这句诗时涌上心头：好想回身，对那些默默呵护我的人，真心而郑重地道一声感谢。这时的生命，在诗词的滋养下，结出了感恩的心。

轻轻合上书页，不要汲取得太猛，诗词中有太多的养分，也不能一次汲取到全部。是要用一生，不断地咀嚼，不断地吸收，然后生长，像植物一样，结出满树的果实。于是能在多年以后，安详地合上双眼，静静地想：我的生命因诗词的滋养而是有意义的。

找不足

1. ＿＿＿＿＿＿＿＿＿＿＿＿＿＿＿＿＿＿＿＿＿＿＿＿＿＿＿＿＿＿
2. ＿＿＿＿＿＿＿＿＿＿＿＿＿＿＿＿＿＿＿＿＿＿＿＿＿＿＿＿＿＿
3. ＿＿＿＿＿＿＿＿＿＿＿＿＿＿＿＿＿＿＿＿＿＿＿＿＿＿＿＿＿＿

❷ 生命的养分 （48分）

"蛋白质、水……"生物书罗列了我们赖以生存的物质。然而，生命不只是靠物质来维持，否则你也不过是具没有灵魂的躯壳。有另一种养分，它让你的生命充满力量、让你的灵魂充满色彩。这种养分，名唤"亲情"。

有时，亲情便是阳光，你本能地汲取那片温热，却未曾在意过它的源泉。

那个夕阳下落寞的地坛里，轮椅上那个孤独的灵魂在为自己的未来而哀悼，却从来不曾注意到身后那个心痛的目光。他似乎已向生命妥协，而母亲却没有放弃。母亲伛偻着，一次次为他购书投稿。面对退稿，母亲却比谁还要坚持着继续。正是在这份不离不弃下，史铁生重拾了自我，感悟到了那些"灵魂的事"。

亲情，滋生的是一种力量。哪怕在最黑暗的日子里，哪怕全世界都放弃你，他们却始终站在你的生命中，为你输送着无形的能量，滋养你那干涸而孤独的心。那力量或许只是一句简短的安慰，又甚至是精神的救命稻草，带着你一步步靠近那一泓清泉，最终拥抱光明。精心细想那句看似不经意的言语，原来每一个温暖的字眼背后承载的情，那是我们前进的原动力，是生命珍贵的养分。

而有时，亲情会化为一颗温润的泪滴，那些充满温暖的事情，使原本空虚的心灵，饱满幸福。

当朱自清在那一回眸中看到父亲步履蹒跚的背影时，他将胸中那涌动的情感随着笔尖的流动娓娓道来，成就了那篇令人动容的《背影》；他将眼中难得的湿润储存了心里，成就了一个文坛中让人铭记的佩弦。我不敢想象，如果那一年没有父亲阴雨天的剪影，佩弦的文字会不会有如此动情的力量？

亲情的感动，其实很微小。是深夜里唯一的那盏明灯，是冬日里不知何时加厚的棉被。而那些或深或浅的感动，或浓烈或恬淡的幸福，一次次化为了生命中的光亮和眼中温暖的眼泪。就好似一棵小树，如若不是用那份爱来呵护，终会枯萎。亲情，这生命中的养分，点燃了灵魂的那盏灯，绽放了那些年华。

如果你已然经历过亲人间的离别，那么你定然知道这份深入骨髓的痛，体味到了亲情之于生命犹如养分之于植物。

如果你仍处在亲情的避风港，那么请你珍惜，珍惜这珍贵的养分，让你的生命五彩斑斓。

找不足

1. _____

2. _____

3. _____

亲其师，信其道

亦师亦友亦诗友
——从方晓山老师的小诗说开去

2007年12月19日上午，在北京市海淀区教师进修学校名师工作站，我作了一场题为《我追求启迪生命的教育》的作文专题讲座。著名语文特级教师、德高望重的方晓山、王寿沂两位老先生亲临指导。

讲座结束后是现场点评。八一中学原语文教研组长、特级教师王健稳老师说："每次聆听于老师的讲座，都钦佩仰慕兴奋之至。不单为心灵的浸润才智的滋养，更因为从于老师身上我悟得了为学为人为诗的至高境界。"

著名语文特级教师、北京市海淀区名师工作站原顾问王寿沂老师点评道："于老师讲的是最高层次的语文，他抓的是语文的生命，是语文教育的根。"

王老师接着说："于老师对语文教育的思考很深，既有理念，又有实践。如：学生不是老师的挣分机器，而是鲜活的生命。讲座从心灵的拯救谈到生命的喝彩，都让人感动。"

王老师最后说道："听了于老师的讲座，心里感到很沉重。我教了一辈子的语文，有些事情一直想做，但不知该怎么做，至今心有不甘。但于老师做了，而且做得很出色，给人触动和启发。由此我想起余秋雨先生的一句话——坚信废墟之上会建设起崭新的高楼大厦。"

著名语文特级教师、北京市海淀区名师工作站原负责人方晓山点评时把我的语文教育概括为五个"有"：

有真情，有大善，有诗才，有禅理，有妙手。

随后，方老师即兴赋诗一首，赢得热烈掌声。

赠树泉

亦师亦友亦诗友，

真善真才真北斗。

莫说语文小绵羊[①]，

先生自有回天手。

【注】

① 语文是长线学科，提分慢。和某些强势学科比，显得很弱势。故有"小绵羊"之喻。

几句小诗脍炙人口，妙趣横生。其中谬奖之辞，愧不敢当。而"亦师亦友亦诗友"句，"于我心有戚戚焉"。

这些年，我给学生写的诗歌不下百首。有时动笔，是因为碰到了有趣的事。

记得一个课间，理班语文科代表戴茗菲兴冲冲地来到办公室：

"老师，报告您一个好消息：今天是米老鼠的生日，也是我的生日；它八十，我十八。"

"祝你生日快乐！"

没来得及多唠，上课铃声响了。

晚饭后，案头是等待批改的一大撂作文。不知怎的，今天工作起来很不专注，总是走神儿：眼前一会儿蹦出个米老鼠，一会儿跳出个戴茗菲，你来我往，此隐彼现，让作文批改大受干扰。后来，我索性放下案头工作，专门去欣赏这欢蹦乱跳的一"老"一少。不久，眼前的画面凑成了一首诗。当晚，我把它发给了戴茗菲，以示生日庆贺。

贺茗菲

（2008年11月18日）

偶闻茗菲18岁生日与米老鼠80岁华诞巧合，欣然贺之。

活蹦乱跳米老鼠，聪明伶俐戴茗菲。

米翁果硕八十树，戴姝花开十八蕾。

八十夕阳无限好，十八旭日正当时。

翁姝双双生辰乐，茗菲牵手迪士尼。

鲜明的对比，喜庆的色彩，欢快的氛围，动感的画面……小诗中，一翁一姝、一老一少双双穿越时空隧道，欢蹦乱跳，载歌载舞——想来有了这首诗，茗菲今天的生日会平添喜气、锦上添花的吧。

果然，第二天，茗菲告诉我，见到小诗后，她十分感动。她说，要让父亲把这首诗装裱起来，悬挂客厅，永久珍藏。同时，她还回赠了一首诗：

回赠于师

才情欲掩料应难，文自飘然意自翩。

七步成诗随心吟，千言倚马信手拈。

齿间沁梅香可嚼，腹中兰气阜比仙。

得君数语成人日，不枉此前十八年！

这种师生的酬唱往来大多是"写着玩"。表面上看，它和作文边也不沾。如果非说有了这首诗，才有了茗菲后来的满分作文《〈红楼梦〉："出圈"之作》（见第一讲第一节满分作文第16页），那便是无稽之谈。但是，如果说这首诗和茗菲后来的作文进步毫无关系，也有点绝对。我觉得目前很多学生写不好作文，问题不在作文本身有多难，而在于学生对待作文的态度。一旦打心里怕作文、恨作文、讨厌作文、排斥作文，离写好作文就会越来越远。反之，如果学生从心里喜欢作文、热爱作文，拥抱作文，梦寐以求钻研作文，"学之者不如好之者，好之者不如乐之者"，作文就会越写越好。"爱"是宇宙间最伟大的力量，如果老师爱学生，千方百计呵护学生那颗灵动的心，师生就会经由情感互动实现爱的传递交融，学生的无限潜力就会被唤醒，能量就会被激发，进而创造出奇迹。正所谓"人之力莫大于心，阳气发处，金石亦透；精神一到，何事不成！"

既然如此，成就区区一篇优秀作文，又何足道哉。

有时动笔，是因为心有所动。

记得一次课间操后在中心花园遛跶，一个灵动秀气的女孩迎了过来，带着几分兴奋的语气冲我说道：

"于老师，刚才又有老师冲我喊'于羽儿'啦！"

说话的女孩叫雅琪，和小女儿于羽儿同班，由于两人气质长相有几分相似，在校园里被认错的事也就时有发生了。每次被错认后，雅琪都会喜滋滋地告诉我一声，我则一笑了之。

今天这同一幕场景又出现了，是第几次我已记不清了，但雅琪那份真情让我为之一动。这一次，我是不是该给她一点回馈呢？

可是，又回馈什么呢？

几天后，雅琪收到了一首小诗。

赠雅琪

神清骨秀秋水深，展眼凝眸俱可人。

笔走龙蛇风云起，视通天地日月吞。

似和非和话语重[1]，弱国强国见识深[2]。

同在一片蓝天下，浑似孪生幻亦真。

【注】

[1] 这句指雅琪作文《和》。

[2] 这句指雅琪作文《强国？弱国？》(见第97-98页)。

小诗一二句从气质、长相的角度把雅琪美美地夸奖了一番；三四句从笔力、才气的角度称赞她的思维敏锐、气势博大；五六句为她的作文倾情喝彩，对她的家国情怀和深刻认识大加赞赏；最后两句点出她和小女同班并且"浑似孪生"……

见到这首小诗后，相信雅琪心里一定"美美哒"！

有时动笔，是赶巧遇上一个活动。

一个元旦晚会与成人典礼同时举行的晚上，教室里披红挂绿，张灯结彩，布置喜庆而不失庄重。活动晚7点开始，在轻松愉悦的气氛中，谈笑风生的主持人还不时在节目间随机"插播"，更给晚会平添不少妙趣。

这不，又一次"插播"来了，内容是"猜猜看"：

"全班女生公认，此君谈吐儒雅，风度翩翩，年轻时必然吸引无数眼球。轻功卓著，脚步轻盈，青翼蝠王亦自叹弗如。诗词储量令人叹为观止，暗地里同学都称他为Google……"

没等这番妙语连珠停下来，同学们响亮的谜底呼喊就把一切淹没了——"于老师，来一个！"于是，我起身站到教室中间，把一首原准备元旦当天再送给同学们的小诗背了出来：

记忆的底片
—— 赠1班全体同学

在我记忆的底片上

微缩了一本相册

上面开着五色的花

数一数

51朵

51朵

灵动是她的底色

底色上点染红黄蓝紫

一时间

花瓣含露　个性鲜活

于是

微笑

在底片上显影

凝眸

在底片上定格

捧读

在底片上频闪

歌声

在底片上穿梭

也许

尘封岁月

一切将黯然失色

也许

时光流转

一切将所剩无多

然而

记忆的底片啊

永不褪色

因为——

那是

　　心智的灵光

那是

　　心路的跋涉

那是

　　心底的响泉

那是

　　心海的放歌

所以啊

　　每次展读

　　　　都会让人感到

　　　　　　往事如昨

诗背完了，很多同学被深深打动，语文科代表送上一束火红的玫瑰。近距离里，我看到了她眼里闪动着泪花。几年过去，一个叫张天翼的同学在微信里说：一想到那首《记忆的底片》，就有一种莫名的感动，仿佛高三的苦都不在了，记忆里满是幸福。

有时动笔，是记下了一次打开心锁，一次艰难救赎，或一次由衷的感动。

"精彩分享"里的《风高浪险几浮沉》《生就冷眼自天成》《咏云湖山小松寄豆豆》都是如此。

2007年高考，因1分之差，豆豆同学与多年魂牵梦绕的北大历史系无缘。沉重的打击令她痛不欲生，卧床几天不吃不喝。家长忧心如焚，一筹莫展；班主任、年级组长乃至教学副校长轮番前往劝慰开导无果。笔者正赶上在密云云湖山度假村参加学校的暑期培训，当天夜里电闪雷鸣，狂风暴雨。早起发现，大树有的被连根拔起，有的被拦腰折断，到处残枝败叶，落花流水。可抬眼望去，满山小松无一倒伏，青翠如洗，精神抖擞，生机盎然。此情此景，让我猛然之间想到了豆豆，心里怦然一动。

当天，豆豆意外收到了语文老师的一首诗。

咏云湖山小松寄豆豆

（2007年7月16日晚，于云湖度假村）

电闪雷鸣，骤雨永夜。清晨天气放晴，万里碧空如洗。登山四望，但见风雨过后，满山小松青翠欲滴，生机勃发。念及豆豆考试失利，赋小诗勉之。

> 一番风雨一番新，枝戏清风叶伴云。
>
> 青崖斜倚披晓月，翠峰伫立眺北辰。
>
> 掣电惊雷无悔意，栉风沐雨有精神。
>
> 岂止苍虬①铜铁色，一般筋骨一般魂。

【注】

① 指老松。

虽经历暴风骤雨，依然坚不可摧、昂首天外的小松让人感奋。诗里句句赞美小松，字字暗指豆豆。

诗的大意是：

> 经风雨你更加精神抖擞，
>
> 戏轻云你枝叶摇曳生姿。
>
> 倚山崖你身披晓月清辉，
>
> 伫翠峰你遥望长天北斗。
>
> 雷电狂你丝毫不生悔意，
>
> 风雨骤你更加神韵完足。
>
> 休言道彼老松铜枝铁干，

小松树自有其不屈魂魄！

见到小诗，豆豆非常感动，当即回复短信："谢谢老师鼓励，我会朝着小松的境界努力的，日后得暇必当奉和。"

不久，豆豆果真发来了自己的"奉和"。

次韵于师《云湖小松》兼作留念

泮溪岁月日如新，未敢凌云只伴云。

晨课最宜邀玉藻，夜归不碍赏星辰。

替人裁嫁无余恨，对律描诗半入神。

为谢师恩兼厚谊，此身长做附中魂。

2012年春节期间，由国务院参事室、中央文史研究馆主办的"中华诗词吟唱会"2月1日晚在北京钓鱼台国宾馆举行。吟唱晚会由11个节目组成，依据上面两首诗编排的《心灵对话》有幸入选并获得广泛好评。中央电视台现场直播，新华网、人民网、中国台湾网等多家媒体作了报道。

《心灵对话》是人大附中于树泉和豆豆的师生唱和作品，反映了老师激励学生，学生回报老师的感人故事。人大附中合唱团的60位学生集体演唱了这两首作品。师生之间一唱一和，一字一句，一声一调，感人肺腑，对"爱是教育的最高境界"作了完美诠释。

后来，"朝着小松的境界努力"的豆豆勇敢迎接人生的挑战，从一所普通大学毕业后，创办了一家文化产业公司，如今事业已经做得风生水起了。

老师给学生的赠言，常常被学生视为最高奖励；学生有时也回馈老师点儿什么，同样是随随便便，自自然然，毫不拘谨矫情，老师也同样珍视。

一天上午，上完课回到办公室，发现办公桌上多了张长方形纸片，上面抄有一首现代诗《送给您》。仔细一看，原来是语文科代表郭轶杉送给我的教师节礼物。小诗旁边还调皮地注了几个字："赏鉴一下啦"。

送给您

乔木生云气，

引雄鹰，枝头憩。

胸中龙虎踞，

奈何竟遇，江头风雨。

燕雀岂知鸿鹄，

阅千古，解庄生。

一点浩然之气，

千古快哉风。

十年磨一剑，

笔头千字，胸中万卷；

用舍由时，行藏在我。

肯把牛刀试手，

树荫桃李，泉润百花。

花香传千里，

人疑是，桃源迹。

　　小诗由一幅幅色彩奇特的画面组成：一个曾经掮鹰玩耍的顽童，一个懵懵无知的乡村少年，一个只读过六年小学便辍学回乡的所谓"知青"，一个务农十年有幸赶上高考"末班车"的地地道道农民，一个拥有理想、酷爱读书、喜欢诗词、钟情老庄的青年学子，一个"树荫桃李，泉润百花。花香传千里，人疑是，桃源迹"的中学教师……出于心中的热爱与拥戴，老师普普通通的人生经历被学生赋予了美好的诗意，并涂上了些许传奇色彩。

　　这种师生间的交流互动是一种自娱自乐行为，完全出于自觉、自愿、自然，没人要求，没有任务，没有分毫的功利杂染。若非要说它们对语文教学发挥了什么积极作用，那也不过是副产品而已，就像一条跳动的林间小溪，波光流转，自然流淌，却在无意中润泽着花草树木，装点着美好风光。

谁都知道，语文学习费时费力，收效又慢，所谓受累不讨好。当精力的"投入"与成绩的"产出"不成正比时，学生的学习动力和积极性就会严重受挫，从此越发不肯在语文学习上耗费时间与精力，以致形成恶性循环。久而久之，在某些"如狼似虎"的强势学科面前，语文学科成了"小绵羊"般的存在。尤其作文，在如今教育"卷"得昏天黑地、拼得精疲力竭、人人紧张焦虑、个个惊恐不安的状态下，提升起来更显得难上加难。

然而，"亦师亦友亦诗友"一语道出"亲其师，信其道"的重要。在决定教育教学质量的诸多要素中，良好的师生关系堪称首要条件。在师生关系相谐、言行相契、情感相亲、心灵相通的情况下，学生的潜意识则易被唤醒，潜能量易被激发，场效应容易形成，教育教学则会成绩斐然。譬如船行水上，进速致远，一切取决于江水盈缩这个"首要条件"。枯水季节，则"枉费推移力"；丰水季节，则"中流自在行"。在教育教学过程中，"师生关系"也似这个"首要条件"。虽然它有时不怎么引人注目，但不等于无关紧要，就像"杨花无意染春绿"一样。春天，杨花并不起眼，但不等于它不重要。

唐风楚韵童梦流——戛玉的故事

暑假开学，送走老高三，迎来新高三，周而复始，又一次焕然一新。

开学不久即迎来勿忘国耻、铭记历史的"九·一八"纪念日。当天的语文课上，在痛说近现代日寇对中国犯下的滔天罪行时，提到了蔡公时在骇人听闻的济南惨案中蒙难的事，但语焉不详，言之不确。这时，一个面容清癯的男生主动站起来说："老师，这个我来讲吧。"随后便从容不迫、滔滔不绝地讲起来。

1927年，国民政府军二期北伐，日军趁机袭击济南。蒋中正派出以蔡公时为首的十余人代表团前往谈判。日军官酒井隆使人割去蔡公时的耳、眼、鼻等，欲迫其就范，蔡大骂日军。日军用刺刀捅进蔡喉咙搅动，蔡终不屈，悲壮就义。日军随后侵入济南市区，大肆屠戮平民，有五千多人殒命——这就是骇人听闻的"济南惨案"。

一个如此复杂的历史事件，来龙去脉交代得一清二楚。一口气讲完后，教室里掌声一片，也给我留下很深的印象。他叫戛玉。

诗歌鉴赏课一直是同学的最爱。一次鉴赏晚唐诗人赵嘏的名篇《长安秋望》，老师很投入地讲着，同学们忘我地听着。

长安秋望

唐代　赵嘏

云雾凄清拂曙流，汉家宫阙动高秋。

残星几点雁横塞，长笛一声人倚楼。

紫艳半开篱菊静，红衣落尽渚莲愁。

鲈鱼正美不归去，空戴南冠学楚囚。

诗歌串释到尾联"鲈鱼正美不归去，空戴南冠学楚囚"时，对"楚囚"这个典故，老师一带而过，并未细究。这时，戛玉又举手补充道：

"楚囚"用的是楚国钟仪囚于晋国的典故，后用来指代被囚禁的人。这里借此典，意在强调自己在朝为官实属身不由己，突出了诗人的思乡之切。直到近代，"楚囚"这个典故还时不时被拿来一用。

戛玉又一次语惊四座。

作文讲评课来了，有篇范文因引用了"尧之疆，舜之土，禹之都"几句而得到老师赞赏。这时，戛玉又举手正误道："尧之都，舜之壤，禹之封"是用典，这个典故出自南宋词人陈亮《水调歌头》。这个同学引用有误，错写成"尧之疆，舜之土，禹之都"了。说完，他竟然音调铿锵地背诵起来，慷慨激昂的《水调歌头·送章德茂大卿使虏》响彻教室。

水调歌头·送章德茂大卿使虏

陈亮

不见南师久，漫说北群空。当场只手，毕竟还我万夫雄。自笑堂堂汉使，得似洋洋河水，依旧只流东？且复穹庐拜，会向藁街逢！

尧之都，舜之壤，禹之封。于中应有，一个半个耻臣戎！万里腥膻如许，千古英灵安在，磅礴几时通？胡运何须问，赫日自当中！

这一次，所有人都被震撼到了！

一次和戛玉唠嗑，他兴致勃勃地聊起自己非同寻常的"求学之路"——幼儿园小班、中班、大班一天都没去过，在家里"全职"玩耍；六年小学也完全在家里度过，没进过一天校门。童年时光，流金岁月，从早到晚，除了玩耍之外，就是由爸妈教教数学，讲讲诗词，这种学习方式，培养了自己浓厚的读书兴趣，一扎到书堆里，就忘了一切。从初中开始，才插进理科班跟班学习，直至今天。

不过，戛玉也有自己的苦衷。"我的最大的苦恼，就是不会写作文。看了那么多书，背了那么多诗词，到时候却用不上，作文成绩一直在40分左右打转儿。"说到作文，戛玉一脸无奈。

读了书到写作文时用不上，戛玉的情况并非个别，只不过他更突出而已。

写不好作文通常有这样两种情况：一是平时不爱读书，不重视积淀，胸无点墨，没有"库存"，结果巧妇难为无米之炊，写不好作文不足为怪。二是虽然读了很多书，有一定积累，但依然写不好作文，其中又有两点原因，一个是认识上的问题：本来自己拥有一座宝库，按说腹有诗书气自华，但由于对自己的"拥有"视而不见，认识不到其价值所在，自然不会用，也用不好。还有一个是方法问题：写作与阅读不能有机链接，打不开思路，不懂得如何"激活"与"转化"。纵是满腹诗词歌赋也无法满血复活，知识积累也不能转化为写作能力，以致端着金碗讨饭吃。这不只是戛玉一个同学的问题，而是一部分同学亟待解决的问题。对此不能只讲"认知"不讲"方法"，也不能只讲"方法"不讲"认知"，只有双管齐下才会奏效。

我反反复复和同学们讲：一篇好作文最重要的标志必须是"活的作文""生命力旺盛的作文""活蹦乱跳的作文"，而不能是"死的作文""木偶作文""僵尸作文"。那么，作文怎样才能"活"起来呢？

第一，在确保扣题的前提下，它的立意必须是"活的"。要打开思路，以源自作者内心生发出来的情感作为立意，这样的文章最有活力。所谓"激情之火，美文之源"，否则作文便形同行尸走肉。

第二，作文内容或者说使用的论据必须是"活"的。这里所说的"活"并不仅仅指"新"，并不排斥历史人物和历史事件。在"活"的立意的引领下，腐朽可以化为神奇，古树可以绽出新芽。不必说那些人类创造的精神财富，包括哲学、美术、音乐、诗词等等，穿越时空，历久弥新，具有永恒的生命力；更不必说丰富多彩、变化万千的现实生活。大凡自己有关注又有思考的事物，只要合题，均可入笔。而以角度新、思考深、个性色彩鲜明者为佳。一篇作文的立意、材料、情感都是"活"的，这篇作文自然就有了生命。而"有生命"的作文必然能感染人、打动人、引起人们共鸣，从而获得考场作文的成功。

第三，在"活"的立意、材料、情感之外，如果再加上活的文笔，作文就锦上添花了。

这样讲着讲着，同学们的作文思路渐渐打开了，一个个属于自己的精神瑰宝被发现，作文整体面貌悄悄起了变化。

有一次写题目为"生命的养分"的作文，出现了诸如国歌、音乐、书法、美术、动画、电影、围棋、国画、故乡、大海、连环画、民族文化、高贵品格、武侠小说、文化产品等个性独具的立意。

接下来的半命题作文题目是"和_____的对话"，很多同学的作文思路进一步打开，作文立意不仅突破了时空限制，而且突破了具象与抽象、有生命体和无生命体的限制，作文内容也更加丰富绚烂，多姿多彩。有的写"历史名人的眷恋"：如商鞅、蔡文姬、曹操、祢衡、诗鬼、元稹、李煜、袁崇焕、纳兰性德……有的写"今人今事的关注"：如冰心、张纯如、张爱玲、余秋雨、马加爵、覃瑶、网瘾少年……还有的去对话天地万物：如印章、葡萄、毛笔、手风琴、奥林匹克、中国现代建筑……可谓万紫千红，美不胜收。

夏玉的诗词优势经过作文引导和练习，逐渐在同学中凸显出来，作文明显有了起色。

欣喜之余，我给夏玉写了首诗。

致夏玉

唐风楚韵童梦流，夏玉敲金①歌不休。

敢向多少②潮头立，乐于长短③弄扁舟。

慨然蔡公④凝碧血，莞尔汪逆⑤扮楚囚⑥。

一曲尧都⑦正未了，境阔言长⑧两悠悠。

【注】

① "夏玉敲金"指吟诵古诗词的童音如金玉敲响般美妙。

② "多少"这里代指数学。

③ "长短"这里代指长短句，即宋词。

④ "蔡公"指蔡公时。

⑤ "汪逆"指汪精卫。

⑥ "楚囚"代指囚徒。

⑦ "尧都"指陈亮词。

⑧ "境阔言长"，古有"词以境阔，诗以言长"的说法，这里泛指诗词。

诗的大意是：

你从小浸泡在诗词海洋，

金声玉韵萦绕脑际耳旁。

理科强手中你不甘示弱，

填词作亦时闻音调铿锵。

蔡公洒碧血你悲情难抑，

汪逆谋刺案堪笑料一桩。

陈亮水调歌头订正未了，

满腹诗词自然满腹文章。

　　戛玉大受鼓舞，作文也越写越好，作文成绩从40分左右一路飙升。不久，他还填了首《水调歌头·赠于师》作为赠答。

水调歌头·赠于师

　　自于师执教至今，匆匆大半载矣。别离之日，亦当屈指可数，此所谓隐忧也。故赋此以寄幽情，兼酬恩师七律之赠。戊子岁末戛玉谨记。

　　韶光有几许，今复几春秋。浩歌同数清兴，西北有高楼。止水心如香茗，领入空明禅境，学海纵扁舟。能此几今夕，秉烛看吴钩。

　　桃自谢，李自落，两绸缪。落花风景，年年春水一何愁。载我十年欢笑，诉我一襟离思，施爱满沧州。明日定携酒，重续梦中游。

　　"明日定携酒，重续梦中游。"——戛玉是这么说的，也是这么做的。后来，他还真的恭请老师"有酒盈樽"了。这"酒"，便是海淀一模时写出《诗词：突破桎梏才能发展》的满分作文。

诗词：突破桎梏才能发展——戛玉满分作文

诗词：突破桎梏才能发展（60分）

戛玉

　　诗词，这种传统的中国传统文学样式，以她那悠久历史、光荣的传统，千百年来不知泽被了多少读者。那么，究竟是什么使诗词经久不衰、不断向前发展呢？我认为，一个决定性的因素就是它不断突破着由传统作品及其相互影响织成的圈子，从而一次又一次地获得新生。诗词，突破桎梏才能发展。

让我们看看北宋初年的词坛吧。词本是歌筵畔用来演唱的小曲，于是，"词为小道"、"词为艳科"的传统观念左右着人们，词坛上一片卿卿我我，无数艳词编织成一张巨大的圈子，限制着人们的思想，影响着人们的创作。甚至以古文改革闻名的欧阳修，也在词的圈中徘徊反复，止步不前。忽然，平地一声惊雷，词坛上出现了苏轼：他打破了词创作的旧局，丝毫不受艳词的影响，主张"无物不可言，无事不可入"；于是，在他的笔下，出现了"会挽雕弓如满月"的杀敌豪情，出现了"也无风雨也无晴"的旷达情怀，甚至出现了"村南村北响缲车"的淳朴的农村风情。苏轼之后，黄庭坚、叶梦得、张孝祥等人继承他的衣钵，或描绘"江山自雄丽"的自然风光，或抒发"平生豪气安在"的豪迈气概，一次次冲击着艳词的影响，终于使这个腐朽不堪的圈子在南宋彻底被打破，豪放词成为词坛的主旋律，宋词也进而成为宋代文学的主旋律，成为中国古典诗歌中的一只奇葩。

将时间坐标放在近现代，这个法则依然成立。20世纪初期，在时代大潮的冲击与呼唤下，几个"同光体"、"常州派"诗人、词人却不敢表现新事物，抱残守缺，不敢越雷池一步。他们的作品相互影响，进而影响了整个诗坛、词坛，构成一个巨大的、死气沉沉的圈子。然而，曙光终究会出现：面对解放军渡江南下，夏承焘呼喊着"指点白鸥起处，想象红旗无数，万舸夜南征"；面对埃及人民收回苏伊士运河的斗争，钱仲联唱出"金塔狮神夜怒，山河还我为主"的高昂旋律。一些诗人敢于对那些因循守旧却有巨大影响的诗作说"不"，终于突破桎梏，向世人宣示着："旧瓶装新酒"才是旧体诗词发展的真正出路。

生物生活在生态圈中，彼此依赖，相互影响；同样，诗词也存在于各种风格的作品织成的"圈"中，然而，这些作品的相互影响，却往往限制着诗词的发展。只有不断突破这些圈子，诗词才能获得前行的动力。诗词，突破桎梏才能发展。

点评

打开思路，去发现属于自己的瑰宝，戛玉能，你也能。

弱国强国见识深——雅琪满分作文1篇

（作文题目见第六讲第二节"鲸与沙丁鱼"）

强国？弱国？（60分）

程雅琪

鲸喜食沙丁鱼，见之则穷追不舍，以致不顾搁浅的危险直冲上岸。此时再想脱身为时已晚，只有死路一条。而看似弱小的沙丁鱼则摇曳着轻盈的身体，鲸口逃生。

其实这也正是世界政坛的一种写照。某些大国自恃经济军事力量雄厚，蠢蠢欲动；殊不知早已因为膨胀的野心被千夫所指，成了道义上的弱国，行走在搁浅的边缘。

20世纪二三十年代的法西斯国家，多么地不可一世。希特勒叫嚣着争取"生存空间"，向无辜的欧洲撒下罪恶之网；日本早就制定了"大陆政策"，带着对亚洲邻居们的轻蔑扬起铁蹄；意大利更是被侵略的野心和膨胀的欲望冲昏了头脑。于是，邪恶轴心向全世界伸出魔掌，过于自信地对"沙丁鱼"们穷追不舍。只可惜失道寡助，侵略者们最终如庞大的鲸一般在"悔之晚矣"的沙滩上搁浅。希特勒只好在柏林地下室举枪自尽；日本则在民穷财尽、满目疮痍中自食苦果；墨索里尼也在众叛亲离中被游击队员暴尸街头。而貌似弱小的"沙丁鱼"们呢？他们互相合作，努力从战争阴影中脱身而出，向着全世界的和平发展扬帆远航。

无独有偶。当今世界，美国可谓第一强国，经济军事实力无国能及。然而，他得到全球人民的尊敬了吗？显然没有。战后，马歇尔计划的阴险虚伪，扶持日韩的居心叵测，早已让人们对他自我标榜的美好形象发生怀疑。可惜美国并未警醒，依旧指望从中东战乱中伺机牟利。胃口太大的鲸，即使身体再庞大，也总会有搁浅的一天。

我们作为世界上最大的发展中国家，要以史为鉴。我们应该放平心态，继续为推动世界的和平发展不懈努力。万隆会议上的和平共处五项原则，非洲草原上的坦赞铁路，已经为中国奠定了浴火重生的基础。当下，我们更应延续几千年礼仪之邦的传统，成长为一条和平进取的鲸！

点评

这是一篇颇具圆合美的考场作文。

其一表现在立意的普适性。"鲸鱼捕食沙丁鱼"只是一个普通的寓言故事，其寓意并不艰深，无非"大小、强弱转化"之类。然而作者从世界政坛的角度立意，由一个小故事提炼出可以跨时空、越古今的具有普遍适应性的"世间通理"——如果大国自恃强大而为所欲为，就会被千夫所指，成为道义上的弱国，行走在搁浅的边缘。

其二表现在内容的互补性。第三段先用"20世纪二三十年代的法西斯国家，多么地不可一世"总提，再用"希特勒""日本""意大利"的事例分述，随后用"于是，邪恶轴心向全世界伸出魔掌，过于自信地对'沙丁鱼'们穷追不舍"承上收束。这一层写法西斯的"多行不义"，观点与材料之间总分总互补，显得非常地圆满周密。下一层写法西斯的"自毙"结果，先用"只可惜失道寡助，侵略者们最终如庞大的鲸一般在'悔之晚矣'的沙滩上搁浅"一句总提下文，继而用"希特勒""日本""墨索里尼"几句分述。以上内容的两个层次之间形成了因与果的勾连互补。最后用"而"一转，写"貌似弱小的沙丁鱼"的发展，和德意日之类的"鲸鱼们"毁灭构成了正反互补。内容多角度多层面的互补，构成了内容的圆合。

其三，作者还善用关联词穿针引线体现圆合。第四段一个"无独有偶"承上启下，构成古今对照互补。文章先由美国的"强大"写起，随后用"然而"一转，写它的倒行逆施，使前后关联。文章结尾用"要""更应"等词语从正面与开篇遥相呼应，周密圆合，混融一体。

（本文原载于《作文通讯》）

前呼后应，浑然一体——考场作文的"圆合美"

"圆合"出自刘勰的《文心雕龙·熔裁》，作者是这么说的："草创鸿笔，先标三准……故能首尾圆合。"所谓"圆合"，也就是文章的圆满吻合，前呼后应，混融为一的状态。具备了这些特点，文章就会显得周全、圆满、平稳、和谐，呈现"圆合美"。议论文的"圆合美"主要体现在立意、内容、结构三方面，如果我们能让自己的作文呈现"圆合美"，那无疑意味着一种成功。

所谓立意的圆合，可以理解为立意上的不偏激、不矫情、不咬死理、不钻牛角尖，不刻意求新出奇弄险的状态。也就是说，在作文时，我们所讲的道理应该具有某种"普适性"的特点，我们虽然是在就一时一事讲道理，但同时这道理也可以推而广之，穿越时空，具有普遍的适应性——此为立意的圆合。

所谓内容的圆合，用刘勰的话说是"酌事以取类"。也就是说，在选取论据时，我们既要注意论据的典型性，又要有意识地从不同的角度去选取，从而使论据具有广泛的代表性，让论据之间形成"互补"。互补的类型有种种——有实与虚互补、点与面互补；也有正与反互补、上与下互补、尊与卑互补；还有古与今互补、中与外互补；等等。通过论据之间的互补，使论证避免了单一性，带来了周密性，实现了"论据之和"的"圆满周全"——此为论据的圆合。

所谓结构的圆合，也就是指行文中的前后衔接、彼此照应。议论文意在以理服人，行文中必须讲求内在逻辑性。文章的首尾之间、词序之间要

099

注意穿针引线、承启关联，因果、转折、递进等逻辑层次之间，要注意有呼有应、有问有答、有分有合、有放有收 —— 此为结构的圆合。

做到以上三个圆合，你的文章就会既丝丝入扣、紧凑严密，又富于韵律、盈满生气，呈现出一种混融一体的"圆合美"——这将使你高考获得成功。

准确立意　谨防脱靶

——自然现象类

02

在日常生活中，无论松梅竹兰，还是风霜雨雪，都常常被人们赋予各种感情色彩，或指代或比喻或象征，来形容不同事物。作文命题也是这样。面对自然现象内容的材料作文，学生只有读懂了作文材料，准确把握住自然现象的特定寓意，才能写出合乎题意的作文。否则，"展开联想"就成了胡思乱想，就有"盲人骑瞎马，夜半临深池"的危险。

本讲的两个作文材料都属于"自然现象类"。这类作文材料的特点在于表面说的都是山水草木、花鸟虫鱼之类，浅显易懂，无甚艰涩。但动起笔来，则要由此及彼地展开联想，由表及里地深入开掘，由自然而社会地纵向拓展，由山水烟花雪月风而人生百态地广泛探究。这时容易犯的毛病是找不到新鲜角度，以致立意流于表面，落入俗套。而展开联想时，又因平时积累不够，头脑空洞，在论据使用时不分时空，不管类型，不论事物性质，不讲感情色彩，东拉西扯，杂乱拼盘，"拣到篮子就是菜"，结果高中生写出的作文认识肤浅，浑似稚童，而且散乱不堪，杂乱无章。

两个作文材料内容虽然不同，却都含有对比因素，可谓异中有同；但前者比在生存方式，后者比在价值取向，又可谓同中有异。在相同的自然条件下，"仙人掌"与"沙漠大黄"的表现截然不同，你觉得孰优孰劣？由此可联想到哪些生活现象？而从虚拟的"花""果"之争中，你又想到了什么？

以下所选的满分作文和其他一类作文，都是分别从800多篇作文里精选出来的。其中写"仙人掌与沙漠大黄"题目的有6篇满分作文，5篇其他一类作文；写"花与果"题目的有3篇满分作文，7篇其他一类作文。从这21篇范文里，你发现了多少立意角度？积累了多少新鲜论据？总结出多少考场作文的成功经验？

目前中学生作文跑题现象已成顽疾。每次作文，不管面对什么类型的文题，都会出现大范围跑题；即使文题再简单、要求再明确，也照跑不误，而材料作文的跑题现象尤为突出，以致成为考生成绩的最大威胁。有时年级考试，一个班50多名学生，作文跑题会达到半数以上；有的学生因为跑题而重写，同一文题连写三遍仍不能过关。每每此时，更能感受到"中学生作文全线崩溃"（温儒敏语）带给人的沉重与痛切。

有这么一句被人们广泛认可的话：作文即做人。追根溯源，作文内容的不着边际、不辨东西、不知所以，折射出的是认知的懵懂、心智的昏聩、神思的恍惚。

社会诱惑太多，升学竞争加剧，课业负担沉重，没有时间读书，钻牛角尖的同学很普遍，这暴露的已经不仅仅是作文问题，而是思维的偏执，精神的萎靡，生命的困惑。在这种情况下，作文跑题、"满盘皆输"的现象在所难免。

本书很难使作文跑题的现象从精神层面得到根本转变，但可以通过技术手段让跑偏的车逐渐步入正轨。书中的范文结构清晰、章法井然，示范作用明显，容易学，好借鉴。只要学来，便可拿到作文的基础成绩。尤其重要的是，这些范文主旨鲜明、扣题紧密、论据典型、章法严谨，如果在找出中心论点、分论点、论据的基础上，再认真分析一下三者的逻辑关系，作文的跑题风险将大为降低，作文成绩就会因此更上一层楼。

一、仙人掌与沙漠大黄

题 目

阅读下面的文字，按要求作文。（60分）

为了在沙漠干旱恶劣的环境中生存，仙人掌把叶片蜷缩成针刺，以减少水分蒸发，在大漠中安营扎寨。沙漠大黄则向四面伸展肥硕碧绿的叶片，通过叶片上许多凸凹不平的纹理，将落到叶子上的每一滴水都导流到根部，开出娇艳的花朵。

它们的生存方式，引发了人们许多思考：有人说，在恶劣的环境中，仙人掌和沙漠大黄都有自己的生存智慧；也有人说，在困境中，蜷缩内敛的仙人掌活得从容；还有人说，在困境中，舒展张扬的沙漠大黄活得灿烂……

请就以上材料，展开联想，自定角度，写一篇文章。题目自拟，文体自选（除诗歌外），不少于800字。

解 题

这个作文题目极具开放性。

面对沙漠这一恶劣的生存环境，仙人掌和沙漠大黄以不同的生存姿态，活出了不同的精彩。两种生活态度，你可以俱加赞赏，也可以有所褒贬。至于到底怎样才能写好，就看你在立意构思时，能否调动自己优势积累并匠心独运了。

满分作文

同样精彩的生命（满分作文6篇）

说明

下面的6篇满分作文是从七八百篇高三学生作文中精选出来的。阅读后，请把论点、分论点和论据抄写在每篇作文的后面。第一篇作文后面老师已经提供了示例，可供参考。这样认真练习，对于在议论文写作中掌握如何提炼论点、分论点以及如何使用论据会有所帮助。

范文

❶ 同样精彩的生命 （60分）

董福介

不论是仙人掌还是沙漠大黄，它们都在沙漠的严酷之下活出了属于自己的精彩。

是沙漠造就了仙人掌的针状叶，也是沙漠造就了沙漠大黄的碧绿叶片。无所谓喜欢与不喜欢，无所谓伟大与不伟大，至少生命在沙漠中的每一种形态都值得我们去崇敬，就像那些在同一黑暗年代下却迥然不同的文人们，不同的生命形态，却带给我们同样的爱和感动。

如果因为政治的黑暗与当权者的冷酷而把晋比作文化上的沙漠，想必不太会有异议，一个刚刚结束分裂的国家总是对着统一有着无比的执著。于是在这个沙漠上，便有了如仙人掌般的阮籍和沙漠大黄般的嵇康。一直很喜欢嵇康，这个"岩岩若孤松之独立，巍峨如玉山之将崩"的奇伟男人，便如同沙漠大黄一般活得灿烂，活得潇洒。究其一生都在为了自己"不以天下私亲，宁济四海蒸民"的政治理想而骄傲地活着，于竹林中大醉，在乡舍中打铁，舒展张扬而为世界所倾倒，甚至于生命将要终止的时候还能"顾视日影，索琴弹之"，当真是把生命的叶片全都舒展开来，把所有水滴都收集，所以这个如沙漠大黄般的男人被人们所赞颂。相比于嵇康，同是竹林七贤中的阮籍就好比仙人掌沉静安稳，但依旧精彩。阮籍的八十二首五言《咏怀》，就像脱胎于屈原的《天问》，但相比其更显深度，就像是封建社会人们对于生命存在意义的极致思考，及至阮籍所写的《大人先生传》更是后世这类文章的模仿典范，或许不同于嵇康的灿烂，但是阮籍的生命却更有广度，同样精彩。

或许近代的战事频发也可以看成是一个文化的沙漠，而在这之中陈寅恪无疑是那仙人掌，而傅斯年就更像是沙漠大黄。同是国学大儒，"傅大炮"选择了尽展枝叶以抵御沙漠，他可以当面责问蒋介石，更可驳斥自己的老师胡适，但他还是那个"史语所"的发起人，更是台湾大学历史上最有名的校长，就像沙漠大黄一样，恣意而无所畏惧。相比于傅斯年，隐忍的陈寅恪更像是仙人掌，不追求外展的生命，只是把叶片变针，好好地教书育人，桃李天下。从当年的清华四大导师到中山大学，他的生命堪称伟大，而在完全失明膑足后，口述而成的《柳如是别传》更是那沙漠之上的完美奇艳。

无论是风、是砂、是炎热、是寂寞，那些沙漠中的植物都不停地带给我们力量，正如不同形态的文人们所带给我们的同样的爱和感动。

"准确立意"练习（示例）

1. 论点：在严酷的环境下活出属于自己的精彩。

2. 分论点：古代的文化沙漠长出大黄和仙人掌；
          近代的文化沙漠也长出大黄和仙人掌。

3. 论据：嵇康，阮籍；
        陈寅恪，傅斯年。

❷ 生如夏花 （60分）

林欣

在沙漠中的大黄，由于缺乏水分，需要通过叶片上的纹理将每一滴水导流至根部。然而，那仅有的水源支撑下的生命，却在皑皑黄沙的世界中伸展出肥硕的枝叶，开出娇艳的花朵。

我向来不喜欢仙人掌，它球状的躯体与针形的叶片，宣告着它小心谨慎却畏畏缩缩地生存。相反，我更喜欢大黄的姿态。身处困境又如何，只要活着，就应该活得舒展，活得灿烂！

"几间东倒西歪屋，一个南腔北调人"。徐渭的一副对联，写出了生存的清苦，却也凸显了生活的豁达与绚烂。费尽心机谋划的战略部署，不被当局者采纳；挥毫泼墨的山水字画，无人问津。处处碰壁，终不得志的青年时代过去，徐渭，只得迎来一个家徒四壁、清苦不堪的晚年。然而，我却很难从他笑对人生的面孔中，读出一个"苦"字。题诗作赋不求卖得好价，但求心中所感一吐为快；"茅屋为秋风所破"又能如何，把酒临风，快然自足而已矣。徐渭，他从不是一个面黄肌瘦的穷苦者，他虽清瘦，却是位道骨仙风的老人。生之艰难困苦积于心中，落笔，却化为墨迹晕染间的悲壮与豁达。他从不曾沦为生之囚徒，而成为生命的驾驭者，成就中国文化史上一个永难超越的高峰。

身处涸辙，若能泰然处之，随缘自适，报以开朗豁达之心胸，方得生如夏花。

不知工业时代的荷兰，那位失去双耳的画家，可知东方有个徐渭。同徐渭一样，梵高用他手中的油彩，涂抹出生命中最瑰丽的颜色。年轻的他常年露宿街头，积累下的画作几乎不曾卖出。只有一次，一位商人用少得可怜的钱买走了其中一幅，他却不知是他哥哥怕他难过，而遣人买走而已。明知不被接纳，他却依然坚持自己的风格没有一丝妥协或者迎合。这位梵高，执著得让人心疼。而当我看到《向日葵》，我忽然明白他的坚持，是何等可贵。生命待他如此苛刻，而他，又怎能用自己的画笔，勾勒出怒放如骄阳的花朵！天蓝色的背景，翠绿的枝叶，金得如同流光般的花瓣……没有一笔，描绘的是苦难。我忽然明白，一定是因为坚信自己的天赋与才华，他才能对人生报以笑容，将生命用以坚守吧；才能够独执一盏明灯，在暗淡的时代中步履越发坚定。许多人说他疯了，我想他的内心，一定在笑。

身陷困顿，必有持之以恒，坚韧不屈，坚守至纯至真之自我，方得生如夏花。

我相信只有经过苦难的人生，才能开出最美的花朵。踏过荆棘，渡过险滩激流，方能获得生之坚韧与伟大。这也必是人生，最精彩之所在。

无论苦难，无论困境。生，当如夏花。

"准确立意"练习

1. 论点：_____

2. 分论点：_____

3. 论据：_____

---

❸ 盛开在沙漠中的花 （60分）

吴岚

相信去过沙漠的人一生也无法忘记沙漠大黄的美丽。在暴晒的阳光下，滚烫的沙粒中，沙漠大黄那恣情舒展的绿叶令人惊艳。相比于仙人掌的沉默，这沙漠中的花显得灿烂、自信、高傲、决绝。这般灿烂的花朵，不禁令我想到了那些在困境中毅然绽放的人生——

梵高用他不灭的激情，在人生的沙漠中竭力绽放出了异彩。在那个压抑而落后的年代，梵高的天分使他注定成为一个不被世人所接受的异数，也使他那一幅幅新奇的画作注定被抛弃。因此，这个天才画家一生困苦，他的人生因穷困、孤独、饱受世人的白眼而成为荒无人烟的沙漠。饶是在这样的情况下，他却从未屈从、从未气馁。他用笔墨肆意挥洒着自己的理想，那些在暴日烈雨中也从未失落的天才梦。

于是，你看到了那幅《星月夜》吗？即使在黑夜，他却用激情点缀了苍穹，那漫天星辉使黑夜亮如白昼，正如他灿烂的梦想。于是，你看到了那幅《向日葵》吗？那即使被折损的花枝，却依旧顽强地开出了令人炫目的饱满的花朵。那满目的金黄，不正是他人生的写照吗？即便身处沙漠，即便烈日使他无处可逃，但梦想依然不灭，生命依然开出了令人惊艳的花朵！这就是梵高，用那支残破的画笔绘出最浓墨重彩的人生；这就是梵高，在极端困苦的人生沙漠中，用自己不灭的激情与理想开出了灿烂的生命之花。

林风眠用他的坚定和勇气，在人生的沙漠中依旧灿烂。作为现代画的宗师，拥有极高成就的他，也有过人生最难熬的沙漠。"文化大革命"期间，林风眠大师被无情打压，无数同他一样昔日长青的参天树木也在这漫无边际的沙漠中渐渐干枯。他惊闻好友傅雷夫妇双双自杀的消息后，痛心不已，却也暗下决心，无论如何也要顶住烈日，在这沙漠中存活。他说在"文化大革命"时，他过的是"狗"一样的生活，即使如此，他的生命却从未黯淡。人如其名，他的双手被禁锢，可他的思想却在风中自由翱翔，于是他"在脑中画、心中画"，他那坚定、饱满、灿烂的思想之花幻化成了人们看到的自由、欢快的鸟，随性闲适的鹤，我们这才明白这力透纸背的正是他在困境中愈发灿烂的人生。林风眠在他人生的沙漠中，如风般狂舞，开出了令人震撼的思想之花。

我们都看到了，那些盛开在沙漠中的花朵，以他们不屈从于命运的姿态，绽放了瑰丽、灿烂的生命，在时刻震撼着我们的双目，感动着我们的内心。

"准确立意"练习

1. 论点：＿＿＿＿＿＿＿＿＿＿＿＿＿＿＿＿＿＿＿＿＿

2. 分论点：＿＿＿＿＿＿＿＿＿＿＿＿＿＿＿＿＿＿＿

3. 论据：＿＿＿＿＿＿＿＿＿＿＿＿＿＿＿＿＿＿＿＿＿

❹ 活出姿态 （60分）

凌琪

在气候干旱环境恶劣的沙漠中，沙漠大黄向四面伸展出肥硕碧绿的叶片，以便吸收水分导流到根部，开出娇艳的花朵。它舒展的身姿，鲜艳的花朵，在荒芜的大漠中显得无比灿烂。我认为，在困境中，活出姿态，是生存的更高境界。

我曾在《读者》上看过一篇文章，描写困难时期一对俄罗斯夫妇宴客的情景。当时，俄罗斯国内物资极度贫乏，每人每天只能分到1/8磅面包，然而就是在这种恶劣的条件下，人们的生活一切照旧。这对夫妇在客人光临之后，点上仅剩的三支蜡烛，摆好精致的瓷制餐具，在每人盘里分一小块，配小半杯伏特加酒。席间笑声不断，气氛融洽，人们不紧不慢地把盘中的食物吃完，并夸赞女主人的精湛厨艺。也许有人会说俄罗斯人爱面子，但我认为，他们在困境中活出了姿态，活出了尊严；也许有人会说他们不懂生存之道，但我认为，正是骨子里的高贵支撑着他们克服了一个个生活的艰难坎坷。他们时时保有一颗热爱生活的心。试想，如果俄罗斯民族失去了这种精神，那么这个民族能够在世界上屹立不倒吗？他们能打败法西斯赢得卫国战争吗？他们能度过那困难时期吗？正是因为他们在困境中活出了姿态，生活才没有抛弃他们；正是因为他们的自信和自尊，他们才能渡过重重难关，笑看过去，迎接未来。

我看到过报道2010年春夏西南地区的旱情牵动着全国人民的心。土地龟裂，粮食减产，饮水困难，我看到这些报道时不由得为当地居民忧心。石头村，那是贵州省一个极为偏远的村子，与外界基本没有联系，平时用水只靠下雨，距离最近的水源地有5小时的路程。村里的家家户户都自愿加入到"背水"的行列，连孩子也不例外。我无法想象我的同龄人甚至比我还小的孩子每天跋涉几十里山路，我想他们一定是为生活所迫，他们心中一定充斥着对生活的埋怨之情。然而事实证明我的想法大错特错了。透过记者的镜头，我看到一个小女孩背着两个水桶摇摇摆摆地向村里走去，她头发上别着亮晶晶的蝴蝶发夹，她的眼睛闪烁着光芒。这种光芒是几十里山路的尘土所无法掩去的。她对记者说她很喜欢从小生活的这个村子，她相信旱灾很快会过去，她对未来充满希望……与那些遭遇困难就失魂落魄、眼神黯淡的人相比，我在这个不到10岁的小女孩身上看到了困境中的坚强。活出姿态，就不会被生活打倒。

　　活出姿态，是一种行动，更是一种精神、一种信念。活出姿态，让生命在困境中灿烂地绽放！

"准确立意"练习

　　1. 论点：_____

　　2. 分论点：_____

　　3. 论据：_____

⑤ 在困境中，仍可以舒展　（60分）

甘兰

　　在沙漠干旱恶劣的环境中，沙漠大黄向四面伸展肥硕碧绿的叶片，通过叶片上的纹理将落到叶子上的每一滴水都导流到根部，然后开出娇艳的花朵。

我说，沙漠大黄之所以开出娇艳的花，是因了它在逆境中不蜷缩，而是拥抱一点一滴的水分，借以滋养自己。

这让我想起了唐代书法家怀素。他小时候家里贫困，就被送入寺庙当了和尚。酷爱书法的他竟将寺中观音的白衣拿来练字。住持恼怒之下烧掉纸张再不许他练字。可以说，这给怀素造了一个很大的困境——没有纸，住持反对，他怎么练字呢？在这困境下，怀素没有蜷缩，而是张开手臂，去迎接他又找到的"纸"——芭蕉叶。在没有纸的困境之中，怀素仍积极地给自己创造条件，抓住每一个可能。于是，在芭蕉叶上挥毫泼墨，成就了一代著名书法大师。

怀素像沙漠大黄，在困境之中不断寻找机会，积极创造条件，在纸张匮乏、住持反对的困境下，开出一朵朵狂放的墨花。

《义勇军进行曲》的作曲人聂耳，曾有过这样的经历：他在国外生活，一边打工，一边要练习小提琴。经济上，他是十分困难的，只租得起一个低矮的阁楼。在这阁楼里，坐着都难以直身，如何练琴呢？为了谋生，聂耳白天要打工，打得身心俱疲，哪来时间、体力练琴？在生活的压力下，聂耳并未低头。白天没有时间，就在夜里练；阁楼低矮空间不够，那就打开天窗，将身体探出去练！在穷困中，聂耳的琴声悠扬在异国他乡的夜里。无论风雪吹打，不顾饥寒交迫，他的琴音都飘在阁楼的上空。

聂耳像沙漠大黄，不管生活多么窘迫，他还是利用着有限的时间、空间，放出他的琴声，使自己的小提琴水平得到长足的进步。那一个个音符，便是寒夜中绽放的绚丽花朵！

我们说，在困境中，我们大可不必被困境困住了手脚。沙漠中的蜷缩着的仙人掌，固然有其从容，却活不出沙漠大黄的舒展灿烂。在困境中舒展吧，去拥抱一切有利条件——尽管它们十分有限——以绽放美丽的花朵！

"准确立意"练习

1. 论点：_____

2. 分论点：_____

3. 论据：_____

❻ 困境不会剥夺你追求美的权利 （60分）

倪天持

沙漠环境干旱恶劣，植物们总是趋向于减少水分的蒸发，而大黄却肆意地伸展翠绿的叶片，将每一滴水导流到根部，开出灿烂的花朵。也许有人会说它这美丽太过奢侈，我却赞美它，赞它于困境中勇于追求美丽，活得灿烂。困境不会剥夺任何人追求美丽的权利。

知识的匮乏不会影响你追求美丽。龙应台先生写过这样一篇文章，她去乡下，看到一个老农将墙壁刷得雪白，墙隅处种了一簇娇艳的玫瑰。在老农的悉心照料下，玫瑰红得要燃起来，映在雪白的墙壁上，美得不可方物。这个农民如同那大黄一样值得赞美，因为他懂得何为生存，而何又为生活。雪白的墙壁，红得喜人的玫瑰，无不凸显出他不甘于只是填饱肚子，而是同样看重生活情趣，追求生活之美，体味生活何其丰富的精神内涵。所以我说，这个老农值得赞美，因他对美的追求，如沙漠大黄般执着。

贫穷不会阻止你追求美丽。俄罗斯的女人无论多穷，都会在买菜时带回一枝玫瑰，无论多穷，都会送孩子去学习芭蕾舞。这个民族对美不懈的追求一如大黄，令人赞叹。因而说起俄罗斯人，人们总是觉得他们高贵而优雅。这个不屈的民族在冰天雪地中活得坚实满足，很大程度上来自于他们对美的追求。也许有人会不以为然：都揭不开锅了，哪有闲钱去买那劳什子美丽？其实不然。美丽与温饱同等重要，甚至在某些程度上更为重要。窗明几净是一种美丽，母慈子孝更是一种美丽，这些，都与金钱无关。相反，许多有钱人却丢失了这些美丽，终身与丑恶为伴。追求美丽让人活得有韵味，生命也因此厚重炫美起来，如同那灿烂的沙漠大黄。

我的音乐老师告诉我，哪怕是去楼下买菜，他也要穿得整洁得体，一丝不苟，是决不肯穿着背心短裤，趿拉着拖鞋去的。开始我觉得这未免矫情，但现在我明白，这是一种生活态度，追求美丽、活得精致的生活态度，是不肯向低俗丑恶妥协的傲骨！

那些在物资匮乏年代坚持梳妆整齐的女人们，不也是如此吗？

若是失去了对美丽的追求，生活便将灰蒙蒙的不见一点色彩，只剩下了对仅存希望的打磨和对斗志的蚕食。娇艳的花朵不会因为困境而凋谢，灿烂的阳光不会因为困境而黯淡，熠熠生辉的人性美更不该因为困境而褪色！

假如你还在奔波于生计并因此错过许多美好风景，请停下来搜寻美丽的身影，因为——

困境不会剥夺你追求美的权利。

"准确立意"练习

1. 论点：＿＿＿＿＿＿＿＿＿＿＿＿＿＿＿＿＿＿＿

2. 分论点：＿＿＿＿＿＿＿＿＿＿＿＿＿＿＿＿＿

3. 论据：＿＿＿＿＿＿＿＿＿＿＿＿＿＿＿＿＿＿

─────── 其他一类作文 ───────

内敛，然后绽放（其他一类作文5篇）

说明

下面5篇其他一类作文各有特点，篇篇出色。你知道怎样从中挖到自己可以借鉴的"宝"吗？告诉你一个简便易行的办法，就是：在阅读时，去认真发现每篇作文的亮点。这样一来，别人作文中的"宝"就可以为"我"所用了。

范文

① 内敛，然后绽放 （57分）

王祖宁

仙人掌为了生存，蜷缩叶片，放低姿态，让人感到卑微而渺小。然而在它放弃张扬的背后，却是笑对困境的从容。面对困境，我们不妨收起曾经放纵的姿态，学会内敛，然后绽放。

内敛，是积蓄力量，是汲取养分，绝不是退缩，更不是放弃。美国富豪克里斯·加德纳便有力地诠释了这一点。他的家族原本十分富贵，无奈股业崩盘，一夜间落魄到了住几十美元一晚的家庭旅馆。他面对突如其来的困境，选择了以内敛的姿态去面对，忘记过去的浮华，从一个小小的推销员做起。虽然生活大不如前，他仍然怀着信念以内敛的姿态兼职做一名股份企业的实习生——六个月没有工资，二十人只有一人被录取。他经历了妻子别离，罚单无数，税务紧逼，赶出家门的悲痛。他经历了留居收留所，甚至在厕所过夜的尴尬。他经历了惨遭偷窃，受人贬低，却仍然以内敛的姿态每天用六个小时做他人九个小时的工作，从不像其他实习生那样在上级面前张扬。他只是以内敛的从容接受一切压力和困境。最终，他以内敛的姿态打动了那些曾瞧不起他的上级的心，被光荣地聘用，重新得以绽放。他就如同那阳光下的仙人掌，蜷缩叶片，内敛，然后绽放。

内敛，是收束曾经的荣耀，是沉静无比疲惫的身心，从而更好地养精蓄锐，赢得绽放的机会，享受绽放的从容。受伤中的刘翔便是最好的证明。"我从来都没用太高的姿态对待自己，我只是个普通人。"翔飞人如是说。正是这种内敛的姿态让他远离了记者的追问，人们过度的"关切"。一年的时光固然难熬，但他的内敛却为他换来了宝贵的从容。远离了他人的追问，国人的压力，他得以全身心地投入到康复训练中，安静地度过这人生中最不平凡的岁月。面对困境，刘翔内敛的心态给予了我们许多启迪。直到复出前，刘翔也只是内敛而低调："我最大的目标只是重新站在赛场上，重温跑道上熟悉的气息。"当他以13秒15的佳绩英勇冲线时，他一年来的内敛为他换来了最灿烂的绽放。失败，然后沉着；内敛，然后绽放。

现实生活中，我们也应时刻铭记内敛的道理。也许我们受到了困境的压抑，我们也应沉着地面对；忘记曾经的荣誉和光彩，以最聪明的方式，内敛做人，像仙人掌那样积蓄精力，抛弃不属于自己的浮华，在内敛中寻找机遇，从容绽放。如果只是抬起高傲的头颅，过度张扬，不求内敛，我们的叶片也只能在烈日下蒸干水分而枯萎，难觅绽放的从容。

机遇由我们自己掌控，只需铭记：困境虽在前方，选择内敛，终将绽放。

"准确立意"练习（示例）

1. 论点：内敛，然后绽放。

2. 分论点：内敛，为了积蓄力量；为了享受绽放。

3. 论据：加德纳，刘翔。

❷ 生如夏花 （56分）

曹思盈

在恶劣的沙漠干旱中，仙人掌选择保守的生存方式，它将叶片蜷缩内敛，挨过一个又一个没有尽头的酷热、干旱。它的生命想必也是终结在蜷缩的姿态中罢。而沙漠大黄却将生命演绎得如此绚烂、洒脱，这份美丽在困境中显得愈发耀眼夺目。对酒当歌，人生几何？困境与苦难是人生重要的组成部分，何必缩手缩脚，让短暂的生命在平庸中流逝。人生当生如夏花。

苦难中，人若能将每一天都看作最后一天，每一天都不留遗憾地尽力去活，也许这段困难会见证人生命的灿烂如花，哪怕光明隐匿了它的形迹，黑暗过后仍是无尽的黑暗。魏晋时期，竹林七贤用那汪洋恣肆的斗酒诗篇诠释了苦难中的"生如夏花"。那是一个黑暗的年代，百姓在腐败的社会中麻木不仁，士大夫之族歌舞升平、怠于政事。阮籍望不断黑暗的终点线，穷途恸哭，饮醉后体味在生与死间的徘徊。嵇康的一曲《广陵散》成为他在人世华丽的谢幕。没有忍气吞声，没有锋芒内敛，他们的生存策略如同舒展张扬的沙漠大黄，在困境中以潇洒示人，流传下一段千古奇谈。

其实，我们并不知道沙漠大黄是否能安然度过每一次煎熬，它是否在这一年开出娇艳花朵然后匆匆离去，待来年重获新生。这些都不得而知。然而那一种洒脱，那一份无所顾忌的灿烂却使人为之感动、深感振奋。沙漠也正是依靠大黄的装点而着一丝美丽与生机。

在困境中你要怎样生存？遇罗克的答案是生如夏花。有人或许认为遇罗克选择的根本就是死亡，而非生存。望诸君仔细揣度生存的含义。生存，生之所存，所存何方？必有一种精神、信念支撑着躯体。"文化大革命"期间，有些人被打成"反革命"，关入监牢。有人在狱中缄口不言，收敛着思想、言行的锋芒。这当然无可厚非，他们中的很多人在以后的几十年成为国家的栋梁之才。然而与众不同的遇罗克因《出身论》被捕入狱，等候枪决，在狱中他却用满腔热血点燃了无数知青的生命的希望，他以自己的无所畏惧鼓励着前途未卜的年轻人，留存着他们生命的火种，自己坦然挥手告别。遇罗克的生存智慧是以死为生，不以生存为生存的目的，于是他的生存有了死亡的震颤，生如夏花。

仙人掌、沙漠大黄的生存方式本无高下之分，只因后者更能领悟生存的真谛，也便获得娇艳、潇洒。生——如夏花。

"准确立意"练习

1. 论点：_____

2. 分论点：_____

3. 论据：_____

---

❸ 在大漠中灿烂高歌 （57分）

唐韵

如果你是茫茫大漠中的一株植物，你将面临这样的抉择：是做一株蜷缩内敛的仙人掌，少蒸发水分，从而得以从容扎根，还是成为舒展张扬的沙漠大黄，吸收每一滴水至根部，灿烂地开出娇艳的花朵？

我想，我敬佩仙人掌的坚忍韧性；但如果处在逆境中的是我，我一定会选择成为热烈张扬、潇洒不羁的沙漠大黄，在大漠中灿烂高歌。

在大漠中灿烂高歌是一种勇气。选择张扬的生存姿态，本来就是对逆境的挑战宣言：我不认输！太白的性情潇洒怕是古今中外的诗家难比，然而他最感动我的，是拒绝与命运妥协。普希金动情吟咏着"假如生活欺骗了你"，但我们的诗仙不屑于此——他勇敢地怒目嗔视着多舛的命运，吼道："安能摧眉折腰事权贵，使我不得开心颜！"这便是于大漠中灿烂高歌者的非凡气概：命运，我不怕你冷落我、欺骗我，纵使气候多么干旱恶劣，我也要吮吸每一滴甘露，展露我的开心颜！

在大漠中灿烂高歌是一种智慧。走上一条他人眼中可能是"离经叛道"的历险征途，是对自我价值的上下求索，更是对坎坷人生的不辜负。伊丽莎白·巴雷特·布朗宁，这位用她的《葡萄牙十四行诗》俘获英国文坛之心的才女，曾因为骑马事故而瘫痪在床，被父亲长年锁在家中。然而，她在病床上与诗人罗伯特·布朗宁长期的通信，让她与他双双坠入爱河。于是，这位近乎高位截瘫的女诗人做出了即使在今日也让人不可思议的事情：她与小自己近十余岁的罗伯特私奔了。这场轰轰烈烈的爱情成就了两位杰出的诗人，他们笔下流淌的诗句直至今日，仍包含真挚、热烈到感人肺腑的深情。试想，如果伊丽莎白不选择私奔，世界诗坛将会蒙受多大的损失！这，便是选择于大漠中灿烂高歌者的卓越智慧：与其在逆境中蹉跎，不如于灿烂中燃烧。

在大漠中灿烂高歌更是一种处世哲学。与仙人掌的内敛、谨小慎微不同，沙漠大黄的舒展张扬本身，便代表了一种独特的洒脱与超然。"穷而后工"自是一种普遍存在于华夏文人身上的现象，但纵览上下五千年，我最欣赏的，莫过于东坡的处世哲学。没有柳河东哀伤自艾的寒意，没有刘梦得等人"穷则独善其身"的自我解嘲，甚至也超越了范文正的"处江湖之远则忧其君"那略有些矫情的自我拘束——子瞻自有一种无人可仿的灿烂。从他的大碗喝酒大口吃肉，不拘小节乐施济贫，到"大江东去"的豪迈与"也无风雨也无晴"的淡定，他从生活到创作，无不诠释着这样的人生真谛：灿烂张扬处厄运，舒展随性任平生。在大漠中高歌的子瞻，就这样，于灿烂中，超然。

我要的人生境界，便是像他们一样，即使是在沙漠中，也能灿烂地，引吭高歌。

"准确立意"练习

1. 论点：_____

2. 分论点：_____

3. 论据：_____

❹ 在困境中绽放生命 （55分）

吴宇佳

同是干旱的恶劣处境，仙人掌的蜷缩内敛与沙漠大黄的舒展张扬展现给我们的，是面对困境，两种迥然不同的选择。同样的智慧，无法简单用褒贬去论断，但在历史中回首，仙人掌的踪影或许再难寻觅，可似乎我们依然能闻到，那些困境中绽放的娇艳花朵，留下的那一缕飘向远方的淡淡馨香。

儿时总在疑惑，为何苦难总偏爱非凡的头脑，困境总想束缚恣意的才情？为何文人墨客总在艰难困苦中跋涉，在茫茫人世间遗世独立？长大后方领悟并非如此，每个人都同样面对困境，可大多数人选择了蜷缩内敛，缄口不言的明哲保身，他们或许如仙人掌般活得自在从容，但终化为漫漫历史中的一粒黄沙，风吹过，湮没无迹。但终究还有那样一群人，不甘蜷缩，不甘缄默，在困境中仍要向生命的四面延伸，便用手中的笔作叶片，驰骋的思绪为水珠，让每一滴水珠流向生命的根，最终开出娇艳的花朵，为后世留下一片馨香，是他们，在困境中绽放了自己的生命。

他狂放于世，奈何因狂放而备受冷落，蜷缩吗？不，他便要在这失意的困境中舒展张扬，于是他狂歌长啸，举杯消愁，恣意泼墨，挥洒诗篇。他英雄豪迈，奈何满腔热血空悲愤，积郁于心，但他不愿蜷缩，纵是百无聊赖才以诗鸣，他让这悲愤激昂，这至死不渝的爱国热情，化为绝响，萦绕天地，感动上苍。……于是，他们在困境中的舒展张扬，让古典诗词开出了娇艳欲滴的花朵，他们在困境中绽放生命，纵使当时不为人赏识，但坚信，千百年后终究会激起灵魂的共鸣吧！因此，在困境里他们用手中的狼毫绽放美丽的生命之花。

难道文学与艺术总偏爱困境中的灵魂？不是的，是他们让文学与艺术在困境中绽放。普鲁斯特，一生疾病缠身，漫漫长夜，不能开窗的屋中更加沉闷，寂寞苦楚就这样包围着他。他没有在困境中蜷缩，让无休止的思索在狭小的空间中延伸，痛苦给了他一双冷峻的眼和一支犀利的笔，让他总能一语道破那华丽背后的残破和人们暧昧语言中的隐隐的忧愁，他将这一切付诸笔端，让文字在寂寞无助的困境中铺张舒展，而正是这样的舒展张扬让他以皇皇七卷著作名垂法国文学史，成为一代文豪，他的生命便也灿烂绽放于这难以言说的困境之中。

经历丧女之痛，周国平没有在困境中痛苦蜷缩，于是我们看到那感人至深的《妞妞》；特纳看着挚友离世，没有在困境中悲伤蜷缩，于是，我们看到了《海葬》和《马背上的死神》；叶芝苦苦追求爱人无果，没有在困境中失落蜷缩，于是，我们看到了《当你老去》和《隐秘的玫瑰》。他们在困境中让文字与灵魂舒展铺张，让生命别样绽放。

不要蜷缩啊，在困境中舒展张扬，在困境中绽放生命。

"准确立意"练习

1. 论点：＿＿＿＿＿＿＿＿＿＿＿＿＿＿＿＿＿＿＿＿

2. 分论点：＿＿＿＿＿＿＿＿＿＿＿＿＿＿＿＿＿＿

3. 论据：＿＿＿＿＿＿＿＿＿＿＿＿＿＿＿＿＿＿＿＿

❺ 在困境中张扬 （56分）

黄晓

在浩瀚无垠的沙漠中，生活着一种奇特的花——沙漠大黄。当所有生物为减少水分蒸发而缩小体积时，沙漠大黄却张扬地伸出它肥硕碧绿的叶片，吸收所有能吸收的水分。它在困境中张扬，而正是这种张扬，让它有了生存的权利，开出娇艳的花朵。

正如沙漠大黄会遭遇干旱，当我们呱呱坠地时，命运就已经注定我们会遭遇无数的困境。面对困境，有人退缩了，因而他被淘汰；有人蜷缩成一团，希望能够减少损失，因而他苟活着；而另一些人张扬地直面困境，他们用张扬或积蓄能量，或彰显才能，最终因为他们在困境中张扬，他们开出了成功的"花"！

他是众人眼中的音乐神童，是与巴赫齐名的大师。他17岁便进入德国一位公爵的家中成为首席乐师。当英国皇室向亨德尔伸出他们高贵的手时，亨德尔毫不犹豫地答应了并成为伦敦音乐界一颗闪亮的新星。然而不久，英王的去世使那位由于亨德尔的不辞而别而伤心的德国贵族因姻亲关系而继承英国王位时，所有人都认为亨德尔完了，这位报复心极强的君主不会原谅他当年的背叛。深陷困境的亨德尔并没有像旁人建议的那样谨小慎微，提防被人找个理由下狱。相反他张扬地活着，照常出席舞会晚宴，照常谱曲。而当威廉国王抵达伦敦时，这位作曲家更是以一组极端张扬华丽的水上音乐再次打开了国王的心扉，让国王原谅了他。

在困境中张扬，彰显自己的能力才能走出困境。

人如此，国家又何尝不是？1943年当法国笼罩在纳粹德国的恐怖统治下时，一个从海峡彼岸的英国流传过来的符号"V"，振奋了法国人民的精神。一夜之间巴黎的墙壁上画满了"V"字符号，大街上人们张扬地彼此作出"V"的手势。这个张扬的"V"迅速从巴黎向法国全境传播，激起了法国人民反抗的斗志。1944年6月6日，当盟军在诺曼底登陆时，受到了广大法国人民的热情帮助，三个星期内就解放了包括里昂、第戎在内的法国大部。试想，如果法国人民在德国人看管下畏首畏尾，而不是以张扬的"V"字型手势相互激励，反法西斯的胜利又怎能在1944年悄然降临？

在困境中张扬，正如沙漠大黄在干旱中伸出绿叶一样。这种张扬彰显了我们的才能，唤醒了我们的每一份力量。正是这张扬，让我们生存下去，走出困境。

"准确立意"练习

1. 论点：_____

2. 分论点：_____

3. 论据：_____

━━━━━ 二类作文 ━━━━━

活得灿烂（二类作文3篇）

说 明

　　这里有3篇二类作文。把它们放在这里，目的是给同学们提供"镜子"，以便照出自己作文中的毛病。这种做法，有利于提醒自己时时引以为戒，在日后作文中别犯同样的错误。完成每篇作文后面的练习，对自己会大有帮助。

例 文

❶ 活得灿烂 （48分）

　　干旱的沙漠中，仙人掌为了生存，将叶片蜷成尖刺，以减少水分蒸发。而另一种旱地植物——沙漠大黄，却选择了伸展肥厚的叶片，积聚水分，开出娇艳的花朵。

　　我不禁要为沙漠大黄喝彩！同样是恶劣的绝地，仙人掌紧紧蜷缩，以消极的态度对待困境，只祈求着水分能流失得慢一点，好让自己的生命延续。而沙漠大黄那伸枝展叶直面烈日的绝俗之姿，不正代表着一种迎难而上、积极直面的精神和用自己的努力争取生机的大智慧吗？它活得漂亮，活得洒脱，活得灿烂！我们应当学习沙漠大黄，让自己的生命灿烂辉煌。

　　困境中的沙漠大黄，葆有积极向上、勇于面对、勇于搏击的心态。这种心态使它笑对艰难，迎难而上。这让我不禁想到了那狂风骤雨中海燕的宣言："让暴风雨来得更猛烈些吧！"面对困难，有人选择消极逃避，有人低头委曲求全，而只有如海燕与沙漠大黄一般不回避、不退缩，以积极的心态演绎精彩的自我，才能在风口浪尖处走过最精彩的人生。茫茫荒沙中，沙漠大黄那娇艳的花朵，不正是它灿烂生命的见证吗？困境中，我们要有一种"要看银山拍天浪，开窗放入大江来"的胸襟与心态，勇于面对，敢于搏击。活得灿烂，心态是基础。

　　然而，只有积极的心态而缺乏明智的行为，也是难以战胜困境，活出灿烂的。沙漠大黄自然没有忽视这一点。它以叶片上凹凸的纹理为渠，将沙漠中宝贵的水分，一点一滴汇聚到自己的根部。我们不能不为它这智慧的举动叹服。十年内乱，大批科研骨干被下放到工厂。脱离了自己的工作岗位，又饱受他人轻视，许多人因此一蹶不振。唯有刘先林在如此困境中，决心保持积极的心态，更将积极的心态付诸脚踏实地的行动：如大黄积蓄水分一般，他日复一日跟着工人潜心学习，习得了多种技艺，还凌晨跑去单位排队上机，完全掌握了计算机技术。他的行动为他日后成为杰出的遥感测绘专家奠定了坚实的基础，也成就了他的辉煌人生。困境中，努力与行动彰显智慧。活得灿烂，行动是保障。

　　困境中的我们，能否如沙漠大黄般活得灿烂？学习小有不顺，我们是否曾消极怠工，轻言退缩？工作稍遇坎坷，我们是否曾心灰意冷，蜷缩回避？从今天就开始改变吧，沙漠大黄的灿烂，与你我共勉。

找不足

1. _____
2. _____
3. _____

❷ 那一朵沙漠之花　（45分）

　　沙漠多半是地球上自然环境最恶劣的地方，这里的地表完全被沙覆盖，降雨奇缺，蒸发量更是可达降水量的20倍之多。然而，就在这生命气息最微弱的荒漠中，沙漠大黄顽强地活着，但它有的，绝不只是顽强。你看！它的叶片是这样碧绿，它挺立的姿态是这样舒展，它甚至，甚至还开出了娇艳的花朵！那一朵娇艳的沙漠之花使它和其他蜷缩内敛的沙漠植物迥然相异，也给了人无尽的想象空间。人，又何尝不是如此？在困境中，多少人低调内敛，韬光养晦，可又有几个，能迎难之上，彰显生命的力量？我想，人在困境中，也要活得灿烂！

我知道，你可能会说，低调行事才是正确的人生态度。在困境中，更该约束身心。甚至，你会举《白杨礼赞》中的例子，在西北黄土高原上的白杨树所处环境恶劣，但它"力争上游"，傲然挺立。在保持坚强的品质的同时，白杨质朴低调，不旁逸斜出，毫不张扬，值得人敬佩。可我想说，人的生命只有一次，不应在蹉跎中度过。沙漠中绽放的花朵，是不是更有些夺人心魄的美感？

为了在沙漠中绽放花朵，大黄通过凹凸不平的叶片聚集水分，这是它的生存之法。而要在困境中活得灿烂，人也要有些应对之道。我想，困境中的灿烂需要积极的态度。想当年，刚刚留学归国、年纪轻轻的邓小平被委以重任，担任中共中央秘书长。可之后他就因与党内同志意见不合被撤了职，被遣去编了《红星报》，结婚不久的妻子也离他而去。就在他担任主编期间，长征又开始了。这时的小平面对的是自己人生之失意，党前途之未卜，可谓陷入了困境。但他并未沮丧，相反，他用革命乐观主义精神应对挫折。他给同志们说笑话、讲故事，尤喜用语言叙述四川名菜，名曰"精神会餐"，常引得饥饿的战士们围拢来听。在困境中的小平活得灿烂，他和战士们建立了良好的关系，用自己的人格魅力鼓舞了无数同志，用积极的态度迎来了人生的新篇章。

但是，积极的态度还并不足够，在沙漠中，活下去姑且需要顽强的生命力，更不要说要活得舒展了。人在困境中活得灿烂，也需要极坚定的信念。司马迁遭遇宫刑，困顿屈辱，难以言说。可正如他在《报任安书》中所说的，他之所以忍辱偷生，就是因为想使自己的著作流传后世，他感叹若著作得以流传，"虽被万戮，岂有悔哉"。在这份坚定的信念的支撑下，司马迁终成"究天人之际，通古今之变，成一家之言"的《史记》。虽然他仍处在困境，可文学史学上的光彩让他的人生显得这般灿烂。

那一朵沙漠之花象征着人在多么艰难的条件下可以活得多么灿烂。积极的态度和坚定的信念，其实是由顽强的生命力量而生。在困境中，顽强的生命力量会给予你积极的态度和坚定的信念，我相信，你也会绽放出最灿烂的沙漠之花！

找不足

1. _____
2. _____
3. _____

---

❸ 生如夏花般绚烂 （46分）

面对沙漠干旱恶劣的环境，仙人掌与沙漠大黄表现出两种截然不同的生活态度：仙人掌蜷缩内敛，沙漠大黄舒展张扬。结果自然截然不同：前者被困境压榨得只剩下针刺，后者却傲然开出娇艳的花朵。而我欣赏的，无疑是后者的生活态度：生，便如夏花般绚烂，无论是怎样的困境，都要有最娇艳的花朵。

人或言：时运不济，世道无常；福祸难料，人生多艰；冯唐易老，李广难封；盗跖年长，颜渊命短；马有千里之程，无人不能自往；人有凌云之志，非运不能腾达；人生如此，内敛才应是人生的上策。而我以为不然。人之生命，恰如蜉蝣之于天地。日月逝于上，体貌衰于下。倘若面对困境一味内敛求全，岂不是在委屈与无奈中徒徒耗费了生命？纵世道无常，若竭尽全力，迎难而上，成，则名垂青汗，不成，那么"尽吾志也而不能至者，其孰能讥之乎？"

自古，面对困难勇于挑战，最终青史留名的人不在少数。

张仪，屡说屡败的纵横家，散尽钱粮，落魄还乡时，邻里全都憎恶他。此时，他没有选择仙人掌内敛的生活态度，安于平凡的生活。他对妻说："视吾舌在不？"妻子说在，他便继续上路了，以沙漠大黄舒展张扬的勇气上路了。最终，他被拜为秦相，声名烜赫，盛极一时。面对先前楚相的刁难，他答复道："若善守汝国，我顾且盗而城。"他正是以这样永远不知退却的生活态度，开出了不散的芬芳。

拿破仑，凭借这样的生活态度，成为世纪的传奇：他曾经在土伦凭借十几门火炮以少敌多击溃王党敌军；他曾经兵力处于劣势时带兵十几日急行军奇袭俄奥联军赢得奥斯特里茨大捷；他曾经被囚禁孤岛七天返回巴黎成功复辟。在困境中，他没有逊则内敛，没有退缩，而是以舒展张扬的姿态取得一个又一个的胜利，而他的生命，也足够比夏花绚烂。

西伯拘而演易；仲尼厄而作春秋；屈子放逐，乃赋离骚；左丘失明，厥有国语；孙子膑脚，兵法修列；不韦迁蜀，世传吕览；韩非囚秦，说难孤愤。这些人在困境面前，因为选择了舒展张扬，所以成就了不朽。

《飞鸟集》的第82句这样讲：生如夏花之绚烂，死如秋叶之静美。

而这，也将是面对困难时，你我的生活态度。

找不足

1. _____

2. _____

3. _____

二、花与果

题 目

阅读下面的材料，按要求作文。（60分）

花对果说："我比你漂亮。"果回答："你说得不错，我的确没有你漂亮，可我知道，任何一个果都曾经是花，而并非所有的花都能成为果。"

请就以上材料，展开联想，自定角度，自拟题目，写一篇文章。文体自选（除诗歌外），不少于800字。

解 题

在这个作文材料中，"花"与"果"被完全人格化了。一段耐人寻味的对话，隐含着一个深刻的哲理，表达了一种事物评判的价值标准，作文立意的指向性因此相对明确：人生在世，万事万物，是重过程还是重结果？重表面还是重内里？重虚华还是重实质？果，又该怎样去结好？怎样才能结？动笔时，切莫盲目逆反，造成偏题跑题。

———— 满分作文 ————

人应成为一粒果实（满分作文3篇）

说 明

下面的3篇满分作文是从七八百篇高三学生作文中精选出来的。阅读后，把论点、分论点和论据写在每篇作文的后面。这样认真练习，对于在议论文写作中掌握如何提炼论点、分论点以及如何使用论据会有所帮助。

范 文

❶ 人应成为一粒果实 （60分）

陈斯瑶

任何一个果都曾经是花，但并非所有的花都能成为果。花比果漂亮光鲜，但只有果实才是成熟的，达到了完满。与之相比，人为了达到自身的圆满，也应抛弃虚荣的、浮夸的东西，努力沉淀自己，成为一粒果实。

抛弃虚荣的、浮夸的东西，才能使人正视自我，瞄准目标，踏上"成为一粒果实"的道路。莫泊桑成名前拜谒文学大家福楼拜，侃侃而谈。赛马、打猎、吹小号无一不是他擅长的，他多么像一朵花，漂亮而光鲜。但外表的漂亮光鲜不能给他带来任何好处，如果他想成为一名写作大家。福楼拜耐心地指点了他，说了"写作写作再写作"七个字，这才是走向成功，结出果实的正道。莫泊桑觉悟了。他不再赛马、打猎、吹小号，抛开一切标榜自己浮夸的东西，潜心写作。《羊脂球》面世了，这是他结出的辛勤之果，他成功了。

抛弃虚荣、浮夸的东西，才能给人以积淀自我、磨砺自我的良好环境。梭罗抛弃了光怪陆离的城市，纸醉金迷的生活，抛开了一切不适合他的虚荣与浮夸，安静地搬到了瓦尔登湖上。他用心听着鸟儿的歌唱，虫儿的鸣叫，他注视着湖面的波纹，他努力积淀生命财富，磨砺写作技巧。他曾是城市里的花朵，但他不愿永世为花而凋零，于是他逼迫自己成长与成熟，甚至狠心毁掉美丽的花瓣。他明白，人应成为圆圆的果实，虽不锋芒毕露，但是红润而完满，《瓦尔登湖》以清澈洗丽的文字与自由深邃的思想促成了"果"的诞生。这，是自我的超越。

抛弃虚荣的、浮夸的东西，才能成为果。但太多的"花"舍不得放弃，所以平庸地度过一生。古代官场是文人的坟墓。多少文人被官阶俸禄迷住了双眼，在宰相丞相等高位上终老。他们是官场上的花，但绝非文学上的果实。而当今世界呢？文坛充满了世故与故事，在市场化大潮之下显得又油油腻腻。抄袭、套作、伪造、拒不承认……"80后"、"90后"过分珍惜名和利，把自己打扮得"花枝招展"，但是他们这样永远成不了果！只是自欺欺人，虚度光阴而已。

花比果美丽光鲜，但我们需要的是成功，是圆满。所以，多一点点勇气，多一点点坚定，抛弃虚荣与浮夸的东西，努力沉淀自己。人应成为一粒果实！

"准确立意"练习（示例）

1. 论点：抛弃浮华，才能结果。
2. 分论点：抛弃浮华，才能正视自我。

    抛弃浮华，才能沉淀自我。

    抛弃浮华，才能结成正果。
3. 论据：莫泊桑，梭罗，概括性论据。

❷ 青春不要"花"（60分）

李坤元

任何一个果都曾经是花，而并非所有的花都能成为果。

——题记

再次见她时，连自己也不敢相信，那个一头黑色短发的姑娘哪去了？眼前这个长长的黄色卷发的女孩，还化着浓妆，她到底是谁？

她向我招手，喊着我的名字，我才确定，她是我三年未见的飞飞。她变得真漂亮，看看自己身上脏兮兮的校服，不由得脸红。我和她出生时就在一起，她的婴儿床在我的旁边，我们一起堆沙子，一起背着小书包上学，一起考上家门口的初中，一起享受着花一样灿烂的童年。直到我考上了这所重点高中，而她，上了私立高中，然后是三年未见。

她走过来，看到她耳朵上一排洞洞，心痛得不能抑制，"打这些疼吗？"我认为她的心还是那样纯洁，心疼她，"不疼，你怎么还是这土样子？"我无法回答，一直觉得马尾是适合高中女生的，此刻，心如同被无数蚂蚁啃噬，它们拿着名为悲伤的旗子，找到心中至软的角落，一插，占领了。想起小时候她帮我梳头，心先喷薄出汹涌的泪水，这朵美丽的花啊，空有外表而已！

一同漫步在街上，和她比，我如同丑丑的鸭子。"好学生，你也应该打扮下自己啊"，她开始嫌弃我了。"大学再说吧，我想考个好大学，你想考哪？""我哪也考不上！不打算考了。""最后一年，努点力，最少考个本科啊。""你能不能别说学习啊！？"一阵风吹过，吹落了一直挂在眼眶边的一滴泪，飞到风中，不见了，如同当年的她，一下子不见了。

突然想起一句话，并非所有花都能成为果。我们曾经是美丽的花朵，自从上高中开始，刻苦学习的我正在为自己成为一只小小的果子而努力。而她，不断消耗着她的美丽，她的青春，或许等到她的父母需要她来养的时候，她便懂得了。一朵花，只有成为果才有价值，不然只能在秋风中冻死，飞飞，我们得做有价值的人啊……

突然发现我们无话可说了，或许我们已经像物理老师所讲的撞碰小球，因为自然的动量守恒而越离越远，然后再也不见。远处过来一个高高的男孩子，他们一起走了。

一串泪水洒下来，在风中蒸发掉了，空气都变得湿成……在回家坐的地铁上，我翻开生物课本，飞飞，等着吧，明年夏天，是我收获的季节。

"准确立意"练习

1. 论点：_____

2. 分论点：_____

3. 论据：_____

---

❸ 文学：结出果实才能醇厚 （60分）

李佳明

花对果炫耀着自己的美丽，然而果却很平静，因为它知道：真正的价值不在于外表，而在于内核的成熟。文学作品中华丽的词藻、漂亮的技巧就像是花，有这样的点缀固然好，但没有内涵就尽显苍白；作品深刻的内涵就像果实，总是让人回味、给人滋养、完成人类的精神传承。所以，作品深刻的内涵才是更高的文学价值的体现。

何为深刻的内涵？它可以是作家对生活的细密关注、人性的真切体悟，也可以是对人类生存状态的深刻洞察和终极意义的严肃思考。总之，这样积淀而成的果，它是持久的、丰富的、醇厚的，绝不是游戏式的文字堆砌。

历史上，汉赋曾兴盛一时，最终却难逃衰落的命运。究其原因，很大程度上是过于注重形式而忽视或者阻碍了内涵的表达，以致文章空洞无物。到了唐代，近体诗的盛行也曾推动一代文风，然而后世徒有其表，却无神韵的模仿，使得多数诗歌变成了陈辞滥调，难现盛唐的辉煌。当文字只停留于形式美，表面上是姹紫嫣红，实际上繁花落尽，难见累累硕果。时光会吹走繁花，只留下果实以给人醇厚绵长的享受。

把时间的坐标放在当代，情形依然是这样。余华早期的先锋小说对技巧和形式作了很多探索，但因其奇异、怪诞、隐秘、残忍的风格远离现实，所以这一时期的作品，如《战栗》、《鲜血梅花》等，明显不及后来的《活着》、《许三观卖血记》的艺术价值高。《活着》作为余华的转型之作，以极其简练的语言表现了百姓真实的苦难和大时代下小人物的命运，它没有多少煽情的渲染，但"讲述了眼泪的丰富和宽广，讲述了绝望的不存在"，时刻撞击着每个读者的心灵。真实使作品具有了深刻的内涵，而深刻的内涵提升了作品的文学价值，因而沉淀了内心的余华完成了由花到果的超越。

真实的叙写是一种深刻，能将生命外化为作品更是一种深邃。孙犁就是具有这种能力的作家。他的作品不追求外表的华美，而是用清新、明朗的话语为读者呈现一个如诗如画的世界。这样的艺术效果，正是作家将自己的追求、情操与作品融于一炉的结果；这样精美的作品，是春华秋实的自然结晶，因而能够经久不衰。这样的作家还有很多，像沈从文、汪曾祺等，他们在如花怒放时追求干净、素朴的文字，在像果成熟时沉淀人性的真善美。正因有了对果的境界的追求，才提升了中国现当代文学的品位。那美丽迷人的荷花淀、湘西边城、明海和英子的芦花荡，不是至今仍散发着果的醇香吗？这样的深邃，胜却那些华而不实的花朵多矣。

看着现在市面上那么多卖弄文字的作品，全篇充斥着浮泛、空洞、不知所云的语言，实在令人忧虑。不过我相信，总有很多文字是会被时光淹没的，也总有些文字是经过时光的打磨而愈加晶莹剔透的。当繁花落尽，我们看到的，将是文学之果满枝头。

"准确立意"练习

　　1. 论点：＿＿＿＿＿＿＿＿＿＿＿＿＿＿＿＿＿＿＿＿＿＿＿＿

　　2. 分论点：＿＿＿＿＿＿＿＿＿＿＿＿＿＿＿＿＿＿＿＿＿＿＿＿

　　3. 论据：＿＿＿＿＿＿＿＿＿＿＿＿＿＿＿＿＿＿＿＿＿＿＿＿

—————— 其他一类作文 ——————

花开一时　果结千年（其他一类作文7篇）

说 明

下面7篇其他一类作文各有特点，篇篇出色。你知道怎样从中挖到自己可以借鉴的"宝"吗？告诉你一个简便易行的办法，就是：在阅读时，去认真发现每篇作文的亮点。这样一来，别人作文中的"宝"就可以为"我"所用了。

范 文

❶ 花开一时　果结千年 （55分）

王晓珂

当一朵花盛开，我为她揪心，我怕这娇美的自赏禁锢了心之向往。当一朵花枯萎，我为她哀叹，因为天道酬勤，可惜花怎会知？

女人如花花似梦，梦醒时分最寂寥。古往今来，有多少女人走过如花的一生，又有多少女人凋零在历史的幕后。于是，"软弱"成了女人的定义，殊不知沧海大地，几多沉浮，才情高超的女人从未淹没于花丛。

开花未必结果，结果却不会局限在狭隘的时空。我喜欢花开一时，果结千年。

还记得那位"翠贴莲蓬小，金销藕叶稀"的女子吗？千年前，她养在深闺，含苞待放，已是"灵襟秀气，超越恒流"。待她绽放时，又是何等地妩媚动人，何等地超凡脱俗！她嫁与丈夫后，二人情意缠绵。可惜聚少离多，落寞无奈之下唯有寄情于诗词。"楼前流水，应念我、终日凝眸"，以至"望断归来路"。她将甜蜜与苦涩都沉淀在文字中，打造自己的精神花园。岁月荏苒、国破家亡只能摧毁她的容颜，不能凋零她的心智，于是成就了"人杰鬼雄"！此时，她已不是那个天真懵懂的姑娘，而是一个历经世事、哀婉深沉的笔者；她已不是一朵娇艳的花，而是一颗饱满的果——正因不甘只做一朵平凡美丽的花，你才强忍着孤寂、悲凄、痛楚、抑郁，在"梧桐更兼细雨，到黄昏，点点滴滴"的"愁"中化为超越时空的美丽之果吗？历史的长卷上深深地烙下了你的名字——李清照，一个坚韧而富有才情的诗人。你知道花只开一时，而果之甘甜却千年难消啊。

如此道理，又何止清照一人领略。

我们有幸看到这种成熟的蜕变在当今女子身上续写。陈蕾——"水立方"的年轻总工程师，当她抛开朋友的邀约，当她丢下碍事的裙子，当她走在众多的质疑声中，我看到了一朵花的成熟，一朵花的向往，我看到了一颗果的酝酿，沉甸甸的，居然将水分子的钢筋铁骨变成蓝色魔方呈现给我们，而她则在毅然舍去青春之花该有的魅力时，结出万人景仰的传奇。

女人如花花似梦，梦醒时分最铿锵。

如果说花之枯萎是一种宿命，那么花儿结果便是一种恩赐。要知道，褪去浮华，沉淀为果，即使沉重，即使漫长，果结千年也是完成了花开一时的超越啊！

"准确立意"练习（示例）

1. 论点：花开一时，果结千年。

2. 分论点：历史上的花果蜕变。

　　　　　现实中花果蜕变的续写。

3. 论据：李清照千古流芳；陈蕾的水立方。

---

❷ 请做一颗果实　（54分）

周苑青

当稚嫩的花向果炫耀自己的外表时，它未曾想过，当自己的美丽走向终点时，一生为花，到头来只是朽瓣片片；它不曾明白，果之所以脱去至美的外衣，并不是无意义的舍弃，而是追寻一种能永存世间的瑰丽——一个坚定而善良的灵魂往往更能散发出永恒而持久的光芒。

由花及果，就要不为浮华所困。为信念而战，才能完成真正的蜕变。

当年轻的玛丽亚·斯克洛多夫斯卡·居里迈入巴黎大学的瞬间，她是一朵盛开的花，用美丽点亮了整个校园。出众的才华，优雅的气质，她是一位落入凡间的天使，如出尘的莲花般美好、无瑕。然而，纷至沓来的倾慕，并没有让她醉心于自己的美丽而止步不前。追求科学真理的种子早已在她心中生根，发芽。携手挚爱的丈夫，他们共同投身于科学研究，日复一日，年复一年。艰苦的生活模糊了她曾经动人的容颜，年华逝去，伊人渐老，岁月染白了青丝，却带给她别样的美丽。若干年后，当不再年轻漂亮的她，从容而淡定地登上领奖台，捧起那象征着至高荣誉的诺贝尔奖奖章和证书时，坐席上的人，都不禁惊叹于她由内散发出的非凡的风致——那是用信念和汗水雕琢而成，永远不会被岁月抹去的深沉的奉献之美。巴黎大学里那株曾经动人的青春之花，在多年之后，终于结出了高洁、深沉的科学之果。伫立在历史的长河中，居里夫人微笑着告诉每一朵娇艳的花，每一个前进着的人：花开的意义在于结果，人生的意义在于对自己理想不懈而坚定的追求。

只有想着芬芳他人的花，才能结出醇厚甘甜的果；只有情系众生的大善之人，才能万世传颂，千古流芳。

随着一声响亮的啼哭，他降生在迦毗罗卫国尊贵的王室之家。从小锦衣玉食，养尊处优，他的一生，似乎就要在安禄中平凡地度过。然而，身处贵室，却心系在世间中挣扎的芸芸众生的人，注定不会这样终其一生。有感于人生的种种苦难，年轻的释迦牟尼，选择了抛弃富足的王室生活，出家修行，寻求教化众生的真理。日夜的冥思，数年的苦行，终换得菩提树下那大彻大悟的一刻。普度众生，点化迷萌，他的无量慈悲使得无数人弃恶从善，终得解脱。他是一株千年难遇的奇葩，富贵显赫的王室之花，却结出了大慈大悲的神圣之果。以慈摄众，以智教众，释迦牟尼用他的无量善心在人们的心中播下博爱的种子，代代相传，生生不息。

并非所有人都能具有居里夫人的能力，都能领悟释迦牟尼的无上菩提心，可是，只要拥有坚定的信念和善良的灵魂，每个人，都能结出一颗独有的醇厚之果，弥漫出永恒持久而沁人心脾的芬芳。

"准确立意"练习

1. 论点：_____

2. 分论点：_____

3. 论据：_____

---

❸ 花·果·人生 （54分）

李文珊

任何一个果都曾经是花，而并非所有的花都能成为果。一朵花不论开得多么绚烂都终会凋谢，正如我们的一生中，曾经取得过的成就都只是短暂的辉煌，能拥有一个完满的人生，品尝到成熟的果实，才是我们应该去追求的。

然而有的人用尽所有的力气"开花"，等到"结果"的时候，却早已衰败。曾主演过《小鬼当家》的可爱小演员麦考利·卡尔金，不知征服了多少观众的心。聪明伶俐的外表，在剧中与坏人智斗显示出的古灵精怪，不仅使他一夜成名，而且给他带来大笔财富，还被好莱坞誉为"能下金蛋的雏鸡"。然而，接踵而至的成功让这个小家伙不知所措了，渐渐地他挥金如土，才华也逐渐消失，今后再难有叫好叫座的影片，长大后酗酒成性，之后竟染上毒瘾。我们不禁扼腕叹息，他的童年如此辉煌，如今却连房租都付不起。在那时，他的"花"开得太过绚烂了，他竟忘记人生的路还有很长，没等到"结果"，这个小童星就已悄然陨落。同样，中国古代这样的事例也数不胜数，太多的"江淹"，太多的"仲永"，这些主角的经历如此相似。他们都曾经得志，但过于沉浸其中，似乎这一生只为开放一朵花。暮去朝来，时光流逝，当他们发现自己的人生道路越走越窄时才醒悟，原来不论多美丽的花，都有花谢之日，而他们——这些曾经拥有辉煌的人们——竟一无所获。伴随着一声声叹息，他们也只有懊悔当初那太过怒放的花朵和太绚烂的辉煌了。

也有的人，他们希望自己的人生结出丰硕的果实，但太留恋那些"花"。美国作家福克纳于1950年获得诺贝尔文学奖，他的文学才华不容置疑，而且他的文学理想也是他的人生追求。随着获奖，他获得了人们的高度赞誉，拥有了千万家财，然而，所取得的巨大成就竟使他的文笔日益枯竭，这位文学天才从此再也写不出好文章了。虽然他深知文学才是他生命的支柱，但在一时的成功面前，他却止步不前。相反，著名诗人泰戈尔在获得诺贝尔文学奖后，仍然在恒河河畔那个小木屋中静静地写作，拒绝任何打扰，任由文学的翅膀自由翱翔。泰戈尔明白，对于他而言，再多的赞誉、褒奖都无用，没有什么比文学更重要。所以，他的一生中同样开满鲜花，但与前者不同的是，他收获了成熟果实——完满的人生。

任何一枚沉甸甸的果实都曾经是花。如花的我们，不要沉浸在花一样的梦里。为了追求一个完满的人生，结出属于自己的果实，坚持不懈地努力奋斗吧。

"准确立意"练习

1. 论点：_____

2. 分论点：_____

3. 论据：_____

❹ 金钱的花，奉献的果 （55分）

季午阳

果没有花的华美与芬芳，却拥有花不曾拥有的内涵与现实价值，那是因为曾经也是花的果在最恰当的时候放弃为花的虚空的美丽而成为真正有用的果。将之带到人身上，多少富可敌国的"富人"放弃那个人资产后面多得吓人的零，而把它们划进了国家的账户，失掉了个人财产的他们成为了对社会对国家更有用的人。全是凭着他们对社会与国家强烈的责任感完成了从拥有大把金钱而对社会毫无用处的花，到拥有真正内涵甘愿为社会和国家做出贡献的果。

有的人付出财富为整个社会做出贡献，一度福克斯富人排行榜中出现的华人女首富龚如心拥有巨额资产，她是那朵美丽绝伦的花。可当中国华南水灾爆发之时，她当即慷慨解囊捐出了2300万港币，创造了个人捐款纪录之最！诚然，虽然富有的她真的有多富么？她只是华懋集团的主席，资产与李嘉诚甚至几十亿身价的股神巴菲特简直不可同日而语，捐了如此大的一笔数目也许她将不再是华人女首富，可失掉那无用光环的她却为中国社会做出了巨大的贡献，强烈的社会责任感让她在社会最需要之时挺身而出。她曾经是富婆，如今她是慈善家。

有的人付出财富挽救整个国家甚至全世界，华尔街曾经呼风唤雨的一个人物，死时竟只有6300万遗产，难怪当时的世界首富这样说："我还以为他多有钱，原来他是个穷人。"何出此言？因为他曾在美国金融危机时倾一己之力凭自己多年树立的威信组织各富商拿出自己的存款救市，终完成罗斯福和全国人民交给他的使命，拯救了美国的经济。他就是至今仍被人们传诵的J. P. 摩根，他的确不如那时的世界首富有钱，甚至都不如另一位"华尔街女巫"赫蒂·格林有钱，可他知道，他曾经也是一个腰缠万贯的富人，可那些富人又有谁做到了拯救整个国家呢？他们拥有的钱对国家危难时毫无意义，反倒是你完成了自己财富的升华，让自己不再仅仅是个富可敌国的富豪，更是一个凭着对国家强烈责任感成就的民族英雄。

一代先贤去了，历史的巨手把一个摩根时代翻了过去。看看站在历史面前的我们吧，多少人像花那样一味追求财富，让自己散发更迷人芬芳，却忘记了下一步该是结果了，他们不愿承担沉重的责任，他们不在别人不在社会不在国家危难之时伸出援手，他们永远不会成为对社会有用、流芳百世的果。

花谢花飞花满天，终不及果的甘甜。硕大饱满的果实胀破的不仅仅是财富，更是一种贪念啊。而促成由花到果转变的生长素，从来都是责任感与无悔的奉献。

"准确立意"练习

1. 论点：＿＿＿＿＿＿＿＿＿＿＿＿＿＿＿＿＿＿＿＿＿

2. 分论点：＿＿＿＿＿＿＿＿＿＿＿＿＿＿＿＿＿＿＿

3. 论据：＿＿＿＿＿＿＿＿＿＿＿＿＿＿＿＿＿＿＿＿

---

❺ 勇敢地做一颗果实 （54分）

董维欣

花是果的前身。人人都艳羡于花的美丽，但却不知，这种色彩斑斓的外表转瞬即逝。花，随时可能凋零，如果你只顾欣赏自身的美丽，而不顾去拼搏、成长，那么你的光环终将退去。唯有长成一颗果实，才能使你的才能沉淀，使你的潜能得以充分发挥。

勇敢地做一颗果实，挥别花的艳丽，可以使你茁壮成长，成为有用之材。自小家境优越的她是众人美慕的对象，但是，她却没有因舒适的生活放弃自己的追求。反而，她将一切富贵、安逸抛下，来到最艰苦的岗位，锤炼自己，造福他人。她就是南丁格尔。南丁格尔勇敢的选择，使她成了一颗硕大而饱满的果实。出身英国名门的南丁格尔曾是一枝美丽的花朵。但身处战时的她深知护士地位低下，工作艰苦却得不到尊重。为了改变这一现状，她不顾父母反对，做了一名护士。南丁格尔的工作条件极其艰苦，但她毫无怨言。每天，她都要为伤员护理伤口，清洗衣裤。夜间，她还会挨个抚慰伤员，为他们唱歌，使他们缓解伤痛。每次，当她手持油灯巡视四里长街的伤病员时，身影所到，士兵们都会亲吻她的身影来表示对她的崇高敬意，并一致亲切地称呼她为"提灯女神"。她像一位天使，安抚着人们受伤的心灵，为每一个人带来欢乐。她高尚的行为打动了世人，她被尊为英国最伟大的女人。

南丁格尔是伟大的。然而，正是因为她能勇敢地离开安逸的生活，离开众人的呵护，让自己独自奋斗，才会有她日后为医护界所做的卓越贡献。试想如果她沉醉在花的美丽之中，不去拼搏，不去成长，那么在克里米亚战争中，英军的伤亡率又如何从50%降至2.2%；医护工作者的地位又怎能从"污水般"的社会底层，升至今日的白衣天使？南丁格尔的美名流芳百世，这英雄般的赞誉像果实般硕大而富有内涵，这一切的一切远比一个富家小姐头衔更有价值，更为世人敬仰。

勇敢地做一颗果实，如果你没有勇气告别花儿的美丽，那么，你的辉煌终有一天会成为过去。田亮曾是世界跳水界的领军人物。年少得志的他15岁便获得全国锦标赛跳台冠军，成为中国体坛的一颗新星。悉尼、雅典奥运会的多枚金牌更是令他成为了无数国人引以为傲的对象。于是，这位"跳水王子"成了广告界、娱乐界的宠儿，他的生活，一下从枯燥艰苦的训练场转向了名利双丰的娱乐圈，此时的田亮沉醉在影星般梦幻的生活中，不能自拔。在外人看来，这个年轻人是多么艳丽的一朵花啊！但殊不知，比队友们少了一年多训练时间的田亮再也找不到昔日冠军的感觉。于是，在归队无望的情况下，田亮于2007年宣布退役。

勇敢地做一颗果实吧！只有果断而绝然地告别花的艳丽，你的芬芳才能沉淀为果实，长久地保存在人世之间。

"准确立意"练习

1. 论点：＿＿＿＿＿＿＿＿＿＿＿＿＿＿＿＿＿＿＿
2. 分论点：＿＿＿＿＿＿＿＿＿＿＿＿＿＿＿＿＿＿
3. 论据：＿＿＿＿＿＿＿＿＿＿＿＿＿＿＿＿＿＿＿

---

❻ 莫恋"花开"，但求"结果"（56分）

蒋笑婷

花沉溺于自己一时的惊艳，而果却理智地告诉它"任何一个果都曾经是花，而并非所有的花都能成为果"。的确，果都有花的"曾经"，都有"一任群芳妒"的辉煌，但是如果沉湎于当时的成功，就无法"修成正果"，最终难逃凋零的命运。植物是这样，人亦如此。过度留恋"花开"时的小小辉煌，是无法拥抱"结果"的成功的。因此，莫恋"花开"，但求"结果"才是我们应持的态度。

从"健美先生"到"魔鬼终结者"，再到成功当上州长，施瓦辛格的一生可谓高潮迭起。曾经有人颇带讽刺意味地问他："请问您竞选州长靠的是健美的身材，还是票房传奇呢？"施瓦辛格淡然一笑，不慌不忙地以"爬山"的例子给出了自己的答案。当你站在一座山的顶峰，想到另一座更高的山上去，没有任何交通工具，怎么办？方法很简单：下此山，上彼山。这就是施瓦辛格不断成功的"手段"。到达一个山顶，俯视群雄，那该是多么令人骄傲和自豪的事。初获"健美先生"美名的施瓦辛格就像一朵初绽的鲜花，娇艳欲滴，享受着众人的关注和赞美。但是，他心里非常清楚，要成为果，就不能只顾着孤芳自赏，在一座山顶上打圈圈，"坐吃山空"。想到另一座高峰，途径只有一个，走下这座山，放弃已有的辉煌，去攀登另一座山，追求事业的又一次飞跃。倘若施瓦辛格停留在"健美先生"的美名中，要不了多久，他就会被世人遗忘，"零落成泥碾作尘"，连香气都不会被留下。因此，花开固然美，但为了"结果"，莫恋"花开"。

在北大2008年开学典礼上，新东方董事长兼总裁俞敏洪应邀讲话。其中一句话令人深思："我们很多同学凭着优异的成绩进入了北大，但是北大绝不是你们学习的终点，而是你们生命的起点。"是啊，很多人的理想就是考入北大这所一流学府。如愿了，有些人便骄傲起来，以为可以不再奋斗。他们就像美艳而得意的鲜花，迷恋于自己的小小胜利。殊不知，万里长征才迈出了第一步，真正的奋斗才刚刚开始。作为一名大学生，必须努力学习，不断进取，日后才能成为对社会有贡献的人。沾沾自喜、不思进取，必然导致止步不前，无所作为。花儿一旦陷入自己的美丽不可自拔，就只能慢慢枯萎凋谢，人一旦沉迷于一时的成绩无法跳出，就只能坐以待毙，被社会淘汰。出自名牌大学而一事无成者大有人在，其中不乏是少年得志，而后却没有持之以恒、努力奋斗的。实践证明，秉持莫恋"花开"，但求"结果"的态度，方能笑到最后，笑得最好！

一首小诗这样写道："墙角的花啊/当你孤芳自赏时/天地就小了。"孤芳自赏，的确能带来满足感和优越感，但过分恋于花开，只会让你在凋零时后悔莫及。所以，我们一定要铭记：莫恋"花开"，但求"结果"。

"准确立意"练习

1. 论点：_____

2. 分论点：_____

3. 论据：_____

❼ 心灵的枝桠结上果 （54分）

李可莹

人，常如花与果。年少时曾志存高远，急于一夜之间绽放，尽态极妍；然而岁月奔流，他们有些飘零而去，唯有少数积淀下了生的厚重与坚实，成为富有内容的果。岁月串连而为历史，留下的尽是厚重坚实的灵魂。

这仿佛类同于培根所说："名誉是一条河，轻飘和虚肿的漂在上面，沉重而坚实的沉在地下。"浅层次的浮夸之美，一时得见，却难免雨打风吹去。一如当世的一些青春小说、网络文学，我们毋庸置疑或批判，坐在岸上只匆匆一瞥，它们已不见了踪影。这条河冲的那样急，缺乏厚重内涵的事物如何抗拒？反之，俯瞰这流水之下，经典却牢牢扎在河底，沉甸甸地凝聚着人类长久的智慧。而这两类文学的差异何在？当是作者灵魂上的积淀不同。世故油腻的文字一时吸引人们的眼球。而灵魂摆脱媚俗，凝结厚重的思想，那笔下流淌出的便是历史的长剑也无力摧毁的字字珠玑。

史铁生年少时也曾健硕，然而失去双腿的他，灵魂却多了一份与常人不同的厚重顽强。凋了绚烂的花，却结了坚实的果。史铁生用心中的双腿，丈量大地，奔向升起希望的地平线，苦苦索寻生活的真谛。尼采曾说："生命最后的解放者是极度的痛苦，唯有此种痛苦，才强迫我们大彻大悟。"这与史铁生的人生不谋而合。生命的永恒绽放是人们的渴望与梦想，而天外云卷云舒，庭前花开花败，何种美好能够脱离自然命运与时间的追逐而永存于世？即便是坚实的果也有坠落的一天。

然而生命虽无力与自然抗衡，厚重的人格和坚实的灵魂却像果一样，可以代代延续。每一代的人都在探索先辈留予我们的真理，每一代的人都在为下一代留下真理。文豪托尔斯泰弃掷富贵生活，留下永世经典；西班牙科学家塞尔维亚葬身教会布下的火海，无怨无悔，只为坚持真理，坚持他的"血液小循环说"，终与真理共存亡。他们一个个离我们远去，可那些高大的背影时时荫蔽着后世。这些厚重的灵魂，不仅至今仍推进着人类的前进脚步，他们更将永恒地在尘世间铭刻他们的信仰。

欧·亨利的一语曾十分打动我："人生是一个含泪的微笑。"花不会开而不败，我们注定要失去，要遭受。然而辛酸后的微笑才是充盈而不空洞的。花凋零了，枝桠上留下了什么。人生浮华逝去，我们的心里留下了什么。

"准确立意"练习

1. 论点：＿＿＿＿＿＿＿＿＿＿＿＿＿＿＿＿＿＿＿＿＿

2. 分论点：＿＿＿＿＿＿＿＿＿＿＿＿＿＿＿＿＿＿＿

3. 论据：＿＿＿＿＿＿＿＿＿＿＿＿＿＿＿＿＿＿＿＿

―――――― 二类作文 ――――――

放下曾经的花，迎接真正的果（二类作文2篇）

说 明

这里有2篇二类作文。把它们放在这里，目的是给同学们提供"镜子"，以便照出自己作文中的毛病，提醒自己时时引以为戒。

例 文

❶ 放下曾经的花，迎接真正的果 （49分）

"任何一个果都曾经是花，而并非所有的花都能成为果。"果对炫耀自己漂亮的花如是说。

花固然漂亮，但外在的躯壳，绚丽的色彩，终究只是一现，不久便会凋零；而自花修成的正果虽然其貌不扬，但由内心散发的香甜却能带给世间真正的价值，为世人永远称赞。如果说"果"是最终的成就，那"花"也仅仅是通往成功道路中的一个小小的胜利。唯有放下曾经的胜利之花，才能赢来真正的成功之果。

名与利是诱人的花，放下它，我们前进的脚步才不致被羁绊。曾经才华横溢的江淹，让无数的后人为他的凋谢而惋惜。少时家境贫寒，江淹却勤于读书，苦于学习。优越的天赋与不懈的努力最终造就了他的文学成就，世人记住了《恨赋》、《别赋》，帝王也为他的骈文深受感动。然而，名声鹊起动摇了他写作的原则。为了名与利，他不再用心属文，以真情动人，直至灵感消逝，文思减退，渐渐步入写作的低潮，终以"江郎才尽"名留文坛。不错，名扬天下是文人成就的一部分，任何一个成功文人都曾开过这朵漂亮的花，但有谁会因此踌躇满志以至忘却了前进去为最终的硕果而努力？而江淹，他放不下曾经收获的名利，于是拿不到正果。对于我们，纵然收获再多的名与利，那都如漂亮的花一样，终将一去不复返。唯有将其放下，一切一如往常，我们才会轻松地继续前进。

　　荣誉奖项是瑰丽的花，放下它，我们的心灵才会纯粹，精力才会专心于眼前的修炼。泰戈尔的文学成就便是这样由花炼成的果。作为首位荣获诺贝尔文学奖的亚洲人，泰戈尔对奖项并不在意。每天依旧在恒河河畔的小木屋中与文字为伴。"当我找到自己的自由时，我找到了我的歌。"他为瀑布书写内心独白，也道出了自己对文学纯粹的热爱。他没有被荣誉冲昏了头。获奖后，泰戈尔便开始从原先创作的大量孟加拉文诗歌中挑选他最喜欢的诗篇，经再次体验与创作，译成清新、隽永的散文诗并陆续结集，《新月集》《飞鸟集》等硕果便从此问世。泰戈尔以他的智慧与不懈，用文字深化人们的思想，提升人们的审美。他不在乎荣誉奖项，不追求成功与否，但在世人眼中，他绝对堪称文学大师，我们记住了他的荣誉，更不会忘记他清澈如泉水般的文字。文人都应如此，荣誉之花不应被铭记，这样才会修成正果。

　　警醒吧，漂亮的花，不要再为暂时的胜利而骄傲或炫耀。唯有放下它，你才能成为果，迎来真正的成功。

点评

　　分论点应该从不同角度支撑中心论点，而"名与利是诱人的花"与"荣誉奖项是瑰丽的花"两个分论点语义重合，没有区别。

　　论据似是而非。说江郎的"才尽"是因为晚年动摇了写作原则，去追逐"名与利，不再用心属文"所致，纯属臆测，缺乏史实根据。历史上，江淹的散文"集南朝之大成"，江淹的为官"清正廉洁，刚直不阿"。

　　以上两点应引以为戒。泰戈尔的例子用得好，值得收藏。

❷ 努力去做一颗果 （52分）

　　这个世上有两种人：一种人如花，凭借美貌为人所知；一种人似果，看似平凡，却因为他有沁人心脾的美好品格被人爱戴。也许人们熟知的多是那些拥有美貌的人，但想要受人尊敬与铭记，我们应该努力去做一颗果。

　　要知道有美丽外表的人并不少，但是给人留下美好的永久印象的并不多，这是为什么呢？姚明被很多人视为偶像，相信也不是因为他的外表有多俊俏，更多的，应该是他给他的粉丝们树立了一个很好的榜样。汶川地震，他不仅代表个人捐款赈灾，还号召他所在的火箭队筹集善款。他曾说："现在有很多小孩视我为偶像，所以我要为他们树立一个好榜样。"的确，他做到了。与那些大牌球星整日不断的花边新闻不同，来自姚明的负面报道几乎为零。他用他的一言一行，凭他的美好的品格，赢得了世人的赞誉。他不是一朵招蜂引蝶的花，而是一直努力做一颗滋润社会的果。姚明因此，成了我们公认的最美的人。

　　其实，有一个美丽的外表也不是坏事，如果你不是徒有其表，而是努力从美丽的花蜕变为美丽的果，也一样会得到他人的喜爱。

　　2007年的世界小姐张梓琳无疑就是这样一朵美丽的花。很多人认为世界小姐任期快结束的她会借此成功进军娱乐圈。但是，她在采访中反驳了那些人没有根据的猜测："'世界小姐'也许会改变我的人生，但它绝对不会决定我的人生。我从不赞成有些人因为美丽就一心想要进入演艺圈当明星的做法。作为一个女孩，最重要的是有良好的教育。"张梓琳无疑更像一颗美丽的果。她借世界小姐所具有的无穷号召力，在她任期的这一年，走访了40多个国家进行慈善活动。她不是靠青春吃饭的人，卸任之后她还要继续深造，忘记那令人艳羡的皇冠，去做一颗美丽蜕变后的果。

　　如今的我们，被演艺圈里那些女艺人颇丰的收入数字看花了眼，以为这就是一个女孩所要追求的。殊不知，一朵花若只关注自己是否被人观赏，它的花期就会短暂，在它凋零之后，便没有人再会记得它的模样。但一颗果就不同了，它可以滋润每个人。所以，不管你有没有如花的外表，请记住：一定要努力去做一颗果，因为那样的美才是永恒的。

点评

开篇提出"一种人如花，凭借美貌为人所知"，而"一种人似果，看似平凡"。可到了论据，我们却找不到与论点的准确对应。因为姚明不仅仅"似果"，"世界小姐"也不仅仅"如花"。论点与论据之间，总觉得很是牵强，读来别扭。

这种现象在学生作文中很普遍，应努力避免。想想你自己有过类似问题吗？论点不能统率论据，论据不能支持论断，或者模棱两可，似是而非，这是议论文写作大忌。你有这方面的教训吗？

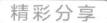

"跑题专业户"写出满分作文

若不跑题复何求——高原的故事

暑假开学了，高三摸底考试出了这样一道作文题。

> 阅读下面的文字，按要求作文。（60分）
>
> 鲸遇到身体瘦小的沙丁鱼时，便张大嘴巴跟在逃命的沙丁鱼后面穷追不舍，离海滩越来越近了，鲸却浑然不觉。等鲸以极快的速度，接近海滩时，要避开险境已经太迟了，巨大的身体因为惯性冲上了海滩，陷在海沙中无法动弹。而沙丁鱼只要很少的水就可以存活甚至逃生。
>
> 要求：
>
> ①全面理解材料，可以选择一个侧面、一个角度构思作文。
>
> ②自拟标题，自选文体。
>
> ③不要脱离材料的含义作文。
>
> ④不少于800字。

这个现代寓言故事立意指向明确，寓意浅显易懂。鲸鱼捕食沙丁鱼——前者为海洋霸主，处于绝对优势；后者弱小不堪，处于绝对劣势。其结果毫无悬念可言。孰料鲸鱼一路猛追，造成搁浅，死无葬身之地。而沙丁鱼却凭借身体小巧伶俐的优势，轻轻一个转身，又游进广阔无垠的大海。不少同学从鲸的角度立意，比如：有的从警惕潜在的危险下笔，指出虽然论速度，论强悍，论重量级，"鲸鱼"都应该大获全胜，可是由于忽略了浅滩这一潜在危险，便落得个死无葬身之地的下场。有的从利令智昏的缺点入手，指出"鲸鱼"本来有着极为发达灵敏的声纳系统，但是，一味垂涎即将到口的美餐，血脉贲张，全速前进，忘乎所以，拼力追捕，结果导致声纳系统失灵，铸成悔之莫及的大错。有的呼吁警惕诱惑的陷阱，指出面对"沙丁鱼"这道美餐的巨大诱惑，应该保持高度的警惕，懂得理智地权衡利弊得失，否则，就会成为诱惑的俘虏。有的论述放弃需要智慧的道理，论述颇含哲理意趣：放弃，不意味着不追求；追求，也不意味着不放弃。追求可能成就一生，而不放弃可能毁灭一生。如果懂得在适当的时候抽身而退，譬如那只鲸，在预感到海水渐浅时"放弃"追逐，转身游入大海，那么它不是至今仍在蔚蓝无垠的深海中享受生命的美妙吗？

　　也有一些同学从沙丁鱼的角度立意，称赞"以弱胜强的气概""用智慧战胜对手""冷静，克敌制胜的法宝"等等；还有同学从辩证的角度去谈大小强弱的转化。

　　遗憾的是，有不少同学偏题或者跑题，有的跑得还比较远。

　　经统计，理科14班51个同学，偏题跑题共23篇，失误率45%。

　　跑题都跑哪去了呢？随便举几个例子：

　　鲸鱼的悲剧在于选错了捕猎目标，大海之中沙丁鱼多的是，为什么不去追逐愚蠢的偏去追逐狡猾的以致上当受骗呢；

　　不积小流无以成江海，浙江青年从卖饮水机起步至身价百万，俞敏洪从刷小广告开始最终成为中国教育产业第一家；

　　锲而不舍金石可镂，麦当劳不改变口味配方立于不败之地，电影演员阿甘凭着一股傻气征服观众；

　　海纳百川有容乃大，柳亚子接受毛泽东"风物长宜放眼量"的劝告打开心胸，刘邦广纳贤良建立大汉王朝；

全才诚可贵，偏才价更高。钱钟书数学考零分却成为文化昆仑，李安数学极差献身艺术成电影界鲸鱼；

不要丢了西瓜捡芝麻，小不忍则乱大谋，放长线才能钓大鱼……

稀奇古怪的跑题作文看得老师头昏脑涨，心乱如麻。午饭后回到办公室，已有好几个同学围上来，就作文跑题问题找我"理论"。

下面是师生对话。

学生：老师，您能不能给定义一下"跑题"的概念是啥？

老师：这个简单。就这篇作文而言，你离开了寓言故事的寓意去写就是跑题，就跟我问你是哪个班的你回答说我是东北人一样。

学生：那偏题呢？

老师：就这篇作文来说——我指着作文要求说：本来要求"全面理解材料"，可你只看到鲸，丢了沙丁鱼，或者写沙丁鱼，忘了鲸，就是偏题。

学生：那寓意是谁定的？

老师：寓意不是谁定的，是蕴含在寓言故事中的道理。再说，一道作文题，常常有命题指向在里面。

学生：命题指向是啥我们怎么知道？

老师：这就是为什么写作文需要审题呀，尤其是材料作文，材料本身就是一个限制，是戴着镣铐的舞蹈，必须读懂。有时一旦审题不慎，会满盘皆输的。

这时，一个自称"高原"的男同学开口了：

鲸为了吃到沙丁鱼连命都不顾了，可见沙丁鱼好吃到什么程度。当代青少年普遍食欲不佳，如果有了沙丁鱼罐头不就解决问题了吗？我这样写有什么不对？为什么只给20分？

此言一出，我顿时无语。几个同学还在七嘴八舌地谈什么，我已听不甚清，眼前似乎出现这样一幅漫画：

某日，一个射箭教练，带了一群运动员去靶场。稍事准备后，训练开始。几轮射击下来，教练的头都大了。运动员们七嘴八舌，有的怪靶子太小距离太远根本看不见，应该打破条条框框与时俱进，把靶子距离拉近三分之二再把靶子放大三倍；有的说射哪不一样，为什么非得射靶心，再说每个人都有自己心中的靶心，应该我箭射我心；有的说教练设定的靶心不是我的靶心，为什么非得射你认定的靶心；有的说靶心不只一个，只要自己愿意，天上的星星、池塘的蝌蚪同样可以当作靶心；有的说射箭也应彰显个性，若为个性故，靶心其可抛；有的说价值多元时代，究竟何为靶心已无定则，色不异空空不异色，色即是空空即是色，因此探讨中靶脱靶毫无意义；还有的说万事万物都是相对的，因此四川没有绝对的地震，同胞也没有绝对的死亡，射箭同样没有绝对的中靶和脱靶……

不可思议，天方夜谭，子虚乌有，光怪陆离……由此让人想起一种叫"斜视"的眼病。

"斜视"：①由眼球位置异常、眼球肌肉麻痹等引起。当一只眼睛注视目标时，另一只眼睛的视线偏斜在目标的一边。也叫斜眼。②斜着眼看。两种解释，前者可称之为生理斜视，后者可称之为心理斜视或者精神斜视，汉语中有丰富的词汇，如"乜斜""侧目""白眼""小眼角看人"等等。它未必是"病态"，恰恰相反，有时表现为一种不屑、蔑视、鄙弃、清高、傲岸，《晋书》有这样的记载："籍又能为青白眼，见礼俗之士，以白眼对之。"即便是朝廷红人，只要不喜欢，阮籍也会把眼睛一斜，甚至斜到黑眼球消失，只剩白眼。王维《与卢员外象过崔处士兴宗林亭》写道："科头箕踞长松下，白眼看他世上人"，写的也是斜视。还有鲁迅的《哀范君三章》，用"华颠萎寥落，白眼看鸡虫"写范爱农鄙弃流俗的个性，都是此类。

我觉得心理斜视还可以有另解，比如一切乾坤颠倒、黑白混淆的看法，一切有悖事理、有违常情的认识，一切以非为是、以丑为美、以邪为正、以误为对乃至无是非、无美丑、无正邪、无对错的态度，也应该属于"心理斜视"。论病因，心理斜视要比生理斜视复杂得多。尤其处于成长发育阶段心理尚未成熟的中小学生，如果课业负担过重，长期熬夜，紧张、焦虑、恐惧以及处于超负荷的压力下，便会导致心理扭曲变形。其负面效应常常与人形影相随，甚至影响人的一生，落得"不幸的人用一生治愈童年"（阿德勒）的结果。一份调查数据显示：目前约50%的高中生有偏执、焦虑、抑郁等倾向，也就是说差不多每两人中就有一人存在这样或那样的心理问题。在这部分学生眼里，常态事物会扭曲变形，作文时各种稀奇古怪的现象也就出现了；表面看是作文问题，实际上是心理斜视和生命困惑。为此，老师不得不把主要精力花在对治"跑题"上而非写作技巧指导上。时常会遇到这种情况，一次作文批改下来，发现少则几人十几人、多则几十人跑题。语文老师此时的处境，就真的如同上面那位射箭教练一般，要被淹没在奇谈怪论的汪洋大海里，搞得狼狈不堪、焦头烂额了。

学生近年作文暴露的种种问题可以归纳为十种类型：

1. 生命空壳类
2. 精神软骨类
3. 认识侏儒类
4. 情感贫血类
5. 思维乱麻类
6. 意识懵懂类
7. 神思恍惚类
8. 人格偏执类
9. 价值扭曲类
10. 宿构套作类

以上十个问题，有九点与心理和精神层面挂钩。写作的方法技巧，学生可因文习得，指导起来也相对容易，精神层面的问题则不然。因此在作文指导中，老师如果只单纯地传授写作方法技巧，而置学生精神层面的问题于不顾，无异于隔靴搔痒，舍本逐末。多年来，在应试的压力下，学生常常和经典阅读绝缘，和实践体验绝缘，和劳动磨砺绝缘。不分寒暑，无论晨昏，夜以继日，陷身题海，刷题刷得天昏地暗，日月无光，不少学生身心出现严重问题。还是鲁迅先生来得深刻，一百多年前就说过一句响若惊雷的名言："人立而后凡事举。"——人真正站立起来，做什么都可以成功，因为作文也是做人。当下中学生作文暴露出来的种种问题，其实是作为"人"的学生精神状态的一种折射。身为教师，每天和学生近距离接触，最能痛切地体会到"巨婴""半人""空心人"等当下热词的深刻内涵。"可以毫不夸张地说，就全国而言，中学生作文已经全线崩溃"，目睹学生的作文现状，更感到温儒敏先生这句话的沉重。

从14班班主任那里了解到，本班作文偏题跑题现象不仅很普遍，且由来已久，从高一时就是这样，可谓久治不愈的顽疾。论及跑题原因，有的属于共性问题，有的属于个性问题，只能区别对待，"辨证施治"。高原只不过比别人更突出一些罢了。自高一以来的历次作文，他一路跑题，因此被同学送了个"跑题专业户"的雅号。满分60分的作文，他一般都在30分以下。从见到高原写"缺少沙丁鱼罐头是当代青少年普遍食欲不佳的原因"时起，他就在我那里挂了号，成了我矫治作文跑题的重点"攻坚对象"。我希望通过"高原们"的作文改变，带动全班的整体改变。

期中考试之前的两个月，高三写了三次作文，作文材料分别是：1.好莱坞肥星"罗斯顿"（作文原题见第三讲第二节"生命的需要"第191页）的故事。2."燕子在哪里过冬"的故事。3.陆游"作茧自缚"诗句（作文原题见第五讲第一节"作茧自缚"第299页）。三次作文，高原保持了100%的跑题率。看来，"跑题专业户"的雅号还真的是名副其实。

比如要求根据陆游"作茧自缚"的诗句作文，作文材料具有多义性特点，立意角度很多：既可以从正面去肯定作茧，也可以从反面去否定作茧，还可以从侧面谈作茧目的、作茧过程、作茧方法、作茧结果等等。但无论怎么写、写什么都不能离开"茧"，否则就容易偏题跑题。

可高原写的是啥？

战场之外的战场计略（跑题作文）

战场之外的战场计略（20分）

高原

兵者，诡道也。

——孙武

人生如春蚕，作茧自缠裹。一朝眉羽成，钻破亦在我。

——陆游

正如陆游所说，人生就是一个作茧自缚的经历：作茧自缚地活着，作茧自缚地思考，作茧自缚地行事。只有真正有能力，"眉羽既成"的，才能突破这茧，任游于空中。

而今天，我们讨论的是军事。古往今来多少名将，都死在了战场上的作茧自缚中！或许这话有点奇怪：什么叫战场的"作茧自缚"？简而言之，就是单纯地把战场当作白刀子进、红刀子出，而忽略了战斗之外的"战场计谋"。

那什么是"战斗之外的战场计谋"呢？

我们不妨来看一个例子：二战时，美国考虑到德军战力强大，开始尝试中国人最爱用的办法——断粮道。但德国刚在挪威贮藏了大量马铃薯，而又守备森严。这可怎么办呢？生打，损失巨大必将难以想象。于是美国人开始通过广播"制造"一种所谓"马铃薯综合征"的病，称：食用冰冻马铃薯会导致种种重症，而且初期很像感冒，极易传染，难以辨别，等等等等。还找来了不少"患者"进行介绍。这种莫须有的病竟让德国在挪威冷藏的马铃薯全部作废，达到了"断粮道"的目的。这，便是"战场之外的战场计谋"。

孙子曰，"兵者，诡道也"。既是诡道，便绝不可作茧自缚，请看这个

"诡"字。凡事都要思量一二，想到了或许能换来一场大胜，想不到可能就要丧师失地，至死都不知道怎么死的。

例如，垓下一役，项羽本可支撑死守之时，却听到四面楚歌。可怜的楚霸王竟以为是刘邦攻下了楚地！实际上，这正是张良的攻心之计。要说这是什么很厉害的战略战术，完全不是。而极少考虑战斗之外的事情的项羽，便立时中计，楚军斗志瓦解，项羽身死国灭。可见，即使是项羽这等战将，不去思考战场之外的这些战场谋略，也要吃大亏啊！

随着科技进步，真刀真枪的战斗不会再是主流，武器、装备、战术、舆论虽然都占据战争的统制（治）地位，但上述这些战场之外的战略对战争的影响却越来越大。上边说到过的对科技权威的盲从、思乡病，以及其他因素比如信仰、喜好、畏战情绪、本能逃生主义、武器、信息依赖等，都是可以影响战争的因素，而这些往往又不是战争本身的内容。对于新世纪我军的指战员们来说，如何利用这些因素来打击敌人，并防止被敌人利用这些因素，将是未来战争中帮助我军取得胜利的重要一环。

点评

看了你的作文，发现你对古今中外的军事话题抱有浓厚兴趣，文章内容很新，展示了你的深厚积淀、独到视野和个性思考。

但是，你的文章只在开头点了一下"茧"，然后就抛开"茧"渐行渐远，去写所谓的"战场之外的战场谋略"——从美国的"断粮道"写到项羽的四面楚歌，再从现代战争的"武器""装备"到"畏战""逃生"……简直是天马行空、随心所欲，写成了"信天游"。

这可是一篇考场材料作文啊，这个材料是个限制：你可以写任何内容，但不可脱离材料"茧"的寓意，无论是"破茧"还是"作茧"。可是，你文中的"茧"呢？刘翔眼前的110米跨栏呢？

你写的这一切，能和"茧"产生什么联系？能说明"茧"的什么道理？

审题太重要了，千万别冒"盲人骑瞎马，夜半临深池"的险啊！

之后，我们又出了这样一道材料作文题。

阅读下面的材料，按要求作文。（60分）

燕子本是一种候鸟，然而起初人们对此却有着许多不同的看法，比如古希腊伟人亚里士多德，就认为冬季燕子在池塘的冰下越冬。2400多年后，到了18世纪，瑞士巴赛尔城的一位修鞋匠，面对棚下筑巢的燕子，常常静默良久。一年秋天，他写了一张纸条："燕子，你在何处越冬？"并将它绑在燕子的腿上。第二年春天，当这只燕子翩然而归时，鞋匠意外地发现了一张新的字条："雅典，在安托万家越冬。"于是，一个2400多年的谜团终于解开。

要求：

请就以上材料展开联想，写一篇文章。角度自定，题目自拟，文体自选（诗歌除外），不少于800字。不要脱离材料含义作文。

这个作文题目中的材料具有多义性特点，立意角度很多：比如质疑、挑战、好奇、兴趣、尝试、探索、实践出真知、偶然与必然、行动带来进步、善于努力才能成功、认真寻找才会发现、实践是检验真理的标准、思考解开谜团、探索的价值、把目标付诸行动、探索需要智慧、方法创造科学、切勿纸上谈兵……

高原又写的啥呢？

作文第一次交上来，高原写的是"燕子在冰层下过冬充满浪漫色彩"，实在是离题万里。要求重写后交上来的是"鞋匠应做好份内之事"，再次跑题，故要求第二次重写。

几天后，高原的"重写作文"交上来了，题目是"关于跑题之我见"。三千多字，洋洋洒洒，什么叶圣陶、吕叔湘、张志公，拉大旗作虎皮，为自己的跑题辩护。

1. 作文要表达真情实感，只要表达真情实感，就不能算跑题。

2. 写作文就是"我手写我心"，只要"我手写我心"，就不能算跑题。

3. 如果所有同学都按试题要求去写，还怎么有个性？

4. 不能老师说跑题我就是跑题，跑题不跑题不能老师一人说了算。

5. 又让学生展开联想，又不允许超出材料寓意立意，戴着镣铐怎能舞蹈？

6. 既然一千个人眼里有一千个哈姆雷特，为什么一千个学生眼里不能有一千条鲸？

奇谈怪论，强词夺理，断章取义，似是而非。

看得出，在高原心里没有"跑题"的概念。他认为，作文跑不跑题，试题要求不算，老师说了不算，"情感真实"是唯一标准，只要"真实"，就可以信马由缰。既然作文是"我手写我心"，就应该想怎么写就怎么写，想写什么就写什么；随心所欲，天马行空，都不能算作跑题。在他的逻辑里，充斥着"非此即彼"的偏执化认知：要个性就不能有限制，有限制就不能有个性；要舞蹈就不能有枷锁，有枷锁就不能舞蹈……我觉得，高原的作文跑题只是一种表象，深层原因是性格缺陷使然。在他的逻辑里，只有对立，没有统一；只有绝对，没有相对；个性与共性、开放与限制都是相互割裂、无法兼容的。这必然导致在家里和父母的格格不入、在学校和同学的关系不和，日后的工作生活中也难免邻里失睦、四处碰壁。因此，对于"高原们"而言，要让他们彻底走出作文跑题的泥潭，应该从性格完善做起。

为此，不得不利用课上课下、晨读晚练的一切机会，结合作文，反复给"高原们"普及一些再普通不过的道理、再浅易不过的常识。

比如"个性美"：一篇好作文固然应该有"个性美"，但提倡的是"美"，而不是"丑"，不是恶俗的个性，不是出洋相，不是奇装异服，不是嬉皮士。个性是内在气质的体现，不能以个性为由而不管题意，信马由缰，标新立异，想怎么写就怎么写，那就太危险了。尤其需要强调的是，扣题是考场作文的前提，是审题立意的根本要求。

比如"限制"：高考是选拔性考试，为选拔人才的需要，作文命题必然要从形式到内容等方面加以限制。就材料作文而言，材料本身就是一种"限制"。对材料能不能读懂，理解得深与浅，直接关系到作文水平。因此，高考作文被称为"戴着镣铐的舞蹈"。不过，即便戴着镣铐，考生也应该舞出精彩，而不能目无"镣铐"，随意乱舞。在这个方面，高考和竞技运动很相似。比如奥运会男子110米跨栏场地上，发令枪一响，作为参赛运动员的刘翔却打起太极拳来，那肯定要被罚下的。

还比如"联想"：作文要求里经常会出现"联想"二字。但这个"联想"必须是有序的、合理的，而不能胡思乱想。人们常说"一千个人的眼里会有一千个哈姆雷特"，但他仍然是"哈姆雷特"。是"哈姆雷特"这个文学形象的应有之义，而不会变成"黛玉"和"阿Q"。同样，一千个学生眼里也可以有上千条鲸与沙丁鱼，但它们还是这个寓言故事里的鲸与沙丁鱼。而"沙丁鱼"绝对不能摇身一变，成为刺激"青少年食欲"的"沙丁鱼罐头"。

……

如此从早到晚、翻来覆去地讲着，练着，析着，辩着，写着，改着，几个月后，期末考试快到了，"高原们"一个个终于如梦方醒。面对期末作文题，高原不仅没再跑题，而且作文成绩取得重大突破，走出了一直在30分左右徘徊的状态，难以置信地得了个满分，改写了上高中以来连续跑题的历史，彻底摘下了"跑题专业户"的帽子。

蓝玉蓝玉，难成美玉（高原满分作文）

（作文题目见第二讲第二节"花与果"）

蓝玉蓝玉，难成美玉（60分）

高原

大漠风沙，长河落日。

一位老兵站在关口，伴着夕阳，凝望着关外的风景。那广阔的大漠，邈远的天空，那无数豪客渴望建功立业的"昆仑神"的土地，那无数北元铁骑出没的地方……

但如今，他们再也不会来了。老兵欣慰地想道。那个人已经把他们彻底消灭。今天，我要目送他入关，看看这个消灭北元的奇才，究竟是谁。

正在此时，他突然听到一声号角。继而，数千人不知从哪里冒了出来，开始攻打关隘。老兵带着战友拼命抵抗，却终于不敌而亡。临死前的最后一刻，他看到了领兵攻打关隘的人，竟然就是他等待的"那个人"。他不禁惊叫出来：

"蓝玉？！！！"

古往今来，能驰骋大漠的汉族将领，可谓凤毛麟角。或许您能想到的，也不过是李牧、李广、卫青、霍去病。今天，在这个名单上，我将为你再添一笔：蓝玉。

蓝玉是明初骑兵名将常遇春的内弟。常遇春暴毙而亡因而未能远征大漠，其好友徐达则有幸出征。当时，蓝玉被任命为先锋。或许，是为了常遇春，徐达才做出了如此安排。但蓝玉在战斗中表现出的才华，令所有人刮目相看。从小生活在名将丛中的蓝玉，就如同一粒种子——名将的种子。

一战成名后，蓝玉继续跟随徐达、冯胜等名将南征北战。北元，作为成吉思汗的后人、黄金王朝的政权，一直是蓝玉渴望击败的目标。

时光荏苒。一代名将徐达逝去了，一代名将冯胜也老迈难用了。蓝玉终于等到了他的机会：以主帅身份进军大漠！

于是，十万明军，北入大漠。

蒙古人知道蓝玉来了，于是开始了游牧加游击。

而蓝玉，则要尽力不被蒙古人发现。

于是，十万人在风沙中行军，却鸦雀无声；十万人在沙漠中吃饭，却不生火埋锅。为了这场与北元的决战，所有人已放弃了一切。

而蓝玉，则带领他的部队，一战定乾坤，击败了北元，完成了徐达、常遇春，甚至卫青、霍去病都不曾完成的丰功伟绩。

此时，这朵名将之花，终于盛开了！

可惜，却只是，一现而已……

盛开的名将之花，绚烂而多彩。他或许认为，世上更无如此耀眼之花。或许是为了炫耀，蓝玉竟然下令，攻打自家关隘！百战余生的许多边关守将，竟这样成了蓝玉这朵花的牺牲品！

而蓝玉的狂傲，才刚刚开始。尽管朱元璋爱惜他的才华，但对于如此狂傲的他，朱元璋在无限忍耐之后，也终于只剩下一个字：杀。

终于，一代名将蓝玉，在盛开后不久，便一刀两断、一命呜呼。

终于，一代名将之花，用一种如此的方式，零落成泥。不仅没能成正果，连香也没留下。

终于，功业堪比卫青、霍去病的他，也只能被历史的车轮碾过、湮没。

或许，历史就是这样，对这些名将之花而言，所有结成果实的，都曾经是花，而且是花中佼佼者；而并非所有的花，都终能结成正果。

吁！长河落日功名去。叹蓝玉，终难成美玉！

花为何无果？（高原一类作文）

花为何无果？（56分）

高原

人生就如同花与果。当一个人风光无限时，他便进入了开花期；而当他在风光之后真正有所成就，他便终于开花结果，乃至流芳千古；而没有终成正果的花，却只能埋没于众人之中。

自然，我们希望成为结果之花；因此，我们就更需知晓，什么样的花难成正果。

古往今来，悖德之花，难成正果。明徐有贞，位及内阁首辅，又深得英宗信赖，可谓人生之花开至极致。可这位徐首辅却因为一己之私怨，陷害并杀害了一位直臣——于谦。罪名叫"谋反"，没有证据，于是徐有贞说了句与"莫须有"齐名的话："意欲之。"于是，于谦，被冤杀。但历史公道自在人心。人生之花盛开到极致的徐有贞并未因此结成正果，却因此成了被历史碾碎的花泥。一个人即使如何风光，一旦违德悖义，也终将为历史所不齿。如此，怎么可能结成正果呢？

德行之外，狂傲之花，难成正果。问世人，谁不知，江南有才子，自名唐伯虎。五岁赋文章，加冠试八股。才高堪比曹子健，狂傲不逊阮步兵。放言会元在囊中，怎料狂语送清名。这便是唐寅，虽然才高八斗，只因为对自己太自信，放言"我必今科会元"，却换来一纸诉状，告他连通舞弊。于是，万人敬仰的唐伯虎，顿时"零落成泥碾作尘"。看来，狂傲可以成就阮籍、李白，但对大多数人，它只会毁人一生。

贪婪之花，亦难成正果。提起楚怀王，如果不用"大名鼎鼎"来形容，真是太可惜了。这位仁兄在楚国历代大王中绝对是最出名的一个，而他出名的原因只凭一个字：贪。有屈原这样的文臣，屈匄这样的武将，又是合纵长，楚怀王本已成为风光无限的鲜花，甚至《离骚》中的花加在一起都不及他的美丽。可这时，张仪来了。他充分利用怀王的贪，将他玩弄于股掌之间。终于，这朵鲜花失陷于函谷关内，带着荆楚的荣华，烟消云散。贪地，贪财，贪色，可叹怀王如此，却想成就正果，真是屈原也帮不了他啊！

在未来的人生中，我们都会有开花的一天。如果我们还希望成就一颗果实，那就千万不能忘记那些使你无法结果的因素，并避免受其影响。如果我们避免了一切使花凋零的因素，花还有不结果的道理吗？

点评

上高中以来，高原作文连续跑题，作文成绩一直在30分左右徘徊。及至走出审题困惑，在几个月后的期末考试中，竟然凭着一篇《蓝玉蓝玉，难成美玉》一鸣惊人，摘得满分桂冠。历史上，蓝玉确有其人，威震敌胆也确有其事，但一经妙手剪裁，历史俨然复活，情节起伏跌宕，人物传奇诡异，顿感虎虎生风和肃肃杀气，让人不得不称道小作者的立意新颖、体裁大胆、选材独到、文笔奇妙。获得满分之后，高原备受鼓舞，写作信心大增。几天后，意犹未尽的他，就"花与果"这同一作文题目，又主动写了一篇《花为何无果？》，同样获得一类作文高分。

看到高原终于跳出作文跑题的泥沼，未免欢喜，写了首小诗以示庆贺。

改鲁迅《自嘲》戏赠高原
（2008年11月22日）

若不跑题复何求，三次提笔五碰头[1]。

破帽遮颜罗斯顿，漏船载酒诺克福[2]。

横眉蓝玉咸翘指[3]，俯首花果敢称牛[4]。

静定心神成一统，改写冬夏与春秋。

【注】

① 这句指高原作文反复跑题。

② 这两句写的是高原两次作文都跑题了。罗斯顿和诺克福是两个不同作文材料中的人物。（罗斯顿，参见第三讲第二节作文题目"生命的需要"第191页；诺克福，参见第四讲第一节作文题目"诺克福公爵"第241页）

③ 这句写的是高原写出满分作文。蓝玉是高原满分作文中的历史人物（见第163页）。咸翘指，指获得同学们的点赞。

④ 这句写高原再出年级范文（见第164页），彻底打破跑题魔咒，从此自信满满。花果指第二讲第二节作文题目"花与果"（见第129页）。

小诗里，我半开玩笑地对高原说：

> 高原呀高原，
>
> 不跑题已是你的内心奢求，
>
> 跑题后重写依然照跑不误。
>
> 影星罗斯顿那你栽了跟头，
>
> 诺克福又碰得你头破血流。
>
> 开窍后对蓝玉冲天一吼，
>
> 终赢得同学们点赞不休。
>
> 心神静定走好人生之路，
>
> 改写跑题历史收获金秋。

当年高考结束后成绩公布的那天，校园里，远远看见我，高原奔跑过来，边跑边喊，气喘吁吁，喜不自胜："于老师，救了命了！我语文考了131分，作文55分！"——走出偏激偏见偏执的高原，拔尖的高考作文成绩、突出的语文总分，助力他圆了清华梦。在人生新的起点上，愿高原们日后走得更好。

一个鲜亮而苍白的"符号"

2006年高考北京作文题"北京的符号"是近年来难得一见的好题。

不必说它的形神兼备的地域色彩，不必说它的防止宿构取巧的显著功效，不必说它对话题作文命题定势的大胆挑战、对已经形成的命题惯性的强力突破，也不必说它在引领学生关注社会、关注现实、关注生活，从而养成勤于思考的习惯方面的良好导向，单就文题本身的开放与限制的巧妙设计而言，就很值得称道。

文题的开放性的特点体现在：选择符号，考生有极为广阔的空间，只要是北京的符号即可；选择角度，横看成岭侧成峰，符号的丰富性与视角的复杂性决定了角度的多样性；确定立意，考生有充分的自由，见仁见智，只要是来自符号的感受或看法即可——是为开放性。文题的开放性使考生的尽展才华、考场作文的异彩纷呈千姿百态有了可能。但是，如果仅有开放性，忽略限制性，考场上的宿构取巧就会大行其道。为了体现竞争的公平性，作为高考作文，限制性显得更为重要，这也正是"北京的符号"最让人眼亮之处。文题的限制性表现为：符号，必须是"代表其文化特征并具有传承价值"的符号，"京骂""膀爷"之类应该不在其列；必须是"北京"的符号，南京、西安、伦敦、纽约之类自然不在其列；考生笔下的感受或看法，必须是由北京的符号"引发"的感受和看法，苏轼的月夜探访石钟山、王昭君的千载琵琶作胡语之类当然也不在其列——是为限制性。

在考场上，戴着"限制"的镣铐跳舞，仍有一些考生舞得飘逸洒脱，文采飞扬，令人叫绝。然而，尽管十多万份作文中不乏佳篇妙构，但就总体而言，还是平庸者居多。大量的"套子文章"、"空壳文章"，给人留下印象强烈的两个字——苍白。

一是视野的苍白（或曰狭窄）。北京，九朝故都，中华首府，世界名城，"物华天宝，人杰地灵，雄州雾列，俊采星驰"。古往今来，历史的、文化的、自然的、人文的、有形的、无形的堪称"符号"的可以说难以尽数。然而看考生文章，多数似乎只知道作文材料中的"故宫""胡同""四合院"……

二是知识的苍白（或曰贫乏）。一些基本的文史知识在不少考生那里是一团糟——北京的符号成了秦砖汉瓦，成了隋唐宫殿，成了六朝故都，成了红军和平解放的北平……如此时空颠倒，乾坤淆乱的内容随处可见，让人啼笑皆非。

三是行文的苍白（或曰公式化、模式化）。满眼是符号的简单罗列，随意堆砌，凌乱拼凑，无序存放。立意上，一律的"既往"与"开来"；结构上，一律的"展板"或"拼盘"。千部一腔，千人一面，毫无生趣与个性色彩可言。

四是认识的苍白（或曰"侏儒症"）。有的考生对于试题中对符号的"明确界定"视而不见或者见而不明，而把"坚强""自信""奋斗""活力""感动""微笑"这些抽象概念当作符号；也有的去漫谈符号……

五是情感的苍白（或曰"贫血症"）。"谁不说俺家乡好"，更何况是首都北京。生于斯，长于斯，那种由衷的亲近感、认同感以及赞美和自豪之情本应自然地流溢于字里行间。然而遗憾的是，所见大多是滤除了血肉、蒸发了情感"骨架"，很少情真语挚的文字。

六是精神的苍白（或曰"缺钙症"）。堪称北京符号的，文天祥、谭嗣同、张自忠、赵登禹、卢沟桥、"一二·九"……这些已经熔铸为历史丰碑的人物与事物自不必说，就是其他诸多符号，也大都承载着厚重的民族文化和民族传统，彰显着民族精神，但是学生的"感受和看法"却给人明显的苍白无力感。

当然，更不用说不少考生，带着背得烂熟的论据和范文来考场以不变应万变了——什么司马迁遭受宫刑、诸葛亮空城巧计、周公瑾羽扇纶巾、李时珍深山采药、蒲松龄发奋著书……什么千里马常有、愚公年且九十、天下事有难易乎、夷以近则游者众、天将降大任于斯人也……什么霍金、居里夫人、莎士比亚、爱因斯坦、萨马兰奇、比尔·盖茨、麦当劳创始人克拉克……不着边际，不辨东西，不知所以，折射出的是认知的懵懂、心智的昏聩、神思的恍惚。

可怕的苍白！

一方面，学生的书包越来越重，功课越来越紧，跑得越来越快；另一方面，却头脑越来越空，认识越来越浅，素养越来越差。

"少年智则国智，少年富则国富；少年强则国强，少年独立则国独立；少年自由则国自由，少年进步则国进步；少年胜于欧洲则国胜于欧洲，少年雄于地球则国雄于地球。"如果反过来，少年普遍的"空洞"与"苍白"，那"国"当如何？

学生很少阅读文学作品，很少思考社会人生，狭窄的视野，单调的生活，课上围着课本转，课下围着习题转，偷闲围着电脑转，阅读围着"动漫"转——转得"符号"模糊，时空颠倒，天地玄黄，宇宙洪荒……

其实，作文是心灵的某种外化，作文内容所暴露的种种问题大都可以找到精神因素的某种对应——内容的肤浅源于认识的肤浅，内容的空洞源于心灵的空洞，内容的狭窄源于视力的萎缩，内容的"软骨"源于精神的"缺钙"，内容的局促源于心灵的"乏氧"，内容的苍白源于情感的"贫血"。作文中的不着边际、不辨东西、不知所以，折射出的是认知的懵懂、心智的昏聩、神思的恍惚……

一篇篇由苍白带来的罗列的、拼凑的、堆砌的、凌乱的、肤浅的、暗淡的、变形的、荒唐的乃至并非符号的"符号"，幻化成中学语文教师、中国教育乃至整个社会的一个"沉重"的"符号"。

（原载于《中学语文教学》2006年第9期）

比喻类比　联想生发

——限定题目类

　　凡材料作文，动笔时，一概要由此及彼，生发开去，展开联想。而"联想"要受"此"即作文材料的限制，不能随心所欲。也就是说，"此"与"彼"之间，即作文材料与展开联想之间，要构成比喻或类比，否则就会偏题或者跑题。

　　和一般的材料作文相比，本讲的两个作文题目在给出材料之外还规定了作文题目。这样一来，虽然它仍属于材料作文，但同时又兼具命题作文的特点——"作文材料"规定了"联想"的方向，即展开的联想要受作文材料的制约，两者方向保持着一致性；而"作文题目"明确了立意的指向，即命题者的臧否已经明写在题目上了。审题时，对此不可不察。

一、最可宝贵的

题 目

阅读下面的文字，根据要求作文。

苏联解体后，经济一片萧条，普通人的生活困顿不堪。一天，某公应邀去一个俄罗斯朋友家里度周末。去之前，他曾设想也许能吃到一顿丰盛的晚餐。

开饭后，他才知道，和平常一样，没有面包，也没有牛肉和洋葱，吃的只有土豆和不多的西红柿酱。但是，杯盘极其讲究，中国的青花瓷盘、银质的刀叉，摆得一丝不苟，仅有的小半瓶伏特加酒，均匀地分到6个银质的杯子里。因为是夜晚，他们还点起了蜡烛，为了节约，五个头的蜡台，只点燃两个。

好客的主人虽然已经瘦了许多，却仍然像往昔一样风度翩翩，酒在唇上只沾一点点，颔首致意。煮熟的土豆剥皮后被切成不大不小的长块，朴素干净的女主人围着洗得发白的小围裙，将土豆块小心地分送到每个人的餐盘里。其间，男主人还给大家演奏了手风琴曲。

某公说，这是他最难忘的一顿晚餐。十多年后，他还感慨万千。

读了这个故事，你有什么感触，请以"最可宝贵的"为题目，角度自选，文体自定，展开联想，写一篇不少于800字的作文。

解 题

毛泽东同志说过这样一句话："人是要有一点精神的。"其实岂止是人，一支军队、一个民族概不如此。

173

　　这里讲的是发生在苏联解体后的故事。当时的俄罗斯经济萧条、生活困顿，但物质匮乏不等于精神贫瘠，用度拮据不等于人格猥琐，处境艰难不等于惆怅满腹。俄罗斯朋友待客时的落落大方，便表现出身处逆境的坚定自信、乐观从容。作文题目"最可宝贵的"正是对此的充分肯定、高度赞赏和强烈褒奖。

—————————— 满分作文 ——————————

最可宝贵的（满分作文2篇）

说明

这里有2篇满分作文，阅读后在分析总结的基础上，认真完成后面的练习，找出每篇作文的命题材料和联想的相似点、命题材料、联想材料，并归纳总结一下，认真抄写在作文下面的横线上。这一分析总结过程就是学习借鉴和作文提升的过程。

范文

❶ 最可宝贵的 （60分）

闫维

有个小故事，讲到苏联经济大萧条时期，某公去一位俄罗斯朋友家做客，没有酥脆的面包，也没有喷香的肉汤，然而这份由土豆组成的寒酸晚餐却被风度翩翩的男主人和朴素干净的女主人精心打造成了一份永远留在客人记忆深处的"烛光晚宴"，究其原因何在呢？我想是主人家的那种"贫贱不能移"的"精气神"打动了那位客人，一种精神的力量使客人美好的记忆永不消褪。人活一世，正贵在"精气神"三个字上。

何谓精气神？它是一种不可描摹的神韵，就像京剧当中的武旦，不须多言，一个神气十足的亮相，一份京韵悠长的精气神，足以赢得满堂彩；何谓精气神？它是流淌在血液中足以支撑起民族脊梁的精神，就像《茶馆》中常四爷一句"自食其力，不含糊"，折煞了多少天朝旧民、满洲遗老。

有人说"优秀是一种习惯"，其实精气神亦是一种习惯，精气神之贵，恰恰贵在一种常态。精气神之贵，不是孔乙己在身无分文、囊中羞涩之时，还身穿唯一一件长袍在酒柜前心虚的"排出九文大钱"，这是身处瓶颈之时阿Q式的自我安慰，是可悲的爱慕虚荣。精气神之贵，就在于一种随时随地的常态。一代名家张伯驹在十年内乱时期生活十分困窘，寓所变卖，让他寄托精神的书法、名画等收藏品也都捐献国家或转赠友人。在这样的情形下，他是如何生活的呢？一位作家在回忆张伯驹先生时这样写道："他步履从容而缓慢地走进西餐厅……""……他小口地吃下那片面包的最后一角，将剩下两块连同果酱一起包起来，又斯文地擦了擦嘴……"这只是张先生生活的一个小片段。在艰苦的生活条件下，他并没有因为困顿而步履踉跄、失魂落魄，而是"步履从容而缓慢"；他并没有因为饥饿而狼吞虎咽、自顾饕餮，而是"斯文地擦擦嘴"。这就是精气神，中国之大家"贫贱不能移，威武不能屈"的精气神。

精气神之可贵，恰在能够点燃人们心灵的灯火，用精神的力量去征服困难。我们都熟知的著名体操运动员桑兰十几岁腿部高位截瘫，在旁人看来她的未来似乎毫无希望，年纪轻轻却永远丧失了行走的能力。然而电视上的桑兰却总是那么地勇敢，仿佛世上最快乐的人。是什么使经历巨大不幸的她能从容乐观地面对呢？是一种永不服输的精气神，有了这种精神，她昂起头来迎接挑战，她不怕与死神的相约，一次次顽强地挣脱他的魔掌；有了这种精神，她成为了北京申奥大使，把自己最好的精气神展现给全世界。桑兰的精气神，体现在她微笑的双眼，感染了全世界的人们。

精气神，一种最可贵的精神力量，它也许不能给你一顿饕餮盛宴，它也许不能让你衣食无忧，它也许不能保证你在人生中一路顺风顺水，但它足以让你挺起胸膛，认认真真地过一辈子。

"联想生发"练习（示例）

1. 命题材料和联想的相似点：人活一世，贵在精气神。

2. 命题材料：俄罗斯晚宴中体现的精气神。

3. 联想材料：困境中张伯驹的精气神。伤残后桑兰的精气神。

❷ 最可宝贵的 （60分）

彭清盈

人，应当体面地活着，应当诗意地栖居。俄罗斯夫妇的生活就是一种最好的诠释，生活的困窘和物质的匮乏都无法改变他们精致而艺术的生活：银质的餐具、整洁的布置、完善的礼仪，彰显出的是他们心中的优雅和埋藏于心底里的诗意。

再来看看我们，我们的一生中也难免遇到我们无力改变的灾难。这时，这种视生活为艺术的超然心态就成为了我们最可宝贵的财富。这种心态能点亮我们心中希望的火种，在无边暗夜中熠熠生辉，照亮我们继续生活的道路。

有这样一对姐妹，因先天性疾病下半身瘫痪，更让人为之叹息的是，上帝只给了她们22年的时间来感受生命的美好。她们可以选择平庸，可以选择依赖，可以选择碌碌无为，然而她们却选择了充实和美丽。她们开通了一条心理热线，帮助了千千万万失意的、彷徨的人；她们和同龄的女孩一样，期待爱情、追求幸福。其实，她们的病有八代人的潜伏期，也就是说，在将近两百年前，她们的生命就已经注定是一场悲剧。也许这样的人生在很多人眼中本身就是一座废墟，然而，她们却用艺术生活、诗意栖居的从容态度，让她们生命的废墟上开出了朵朵鲜花。

"在夹缝中优雅生存"，是的，当我们能笑对困难的时候，当我们能从容面对生命中接踵而至的灾难时，当我们无论多忙碌都能在镜子中看到一个微笑着的、优雅的自己的时候，我们就真正拥有了这种艺术生活、诗意栖居的旷达胸怀。

在陕西的一个小村庄，有这样一些蕙质兰心的女子。她们生活贫苦，买不起新衣服，只能在原本就破旧的衣服上一个接一个地打上补丁。与众不同的是，她们把补丁打成了花的形状。衣服已经洗得发白，贫苦生活中的点点情调却在补丁上蔓延开来，这才是真正的艺术生活。在阳关大道上策马奔腾不算什么，真正可贵的是在夹缝中优雅生活、诗意栖居，而这一切的勇气则来源于心底里那种最朴素却又最强大的力量，这种力量就是诗意栖居的理念和艺术生活的从容。

其实，人生本身就应该是一件艺术品，真正成功的艺术品应该有与高潮同样充满诗意的低谷。因此，让我们在人生这条漫漫长路中，怀抱一种艺术生活、诗意栖居的旷达和大气，一路放歌！

"联想生发"练习

1. 命题材料和联想的相似点：_____

2. 命题材料：_____

3. 联想材料：_____

—————— 其他一类作文 ——————

最可宝贵的（其他一类作文5篇）

说　明

这里有5篇其他一类作文，阅读后在分析总结的基础上，认真完成后面的练习，抄写在作文下面的横线上。这一分析总结过程就是学习借鉴和作文提升的过程。

范　文

❶ 最可宝贵的　（57分）

晋捷

我以为，一个真正的人，最可宝贵的，不应是钞票，不应是饱餐一顿，而应该是一种姿态，一种活在世上的气势！

十多年前，苏联解体，随之而来的，是经济大萧条，人民生活困苦不堪。有这样的一家人，当他们宴请宾客时，家中没有肉，没有面包，只有土豆。但，他们倾其所有，铺上了家中最漂亮的桌布，插上了鲜花，摆上了亮闪闪的银餐具和中国的青花瓷盘，倒上仅有的小半瓶伏特加，让客人享用了一顿绝对"丰盛"的晚餐。在这里，丰盛的不是菜肴，而是他们对尊贵客人周到的礼节。也许有人会说，这俄罗斯人岂不是太好面子了？简直是穷讲究，越穷越讲究！说实话，我也曾经这样想过，认为俄罗斯人太好面子，他们把脸面看得比什么都宝贵，但是，仔细想想，绝不是这样！

1941—1944年，第二次世界大战期间，列宁格勒曾被德国法西斯围城984天，上百万市民丧生！在这段日子里，人们食不果腹，每天仅有配发的一小片僵硬的黑面包充饥，更要命的是，他们还得面对德军的狂轰乱炸！在这样艰难的近千天中，列宁格勒人一天也没有放弃生活，学校照常上课，澡堂正常营业，甚至剧院每晚都有演出！难道，列宁格勒人是好面子吗？

179

他们是穷讲究吗？天上敌机在飞，炸弹在掉，还要讲排场？不，绝对不是！他们好面子，讲排场，是表演给德国法西斯看吗？还是给饥寒交迫的自己看？不，都不是，他们这样做，决不是好面子。这么做，是他们自己的生活方式，是一种将生死置之度外的姿态。他们，活得有自尊，有追求，有人格，他们，活得有气势！

唯物主义者认为，精神不能脱离肉体而存在，但是，这种气势，是属于一个民族的，是永生不灭、永垂不朽的！五十年后，苏联解体，曾经的超级大国一夜之间分崩离析，可是，俄罗斯人，永远都活得那么潇洒，那么自如，那么有气势！商场里货架空空，但城市的上空，却永远都有和平鸽在飞翔！那顿晚餐，简约而不简单，它，蕴含着主人在精神上的追求，是主人高品位的一种体现。那位客人，我相信，永远都不会忘记这顿非常的晚餐！

所以说，人，最宝贵的，不是金钱，不是权力，统统都不是。人，最可宝贵的，是不为世事所困，不为权势所动，活出姿态，活出气势，做一个顶天立地的人！

"联想生发"练习（示例）

1. 命题材料和联想的相似点：人活在世上，贵在一种气势。

2. 命题材料：俄罗斯晚宴中体现的气势。

3. 联想材料：列宁格勒保卫战的气势（详）。概括苏联解体后的气势（略）。

❷ 最可宝贵的 （56分）

冯薇

没有美味佳肴，没有豪华排场。在苏联解体后，经济一片萧条时，不多的食物，讲究的杯盘，温暖的烛光，欢乐的气氛筑就了一个普通人家的周末聚会。然而，这次简单的聚会，竟使客人久久难以忘怀。

聚会中，尽管因生活困窘，主人瘦削了许多，但他们仍保持像往昔一样风度翩翩。这让我想到，在困境中，积极向上的生活态度是最可宝贵的。

困境中，积极向上的生活态度是强大的力量，助你渡过难关。

戴西，一位曾经过着锦衣玉食生活的名门千金，随着时代变迁，一切荣华富贵离她远去。解放后，丈夫被捕，病死狱中，她自己被迫去接受劳改，扫厕所，烧锅炉，受尽歧视羞辱……这对于一个名媛闺秀无疑太残酷了。然而，灾难并未使戴西心怀怨恨，她优雅依旧。"文化大革命"中，在被扫地出门，迁入贫民窟后，她用自制的铁丝圈烤吐司，用被煤烟熏得发黑的铝锅做彼得堡式蛋糕。她一直在努力，努力去看到生活中最积极的景色，在乐观的态度中，她享受着生活，成功熬过了浩劫。这个有着如花般心灵的奇女子，极好地证明了积极、快乐的生活态度带给人的无穷力量。

困境中，积极向上的生活态度是一种精神，有益于己，也利于他人。

在一所著名的大学里，新生座谈中，一位来自黄土高原的学生引起了大家的注意。据说，他的家乡贫穷闭塞得令人难以想象。在他的叙述中，大家仿佛看到了一个在困窘环境中很朴素但对生活很细致讲究的母亲。他说，"虽然我们穷，但母亲一定要为我们做白衬衫，白球鞋。她告诉我们：生活可以简陋，但不可以粗糙。她让我们每个人都穿着整洁，过自己最精致的生活"。——精致生活，让大家刹那间明白了为什么那样贫苦的地区会走出如此优秀的孩子。

那位优秀的母亲，将自己的积极态度，传递给了她的孩子们，使他们受益终生。

黑暗中，积极一些，快乐一些，光明便会出现。困境中，你的生活态度决定一切。积极的态度是一种力量，更是一种精神。它，的确是你最可宝贵的财富。

"联想生发"练习

1. 命题材料和联想的相似点：＿＿＿＿＿＿＿＿＿＿＿＿＿＿

2. 命题材料：＿＿＿＿＿＿＿＿＿＿＿＿＿＿＿＿＿＿＿＿＿

3. 联想材料：＿＿＿＿＿＿＿＿＿＿＿＿＿＿＿＿＿＿＿＿＿

---

❸ 最可宝贵的 （57分）

杨莹

人活在世上，如一只小船漂荡在大海，不知何时就会猝然掀起一阵狂风，卷起一片浪雨，弄得你狼狈不堪。这时候，是捶胸顿足，号啕大哭，还是从容不迫，气定神闲？依我看，即便一浪拍来，将你打翻在海，只消拧干衣服，甩甩头发，又可扬起风帆，依旧故我地航行。生命中最可宝贵的是尊严，是身处困境依然泰然自若的心灵的强大，是任何外物的变迁都无法改变的性灵的优雅——正如那对俄罗斯夫妇所诠释的一切。

若说从容不迫，气定神闲，怎可不提苏东坡？他这一生，可谓尝尽人间甜苦，历尽宦海沉浮。这一年，他本在去湖州赴任的路上，不知因何惹怒了朝中奸佞群小，于是险些令他送命的"乌台诗案"便发生了。前一秒还以文坛盟主的身份为整个学术界所爱戴，这一刻已然身陷囹圄，成为阶下之囚。按理说，本有浩如江海的才华，本有"道理贯心肝，忠义填骨髓"的正气，本是用事之年，却横遭迫害，壮志难酬，这些足以将一个人击垮。然而苏东坡就是苏东坡，"竹杖芒鞋轻胜马，谁怕？一蓑烟雨任平生。"下起大雨，雨具先去，何妨？被贬黄州，地处偏僻，更失自由，又何妨？他依然交朋友，四处游，作诗填词赋文章，咏出"大江东去，浪淘尽，千古风流人物"以及《前后赤壁赋》这样万古常青的名篇。今人若提到苏东坡，无不联想到乐观、豁达、宠辱不惊，而这乐观、豁达、宠辱不惊背后，正是一颗无比强大的心灵。

印度的乞丐中间，流传着这样一句话："哪怕只有一件衣服，也要把它洗得干干净净的。"所以，他们接受了你的馈赠，要还以一串清香的小白花。所以，他们绝不像北京地铁里的乞丐，用畸形的身体博取你的同情，出卖尊严，以换取你手中零星的硬币。所以，在印度，你能从穿着最简朴甚至寒酸的人脸上读到宁和的笑意——那是自尊、自爱的笑容。即使贫穷也绝不卑微，即使困窘，依然有权利活得精彩。而在西方，没有乞丐，只有流浪汉。那些人背一把吉他，漫步于华灯初上的街道，潇洒地自弹自唱，并不在意你是否驻足倾听。这些流浪的人，自然是穷困的，自然是窘迫的，然而你听他悠然而淡定的吉他，你看他从容而自信的脚步，不急不徐，信心满满，他们，充满尊严地活着。

我常觉得许多人在世上过着过着，就把他们生命里最可宝贵的遗忘了，又或者干脆当作可出卖的一件物品而已，与桌子椅子没什么不同。于是，在现在的电视里，你总能看到太多喷溅的泪水，仿佛天下最可哀怜的人一不小心全挤在了你身边。于是，在这样一个社会里，你总能听到各样声音讲述自己的苦难，讲自己的惨，自己的残缺，撕开伤口硬要给你看。他们把尊严随随便便丢到你脚下，让你踩上几脚，好理所当然地要求你付款。在挫折里，总有人愿意把自己装扮得更惨，弄得狼狈，可怜，却更可鄙，因为他们全失掉了尊严。

生命中最可宝贵的，那尊严，那心灵的强大和泰然，是我们即使被打翻在茫茫大海也要保护好的东西。遍身湿透，又何妨？一转眼，生命又是一派光风霁月。

"联想生发"练习

1. 命题材料和联想的相似点：＿＿＿＿＿＿＿＿＿＿＿＿＿＿＿＿＿＿
2. 命题材料：＿＿＿＿＿＿＿＿＿＿＿＿＿＿＿＿＿＿＿＿＿＿＿＿＿＿
3. 联想材料：＿＿＿＿＿＿＿＿＿＿＿＿＿＿＿＿＿＿＿＿＿＿＿＿＿＿

❹ 最可宝贵的 （54分）
赵秋霖

苏联解体，民生凋敝之时，某人去一位俄罗斯朋友的家中度周末。尽管餐桌上只有土豆和不多的西红柿酱，男主人的翩翩风度，女主人的朴素干净和就餐气氛的高雅讲究，使这顿再简单不过的晚饭成为他最难忘的一餐。使客人印象深刻的，仅仅是这顿饭形式上的体面么？

有位女作家曾浪漫地写道："人，是嫁给一种生活。"联想到这对俄罗斯夫妇在贫穷时依然优雅的待客风度，我不禁为他们对战前生活态度的坚守和困境中仍不失乐观的精神所叹服。正是这种破落于物质，而充实于精神的执著坚守，使这平凡的一餐成为客人弥足珍贵的回忆。

台湾著名女作家三毛在《撒哈拉的故事》一书中，记录下许多她初到沙漠，白手起家的艰辛往事。然而大部分读者却会被书中充溢的乐观精神所感染，读毕为她苦尽甘来之后的幸福感所动容。到总督的花园偷植物给家添绿意，在垃圾场拾破烂，变弃物为艺术，也只有三毛，才能在如此艰苦的环境中坚守她的浪漫。钱钟书先生曾说："把忍受变成享受，是精神对物质的最大胜利。"三毛正是因为深知只有乐观才能带来生活中的真幸福，才能把一个荒漠之家变为她的天堂。

这种最可宝贵的乐观精神和对理想生活的坚守，不但体现于物资缺乏之时，更能展现于窘困之所。《基督山伯爵》一书中，法里亚神甫是个很特别的人物。他的大半生因被指责谋逆而囚于狱中。然而身形之役并没有抹煞他对未来的希望和对深刻思考的执着。他比入狱前还要热情地研究和创作。牢狱之中，他自制笔在床单和被子上写下一部评论在意大利建设统一王国可能性的长篇巨著，希望在被释放之后得以发表。坚守者的生活之路不会因为有形的束缚而越走越窄。与之相反，其境遇愈坎坷，其精神愈充盈，越能达到常人难以企及的生活境界。开篇中男主人的简朴待客与法里亚神甫的撰书于破布之上并不会使他们在那段艰难岁月所放出的生命辉光黯淡，而被迫流于卑贱的境遇使他们对生活的热情与对理想生活的坚守显得分外珍贵。

"两个人同时从监狱的窗口向外看，一个看见了星星，另一个看见一地的烂泥。"同样的牢狱之窗，乐观者的夜空群星璀璨；同样的陋室简居，坚守者的晚餐更让人回味无穷。人，最可宝贵的是对理想生活的坚守和对乐观精神的执着，这也是玉盘珍馐与奢侈靡费所不能带来的。

"联想生发"练习

1. 命题材料和联想的相似点：＿＿＿＿＿＿＿＿＿＿＿＿＿

2. 命题材料：＿＿＿＿＿＿＿＿＿＿＿＿＿＿＿＿＿＿＿

3. 联想材料：＿＿＿＿＿＿＿＿＿＿＿＿＿＿＿＿＿＿＿

❺ 最可宝贵的 （54分）

周融荣

俄罗斯人在餐桌上表现的，不是昔日的富有，而是灵魂面对苦难的高贵从容。这种精神不会被苦难折损，而会在残酷的历史上，留下人性的光辉。

"文化大革命"十年内乱，人们所为大致可用二字概括：挣扎。在苦难中求生。曾看过书中一个故事深深打动了我。一日，主人公把一瓶果酱塞进小女孩的书包——那是稀罕的食品。家人觉得味美，同时得知原料竟是一钱不值的水果皮，调制师傅就是主人公本人。书中感叹："侠骨柔肠。"尽管被剥夺了财富甚至自由，她仍用巧手慧心努力经营生活，不丢雅趣；在被政治环境孤立时，她亦竭尽所能关爱友人，即使这份情谊被贬、被骂。这就是苦难中宝贵的人性。

其实，并不是所有人的苦难都与时代相关。比如，让人既怜悯又仰慕的刘兰芝。斯时斯人，生生被逐，简直比死还可怕。而她顶着污辱和绝望，也不许自己蓬头下堂，仍然"着我绣夹裙，事事四五通"。难过归难过，可绝不狼狈，反而要更娴美地昂头缓步。诗里的她，掺带了作者、录者与读者的共同愿念吧：咬牙也要骄傲从容。现实中人，或许不必这么悲苦，像杜牧一样，"尘世难逢开口笑，菊花须插满头归"，带着一身平和的香味回家，再从头思量该怎么办。

司空图《二十四诗品》道："神存富贵，始轻黄金。浓尽必枯，淡者屡深。"作人生谒语也可：做到了精神的高贵，任凭穷通都能保持完整的尊严。坚持从容淡定的态度，才会在周遭跌宕之时不随波逐流，风烟散尽回想，没有悔疚。

相反于仓实衣足、知礼明辱，苦难往往使人迷失自我，甚至放弃道德。可是，苦难中表现出的人性，尽管总嫌少，却永恒闪耀。高贵从容，是人性的凝粹，是民族乃至人类的珍宝。

"联想生发"练习

1. 命题材料和联想的相似点：＿＿＿＿＿＿＿＿＿＿＿＿＿＿＿＿＿＿

2. 命题材料：＿＿＿＿＿＿＿＿＿＿＿＿＿＿＿＿＿＿＿＿＿＿＿

3. 联想材料：＿＿＿＿＿＿＿＿＿＿＿＿＿＿＿＿＿＿＿＿＿＿＿

二类作文

最可宝贵的（二类作文2篇）

说　明

这里有二类作文2篇。把它们放在这里，目的是给读者提供"镜子"，以便照出自己作文中的毛病，日后引以为戒。

例　文

❶ 最可宝贵的　（47分）

如果经济拮据，家里只有土豆和番茄酱，有的人愁容满面，怨天尤人，有的人自卑自贱，羞于见客，有的人却欣然邀客，并仅以土豆番茄酱献上一顿别有情调的晚餐。在物质条件相同的情况下，是什么造成了生活状态的天壤之别？答案在于人心。锦衣玉食也许带不来快乐，粗茶淡饭依然能够逍遥自在。生活中最可宝贵的不是物质财富，不是名声地位，最宝贵的是一颗高贵优雅的心。

《小公主》一书中主人公撒拉曾是一个集万千宠爱于一身的"小公主"，然而噩梦突临——撒拉的父亲破产并突发急症逝世。一夜之间，撒拉成了身无分文的孤儿并沦为所在学校的女佣。身为女佣的她却依旧以公主般的礼仪对待周围那些瞧不起她的人；虽饥肠辘辘却依然施舍仅有的面包给街边浪儿；身处寒冷破旧的阁楼却能悠然地透过天窗数星星……尽管食不裹腹、衣不蔽体，12岁的撒拉依然保持着小公主的风度，而这一切的动力来自她那颗高贵优雅的心。试想她当初若失去了这样一颗心，只怕早已在生活的重压下沦为粗鄙不堪，不值得尊重的下人了。物质条件无法改变一个人人格的高度。峨冠博带的猴子终究还是只猴子，衣衫褴褛的士大夫举手投足间却掩饰不住那翩翩风度。生活的品鉴、人格的高度取决于是否拥有那最可贵的——一颗高尚优雅的心。

有着高贵优雅的心的人在困境中是不轻易屈服的。撒拉是，海伦·凯勒也是。作为一个耳目残疾的女子，她有着比别人更多的理由自卑，然而她却活出了比无数健全人更高贵优雅的一生。她看不见，但却能写出发人深省的文字；她听不见，但却举办了无数震撼人心的演讲；她以她的不懈奋斗激励了千千万万的人，这是何等地高贵的事业！她喜欢在林中漫步，她用心"看"那阳光透过树叶洒满草地，她用心"听"那蝉鸣蛙叫，哪怕丛间小鸟扑翅而起的振动都会让她欣喜不已，这是何等优雅的生活状态！海伦是幸运的，她失去了视力、听觉，却保有着生命中最可宝贵的东西——高贵而优雅的心，而这也是她面对困境自强不息的动力。

一颗高贵优雅的心是一种"行到水穷处，坐看云起时"的精神境界；

一颗高贵优雅的心是一种"天行健，君子以自强不息"的生活状态；

一颗高贵优雅的心是生命中最可宝贵的东西。

找不足

1. _____
2. _____
3. _____

❷ 最可宝贵的 （48分）

苏联解体后，经济萧条，人们生活潦倒。有一次，某公应邀参加一个家庭聚会。然而令他充满期待的晚宴却只有土豆和番茄酱及少得只够润润嘴唇的伏特加。但是他却并无失望之感，因为那里有极其考究的杯盘，一丝不苟的布置，温馨浪漫的烛光，风度翩翩的男主人和他情趣盎然的手风琴曲。这一切的一切，在那个困苦不堪的年代，在这样一场简单的晚宴中，显得那么与众不同。某公虽未饱口福，却享受到了一顿丰富的精神盛宴。

人的一生，最可宝贵的不是财富与享受，而是对生活的热爱，对人生的豁达。而这种品质，往往在困境中显得尤为宝贵。

史铁生，一个在活到最狂妄的年纪忽的失去双腿的人，一个在自己最无助的时候失去母亲的人，一个在患尿毒症后依靠每三天一次的血液透析维持生命的人，却能潇洒地写道："死是一件不必急于求成的事。"他幽默地调侃："若把身体比作一架飞机，要是两条腿（起落架）和两个肾（发动机）一起失灵，这故障不能算小，料必机长就会走出来，请大家留些遗言。"史铁生每次换血的前一天需要注射麻醉药，待他清醒时三天只剩下半天。他就是用这一个个半天写下了《病隙随笔》，多么短暂的病隙！短得让人心疼……

然而史铁生依旧乐观地活着。生活于他，决不是享受，可他却说："我依然能感到幸福……"。幸福感是一种美妙却不能一次给够的东西，日子比它长，比它长的日子要靠它来度过。那么幸福感从何而来？是财富？是享受？不。权倾天下、富可敌国的拿破仑曾对他的爱人约瑟芬说："我所拥有的一切从未使我感到过真正的幸福。"原来，幸福感源于对生活的热爱，对人生的豁达，有了它，我们就能在坎坷艰辛的人生之路上，落魄也潇洒。

在法兰希丝的名著《小公主》中，富家千金莎拉因父亲破产而一夜间一无所有，可她的善良高贵与乐观，让她赢得了所有人的尊重和喜爱；在二战打得最为激烈时，英国绅士们在纳粹的轰炸下依旧开着玩笑，让世人不禁感叹"乐观才是无畏"；在伏尔泰被投入监狱后，他依旧保持"激扬文字，品读天下"的热情，写出了不朽的著作……

在一次又一次的感动中，我们感叹，我们折服。失去健康，失去财富，失去和平，失去自由，一切苦难都被乐观所压倒所征服。

我们也应该学会坚守对生活的热爱，对人生的豁达，坚守这份生命中最可宝贵的财富。

找不足

1. _____

2. _____

3. _____

二、生命的需要

阅读下面的材料，按要求作文。

利奥·罗斯顿是美国最胖的好莱坞影星，他腰围6.2英尺，体重385磅，体态臃肿，一身累赘。1936年在英国演出时，因心力衰竭被送进汤姆斯急救中心。抢救人员用了最好的药，动用了最先进的设备，仍没挽回他的生命。临终前，罗斯顿绝望地喃喃自语："你的身躯很庞大，但你的生命需要的仅仅是一颗心脏！"后来，这句话被急救中心刻在医院门廊上，成了警世之语。

是啊，对于健康的生命而言，需要的仅仅是一颗心脏。然而生活中，徒有一身"累赘"而没有健康的"心脏"或者只顾一身"累赘"而无视"心脏"以致心为身累的事还少吗？

请以"生命的需要"为题写一篇作文，角度自定，文体不限，展开联想，不少于800字。

解 题

对于生命而言，"一身赘肉"与"健康心脏"孰重孰轻？这是个任人皆知的问题。如何把握处理生活中的万事万物，也自有其先后主次、轻重缓急。但真的做起来，主次颠倒、本末倒置者大有人在，以致酿成悲剧。

"你的身躯很庞大，但你的生命需要的仅仅是一颗心脏！"影星罗斯顿的绝望呼喊成了警世格言，警醒着世人。"一身赘肉"与"健康心脏"，两者轻重迥异、对比强烈，颇有象征意味。放眼世界，瞩目生活，大家会发现，在我们身边，徒有一身"累赘"而没有健康的"心脏"，或者只顾一身"累赘"而无视"心脏"，以致心为身累的人和事不时发生着，许许多多本不该发生的悲剧到处上演着。这一切，皆因忽视了真正的"生命的需要"。同学们只要由此及彼，展开联想，便可找到新颖别致的立意角度，以及可以挥洒才情的无限广阔的写作空间。

满分作文

生命的需要（满分作文6篇）

说 明

这里有6篇满分作文，请找出每篇作文的命题材料和联想的相似点、命题材料、联想材料，并归纳总结一下，认真抄写在作文后面的"练习"横线上。这一分析总结过程就是学习借鉴和作文提升的过程。

范 文

❶ 生命的需要 （60分）

苑文轩

对于健康而言，我们需要的不是美丽的姿态或姣好的面容，而是一颗默默跳动的心脏；对于生命的价值而言，我们需要的亦非闪光的头衔或不尽的荣华，而是面对利益时坚定的信念与高洁的操守。

信念给生命以坚持的理由。从一枝枝坚韧的墨竹中，我读出了郑板桥的坚持。"千家养女先教曲，百亩栽花算种田"，那时的扬州聚集着各地的富商大贾，空气在奢靡的舞乐中不安地躁动。只要板桥愿意，提起笔来，浓绿分染、朱砂数抹，艳俗的画作将带给他不断的财源；然而板桥拒绝了，因为他不愿使利润成为艺术的枷锁、使"风尚"成为灵感的累赘……写来竹柏无颜色，卖与东风不合时，板桥在叹息声中作别了荣华。直到有一天，人们终于从他的画中读出这份坚定而淡泊的孤高，扬州为之一振——惊醒的人们抬起头，无数庸碌的画师中，板桥抛开名利的累赘，早已默默登上书画的顶峰。在那个难以企及的高度，有一颗空灵的心，挑起信念的沉重。

同样的一代书画大家，朱耷的坚持为生命赋予精神的力量。明室覆灭，作为异族掌中的前朝遗孤，朱耷的前景一片迷惘。就在此时，清朝的官员们仗着自己的权势，向他来索要画作。多好的机会！借着一支妙笔，朱耷可以为自己重新赢得地位、赢得尊荣，何乐而不为？然而官员们想错了。他们永远无法理解一个前朝画家的气节；就像无法理解金钱和权势在艺术面前、在对故国的忠诚面前，是多么无足轻重。不顾别人的非议，朱耷甚至通过装疯卖傻来摆脱官员们的恳求；而在这疯癫背后，又是怎样的悲怆与孤独！官场沉浮，功名的累赘拖住了多少人的脚步？又有多少曾经轻盈的灵魂，在财富的泥潭中苦苦挣扎？……逆着熙攘的人流，朱耷逃离了这一切，逃到"艺术"与"操守"所藏身的，那个灯火阑珊的角落。横涂竖抹千千笔，墨点无多泪点多——他将自己的署名"八大山人"拼构出"哭之""笑之"的字样；而就在这哭笑之间，一个永不妥协的身影从历史的洪流中挣扎着站起——满腔热忱，敢对日月，敢质青天。

生命需要这种信念。请坚持！即使我们会遭遇挫败和冷眼；即使我们会错过利益、错过权势、错过别人眼中所谓的"幸福"……但我们将得到更多。没有羁绊，步子就更加轻快；没有束缚，才气便得以飞扬；没有世俗的累赘，信念将如心脏支持躯体般，推动灵魂的升华。

当真正的需要得以饱足，我们厚重的生命将以格外轻盈的步伐，坚定前行。

"联想生发"练习（示例）

1. 命题材料和联想的相似点：秉持坚定的信念和高洁的操守。

2. 命题材料：罗斯顿忽略了健康的"心脏"。

3. 联想材料：郑板桥的信念和操守。朱耷的信念和操守。

❷ 生命的需要 （60分）

丁端尘

秋天的清晨，宁静中浸满了寒意。

那是高一的一天。太阳刚刚还在遥远的水平面上，戏谑地拉长我的影子，这会儿却已藏到密不透光的乌云中了。天空开始下起淅淅沥沥的小雨，润湿了半已凋零、摇摇欲坠的黄叶，而我的心情则在缥缈的雨声中愈发沉重。灌了铅的双脚又像是踩在海绵上，沉重而无力。

我站在跳高场内，无助地望着横杆一步步上移，随之而来的是成倍增加的压力。终于，来到了一米五的高度。我知道我是班上被赋予众望的运动员之一，而我，必须要征服这个高度才能取得名次。一次，两次，都失败了。我绝望地坐在地上，头上的水滴沿着脸颊滑下来，不知是汗水还是雨水。同学们信任的面孔一一浮现在我眼前。征服，我需要它，我的班级需要它，甚至我的生命都需要这个成绩才能熠熠生辉。但我的精力却全被这些分散了。萧瑟刺骨的秋风嘲笑着我的软弱，特意绕到我耳边响起一片嘘声。我蹒跚地站起来，呆滞地看着横杆，踌躇地迈出最后一次助跑的第一步。在飞旋的枯叶陪伴下，横杆上一颗泛着金光的水珠滴落下来，凝现出我这两周的时光……

出板报总是苦差，而这一次尤为难做，学校里的活动又轮到我组织，这无疑是火上浇油，雪上加霜。在仅有的课余时间内，我却往往在练习跳高与继续工作的徘徊中虚度。同学对我极高的期望更成了我无法推卸的负担。这一切已经充斥了我整个大脑，压得我喘不过气来，他们遮住了我的世界，把我笼罩在狭小昏惑、幻象迭生的黑暗中——它们终于成了我的累赘。

这是致命的累赘，让我尾大不掉般无法运用双腿，更似重有千斤，让我无法起跳。

回忆随着水珠的炸裂而终止。它义无反顾地加速，纵使风在狂呼，雨在拍打，落叶在盘旋，它仍执着专注地俯冲，排除一切杂念，并在撞地的一瞬间，化身为万道毫光，使世界顿时金碧辉煌。我为之一震。原来我一直所见的只是作为累赘的风雨落叶，而水真正的灵魂却在于一种无形的专注。刹那，觉醒。随着太阳猛然拨开云雾，我的双腿顿时变得强壮无比。除了横杆，我什么也看不见；除了自己，我什么也感受不到。一脚有力的蹬地让我腾空而起，我以一种释然的姿态如雄鹰一般高傲地飞过横杆。原来我真正需要的，不是胜利，不是名次，不是欢呼，不是掌声，而是一颗专注的心。

落在垫子上，我看着横杆在微风中轻轻摇曳，荡下一颗又一颗执着的水珠。

生命之所以成为生命，是因为它会因专注的心灵而闪光。这种专注是生命的心脏，在累赘与负担中指引人找回自我，仿佛一盏明灯，在黑暗中为生命播撒振奋的光芒。专注是成功之始，也是人在坎坷道路上坚强的支柱。生命的需要正是这颗专注之心。

跳高场，高三再见。

"联想生发"练习

1. 命题材料和联想的相似点：＿＿＿＿＿＿＿＿＿＿＿＿＿＿＿＿

2. 命题材料：＿＿＿＿＿＿＿＿＿＿＿＿＿＿＿＿＿＿＿＿＿＿＿

3. 联想材料：＿＿＿＿＿＿＿＿＿＿＿＿＿＿＿＿＿＿＿＿＿＿＿

---

❸ 生命的需要 （60分）

李硕

当《广陵散》的曲调随风而逝，一切都回归到，生命最本真的需要。

——题记

可以长歌当哭，可以临溪舒啸，可以打铁营生，可以乘风化归……嵇康，那是个让我心疼的"人"。

嵇康的一生，抛下了封建礼法的条条束缚，弃下了道德伦理的种种负担，遗下了名利财富的种种累赘，回归到生命最本真的需要，热烈如赤子，桀骜不驯，只为超脱自然的人生境界，只为一颗自由跳动飞翔的心。嵇康之为"人"，让多年后的我们拼尽全力也无法望其项背。

人生境界，人性，这些词语让人拘谨不安，而那个真正了悟的人，却清灵如风。"嵇康是一个'真人'"，先生如是说。是啊，是他，毫不留情地拒绝众人请其为官的好意；是他，丝毫不为功名利禄伦理道德的种种包袱所累；是他，与世无争地以一身"龙章凤姿，天质自然"在洛阳城外打铁营生。强劲的肌肉，愉悦的吆喝，滴落的汗粒……炉火熊熊，锤声铿锵——谁能把这位筋骨强健的打铁佬与玉树临风、潇洒倜傥的诗人琴圣联系在一起？可是嵇康快乐，没有实利目的，没有任何的束缚和累赘，只是如豪饮般地快乐，让一颗自由的心随风去飞。与那些远离尘世人寰，皓首穷经、弱不禁风的书生隐士们相比，毫无羁绊累赘的嵇康，超脱自然地归依心中所念所想……这铁，打得真好。

"非汤武而薄周孔"，"越名教而任自然"，嵇康的人生信条让人触目惊心。在"道德伦理"与"人生自由"的矛盾冲突中，在"传统礼教"与"不忠不孝"的终极对立中，在司马集团与曹魏正统的政治纠纷中，在一切包袱、累赘的压迫与随心而遇、顺应自然的洒脱中，嵇康显然都选择了后者。只因他知晓人生的真谛，了悟后者才是生命最本真、迫切的需要。这一切成就了嵇康，在黑暗昏庸统治下的乱世留下了一抹清朗超脱的身影，留下了一颗天然自由的心。

"何所闻而来？何所见而去"，"乘肥衣轻，宾从如云"的钟会摸摸鼻子，走了。无法了然生命对人性自然、心灵自由的需要，一味追名逐利，一身累赘的"人"，又怎能与"真人"同日而语，同席而坐？所以那些丑恶的嘴脸不满了，"言论放荡，诽谤经典，意图谋反"……司马昭动心了，不除嵇康，无以正风俗；不除嵇康，无以清王道！

是日，一袭白衣的嵇康身锁木枷，上，刑，场。

刑场上，黑压压的一片人头，三千太学生跪坐请愿，山呼海啸，只为留下这一颗超然自由的心。这颗心全然不顾种种传世久远、名目堂皇的教条礼法，彻底厌恶官场仕途的束缚累赘，只因懂得生命的需要。那种摆脱约束、回归自然、顺应心意的人生境界，即使仅仅仰望一下，也会对比出我们所习惯的一切的平庸。而正因为保有了这颗心，嵇康是快乐的，至死不渝。

抑扬顿挫，清越疏桐……当《广陵散》的曲调成为遥远的绝响，嵇康，如陌上巷中盛放的一株白花，在那个光怪陆离五光十色的时代，注定，要被人铭刻。

他，用生命留给后人一颗超脱自由的心，留给后人，生命，最本真的需要。

"联想生发"练习

1. 命题材料和联想的相似点：＿＿＿＿＿＿＿＿＿＿＿＿＿＿＿＿＿＿

2. 命题材料：＿＿＿＿＿＿＿＿＿＿＿＿＿＿＿＿＿＿＿＿＿＿＿＿＿

3. 联想材料：＿＿＿＿＿＿＿＿＿＿＿＿＿＿＿＿＿＿＿＿＿＿＿＿＿

---

❹ 生命的需要 （60分）

吴嘉宝

对于身体而言，最重要的只是那颗小小的、不断跳动的火红色心脏。而对于生命呢？一个完满的生命需要的是什么？不是金钱、不是权力、不是享受，而是一个纯净的灵魂。放弃名利贪欲这些累赘，人们需要去追求精神和灵魂的完满。

　　他是贵族之后、相国之子，从出生起就被华美绫罗、玉食珍馐所包裹。他可以沉浸在安逸生活中醉生梦死，也可以凭借父亲的地位步入官场，获得唾手可得的权力。在常人眼中，这样的生命还需要什么呢？可他，纳兰性德，却以他的身份、出身为痛苦。他需要的、追求的，是灵魂的幸福。他躲避官场名利及与之相伴的应酬——这些于他只是心灵的枷锁，而用与益友的交流、对诗词的热爱丰富和净化自己的灵魂。说起大清的词人，人们记住的，只有纳兰容若和他的《饮水词》。因为一个高洁的灵魂在墨色词句背后熠熠生辉，诉说着一个生命高贵的痛苦和永恒的追求。

　　与纳兰容若的出身相近，被誉为文豪的列夫·托尔斯泰也是生于富贵之家。出身于名门望族的他，始终视金钱、权力、享受为罪孽，一生追求着清贫俭朴的生活。甚至在82岁的时候毅然离家出走，在风雪中逝世于寻找心灵宁静之所的路上。灵魂之于生命，犹如心脏之于身体。托尔斯泰显然是深谙这一点的，在他的眼中，没有什么比完善自己的灵魂更重要。即使被剥夺教籍，即使不得不与他出身的阶级决裂，他也毅然跟随信仰，始终与劳苦人民站在一起，为他们写作、为他们奉献。他知道，不这样做，他就迷失了自己的方向；不这样做，他就背叛了自己的灵魂，这才是无可宽恕的。他在寻找灵魂安宁之乡的路上闭上了双眼，却为后人指明了方向。

　　"此地长眠者，声名水上书。"在《夜莺颂》的作者济慈的墓碑上刻着他为自己撰写的墓志铭。其言外之意显而易见：不要只注重荣誉声名这些附赘，而该去关注诗人的文字、思想和灵魂。真正的文学家们明白，生命真正需要的是什么：是那颗火红的心脏，那个不灭的灵魂。内在胜于外在，精神超越肉体，在纯粹的精神空间里，生命才能获得圆满。

　　丢下累赘，生命方可驾御灵魂的翼翅，向圣洁的彼岸腾飞。

1. 命题材料和联想的相似点：_____

2. 命题材料：_____

3. 联想材料：_____

❺ 生命的需要 （60分）

吴可嘉

知识维系着我们的社会，承载着我们的文明。但在知识爆炸的今天，面对着充斥在我们周围的知识、信息，我不禁忧虑，我们难道要累死在这一片"知识的海洋"中吗？作为智慧的人类，在我们的生命中，我们究竟最需要什么？应该是一颗智慧的心。

知识与智慧是两码事。知识无限，穷尽一生，也学不完；而智慧是对知识的利用，可以创造新的知识和财富。没有智慧之心的人如同一只背上驮着书本的驴子，书本再多，也只能徒增劳累，发挥不了价值。当然，作为一个有智慧之心的人，这不意味着不去学习新的知识，因为在学习积累知识的同时，深入思考，使用它们，才能活跃我们智慧的心。但智慧不是靠学就能学出来的，而是想出来的。拥有这样一颗会思考的智慧之心，是我们丰富的生命、美好的生活所必需的。

八股科举时，像许多古人那样功利性读死书，死背书，今人视其为不智慧之举。他们穷尽一生，也只能学得一身迂腐的死知识，看似个个学富五车、才高八斗，实则徒有其表，背了一身累赘，对国家、社会做不出任何贡献。他们读书缺乏智慧的思考，纯粹为应试而死读书。一颗缺乏智慧的心与如此多死重的书本拴在一起，恐怕是连跳也跳不动了吧。

如今的我们早已超越了科举八股的时代，然而奇怪的是，在互联网高速路上奔波时，竟也常常感到心为身累，仿佛背了一身累赘。仔细想来，互联网上大量无用的信息与肤浅的知识也像累赘一样重压着我们智慧的心，正在使我们失去用智慧的心来思考的能力。

网络对于我们来说仿佛是个聚宝盆，方便快捷，让人爱不释手。但其中堆积如山的垃圾邮件，连续不断的弹出广告，无处不在的花边绯闻等总是充斥、萦绕在我们周围，这些累赘让我们心力憔悴，疲惫不堪。与此同时，我们由于网络普及所改变的阅读方式更是近乎粉碎了我们专注问题、深入思考的能力，吞噬着我们本应充满智慧的心。

伦敦大学学院以5年时间做了一个网络阅读习惯的研究。研究人员发现，读者总是忙于一篇又一篇地浏览，基本不回顾阅读。他们打开一篇文章，读上一两页，便"蹦"到另一个地方去了。人们不再以传统方式进行阅读，相反，我们在标题、内容页、摘要之间进行着一视同仁肤浅地"海量浏览"，以求用这些浅层知识快速得到结果。

我们这些读书人，点击着鼠标、敲击着键盘，贪婪地浏览着网页上所出现的各种东西。我们的大脑成了"信息的简单解码器"。我们那种在深度阅读时才有的全神贯注的智慧思考，在大量无用的信息与肤浅的知识等诸多累赘重压下烟消云散了。

现在的我们最先看到的都是表面知识或财富，却忽略了其背后那颗利用知识创造财富的智慧之心。美国亿万富翁，美孚石油大亨洛克菲勒的名句似乎要淡出我们的脑际：即使你们把我的衣服剥个精光，一个子儿都不剩，然后把我扔在撒哈拉大沙漠的中心，但只要让一支商队从我身边经过，再给我一点时间，我就会成为一个新的亿万富翁。

智慧比知识更重要。智慧是一笔无形而宝贵的财富，是一颗不断跳动的心脏，但这颗心会由于获取了诸多的累赘或缺乏思考而衰竭。生活中处处都需要智慧的心，缺了这颗心，即使有再多的知识，哪怕其中没有累赘，我们的生活也将只是一潭死水。

"联想生发"练习

1. 命题材料和联想的相似点：＿＿＿＿＿＿＿＿＿＿＿＿

2. 命题材料：＿＿＿＿＿＿＿＿＿＿＿＿＿＿＿＿

3. 联想材料：＿＿＿＿＿＿＿＿＿＿＿＿＿＿＿＿

---

❻ 生命的需要 （60分）

陈斯瑶

利奥·罗斯顿死在了手术台上，385磅的体重带给他的心脏太多的负荷。与他相比，我们的生活是不是也有相似之处？想得太多，担心得太多，一身"累赘"而无视心脏，致使心为身累。其实，生命需要的只是一颗轻松的心。

一颗轻松的心能让你适时适当地减轻压力。80年代，在经济高速发展的美国，中产阶级往往承受着比预想中多得多的压力——供房、供车、供孩子读书。这些压力仿佛利奥·罗斯顿的庞大身躯一样压在他们心上，让他们喘不过气。哈佛大学适时提出了幸福的十条准则：定期与大自然接触、多锻炼、与知心好友聊天……这些准则都旨在让人们拥有轻松的心灵，减轻压力，"活着是为了享受幸福"。一些纠结于巨大压力的人们走出来了，换一个角度看问题，轻松地看待一切，"还生命以本来面目"。他们的生命从此有了生机，有了活力。与美国相比，我们的邻国韩国近年来工业发展也非常快，许多人便只顾一身累赘而无视"心脏"。著名演员崔真实、郑多彬、李恩珠等都因压力过大而结束了自己的生命，如果她们能有一颗轻松的心，不要"既自以心为形役"，不要像利奥·罗斯顿一样把自己"累"死，他们的生命将会多么灿烂！所以说，生命需要的只是一颗轻松的心。

一颗轻松的心也能让你保持宠辱不惊的心态。遇到困难不要沮丧，轻松地面对，努力过后破茧而出，翩翩化蝶，不要让消极的想法成为心灵的累赘。瑞典"白鲨"诺曼，是20世纪最杰出的高尔夫球手之一，他的翩翩风度成为全世界高尔夫球爱好者的美谈。赢球时他冷静低调，落后时他不急不躁。无论输赢，他都带着淡淡的微笑。他说，"我是热爱这项运动才选择了每一次的征战，无论输赢、胜负，都无法影响我对高尔夫球的热爱。"这是多么朴实的话语！与他相反，许多选手激进冒失，急功近利，一心想夺冠、争世界第一，在赛场上患得患失，对无辜的球童撒气，让观众唾弃。这和385磅的利奥·罗斯顿有什么区别？他们心脏的负担都太沉重了！而诺曼，花开花落，云卷云舒，笑看风云中。他的生命是轻松的，阳光的，积极的。生命需要这样一颗轻松的心。

"你的身躯很庞大，但你的生命需要的仅仅是一颗心脏！"利奥·罗斯顿临终之语难道不应成为我们的警示吗？要学会减轻压力，要保持宠辱不惊的心态。生命需要一颗轻松的心。

"联想生发"练习

1. 命题材料和联想的相似点：_____

2. 命题材料：_____

3. 联想材料：_____

———————————— 其他一类作文 ————————————

生命的需要（其他一类作文4篇）

说明

下面有4篇其他一类作文，请找出每篇作文的命题材料和联想的相似点、命题材料、联想材料，写在作文下面的横线上。

范文

❶ 生命的需要 （58分）

黄怡

庞大的身躯终究需要一颗健康的心脏来维系生命。在生物学上，的确是这样。然而心脏里流动的不只是血液：对于人类来说，"在一个人民的国家中还要有一种推动的枢纽，这就是美德。"孟德斯鸠在千年以前已经为我们揭示了道德之于人生的心脏作用。生命真正需要的其实仅仅是一颗道德的心脏。

托尔斯泰曾说："人类被赋予了一种工作，那就是精神的成长。"在几千年的岁月里，这种成长则更多地体现在了人们对道德的追求上。贝多芬说："把'德性'教给你们的孩子：使人幸福的是德性而非金钱。"正如傅雷教导儿子：艺术的圣洁缘于灵魂的洁净。或许很多"望子成龙"的家长曾迫不及待地将孩子推入黑白琴键组成的世界里，但有多少人像傅雷一样，告诉他入"境"必先做人，做人要先立"德"？所以世界上有了这样一个傅聪，道德这种强大的力量使他在将生命都注入音乐中时能够保持高度的专注与清明。道德的规范作用使得外界的芜杂纷扰都不能"乱其心"：他的灵魂在琴键上舞动，一种清净的力量在心脏的血液中奔涌。从傅雷到傅聪，道德便是这样在时间中传承，它是一种永恒的需索，对道德的追求代表着生命中最洁净状态的回归。它的存在让生命的主线如此明晰，我们的灵魂隔着世间红尘三千丈，跟跄着向它飞奔。

　　古希腊有一句谚语：道德是永存的，而财富是每天都在更换主人的。可惜不是所有的人都能明白，一颗健康的心脏对于生命的意义要远大过一身累赘可能带来的暂时的满足。中秋节的时候，广东一家饭店的8位农民工终于领到了辛苦了一年的"薪水"——6沓厚厚的月饼票。这些月饼票总共能购买市场价在80到500元不等的月饼共2100盒。这看似比"一毛不拔的黑心包工头"要好得多，可8个农民工和2100盒吃不完很快坏掉的月饼，让我们不禁感叹在虚假的"工资形式替换"的把戏背后，饭店老板一颗被利欲熏得过早衰竭的心脏才是最让人心寒的地方。和对金钱一样，人们对于"虚名"的追求更是从来没有停止过。在"周老虎"之后"横空出世"的"张鸽子"更是毫不犹豫地把"媒体的良心"踩在脚下，让相机永远记录下了他把手伸向名誉顶峰时贪婪而丑陋的样子。

　　人类对于眼前"累赘"的盲目追求，无可避免地让生命呈现出一种不健康的病态，这种病态在滋生出罪恶的同时也让社会逐渐走上畸形的道路。这种如饮鸩止渴般的舍弃相当于早早地就为自己的墓碑写好了墓志铭。

　　培根曾说过："如果没有德行，人类就是一种忙碌、有害和可怜的生物，不会比任何一种渺小的害虫更优越。"德行是灵魂的力量和生气，是道德使人成为真正优于其他动物的生灵。当然，我们更不应该忘记的是夸美纽斯的忠告："德行的实现是由行为，不是由文字。"生命需要道德，而真正使道德的声音响彻大地的，从来都应是行动的号角。

"联想生发"练习

　　1. 命题材料和联想的相似点：＿＿＿＿＿＿＿＿＿＿＿＿＿＿＿＿

　　2. 命题材料：＿＿＿＿＿＿＿＿＿＿＿＿＿＿＿＿＿＿＿＿＿＿＿

　　3. 联想材料：＿＿＿＿＿＿＿＿＿＿＿＿＿＿＿＿＿＿＿＿＿＿＿

❷ 生命的需要 （56分）

王子谋

"你的身躯很庞大，但你的生命需要的仅仅是一颗心脏。"美国最胖的影星罗斯顿在走向生命的终点时如是说。于人的生命而言，一身赘肉往往导致心力衰竭；对文学的生命而言，那有着空灵、飘逸特质的生命，难以承载的累赘就是名利。摒弃名利，留存一颗纯粹的心，是文学生命的需要。

往往是即将失去一切，甚至生命之光也即将黯淡时，最纯粹的心才得以显现，文学的奇葩才能绽放。官场之上，苏轼一心想要有所作为，居于高位为民谋福。乌台诗案却使仕途蒸蒸日上的苏轼遭受打击，身陷囹圄，差点被处以极刑。最终贬谪黄州，得以保全性命。他失去了官职，失去了政治抱负，失去了人生前程，却看清了名利这些身外之物的真实面目。"且夫天地之间，物各有主。苟非吾之所有，虽一毫而莫取。"顿悟之下，他领略到了"江上之清风与山间之明月"的美。前后赤壁赋应运而生。名利的累赘往往使人浮于表层，言而无物。而诗"穷而后工"，适值"千山鸟飞绝，万径人踪灭"的绝灭之境，文人才得以重新审视生命，参悟到名利原来不过是累赘，人生也不过白驹过隙，转瞬即逝。超脱的感悟凝华成一颗不为世俗所纷扰的纯粹的心，让生命中最原本的感情流露，让人生大义的真知灼见迸发。"词以境界为最上。有境界则自成高格，自有名句。"千古流芳的佳作便源于这纯粹的心。

然而，有最高追求的文学家却最容易因名利这累赘不堪重负。"怀才不遇"使文学家意志薄弱。反过来，名誉和地位又成为影响才能发挥的根源。"一辈子保持'荣誉市民'的话，心情就更沉重了。我希望从所有名誉中摆脱出来，让我自由。"这是川端康成最后的话。因《雪国》、《古都》、《伊豆的舞女》名噪一时，并最终成为日本获诺贝尔文学奖的第一人，川端康成的文学生命似乎走向了生命的至高点。然而正如他所说，名利困扰之下，他的心不再平静，灵感逐渐消逝，而对于一个视文学为生命全部意义的人，他无法承受这样的痛苦，含煤气管结束了生命。过多的纷扰，无法掌控的自我，使文学巨匠失去了那平静而纯粹的心。崇高的追求本是黑暗中的明灯，名利却使它成为高不可攀的峭壁，使生命失去方向，最终让那感动无数麻木心灵的"凌晨四点钟，看海棠花未眠"成为永久的追忆。

文学的生命要在深邃无垠的天空中翱翔，就要摒弃一切名利的累赘，坚守一颗纯粹的心，张开自由的双翼。

"联想生发"练习

　1. 命题材料和联想的相似点：＿＿＿＿＿＿＿＿＿＿＿＿＿＿＿＿

　2. 命题材料：＿＿＿＿＿＿＿＿＿＿＿＿＿＿＿＿＿＿＿＿＿＿

　3. 联想材料：＿＿＿＿＿＿＿＿＿＿＿＿＿＿＿＿＿＿＿＿＿＿

---

❸　生命的需要　（57分）

贾凡

利奥·罗斯顿，一身赘肉却没有一颗强健的心脏，再高超的医术也难以挽回他的生命。生命需要的是心脏，而非一身累赘。同样，在人生路上，艺术家需要的是坚持自我，而非迎合世俗。

曾有这样一幅画。它曾备受侮辱和奚落，未获得人们一丝赏识与赞同。在那时的阿姆斯特丹，每个市民都指着它哈哈大笑。这是它的故事。曾有16位保安射手让伦勃朗为他们画像。伦勃朗深知把这么多人安排在一起的布局困难之大。然而，毕竟是大师，他终于构思出了一个经典的布局：警报拉响，保安们正准备出发，有的擦拭枪筒，有的扛起旗帜。明暗错落，大小精当，加上伦勃朗独具匠心的巧妙安排和无与伦比的细腻笔触，一部可谓无价珍品的画作终于诞生——《夜巡》。可保安们不满，认为画没有把他们的位置摆平均，明暗大小简直荒诞可笑，于是把伦勃朗告上法庭。带着艺术家的执着，伦勃朗在法庭上毅然拒绝重画。于是，《夜巡》，蕴含着那位大师最精湛的画技和最孤傲的坚持，在城里静静接受世俗最轻蔑的鄙薄和最尖刻的嘲讽；也在百年之后，同样静静地接受，今人最崇高的赞誉和最真心的仰慕。

伦勃朗不会迎合世俗，他知道，那是艺术的坟墓。他坚持自己匠心独运的安排，坚持自己违背传统的构想，坚持自己对画作的认识和鉴赏——这是艺术的心脏！它让艺术家捕捉自己内心中最深处的神奇灵感，让艺术家达到自己心中最纯洁的唯美高度。可是，这就注定了他的孤独。而相比之下，迎合世俗，虽能让画家风光一时，却只是艺术的累赘。这样的逢迎只会蒙上画家心灵中洞察世界的眼睛，只会让他走近世俗，却疏远了自己内心最深处的灵性和追求。怪不得，在朋友们劝他重画一幅按世人标准的"佳作"时，伦勃朗会昂着头坚定地拒绝。大师从来不屑世俗的评判，更从来不为世俗重画。伦勃朗只坚持自己的理解，坚持自己的艺术，坚持着，孤独着，一辈子。他懂得什么是"心脏"，什么是"累赘"。于是大师的艺术生涯中没有遗憾。

而如今，流行艺术界又有多少"识时务者为俊杰"的变通者？他们曾有过独辟蹊径的文采和乐思，却在世俗中，由自我的坚守者蜕变成了大众的逢迎者。他们放弃了自我，而去制造娱乐世俗的文稿和乐谱。他们收获了鲜花，收获了掌声，因迎合世俗而赢得世俗，却因为这一身累赘迷失了自我，寸步难行，为追求世俗的认同而放弃了自己对美的坚持，最终都只成为艺术史上的匆匆过客。没有对自己的坚持，就永远到不了艺术家的至高境界。

艺术家的生命中，最需要的就是自我坚持。他们需要的是无视世俗的标准，沉静自己的内心，去塑造自己理解的美，去妆点自己艺术的梦。而世俗却与这种自我坚持的执着格格不入。于是艺术家要学会分辨：坚持自我是艺术的心脏，迎合世俗是艺术的累赘。

有些人不懂，就像流行艺术界中的逢迎者，他们崇尚那"累赘"，最终只成就娱乐，成就小辈。

有些人懂，就像凡高，就像莫奈，他们崇尚那"心脏"，于是最终成就杰作，成就大师。

"联想生发"练习

1. 命题材料和联想的相似点：＿＿＿＿＿＿＿＿＿＿＿＿＿＿＿＿

2. 命题材料：＿＿＿＿＿＿＿＿＿＿＿＿＿＿＿＿＿＿＿＿＿

3. 联想材料：＿＿＿＿＿＿＿＿＿＿＿＿＿＿＿＿＿＿＿＿＿

---

❹ 生命的需要 （56分）

刘嘉

"你的身躯很庞大，但你的生命需要的仅仅是一颗心脏。"这是美国好莱坞影星利奥·罗斯顿，临终前留下的一句警世之语。庞大的身躯在无形中成为他生命的累赘，使他失去了一颗健康的心脏，最终走向死亡。生活中亦如此，金钱名利乃身外之物，过分地追求就可能会变成生命中的累赘。人生在世，生命真正需要的是一颗拥有诚信与良知的心脏。

在官场上有一些贪官污吏出卖自己的良知，失去诚信，贪图一时名利而被欲望的累赘侵蚀掉自己的"心脏"，最后在生命的尽头悔恨而泣。中国银行广东省开平支行原行长余振东，因贪恋赌博而在过去几年间共贪污、挪用公款将近4亿元，案发后潜逃美国，现今已被引渡回国，最终使自己身败名裂，等待他的将是法律的严惩。他的政治生命被金钱名利拖累，丢失了原本属于他的生命的最本真的需求：诚信与良知的心。所以，拥有诚信与良知的心脏，是维持健康"生命"的前提条件。

在中国商场中也同样需要一颗诚信与良知的心脏去维持一个企业的生命。现实中常见有些企业被一身的"累赘"所害而导致破产，甚至踏上违法的不归之路，正如已经声名狼藉的三鹿集团。它可算是中国乳业三大品牌之一，但因为贪图一时利益而在三鹿奶粉中掺入三聚氰胺来提高蛋白质含量从而欺骗消费者，最终导致成千上万的孩子忍受肾病的折磨，甚至付出了宝贵的生命。三鹿集团应有的诚信与良知的企业精神荡然无存，原本健康的心脏已被污浊的唯利是图染成黑色。试问，没有了健康的心脏，又怎能使企业的生命得以延续？正如海涅所说："生命不可能在谎言中开出灿烂的花朵。"最终，三鹿集团的董事长被捕，企业破产，再也没有翻身余地，他们付出的是一个企业生命的代价。所以，拥有诚信与良知的心脏，是使健康生命得以延续的重要因素。

然而，在不少企业被不义的金钱名利的累赘所害，丧失健康心脏的同时，中国商场上出现了一家屹立不倒的世界名企——海尔集团。海尔集团从创业以来一直坚守诚信原则对待每一件商品，每一位客户，如果有不合格产品时就亲手砸碎，再从零开始制造，直至满意为止。张瑞敏曾说过："我宁愿自己的产品毁在自己手中，也不想自己的企业毁在自己的手里。"正因为他勇于抛开一切获取不法利益的想法的拖累，期待诚信，选择诚信，以诚信的经营理念来保护企业良知的心脏，以健康的心脏捍卫企业生命的原则，这样企业的生命才能得以延续，在商场上开出永不凋零的鲜花，唱响一首永不落伍的生命之歌。所以，拥有诚信与良知的心脏，不仅是每个企业生命不可或缺的因素，更是每个企业健康发展的关键。

总之，抛开一切不义的名利思想的累赘，拥有健康的诚信与良知之心，是生命的需要，是使生命得以延续的不二法门。

"联想生发"练习

1. 命题材料和联想的相似点：＿＿＿＿＿＿＿＿＿＿
2. 命题材料：＿＿＿＿＿＿＿＿＿＿＿＿＿＿＿
3. 联想材料：＿＿＿＿＿＿＿＿＿＿＿＿＿＿＿

—— 二类作文 ——

生命的需要（二类作文1篇）

说 明

这里有1篇二类作文，把它放在这里，目的是给同学们提供"镜子"，以便照出自己作文中的毛病。完成作文后面的"找不足"练习，并引以为戒。

例 文

生命的需要 （47分）

美国影星利奥·罗斯顿，是好莱坞的一颗"巨星"。称之为巨星，不仅是因为他在电影方面取得了极大成就，还因为他身材肥大，是好莱坞最胖的一位演员。但是，在别人艳羡他名利双收的同时，他却遭受着肥胖带给他的痛苦。最终，由于心力衰竭，罗斯顿英年早逝。临终前，他痛苦而绝望地说："你的身躯很庞大，而你的生命需要的仅仅是一颗心脏。"人的一生，有很多事物等待你去追逐，但是，这些外表美妙的事物往往会成为你的累赘，限制你前进的脚步。因此，唯有找到人生中最重要的事物，才能让你充实而无悔地生活。生命需要一颗淡泊名利的心。

淡泊，使你从容地面对人生的得失，专注于自己的事业。居里夫人是举世闻名的物理学家，她一生获得各种奖金10次，各种奖章16次，各种名誉头衔117个。但是，淡泊名利的居里夫人对这些"身外之物"毫不在意。在她看来，从事更深入的研究，发现更有价值的现象，才是她人生意义的真实所在。一次，一位友人去拜访居里夫人，友人惊讶地发现居里夫人的小女儿正在玩英国皇家学会刚刚颁发给她的金质奖章。友人问道："皇家奖章是极高的荣誉，是无数人梦寐以求的，你怎么能给孩子玩呢？"居里夫人笑了笑说："我只是想让孩子知道，荣誉就像玩具，只能玩玩而已，绝不能看得太重，否则就将一事无成。"

居里夫人的淡然着实令人惊叹！正是她对待名利的这种态度，使她不被外物束缚，专心于自己的工作，取得那样辉煌的研究成果。如果一个人的存在只是为追逐名利，那么他会失去生活的重心。这种错误的态度，将成为他工作、学习中的累赘。因为他在拼搏的过程中，多了几分功利，几分急于求成的浮躁。这些累赘分散了他的精力，阻止他全身心地投入工作，这样，往往是付出了时间和努力，却得不到预期的结果。事后，他也许会归咎于命运不济，或努力不够，但实际上，正是名利这些累赘，限制了他的发展。

相信大家都知道江淹，也知道由他引出的一个著名成语。江淹家境贫寒，但他好学不倦，少时就名扬文坛，时有"江郎"盛誉。但小有成就的他却不再专注于诗文的研究，反而转投官场。对钱财的渴望和名誉的追求使他荒废了写作，再也无心学习，最终他文思枯竭，再无佳作，因此，人们戏称他"江郎才尽"。

如果江淹能坚持学习，坚持写作，那么他一定能留名青史。只可惜，江郎在名利诱惑下偏离了自己的轨道。他缺少的，不是敏捷的头脑，而是一颗淡泊的心。名利是他前行的累赘，拖慢了他的脚步，最终使他停滞不前。由此可见，人生最重要的，莫过于一颗淡泊的心。

人生是美好的，因为在成长的路上充满了你向往并且渴求的事物。但是，切勿被名利冲昏了头脑。生命需要淡泊，只有这样，你才能在生命的道路上健步如飞。

找不足

1. _____

2. _____

3. _____

心霾尽扫后　作文定乾坤

　　有时，一个其他科成绩都正常的学生，就是不会作文；或者一个原本学习成绩不错的学生，突然拒绝作文；甚至一个曾经的尖子生，作文居然连续得0分，并因此患了"紧张焦虑症""创伤性应激障碍"。从表面上看，这些都是作文问题，可老师给他们讲再多的"凤头猪肚豹尾"之类的写作知识也于事无补。深挖一下，原来在作文问题的表象下，有着更深层次的潜在原因。这些问题一解决，作文问题也就迎刃而解了。

　　以下两个故事就说明了这一点。

风高浪险几浮沉 —— 云飞的故事

成绩全线下滑

　　作为男孩的云飞，性情温和，腼腆内向，谨小慎微，文质彬彬，是人大附中的尖子生。高一高二期间，学习成绩在班里一路领先，在年级也名列前茅。升入高三的第一次摸底考试，成绩排名依然明显靠前。

　　孰料之后的高三月考，面对作文题"大脑一片空白"，60分的作文得了零分，年级排名一下子从前28名下滑到200开外。这次作文失利给他留下深深的阴影，10月月考、期中考试两次大的考试，云飞接连大踏步后退。开学仅仅两个月时间，他的成绩已经从前28名退到300名以外，前后判若两人。

　　面对突如其来的沉重打击，云飞心惊胆战，惶恐万状，寝食不安。随着失眠的一天天加重，课上开始精神恍惚，练习中接连出现失误，各科成绩全线下滑。到了后来，甚至一听说考试，不管大考还是小考，就害怕得要死，一看到作文，大脑就"一片空白"，答题失误频出，有时甚至交白卷。

云飞的情况让人着急。这么优秀的孩子，如果因心理脆弱栽倒在高考这道门儿坎前，这就太不幸了。

我很想救救他，但有点底气不足。

一天课后，我把云飞找到办公室，向他推荐了一支瑜伽乐曲《瑜伽放松功》，给他讲听瑜伽音乐的好处，教给他听前的各种准备，告诉他睡前洗漱后闭目静卧，只需平心静气地谛听，别的什么都不要管……

第二天云飞上学时告诉我：昨晚瑜伽音乐听着听着，也不知道什么时候就睡了，睡得特别香甜，自己已经很久没有这样的睡眠了，结果早晨起床都晚了，差一点迟到，可觉得精神特别好。

在随后的日子里，我坚持每天发几个信息或者打电话给云飞，随时进行心理调适，孩子睡眠逐渐改善，心态相对平稳，学习成绩也明显提高，似乎让人看到了希望的曙光。

在新年钟声快要敲响的时候，云飞的家长发来了一句话：

于老师：

感谢您让我们全家愉快地进入了新的一年。

（2007年12月31日）

家长的这句话让我感动，我觉得家长和学生的真诚感激，是对一个老师的最高奖赏。

胆战心惊，备战会考

然而，云飞的精神状况并不稳定，新年过后的"会考"又成了他的心病。

本来，关于什么是"会考"，为了让同学有所准备，避免盲目恐慌，各科老师早就和学生交了底：会考是一种学业水平测试，也就是高中毕业考试，会考成绩不计分数，只分A、B、C、D四个档次，C及以上为及格，会考全部通过可以领高中毕业证书并参加高考。由于会考不是选拔性考试，因而试题相当简单，评卷相当宽松，C以上通过率相当高。凭人大附中的学生素质，不管是统招生还是非统招生，会考的通过率几乎可以达到百分之百。

一番交底，目的是让同学们心里踏实，知道只要稍加在意，便可轻松过关。然而云飞依然惴惴不安，六神无主。

2008年1月4日晚，云飞给我发来一条信息：

于老师：

我又着急了，怎么也扭转不过来，看了一个电视剧也不管用。元旦本想复习语文会考，可是去培训班考了一天试。本以为可以先写完其他作业再踏踏实实学语文，结果连其他作业都没完成……

随后，他又发来一条信息：

于老师：

我觉得我又开始着急了，虽然别人看不出来，但其实我心里特别着急。这种急不能给我带来一点好处……而是很大的恐慌。

于老师，我现在是悲极生乐，您不知道我会考时的感受，我只是不想回想那时的痛苦才强颜欢笑，都快11点了，看来我今天又睡不着了。

家长的短信紧跟着也来了：

今晚我发现他有些反复。情绪非常急躁，一个人在卧室里乱吼、乱摔，不停地折腾，吓得我们一句话也不敢说。我觉得他心理承受能力太差了，正如您所料，稍微给他一点提醒（比如应该加强语文），他便自我否定。希望您能劝劝他，他就听您的。这么晚了打扰您，非常抱歉。

（2008年1月4日）

我给云飞发去了下面的话：

云飞：

不要着急，你现在应该只问耕耘不问收获，学一点儿是一点儿，不要想得太多。尤其是，你不要总是否定自己，批判自己，那样，你会把自己打倒。一定要学会欣赏自己，悦纳自己，不断发现自己的优点，看到自己的收获，肯定自己的进步。这样的话，你每天就在开心中度过了。

去泡泡脚，听听瑜伽，早点休息吧，明天的太阳依旧火红。

晚安！

经过一次次的鼓励，一番番的调适，一遍遍的开导，云飞同学终于坚持到了会考。

还是作文惹的祸

然而，意外还是出现了——会考成绩公布时，老师发现，人大附中历年语文会考的通过率都是100%，今年800多学生中，却出现了一个不及格的所谓"D"等成绩。而这个唯一的"D"等、接下来需要补考的学生，就是曾经的年级尖子生云飞！

我感到非常意外，找到云飞了解情况。他说：我就怕因为作文写不好语文过不了关，会考一科不及格就不能毕业；不能毕业，就不能高考。越想越怕，语文会考时紧张得手发抖，大脑一片空白，作文一个字也没写，交了白卷。

原来如此！

会考作文0分、有待补考，这又给了心理脆弱的他沉重一击。

他时不时嘟嘟囔囔地自责：我真是太丢人了，高中白念了，连高中毕业证也拿不到了，高考也没资格参加了。

我开导他：问题没那么严重，你还有一次补考机会，而且历年补考几乎没有不能过关的。

那我要是还过不了呢？不就彻底完了吗？再说补考就一定容易吗？云

飞这样回答我。

离高考日期越近，云飞的问题越严重，整天萎靡不振，成绩一落千丈，精神几近崩溃。

身为医院大科室主任的家长开始给他吃药，结果越吃越坏，孩子整天迷迷瞪瞪，愣愣怔怔。万般无奈之下，家长都考虑送他去心理医院了。

一次云飞的父亲在校园碰到我，忧心忡忡、万般无奈地告诉我：家里已经不在意孩子能不能高考，只要精神别出事，就比什么都强。

我非常理解家长此刻的焦虑，可怜天下父母心！高考在即，孩子从学习成绩到精神状态都糟糕成这个样子，哪个家长不愁肠百结，忧心如焚！

不过，对云飞这样的孩子，光着急有用吗？

要想出办法来。

"心灵处方"带来转机

随着高考的迫近，云飞的问题更严重了。

2008年3月8日，我在日记里记下了云飞的近况：

这几天云飞的睡眠更坏了，一连几天昏昏沉沉，迷迷瞪瞪，昨天从上午到下午，一直趴在桌子上昏睡。从周一到周五的下午统练都交了白卷，班主任小李急得"火上房"。上午我找到他，他喃喃自语："离高考还有90天，离一模还有30天，离月考还只有10天，我每天什么都没做，浑浑噩噩地混日子，一点进步也没有，作业落得越来越多，我特别恨自己，感觉自己特别没用，更对不起老师，想睡也睡不着……"

昨天下班路过"纸老虎"书店，特意选了一本毕淑敏的《心灵处方》，上午送给云飞。

在书的扉页上，我根据"云飞"两个字的美好寓意，写下了8个字的赠言：

放下负累，

腾飞九霄！

同时，我把《紧张》《疲劳》《像烟灰那样松散》3篇文章郑重推荐给他，借以告诉他应该懂得一些人生的智慧。

比如，当疲倦发生的时候，我们该怎么办呢？

看看大自然是怎样应对疲倦吧。春天花开得疲倦的时候，她就悄然地离开枝头，放弃了美丽，留下小小的果实；当海浪疲倦的时候，洋面就丝绸般地安宁了；当天空疲倦的时候，它就用月亮代替了太阳……

又如，你应该知道过度紧张的危害。

紧张的人，很容易累。因为他是在用5%的能力，负载着100%甚至更高的压力。……紧张的人，其实是不安全的。他处于风声鹤唳之中，对自己的位置和处境，有深深的忧虑。他大张着所有的感官——眼睛瞪着，耳朵开放，手脚绷紧，呼吸也是浅而快的……他的全身就像一架打开的雷达，侦察着周围的一草一木。

再如，你应该懂得什么是"放松"。

放松不是无所事事，不是听天由命，不是随波逐流。放松是一种高度的自信，放松是一种磨炼之后的整合，放松是举重若轻玉树临风。当你放松的时候，你所有的岁月和经验，你所有的勇气和智慧，便都厉兵秣马集合于你的内心，情绪就会安然从容，勇气就会源源不断。

一番调适之后，云飞的精神状态又有了明显转机。

昆玉河远足

然而，两个多月后，随着高考的迫近，他又不堪重负了……

我在2008年5月17日的教学日记中写道：

离高考还有20天，云飞又垮了，而且比以往任何一次都垮得厉害——连续六昼夜不合眼，家长有病乱投医，又给他吃药，但毫无效果。他白天精神恍惚，语无伦次，自称上课时只见老师嘴唇动，却不知在讲什么，甚至听不见任何声音。父亲去汶川抗震救灾，母亲向单位请假照顾孩子，孩子六昼夜没睡，母亲便眼也不眨地六昼夜陪护，并一次又一次地发来呼救信息："于老师，我都快急死了！只好请你也只有请你帮忙了……"

2008年5月17日，云飞神不守舍地转悠到语文办公室。我告诉他下午去听刘校长的报告，他怔怔地问"刘校长是叫刘秀清吗？"办公室的老师听了大吃一惊：怎么？他怎么糊涂到这份儿了！连刘校长是谁都不知道了。刘校长可是他班的"副班主任"啊！我告诉他"不是刘秀清"，他又问："刘秀清不是刘校长吗？"当我告诉他刘校长的名字后，他又机械地重复起校长"刘彭芝"的名字来。

一看他这个样子，我说你干脆打车回家吧，别开会了。可是，他已经说不清楚回家的路线了。于是，我决定送他回家。

出学校南门向西，过北京19中；再向西，至昆玉河；折向北，过天桥，颐和园佛香阁举目可接；昆玉河碧波荡漾，游艇上下往来，像一个个滑动的音符。过桥后，沿河边南行，边走边放眼四野，极目蓝天，在绿草红花、蜂蝶飞舞之间，尽享拂面清风，沁人芬芳，只觉神清气爽，心旷神怡。我和云飞边走边聊，聊水母的舒展，品花草的幽香，听婉转的鸟鸣，赏浪花的欢歌，观蜜蜂的振翅，叹花絮的精美……两个多小时，远足七八公里，看着赏着，说着笑着，聊着逛着，在大自然中徜徉陶醉，在赏心悦目中欣然忘我。

云飞非常地开心，非常地放松，非常地快乐。走着走着，平时性格内向、举止拘谨、见人羞涩、在老师面前一说话就脸红的他，突然一反常态，旁若无人似地仰天吼唱起来，吓了我一跳。问他唱什么，他说"我也不知道"。一边吼唱，一边掏出手机，打出"我很高兴，我想引吭高歌"十个字，给出差已经六七天的父亲发去第一个短信，随后又把这短而无价的十个字发给正在附中开家长会的妈妈。

这时，我突然觉得：出乎意料的奇迹发生了！

看似无心无为、无拘无束、悠哉游哉的昆玉河畔散步，让云飞身心无比地放松。在这种状态中，无形的修复、疗愈力量不被觉察地潜滋暗长，终至量变引起质变，汇聚成他那突如其来的冲天一吼。他内心不可遏制地"引吭高歌"，像百灵飞出鸟笼展翅蓝天，像奔马挣脱羁绊昂首奋蹄，像江流冲破淤堵一泻千里。瞬息之间，云飞的惊恐不安冰释了，紧张焦虑化解了，负能量云散了，此时此刻，睡神也就该自然降临了。睡眠改善后将会产生一串连锁反应：他的心态就会平稳，头脑就会清晰，竞技状态就会得到调整，高考临场发挥就会正常。

过了一会儿，云飞妈妈来接他。我告诉她，连续六天未合眼的云飞，今天会安睡的……

我期待这一点，也深信这一点。

柳暗花明　捷报频传

次日下午，云飞妈妈发来短信：

于老师：

您好！云飞大概夜里三点睡着了，一直睡到下午六点！六天了……
非常感谢您！

（2008年5月18日）

不到半分钟后，收到云飞的信息，十分简短，但非常有分量。

于老师：

非常感谢您昨天带我走过的那一程。

——云飞

原来，从当天夜里3点起，六昼夜没合眼的他，一口气睡了十五六个小时！

其父也从汶川发来信息：

于老师，多亏您想办法挽救了这个局面。

我最近的工作非常繁重，您对孩子的救助让我得以安心，这也是对我工作的最大支持！回去后我会去贵校表示感谢。

高考结束后，云飞发来短信：

于老师：

从高三月考到会考，我作文先后得了几个零分，自信心完全崩溃。感谢您的一路呵护，让我重拾信心。这次高考作文，我一点没慌；语文一过关，我就啥也不怕了。您等着我的好消息吧。永远感激您的帮助！

云飞的父母分别发来信息，其母写道：

云飞能轻松平稳地度过高考这一关，完全归于您的仁爱之心和高超的教育艺术，您引领云飞走过了一段一生难以忘怀的路。

我的感激之情难以言表。

其父亲写道：

于老师：

您把孩子从精神崩溃的边缘拉回来，使他能正常地走进高考考场，这已经是很大的成功，是我们从前想都不敢想的。因此，不论云飞的高考结果怎样，我们都能接受。最要紧的是，在您的帮助下，他找回了自信，他的高考成绩足以证明。将来他无论干什么，这都是安身立命的根本。您给予他的这笔精神财富，他会一生受用不尽。

云飞家长于汶川

2008年7月11日，家长告知孩子被录取的消息：

我们做梦也想不到，云飞高考作文会得50分，并以优异成绩被北大医学院录取，本硕博连读。此时此刻，我们最感激的是您！您对云飞的关爱胜过我们做父母的。您为云飞所做的一切定会使他受益终生，也让我们终生铭记在心。这一年云飞在磨砺中收获了太多太多，我们也受益匪浅。我想云飞在以后的人生路上一定会更坚强，更美好。

我当即回复一首小诗表达我的祝贺。

贺云飞

云谲波诡没顶深，风高浪险几浮沉。

一朝跳得龙门去，鱼出深渊腾紫云。

启示与思考

高三一年，紧张、焦虑、惊恐让云飞饱受折磨，直接诱因来自一次考试失误，确切点说，是一次月考作文交了白卷，得了0分，从此考试总分和年级名次严重下滑。面对沉重的打击，他一时不知所措，寝食不安，惶惶不可终日。

按说考试出现失误是常见的事，谁也在所难免，过后总结一下经验教训，争取下次考好就行了。尤其理科实验班的男生，大多头角峥嵘，个性张扬，绝不会被一两次考试失误打垮。可云飞不然。他胆小，内向，敏感，细腻，一说话就脸红，文静得像个女孩儿。考试失误后，觉得在学校很丢面子，回家更不敢面对父亲的雷霆震怒。但越是害怕越是失误频频，作文竟然一而再，再而三地得0分，甚至在会考时，800多考生里面，作文0分、成绩D等、需要补考的仅他一人。这次他被彻底击垮，从此不仅惧怕作文，其他学科也跟着一同惧怕起来，由单一的作文恐惧症发展为所有学科的考试恐惧症，年级排名跌落谷底，考试成绩溃不成军。

云飞的问题和他的性格弱点密切相关，但是孩子的问题有时就是家长的问题。云飞的父亲是医院某大科室主任，该领域的学术权威，建树颇丰，功成名就。在外威风八面，在家更是强势，说一不二。相形之下，妻子则显得卑弱怯懦，谨小慎微，而儿子恰恰随了母亲——这让父亲很是失望。每次考试，云飞都如临深渊，如履薄冰，心惊胆战，压力山大，生怕考不好，对父亲不好交代。而这越发加重了他的焦虑、紧张、不安、恐惧。

接二连三的作文0分，让云飞异乎寻常地恐惧作文和考试。他自称，每天走进教室，那种浓浓的学习氛围就让他绷紧每根神经。一看见别的同学在忙碌地做作业，他就心跳加速。一说哪科有测验，就紧张得要命。结果，每天心惊胆战，寝食不安，风声鹤唳，草木皆兵。最后甚至发展到精神迷离恍惚、真幻虚实模糊的地步，不敢走进教室学习，回避躲闪各科考试。种种症状，说明此时的云飞已处于"创伤性应激障碍"状态。可父亲继续逼孩子："这么窝囊，哪有点男孩子的样！""一次考试就把你吓成这样，这辈子还能有什么出息！"不仅如此，还"要求"老师和家长"配合"，联手对孩子施压。家长不懂得"一朝被蛇咬，十年怕井绳"的道理；不知道遭蛇咬的人精神会同时受到伤害，此时，不但对真蛇不可能"脱敏"，就是冷不丁碰到一段绳子或一条玩具蛇，也会吓个半死；不明白惊恐万状的云飞此时最需要的是精神抚慰和心理疗伤，而不是继续用"井绳""玩具蛇"等再加伤害。

对云飞，我主要采取了改善睡眠、缓解压力、放松身心等疗愈方法，同时加强信心培养和情绪锻炼，以期达到救治的目的。5月17日人大附中高三放假的当天，我陪他远足两个多小时，收到了明显的疏解压力、清空垃圾、放松身心之效。最终，云飞的心灯点亮了，心灵净化了，心霾清扫了，心锁打开了。中国教育电视台闻讯后，曾来人大附中对此事作了专题采访报道。

后来，我就此向一位心理学海归博士请教，她把奇迹的出现归结为四点原因：

1．创设了和谐的教育情境。

2．把握了恰当的教育时机。

3．采取了巧妙的教育方式。

4．投入了真诚的情感心灵。

目前，有考试焦虑症的高中生非常普遍，只是程度轻重不同而已。心理问题一旦严重，学业发展就会受到影响，身心健康就会受到危害，甚至人生轨迹也会被扭曲。考试焦虑症属于"社会情绪"的范畴，韦钰院士认为："孩子压力过大，心里就会装满愤怒、沮丧和失败。"所以，老师、家长、学生应协同努力，提升孩子的抗压能力和释压能力。让孩子懂得，只有学会随时化解紧张、焦虑、抑郁，不断培养乐观、坚强、自信，才能无论面对人生的任何风风雨雨，都能坦然从容放达，一蓑烟雨任平生。

生就冷眼自天成——彤彤的故事

暑期后开学了，又接过文、理两个高三实验班。一两周后，磨合期过去，师生熟起来，课堂也就越发轻松自然、其乐融融。可我发现，前排角落有个女孩，整天面带愠色，目光冷冷，好像冰在那里，拒人于千里之外。十几天过去，没说过一句话，也没有一丝微笑，和老师、同学也没有一点互动。任课堂怎样生机盎然，同学如何欢声笑语，她都无动于衷，仿佛置身另一世界。

正该欢蹦乱跳、欢天喜地的年纪，怎么这样呢？

不要说正值高三，要面对繁重的课业负担、激烈的高考竞争，就是从健康考虑，长此以往，也会生出病来。她怎么会变成这样呢？

抽空去数学组找她的班主任了解原委，才知道事出有因。

高二的一节语文课，下课了，同学们拥上讲台，围着老师问这问那。洪彤彤也举着作文，仰着脸，去向老师请教。"这么简单的问题还不会，一边儿待着去！"突如其来的一声呵斥，仿佛一瓢冷水兜头浇下，让人猝不及防。一时之间，彤彤感到从头到脚，透骨生寒，半晌回不过神来。众目睽睽之下遭此奚落，对彤彤而言，有生以来还是第一次。她觉得难堪至极，羞愧难当，自尊心受到严重伤害。从此以后，她果真"一边儿待着去"了——课上再不举手，课下再不求问，和老师再不沟通，和同学再不交流，整天脸色僵起，双唇紧闭，目光冷冷，把自己整个"冰冻"起来。心态的变化直接影响到学习状态，从前喜欢的作文如今也不交了，其他各科成绩也明显下滑，考试时年级排名从前30名后退到了287名。

班主任说：这孩子个性很强，脾气很拧，虽多次做她的工作，但收效甚微，深感无能为力。无奈之下，只好放弃。彤彤不仅学习受到严重影响，在家和父母的关系也越发紧张，原本和谐的亲子关系变得格格不入。班主任多次接待过彤彤家长的来访，孩子母亲除了哭诉之外，无计可施；忧心如焚，又一筹莫展……

原来如此。

可见，彤彤非常地敏感、内向，又格外地自尊、要强。意外的刺激，让她的内在受到伤害；突然的变故，触发了她的心灵地震。老师一句不够得体的话让她感到在同学面前颜面尽失，无地自容。从此心里便打了死结，自我封闭起来。

可怎么办呢？

任由她一天天地消沉下去吗？那太可惜了——七八个月后的高考，她能放弃吗？几年之后，她还步入社会吗？再过几年，她还成家吗？真该帮帮她，可我又畏难重重，深感心有余而力不足。有一天，上午第二节课是语文课，课后是课间操，有20分钟的时间可以沟通。临下课，我冲洪彤彤低声唤了句"来我办公室一下"。彤彤听后起身，默不作声地随我走进办公室，表情冷漠地坐在我的对面，脸上挂着些许的不快和戒备，任我东问西问，她眼皮不抬，大气不喘，一声不吭。整个课间操的20分钟里，只我一人在说话，她一言不发、针插不入、水泼不进。上课铃响了，她又默默起身离开。

怪不得班主任束手无策呢！

那么，如何是好呢？

一个偶然的发现，机会来了。

从彤彤本子里发现一篇随笔，题为《心灵故乡》，是她平时的练笔。写得洗练丰富，意味隽永。看了之后，不免灵机一动——彤彤不是因为作文问题受到打击吗？如果还从作文入手，是不是可以让她"在哪跌倒在哪爬起来"？

第二天课上，我借题发挥起来：

古人说"奇文共欣赏"，昨天我偶然发现我班同学的一篇文章，小作者积淀之深厚、文笔之灵动、章法之奇妙无不让老师叹服。这样的文章，不仅老师写不出，大报记者也未必写得出。如果寄给《北京晚报》，只字不改，就可以发表。不过，那就有点可惜了。以它的质量，刊在《读者》（原创版）上也毫不逊色。

说到这里，我发现彤彤那张紧绷的脸有些涨红了。

于是，我继续发挥："平时，我们做散文练习时，都是以名家的作品为文本。其实，这篇作文就是一篇不错的散文，完全可以设计成阅读试题。"同学们听得入神，并急于想知道作者是谁。我觉得火候还不到，就继续吊同学的胃口。

我一改惯常的讲法，把这篇作文按散文阅读试题的思路讲起来——立意、结构、领起、呼应、线索、文眼……随着分析，教室里掌声迭起，赞叹不断，气氛热烈。这时我发现，彤彤那双冷眼溢满了从未一见的兴奋。

这让人很受鼓舞。

于是我趁热打铁道："全校的文科生，没有谁能写出这样的漂亮文章，更不要说理科生了，可我班同学居然写出来了。这真是个奇迹。"

"老师，这篇作文到底是谁的呀？"同学急不可耐了。

"洪彤彤。"——我给出谜底后，教室里掌声爆起，经久不息，同学们的目光同时聚焦于洪彤彤。

"不过，有此等文笔却选择了理科班，未免有些可惜了。"

此言一出，课堂温度骤降，同学们一个个面面相觑，疑窦顿生。

我顿了一顿，随后话锋一转："不过，鲁迅、郭沫若原来也是学理的，毕淑敏也是，谁知道彤彤日后会有怎样的发展呢？说不定哪一天，一本

《洪彤彤散文集》就横空出世了，到那时候，可别忘了送我一本啊……"

话音一落，掌声再次爆起。再看洪彤彤，脸涨得通红，眼里泪光闪闪，通身溢满兴奋——"坚冰"终于融化，汇成一汪春水，又仿佛燃成了一束火炬。

此后，她发生了判若两人的变化，性格开朗多了，脸上有了微笑，和同学有了交流，也开始主动问问题了。为了让她完全张开心灵的眼睛，我利用一切可以利用的机会，通过各种巧妙灵活的方式，小心地去修复心灵，开启生命，调动潜能，点燃激情，并用心给她写了首小诗。

赠彤彤

生就冷眼自天成，日月精华蕴性灵。

数番妙笔惊四座，几多奇思上笔锋。

忧心故乡惜养分①，对话诗鬼②探幽情。

杨柳千条花万朵，几枝堪比洪彤彤。

【注】

① 指作文《生命的养分》。

② 指作文《与诗鬼对话》（见第229页）。

在诗中，我这样夸彤彤——

你生就冷眼，个性天成，

你钟灵毓秀，日月化育。

你文笔奇妙，语惊四座，

你才思敏捷，妙笔生花。

你心系故乡，忧思深重，

你情寄诗鬼，一探幽情。

纵杨柳千条，鲜花万朵，

有几枝堪比，你洪彤彤？

诗写好之后发到了洪彤彤的手机上。

第二天早读，我发现，洪彤彤跨进教室的时候，脸上带着一种无法掩饰的快乐和幸福。看得出，读了这首诗，她的心都醉了。

从此，洪彤彤完全变了一个人——她乐观开朗，满脸阳光，课上主动回答问题，课下也常常抢到讲台边质疑问难。学习非常投入，随着作文越写越好，各科成绩也都有明显起色。年级排名很快回升至年级前30。高考时，作文和语文总分分别考了58分和138分，以优秀的高考总分，考入海外名校，并成为校刊主笔，如今已博士毕业入职北大。

个案思考

学生作文有时会出现"卡点"，但真正的"卡点"有时却不在作文。

十分敏感、个性很强又极度自尊，构成了洪彤彤的心理特质。这是一种极易受伤的性格。具有这样性格特征的学生，一旦"觉得"自己受到伤害，就会采取一种消极的自我保护措施——关上敏感的心灵之窗，拒绝和外界的交往，封闭自我的心灵，从此把自己"冰"在冷僻的一角，冷漠拒绝校园里的灿烂阳光，充耳不闻同学们的欢声笑语，和一派生机勃勃、昂扬奋发的整体校园氛围格格不入。

显然，这种自闭倾向是彤彤作文止步不前的主因。不仅如此，它更不利于生命的健康成长。如果对此视而不见，任由发展，久而久之，说不定这把"心锁"就会锈死，再难打开。这不仅会严重影响她的学业，而且会给她的身心健康和人生道路带来难以挽回的损失。可一般情况下，学生的学习问题容易引起老师的关注，指导作文也是"就作文说作文"，而对心理问题忽略不见。有时即便对问题有所察觉，也难以找到理想的解决方法。

著名教育家苏霍姆林斯基说过这样一句话：在每个孩子心中最隐秘的一角，都有一根独特的琴弦，拨动它就会发出特有的音响，要使孩子的心同我们讲的话发生共鸣，我们自身就需要同孩子的心弦对准音调。

这番话颇具启示性：在教育工作中，找到孩子心中最隐秘处的那根独特的琴弦，是解决问题的前提。而能否让孩子的心弦发出独特美妙的音响，取决于老师自身能否同孩子的心弦对准音调。

那么，怎样才能和孩子的心灵"对准音调"？这个案例给人启示：

当遇到教育教学中的个别事件时，保持轻灵、警觉、清朗、平和的心态和一颗大爱之心，就有可能巧妙激活和即席利用自身潜质，敏感地捕捉和发挥转瞬即逝的教育契机，最终使问题得到理想解决。想当初，彤彤心中那团滚烫的作文学习之火是被一瓢冷水浇灭的；要让这团火重新点燃，就需要借助一颗火种。对彤彤而言，这颗"火种"就是"激励"，因为"激励可以创造奇迹"（韦钰）。孩子的学习动力之火重燃之后，便会张开心灵的眼睛，发现自身的深层价值，开启潜藏的智慧之源，爆发出难以遏制的生命能量。随着作文越写越好、学业越来越棒，人的生命也会呈现更平安、更喜悦、更自尊、更有弹性的状态，绽出美丽的生命花朵。

与诗鬼对话——彤彤的写作心得

与诗鬼对话（60分）

彤彤

"秋坟鬼唱鲍家诗，恨血千年土中碧。"

读过你的诗，我不再怕鬼。你说，鬼不过是有愿未了的灵魂。鬼的血，是浓烈而纯粹的，如一盏碧透的竹叶青，明澈见底，却不知沉淀了多少爱恨情仇。

诗鬼，你在人间的名字是李贺李长吉。平安喜贺，吉利长久，比我见过的任何一个诗人的名字都有红尘味。然而，你的命，乖戾得可笑。你的父亲名中有字触了一位皇族的讳，你就终身不得展志科场。你是一个受文字连累的人，却与文字捆绑终身。你在说什么？"鬼灯如漆点松花"。你点灯要寻谁呢？要知道，前世种种俱湮没，包括你的血肉。读者是你在空寂永恒中的唯一知音，读者绝不用光宗耀祖之类的事烦你。后人明白永生的灵魂是什么模样——文字，或叫诗，是沟通阴阳的桥梁，我走过它看见你。

我注意到你的徘徊充满焦虑。我如何安抚，你也平静不了，只给我听见风里的颤音："不可与之游，歌成鬓先改。"你怕老啊。老就意味着麻木顺命了吧？你骑驴游山，身携锦囊，有诗来了慌忙录下。人人都说你勤奋，我却觉得，你是拼了力要在这排斥自身的世间留下一点痕迹。你成功了。因为我从中知道你是多么不甘心。"此马非凡马，房星本是星。向前敲瘦骨，犹自带铜声。"当，当，当，我听到了，你内心渴望的回响。

你也并不时时抑郁。"请君暂上凌烟阁，若个书生万户侯？"真是意气风发。我明白荣耀对一个书香子弟有多重要。荣耀成了你一生的信仰，可惜你活着，荣耀也待你如鬼，视而不见。但，在我看来，你由此而生的悲怆、放浪、等待，比凌烟阁二十四功臣像更为赫奕。你大笑，"吾不识青天高，黄地厚，但见月寒日暖，来煎人寿"；你恣肆，"劝君终日酩酊醉，酒不到刘伶坟上土。"最放不下，"况是青春将日暮，桃花乱落如红雨！"惊心动魄的美，惊心动魄的凉。你说你一生尝够了渺小的滋味，我却触摸到你诗中摄人的力量！长歌当哭，最痴最疯的呼喊中有洞明生命的傲然。

我喜欢你笔下的苏小小。草茵松盖，风裳水佩，油壁车竟不腐。千娇百媚都省略，化作一个等待的符号。只有你能剥下风流的外壳看见她的执著。这是你的苏小小，这也是你的等待。只是，你等什么？世间又有什么值得你等？你茫然，自己都不知道——功名？诗名？还是，茫茫大荒中暂时的谈天同伴？我更不能解答，仅能说，你等得如此诚挚，像等待戈多。

诗鬼，你二十七岁就化鬼了，可你藉诗永生。你无奈之下对人生的苍凉体悟糅合了最热烈的想象，烧得人眼痛。你出类拔萃的颖悟和不肯放弃的期待，让你一直等下去，不明所以，却启示他人。

你有碧血，血里有火焰。

我的写作心得

感觉加修改

这是我高三得到肯定最多的文章。自己眼里的特别之处：状态、材料、语言。

题目很开放，而我没有犹疑就开始写。瞬息之间，材料一起涌现，平时对李贺的各种感受开始喧哗。这种情况下，不得不梳理，大概勾勒每一段是什么样子，梳理和写作同时进行。有些句子，没有经过考虑，直觉非落在此处不可；有些句子，是在对思路的规范之下造出来。如是，自己写起来有意思，也能保证是言之有物、内容明确的考场作文。写完了，发现《与诗鬼对话》的卷面是有史以来涂改最少的。不管完成水平如何，这次写作经历增强了我对文字的控制能力，也提高了自信。

状态说起来空泛，材料比较实在。这篇文章的引用和评论，都不是当场的灵光，而是一星一星在脑海里沉淀已久。比如，高三看完了《等待戈多》，想到《苏小小墓》有点相似的空等痴等的感觉。这点联想也没有仔细思忖过，一直保留而已，没想到考试能用上。李贺的内心世界当然比我的理解深远立体许多，况且我考虑引用时连很能表现心志的《南园》都放弃了，自己驾驭不了。写完《与诗鬼对话》，我更加明白，如果作文之际眼前有一个全面而深刻的幻影，仿佛伸手可触，那还是不要招惹。因为倘若对内容有十足把握，就不会有朦胧疑惑之感。而将有把握的内容布置好，才是明智之举。

这篇《与诗鬼对话》的语言不讨厌，不啰唆，话说得清楚，这其实是评分后个人回家修改的第二稿。《与诗鬼对话》的第二稿比第一稿少了100多字，而内容没有删减，只是扫除了许多废话。以最后两段为例，第一次收尾时，想方设法把抒情和议论糅合起来，写不到没话说就不甘心。可自己翻回来瞧瞧，感觉似画画，颜料用多用滥了，乌涂涂一大团，什么也看不清。改的时候，思考着：怎么把诗人的秉赋精炼地概括出来？怎么恰当融入感情，不滥俗？怎么在尾巴上再次强调诗人独特的气质？（考场作文，要使劲点题呀！）现在把最后定稿解剖一下：

"诗鬼，你二十七岁就化鬼了，可你藉诗永生。"（对应第二、三段）

"你无奈之下对人生的苍凉体悟糅合了最热烈的想象，烧得人眼痛。"（对应第五段）

"你出类拔萃的颖悟和不肯放弃的期待，让你一直等下去，不明所以，却启示他人。"（对应第四、六段）

首要问题解决了。用对应法来指导自己概括就好，不必句式整齐，语言也会变得明白简单。

"你有碧血，血里有火焰。"这是我能想出来字数最少的表达，也最到位。

崇拜灵感，崇尚理智，是《与诗鬼对话》给我的经验。

把心理健康的"安全阀"交给学生
——心理减负"四诀"

"比大地更广阔的是海洋，比海洋更广阔的是天空，比天空更广阔的是人的心灵。"——在世人对心灵的诸多赞美中，没有比雨果这优美而动情的名言更脍炙人口的了。"寂然凝虑，思接千载；眉睫之前，卷舒风云之色"，这是我国古人对心灵奇妙作用的精彩描绘。宇宙之内，天地之间，最为神秘、奇幻、微妙的莫过于人的心灵了，她是情感之渊、灵感之源、智慧之母、创造之神。但是，心灵的发育外受社会因素影响，内受心理因素制约。其中心理因素的制约作用潜在而明显，有了健康的心理就可以植下完美心灵的种子，有了病态的心理，心灵就会扭曲变形。对于肩负着塑造健全人格和完美心灵使命的广大教师来说，应该对学生的心理健康问题给予密切关注，万万忽视不得。

随着社会的日趋复杂化，生存竞争愈演愈烈，生活节奏加快，谋生压力加重，同学间的攀比，个人的理想抱负，起落不定的成绩位次，难以承受的课业重负，家长的望子成龙，社会期望值的不断提高，这多种主客观因素，无不像磐石一样压得学生喘不过气来，成为他们的心理负担。心理学知识告诉我们：如果长时间的过度精神紧张得不到有效缓解，就会使大脑皮层的兴奋和抑制过程失去平衡，植物神经功能紊乱，形成焦虑、烦躁、恐惧、强迫等一系列心理障碍，进而引发神经衰弱、精神萎靡、寝食不安、记忆力下降等病理症状。可见，过重的心理负担对学生身心健康的摧残之重远甚于课业负担。上海市教育局和团委在一次心理测试中发现，重点高中毕业生有考试焦虑症状者达48%，严重焦虑者为14%。中科院心理所的一份调查表明，在中学生身上主要存在的心理健康10个问题中，焦虑烦躁、紧张不安占36.7%。中学生心理障碍的问题之严重可见一斑。以上种种，追根溯源，心理负担过重是罪魁祸首。

目前，全国"减负"声浪高涨，所减之"负"无疑是指学生的课业负担而言。而减轻课业负担的目的无非在于减轻学生的心理负担，保证孩子的身心健康。不过我认为，虽然课业减负的确是心理减负的重要手段，但课业负担减轻之后，心理负担未必随之减轻。因为课业只是造成学生心理负担过重的原因之一，而远不是原因的全部。如上所述，在课业负担之外，还有诸如生存竞争激烈、生活节奏加快、家长望子成龙心切、社会期望值日高等社会问题的存在，它们给学生带来的沉重心理压力，绝不会因课业负担的减轻而稍有缓解。也就是说，学生所处的生存竞争环境无可改变，参与竞争的事实无可避免，严酷的现实无法超越，故而课业"减负"之后，学生很可能心理重负依旧，陷入其中不能自拔。心理医生告诫人们：心理健康问题是每一个现代人都会面临的难题，也是每一个人都必须过关的必修课。俗话说，心病还需心药医，解铃还需系铃人。通过专业的心理咨询，固然可以在一定程度上化解心理障碍，但对于心理障碍患者来说，这种"化解"是外在的、被动的和暂时的，远不如让每个学生都掌握一些心理健康知识，学会心理调节的方法有效。其实每个人都可以成为自己最好的心理医生。如果使学生在过度紧张时能自我释放，在压力过大时能自我减负，在焦虑不安时能自我化解，那么就等于把心理健康的"安全阀"交给学生，学生也就成为自我心理健康的守护神，从而做到无论在何种情况下都心态平衡，心绪平稳，心境乐观，处之泰然，安之若素，积极、健康、快乐、从容地学习和生活。

心理调适的方法很多。在多年的班主任工作中，我结合现代心理学知识，对"静""净""敬""竞"四个字所隐含的心理健康教育的内涵作了深入挖掘，并将其作为"心理减负"的方法教给学生，收到了明显效果。姑且谓之"心理减负"四诀。

一、静

宁静的心理状态对于身心健康的积极作用，早已为医学心理学所证明。我国著名的心理学家王极盛教授经多年的研究也得出了"调心入静有益身心健康"的结论。"静"，心灵的宁静，是物我俱静，是心平气和，是心泰神安。当静下心来时，你便宛若一个洗衣妇，不过你洗涤的不是衣服，而是你的思想。宁静可以沉淀出生活中许多纷繁的浮躁，滤出浅薄、粗率等人生杂质，可以避免许多轻率、鲁莽的事情发生。宁静是一种气质、一种修养、一曲悠扬的古乐、一种充满内涵的悠远。它可以使你头脑冷静，心境安谧，思维积极，举止从容。为了涤除杂虑，洗脑静心，在紧张的学习生活中，你可以见缝插针，尝试"静听天籁"法，听树叶的簌簌，听虫儿的吱唧，听鸟儿的啁啾，听轻风过树梢的款语……当你进入静听天籁的状态时，所有日常的积尘、积怨、积郁、积帐、积乏顷刻都会化作烟云，所得到的是一身的透亮、轻松，是一种超凡的飘逸和洒脱。

二、净

"净"是一种境界，是人生的极致，是治学的前提。现代脑科学的研究证明，人的大脑有140亿个脑细胞，细胞与细胞之间形成10个通道，可以容纳50亿本书的信息量，故人脑有"无限库"之誉。虽然如此，但库中若堆满杂物，则知识无处容身。古人捕蝉则"惟蝉翼之为知"，解牛则"于无刃入有间"，概莫因一"净"字。"净"则大脑澄流通如洗，通体透明，脑细胞排列有序化增强，学习效率自然提高。为此，你可以采用"澄心净虑"法，经常搞一搞大脑"扫除"，以保证脑卫生。美国一些著名的医学心理学家研究发现，这种方法是摆脱焦虑的极有效的方法。当你郁闷不畅、思绪难宁时，你不妨暂时搁置一切，放松全身肌肉，尽量排除杂念，把思绪的井掏空，空灵如清澈的碧水，透明的蓝天，进入无思无欲的状态。当你让"自己"跳出自己的躯壳平心静气地返观自照"三省吾身"时，你会蓦然发现，平日自己的脑子里竟装了那么多没用的东西，即使有用的东西也堆放得杂乱无章。"发现"之后，你会顿时觉得天地廓然，大脑的"容量"无限广阔，空气是清新的，周身是恬适的，心灵是净化的，知识是有序的，生活是多彩的。

三、敬

"敬"是一种坦荡无私的涵养，是一种诚意谦逊的品格，是一种柔和含蓄的态度，是一种通达宽广的胸襟，是一种纯净无染的爱，是一种人格升华的美。如果对人则敬师敬友，对事则敬业敬学，你就会人际和谐，欣然乐群，心情和畅，神态怡然。"敬"可以打开心灵之窗，让心田洒满阳光，温暖融融，让胸襟博大磊落，坦坦荡荡，让精神的家园为幸福的雨露所滋润，心泰神安，从而使人在享受中学习，在欢愉中进取，如此则其进必速。"敬"的反面是仇视、怨恨、嫉妒，是焦虑不安，耿耿于怀，睚眦必报。它让人绷紧每根神经，让人的神经久张不弛，最后导致心理疾患。一旦一个人心灵布满阴云，就不可能不对学习产生严重影响。如果这种病态心理久久挥之不去，它所产生的消极影响也将长期与之形影相随。人们早就知道，优美的音乐有益身心，"倾听音乐"法还能让你"敬从心起"，这是由于优美的旋律、舒缓的节奏、美妙的乐音可以给人的心灵以轻柔的抚慰和按摩，因而有助于生理心理病患的康复。这正是音乐疗法为心理学所重视、为心理临床医学所广泛应用的原因。无论是民乐《江河水》和《春江花月夜》，还是李斯特的抒情钢琴小品《夜曲》和柴可夫斯基的《六月船歌》，都能帮助你迅速重建失落了的恬适，或重建被捣毁了的心的泰和。当你沉浸在悠扬的乐曲中时，你会觉得周身无比地舒适轻松，一切不良情绪都烟尽云散，此时，你心底里会溢满对生命、对生活的无限敬意和热爱。

四、竞

"竞"不是那种诚惶诚恐，战战兢兢，寝食不安，坐卧不宁，进也胆战，退也心惊的状态。不是那种既拿不起又放不下的忐忑不安，不是既输不起又赢不起的患得患失，也不是那老式座钟上的钟摆，永不得安宁地在两极情绪中起落挣扎，品尝着绵绵无尽的焦虑与惶恐，无奈与苦涩，疲劳与怨怒，失落与惆怅。其实，成败得失都是自然的事情，毁誉褒贬皆为平常的道理，人生的意义重在过程，而不在结果。千帆竞发是竞，万木峥嵘是竞，鹰击长空是竞，鱼翔浅底是竞。"竞"是有激昂慷慨之情、积极进取之力，它可以使人战胜"懦"性，克服惰性，焕发精神，高扬激情。为达到"竞"的最佳效果，可以采用"良性意念"法。美国著名的心理学家马克斯维尔·马尔斯认为：多数人身上都存有一种妨碍自己潜能彻底发挥的心理障碍，如紧张、焦虑等。但通过良性意念的不断刺激，可以使大脑皮层中建立起一个良性兴奋灶，产生良性的条件反射，使绷紧的神经很快松弛下来，一切烦恼、忧愁、不悦就会随之冰消雪化。同时良性意念还会使你逐渐养成乐观、自信、坚定的心理品质，促使你以积极的态度投入生活。从某种角度上说，著名的"罗森塔尔效应"正是典型的良性意念效应。当你拿出一个有意义的工作目标并为这一目标所鼓舞，全力以赴地去实现它时，你自然也就无暇焦虑了。

近年来，心理学界的专家们提出了一个新观点：对一个人的成功来说，智力因素只占20％，自我心理的调控能力、压力和挫折的耐受能力、心理障碍的化解能力等非智力因素则占80％。而静、净、敬、竞四个字直接作用于非智力因素，既是心理调适的方法，又是心理调适的目的。作为方法，其法简而效宏，义浅而理明；作为目的，静、净、敬、竞符合心理卫生的诸多要求，是身心健康的突出表现，是治学、成学的最佳境界，和世界卫生组织关于"健康"是"生理的、心理的、社会的完满状态"的科学定义也是完全一致的。一旦学生形成良好的心理品质，面对艰难困苦、人生坎坷就会无所畏惧，就会以乐观从容、百折不挠的态度笑对人生路上的风风雨雨，"一蓑烟雨任平生"了。

诸多调查资料显示：目前，中学生的心理病患发病率正呈明显增加之势。紧张、焦虑、忧郁、恐惧啮噬着处于发育中的心灵，情绪低落、悲观厌世使人灵魂漂泊，志向迷失，造成一些学生的纪律涣散，不服管教，厌学弃学，玩世不恭，轻者导致学业荒废，重者则可能滑身犯罪，酿成人生悲剧。透过一起起发生于校园的暴力事件以及学生自杀事件的"个案"，不难发现其人生悲剧的心理轨迹。中学时期是人生至关重要的阶段，是培养健全人格和完美心灵即良好的心理素质的关键期，因此，作为教师，仅满足于传道授业解惑是远远不够的，对于那些在心理病患的炼狱中苦苦挣扎的学生，必须用满腔的真诚和无限的深情给予精神拯救，通过丰富生动深入细微的心理健康教育，把关爱的阳光洒进学生的心灵，从而使学生不仅能够"以整个的身体和整个的心灵来到学校，并且以更圆满发展的心灵和更健全的身体离开学校"（杜威《学校与社会》），这样才无愧于"灵魂工程师"称号。

（本文原载于《教师之友》）

角度要小　论据要凝
——生活故事类

材料作文的"材料"往往具有多义性特点，可以从不同角度去立意，所谓"横看成岭侧成峰，远近高低各不同"。

面对同一道作文题，追求稳妥者会从中心角度立意，艺高胆大者会从全新角度切入，匠心独运者则会发现独特角度，而不会、不懂选择角度、硬着头皮茫然去写的同学，则会造成很多被动——或没有角度，东拉西扯；或角度失误，偏题跑题。

考场作文要取得成功，角度小一点为好。因为角度小一些，容易写得紧凑集中些，分析深入些。材料作文能否选择小一点角度，是技巧，也是能力；是方法，也是眼光。总而言之，角度常常会决定一篇文章的成败。

"凝"是就作文的整体性而言的。一篇作文中，几个论据应构成一个和谐整体、形成一个拳头，打出去才有力量。比如或艺术、或历史、或科学……要有个基本的、大体的范畴。不能没有选择，随心所欲，比如由比尔·盖茨谈到孙膑，再由袁世凯谈到雷锋，信马由缰，散沙一团，东一榔头，西一棒槌。

一、诺克福公爵

题 目

阅读下面的文字，按要求作文。

某天，一个爱尔兰的小女孩下了火车，她的手里提了一袋很重的行李。她是去某个城堡里当女仆的。城堡离车站约一英里，小女孩请车站搬行李的工人帮着把行李带到城堡里去，答应给他一先令。这是她口袋里仅有的钱。搬运工人带着不屑的眼光拒绝了。这时一个人走上前来，他穿着随便，就像平常人一样，答应替小女孩把行李搬到城堡去。他提起行李，边走边和她谈话。到城堡以后，他接受了那一先令，再三说谢谢，然后离开了。一直到第二天，这女孩见到城堡的主人时，才明白昨天帮她把行李从车站运来城堡，并且接受那一先令小费的人，就是这个城堡的主人诺克福公爵。

要求：读了这个故事，你有何感触？请自选角度，自拟题目，自定文体（诗歌除外），展开联想，写一篇不少于800字的作文。

解 题

这是个内蕴丰富、意味深长的故事。

诺克福公爵与小女孩，两者身份高下悬殊，地位贫富迥异。在小女孩身处窘境、急需帮助时，公爵以一种超乎寻常的静水无痕的方式施以援手，这种帮助让人感动，也启人思考。由此你想到了什么？公爵的行为，是尊重，还是善良？是平等，还是高贵？是谦和，还是慈悲？只要选择一个恰当的角度，调动生活积累，就可以写出一篇不错的作文。

——————————— 满分作文 ———————————

高贵的高度是为他人着想（满分作文3篇）

说 明

　　下面的3篇满分作文是从七八百篇高三学生作文中精选出来的。第一篇作文的后面，老师提供了"练习示例"以供借鉴。仿照这个"示例"，通过每篇作文后面的练习，你可以学到什么叫作"角度要小，论据要凝"。一旦学会了这两点，你的作文会向前迈出一大步。

范 文

❶ 高贵的高度是为他人着想 （60分）

邵毅

　　高贵是什么？

　　是华丽的服饰么？可是公爵穿着随便，与常人无异。是颐指气使么？可是公爵提起了行李。是高高在上而不可攀么？可是公爵边走边谈，离开前又再三说了谢谢。

　　时下很多人认为，只要挥动高尔夫球杆，端起下午茶的茶托，撑起一把华贵的阳伞，自己的地位就会上升了。我对此却想唱唱反调。

　　高贵是为他人设身处地考虑的真诚的心。

　　为他人着想，是说起来容易做起来难。关键在于顾及他人的尊严，顾及他人的感受。做到这一点很不容易。山西榆次车辋村有个大戏台，荒废了戏业却被百姓们立起了"常家北祠堂"。这是当地富豪在光绪三年花了三万雪花银耗时三年搭成的。一向节俭的常家为何要如此伤财而建台呢？原来这是常家真心为农人贫民考虑的作为。光绪三年时，山西闹了饥荒，常家不仅向官府缴了三万两，又拿出三万两"砸"在戏台上。常家规定：不论是谁，只要搬一块砖，便管他一天的饭。饥荒闹了三年，戏台也就搭了三年。一个戏台，使救济米不再是嗟来之食，不再让人觉得难堪。这种真心的帮助，难道不是一种高贵吗？难道不是这种高贵，使当地人情愿改戏台为祠堂，永远纪念常家智慧的行善，让子孙后代也铭记这份为他人顾及尊严的高贵吗？想想现在电视新闻中时常播出的政治要员亲自去人家送温暖的场面，初衷是好的，温暖也送到了，但接踵而来的是闪光刺目的照相机、摄像机，请问这"温暖"是不是也会走味儿呢？

真正为他人着想，付出实际行动的同时，会获得心灵的宁静。因为你做了，而且做到位了，所以没有遗憾。这就是为什么为他人着想让人高贵，因为它让灵魂有高度。

曾经读过《读者》上的一篇文章，讲的是作者的母亲，为了不伤害贫穷邻居的尊严，在天寒地冻邻居来求助时，把家中最好的唯一的一条毛毯送给了他们，见邻居不好意思接受，便一再表示这是家里多余的东西。该作者当时没有想明白母亲的苦心。时过三十年，当她母亲早已去世时，她才在自己的人生中体悟，母亲伟大在顾及他人的感受，高贵在为他人着想。像那个作者一样，人不可能为了高贵而高贵，应该在日常生活中真正以身作则，永远用为他人着想的心去面对所有人。高贵是一种朴实的人生体悟中孕育出的珍珠啊，拥有它你就达到了一种更高的人生境界。

高贵是什么？

我想，是在我们心中为别人的考虑，是沟通彼此内心的桥梁所倚靠的坚实桥墩。

这种高贵值得铭记学习，这种高贵值得赞扬歌颂！

"角度、论据"练习（示例）

1. 角度小：为他人着想。

2. 论据"凝"：常家借建戏台救济当地百姓。母亲给邻居毛毯时的善意谎言。

❷ 麦田里的守望者 （60分）

贾思玉

　　贵为公爵，却像平常人一样，替女仆提行李。这样亲切的帮助，你可曾感受过？它们温和地播撒，像四月底的晚风轻轻地落在一亩麦花上，吹起甜绿的香气，然后又飘落到另一亩上……

　　我们每个人都有守望这片麦田的职责。这里孕育的是人类最高尚的品质，萌发的是人类彼此间最美好的情谊，收获的是人类和谐相处的最理想社会。

　　然而，每个人都能以最坚定最诚挚的情感投入守望中吗？诺克福公爵体恤清苦百姓美行的出现不也是在那个势利的搬运工之后吗？可见，并非所有人都已意识到笃行高尚品质是一种职责。作家余华在《许三观卖血记》杀青后不久即宣布放弃先锋小说的创作，转而以故乡百姓穷苦的生活为蓝本，来表现底层那掩不住的羸弱。作为作家，这大概就是守望品质的一种觉醒。不论是《在细雨中呼喊》《许三观卖血记》，还是《活着》，都体现了作者对民间对底层血浓于水的情感，是繁花落尽一片清冷中对生命意义的终极关怀。那"朱门酒肉臭，路有冻死骨"的哀叹；那"衙斋卧听萧萧竹，疑是民间疾苦声"的忧虑，是与屈原、杜甫、郑燮一脉相承的"哀民生之多艰"！守望文字，守望苍生，守望对民众体恤与关怀的心。

　　也许，有时你会怀疑自己忠诚地守望是否会有人认可。可是，又何必疑虑呢？艺术殉道者梵高一生穷困潦倒，但他始终以一颗纤尘不染的赤子之心温暖着周围的人。他作为传教士，来到"矸石山"矿区。当发现布施教义对于改变矿区人们的生活根本就是无济于事时，他开始直接将食品、衣物送给挣扎在死亡边缘的矿工。于是，他自己只好啃干面包，喝难以下咽的苦咖啡，穿一双踏遍人间含辛茹苦的皮鞋……正是这种化为本能的对别人的关爱，对生活炽热的情感成就了日后一扫艺术界平庸浅薄与乡愿惰性的文森特·梵高。所以，根本无须考虑你守望的纯净麦田是否有人在意、有人赞扬。你需要做的就是以你的热情和勇气去做你认为是有益于他人的正确的事，然后任凭时间对它的价值作出最终的判断。

　　伊斯兰教创始人穆罕默德曾说："如果你有两块面包，请拿出一块换水仙花。"人，不单是靠吃面包活着，面包是身体的粮食，水仙花是灵魂的粮食。我们守望精神的麦田，想要的绝不仅是物质的满足，而更应是高尚品质的清香。请做好麦田里的守望者！

"角度、论据"练习

　　1. 角度小：_____

　　2. 论据"凝"：_____

❸ 人生境界与人生姿态 （60分）

王淼

　　记得一个小故事：有个小女孩儿要去城堡当女仆，请车站搬运工帮忙搬行李，被他不屑地拒绝了，这时另一位先生却伸出援手，还礼貌地接受了她的小费。事后发觉此人竟是城堡的主人诺克福公爵。由此，我不禁感叹：越是宽广的大海，越是处在地平面的最低处，越是高尚的人却常常表现得越谦卑。在历史的长河中，凡是大家都共同拥有一种高贵的品质：那就是把人生境界提得很高，却把人生姿态放得很低。

　　诺克福公爵的行为让我不禁联想起近代中国一批打通中西、神游古今的文化昆仑，他们虽国别不同、所处时代不同，但都为我们后人留下了一笔最可贵的精神财富。

　　首先，没有高超的人生境界，就不会有放低的人生姿态。人生境界含义复杂，但深厚的文化底蕴无疑是它的基础。只有受过良好教育的人，才能将知识的圆圈画得更大，才能接触到更多的未知事物，才更觉得自己的疏漏还很多，对人类与社会所知的还很少，所以他们会把自己的人生姿态放得很低，在点滴处尽显大家本色。东方鸿儒季羡林老先生，不仅古汉语、英语、德语、阿拉伯语的造诣极深，而且精通梵文、巴利文、吐火罗文等，其中有的文字，几乎是当今世界无人通晓的"绝学"。可就是这样一位国宝级学者，可以以北大校长之尊，在烈日下为一名新生看了近两个小时的行李，没有高超的人生境界，就不会修炼出一颗最柔软的仁者之心，那又怎能拥有如此的人生姿态？突然发觉，这不是与诺克福公爵搬行李的故事有异曲同工之妙吗？

当然，将人生姿态放得很低，也更将有助于人生境界的提高。不知有多少大家，在俯下身子的同时，完成了对人生境界的再一次修炼。冯友兰老先生是中国哲学界的泰山北斗，可他对青年学者的学术研究非常重视，甚至经常不耻下问，向他们虚心求教，并感叹说："这对我的研究很有启发。"洋洋洒洒数百万言的《中国哲学史新编》就这样诞生，完成了他对自己的超越。由此可见，大师们的人生姿态像大海，居于百川之下，万物皆映我眼，千智皆入我心，如此的积累必将酝酿出另一重人生境界！

人生境界如高山，人生姿态如大地，没有高山之高，就不能领悟大地之广；没有深厚的大地作为依托，高山也无法造就其高迈。高贵的品质是全人类共同的精神财富，所以这种"人生境界提得很高，人生姿态放得很低"的大家风范，这种文化修养与崇高的道德境界的完美结合，将永远闪耀着人性的光辉。

呜呼！云山苍苍，江水泱泱，先生之风，山高水长……

"角度、论据"练习

1. 角度小：_____

2. 论据"凝"：_____

—— 其他一类作文 ——

润物无声（其他一类作文7篇）

说 明

下面有7篇其他一类作文。第一篇作文的后面，老师提供了"练习示例"供借鉴。仿照这个"示例"，完成每篇作文后面的练习，你可以学到什么叫作"角度要小，论据要凝"。一旦做到了"小""凝"二字，你的作文会向前迈出一大步。

范 文

❶ 润物无声 （55分）

李珏然

只是在困境当中伸出一双温暖有力的手，只是在欣然接受一先令时那声真诚的"谢谢"，诺克福公爵给予那个小女孩的却是一份最温馨的关怀——保留她的尊严，也默默地为她铺展了整个春天的温暖。

看到材料，想起了一件身边的事：楼下的半地下室住着个小男孩。每每被别人撞见在翻垃圾箱时，他都会局促不安地低下头，尽量躲开周围的目光。同楼的一位老奶奶总是拎着装满空酒瓶子空易拉罐的袋子重重地往垃圾箱边一扔，又马上返回楼中，随后就是满载而归的小男孩拎着她"丢"掉的袋子蹦蹦跳跳地离去，阳光下他那被拉得长长的影子散发出温暖的味道。"为什么您不直接把袋子交给他呢？"我不解地问。"那样会伤害他的自尊啊。"老奶奶说。那一刻我的心被感动融化了：这是怎样的关怀，没有自尊被伤害的难堪，没有怜悯的施舍，只有细雨柔花般的爱意，不着痕迹地融进了小男孩心中的每个角落。

这相同的情怀，也闪烁在温莎公爵身上。他招待的印度客人们被他华丽的府邸震撼了，他们惊美的目光掠过闪烁的烛光，飘浮过金色的盘碟，停在了侍者端来用于餐前洗手的精致容器上。他们误以为是饮用水，纷纷喝尽。侍者怔住，手足无措。公爵若无其事地端起水盆，一饮而尽，化解了那片刻的尴尬，用无声的关怀，留住了客人的尊严，这又是何等的心地！

泰戈尔说："天空没有留下翅膀的痕迹，鸟儿却已经飞过。"关怀应如斯，随风潜入，润物于无形无声中。

"角度、论据"练习（示例）

1. 角度小：中、外人士的善举。
2. 论据"凝"：老奶奶细雨柔花般的爱意。温莎公爵无声的关怀。

❷ 慈善：施舍还是帮助 （57分）
黄怡

当高贵的公爵面对口袋里只有一先令且将要成为女仆的女孩时，他选择了帮助。而当公爵接受那一先令的报酬时，这一种帮助就真正具有了善的意义。这一先令的价值就再不仅仅限于物质层面，它更多地体现了一种平等，体现了一种超脱于帮助行为本身的对于人的尊重与关爱。同样地，当慈善以一种施助者的形态伸出手时，施舍还是帮助的分别，或许就在那一先令的尊重上。

一先令究竟有多重？我只能说，在道德意义上，它无法衡量。

在我们生活的这个社会中，很多受助者拿不出"一先令"，而施助者也从来不曾想过放低自己的姿态去接受受助者的"一先令"。受助者们拿到了钱，却也受了伤害。有受助者被要求必须写感谢信，每年上报成绩等等。甚至还有这样的案例，施助者捐助后以第二监护人自居，居然对受助者展开了长时间的监控与强迫：学习成绩必须第一，不然取消捐助；必须考上名牌大学，不然取消捐助；不能有任何除学习以外的课余活动，不然取消捐助……这些造成的巨大压力导致受助者最终辍学，精神几近崩溃。这种现象的共同点是它们都更偏重于提高施助者形象，从形式上或者甚至是内在上把慈善变成了一种强迫性的援助，于是受助者的地位不可避免地降低，慈善也就这样在某种意义上成为了一种无形的施舍。于是，我们悲哀地看到，慈善成了一种高高在上的姿态，一种鼻孔冲天、带点帝王意味的施舍，而捐款把爱心捐成了纸。

什么样的慈善才是帮助？美国的一个非洲难民民间援助组织在每次捐助时都遵循着这样的原则：不要满脸同情、迫不及待地把救济品送到孩子们的手上，而是让饥饿的孩子们以劳动的方式来换取食品和衣物。同样的例子发生在河南。河南省慈善总会和一个企业共同设立了"爱心接力慈善助学基金"。与以往不同的是，受助学生需签订一份"道德协议"，要回捐不少于受助数目的慈善资金。他们被要求在有能力回报社会的前提下，为他人提供帮助。越来越多的人开始意识到接受那一先令有更为深远和重要的意义。同时，出自《礼记》的"贫者不食嗟来之食"的道理正在慈善与道德层面上被社会重新认识。它告诉我们一个古老的道德法则：不要恃财傲物，不要用钱财食物换取他人在人格上的低人一等。我们常常说大爱无言，就是这个意思。

慈善最大的意义在于对人类的怜悯，济困的最高原则在于保持接受者的尊严。这正是"一先令"法则在道德意义上的最高体现。俄国作家屠格涅夫的一番经历不失为一种诠释：1878年冬天，屠格涅夫在路上遇到了一名乞丐，面对那只通红、肿胀而又肮脏的手，作家掏遍身上所有的口袋，但却什么都没找到。窘迫的他紧紧握住乞丐颤抖的手，"别见怪，兄弟，我身上一无所有。"乞丐也紧紧地握了握作家的手，"哪里的话，兄弟。这也该谢谢您啦。这也是周济啊。"屠格涅夫在后来提起这件事时写道，"我懂了，我也从我的兄弟那里得到了周济。"的确，这也是周济，而且这种基于平等视角的心灵慰藉远比漫不经心地丢下一枚硬币更为贴心和温暖。在这个故事里，那一句"兄弟"和公爵的一先令无疑起到了同样的道德意义。令人遗憾的是，丢弃硬币的人我们虽然见过很多，但却很少看到有人紧紧握住那只通红、肿胀而又肮脏的手，真诚地喊一声"兄弟"。

慈善，一片冰心在玉壶。我真诚地希望越来越多的人能够加入到这种平等的关系中来，越来越多的人能够为了小女孩，默默地接受那一先令而不再需要提醒。

怜悯之心，慈善为怀。慈善之心能够感受到苦难，但需要付出更多热情的行动来改变世界，多那一先令，或许就完美了。

"角度、论据"练习

　　1. 角度小：＿＿＿＿＿＿＿＿＿＿＿＿＿＿＿＿＿＿＿＿＿＿＿

　　2. 论据"凝"：＿＿＿＿＿＿＿＿＿＿＿＿＿＿＿＿＿＿＿＿＿＿

---

❸ 善何为？ （55分）

闫昱晶

　　《格兰特船长的儿女》中巴加内尔引用过一句很美的箴言——"行着善事，走过尘世"。善事让人温暖，真正的善举，是建立在尊重基础上的一种平等互赠。正因如此，行善之人，往往有种明月清风自在怀的气质，让我们油然生敬。

　　诺克福公爵是真正善举的践行者。遇到无助的女孩，他主动伸出援手，提着沉重的行李走了一英里，收下一先令并再三说谢谢。一先令于坐拥城堡的他根本不值一提，但是因为他尊重女孩，他便也尊重这份致谢。他忽略了二人身份地位的差距，不倨傲于自己的公爵头衔，不倨傲于自己施善者的角色。他不期望从这次行善中收获给予之乐以外的东西。这是至纯之善。

　　然而，在我们现实的生活中，很多的"善行"却暗含利己倾向的怜悯，施善者仿佛救世主高高在上。面对乞丐，除了冷漠地扔下一枚硬币，你可曾想过给予他们一些真诚的尊重？比如，你是否可以在他们蜷缩的躯体前蹲下，认真地把硬币放进他们的手心或是盛钱的杯碗？善举从来不是单方的施舍。虽然物资捐助是必要的，但仅有物资捐助却无尊重平等之爱的奉献不算是真正的善行，那更像是对自己富有的炫耀，或是为了给旁人留下个慷慨的印象。常有这样的慈善会，各界富人捐钱捐物之后，组织者找来一个受助的人（通常是孩子），让他在台上说着感谢、表白着报恩的决心。孩子站在聚光灯下，脸上是设计过的笑容。他望着台下自以为博爱的人们，心中有何感受？感激还是不安？对着成堆毫无表情的钱物，他更像一个展示品，甚者，如囚徒，终生戴着拖欠别人的桎梏，始终比施善者低下。可是，善行的结果不应该是这样的。特雷莎修女救助过的一位穷人说："我一生活得像条狗，而我现在死得像个人。"他用生命中的最后一缕气息向修女表达了他的感谢。贫穷，也渴望尊严和被尊重。特雷莎修女因她帮助的人们从来没有鞋穿，自己便终生打赤脚。她从心底里尊重那些受她帮助的穷人，于是她的善行，不单拯救人于无衣无食的贫困现实，更拯救他们的心灵于沉沦自弃的泥淖。

　　博爱！

　　每个人在客观上可能由于先天或后天在某些方面有所差别，但从精神层面上讲，众生平等。不只人，也包括天地万物。此时施善之人，下一时或许便为受善之人，人并不因行了善就高出一等。善行只是去做我们力所能及的，以互相尊重为前提，有钱出钱，有爱献爱，这样，世界才会更加美好。

"角度、论据"练习

　　1. 角度小：＿＿＿＿＿＿＿＿＿＿＿＿＿＿＿＿＿＿＿＿＿＿＿＿

　　2. 论据"凝"：＿＿＿＿＿＿＿＿＿＿＿＿＿＿＿＿＿＿＿＿＿＿＿

❹ 弱者的尊严 （57分）

崔莹

　　一位去城堡做女佣的贫穷女孩在车站请求他人帮助搬运行李。一位穿着随意的普通人帮助了她，帮她把行李提到了城堡并连声道谢地接受了她的报酬——一先令。这位普通人就是女孩工作的城堡的主人，诺克福公爵。这个故事中最使我动容的是公爵对待女孩的态度：慷慨给予帮助又维护了她的尊严。

　　在向弱者给予帮助的同时，请维护他们的尊严。

　　10月2日在上海开幕的特奥会也许就是维护弱者尊严的成功范例。特奥会的参与者都是有不同程度智障的运动员，他们有的生活无法自理，有的只有五六岁儿童的智力水平。特奥会正是给了这样的弱者一个机会，让他们在体育场上平等展示自我，有尊严地接受人们的热情、掌声，同时也让世人了解他们，给予他们帮助。在电视转播的画面中，我看到这样一个让我动容的场面：一位参加轮滑项目的重度智障选手，一出场就失去方向感，虽然裁判极力引导，但她还是在偏离赛道的区域内完成了动作，整个过程中观众没有哄笑、尖叫，有的只是一次又一次的掌声与发自内心的鼓励的微笑。在观众席上，有人举起来一个大大的牌子：你行我也行。这是本届特奥会的口号，也是人们对这样一些弱者表现出的勇气、拼搏精神的尊重和支持。

　　"让我获胜，如果我不能获胜，请让我勇敢地尝试。"这是特奥会的一个口号，它曾激励过许多残障人士奋力拼搏，也让无数普通人为之动容，

为之深思：在向弱者提供帮助时，请维护他们的尊严。

"角度、论据"练习

1. 角度小：＿＿＿＿＿＿＿＿＿＿＿＿＿＿＿＿＿＿＿＿＿＿＿＿

2. 论据"凝"：＿＿＿＿＿＿＿＿＿＿＿＿＿＿＿＿＿＿＿＿＿＿

❺ 有这样一种信念 （58分）

冯卓

　　有这样一则故事，有一个要当女仆的女孩，因为没有足够的钱而无法雇人搬运自己沉重的行李。这时，一个普通人帮助她搬了行李并感激地接受了女孩一先令的报酬，而这个看似平常的人正是小女孩的雇主——一位拥有城堡的公爵。

　　故事体现了公爵的风度与修养，而在这风度与修养的背后则是一种信念，一种人人平等的信念。

　　看过一个类似的故事：一个胖女人在火车站雇了一个老人为她搬行李，并付给老人一美元作为酬劳。老人微笑地接过了，并郑重地收下了那一美元。而后，女人才知道那老人便是石油大亨洛克菲勒。当她诚惶诚恐地请求洛克菲勒退回那一美元时，洛克菲勒依然微笑着说："您不该如此，这是我劳动所带来的回报，我应当收下。"不同的人，一个公爵，一个大亨，却都不因身份的高贵而对别人的要求甚至是冒犯而轻蔑鄙视，反而是欣然接受，这体现了一种精神，一种存在于他们心中的信念，那就是人人平等。正是这信念让他们风度翩翩。

　　不由得想起了一个关于林肯的故事，林肯每次乘火车都会与员工握手。一次，当他将与满面煤灰的铲煤工握手时，铲煤工却因手又黑又脏不好意思伸出手来与总统握手。此时林肯大声地说："伸出你的手吧！我的朋友，您也是为联邦加煤才弄黑了双手！"是的，人生来都是平等的，有了这种信念，即使贵为总统也会真诚地尊重普通的工作者。正如一位哲人所说："真正的平等待人是最崇高的美德，是美德之母。"只有平等待人才能做到对他人真正的尊重，才是修养与品德的真正体现。人人平等不只是一个口号、一种思想，而是一种存于人们心中的信念，体现了人性的光辉与人格的力量。

真正的大人物，是那种身居高位仍然懂得如何去做平常人的人；真正的大人物，从来都是和平常人站在一起的人。因为他们坚守着人人平等的信念。而我们更应该善待、尊重我们身边的每一个人，以平等为信念，真诚地对待每一个人，那么我们的社会会更加和谐。是的，如果有这样一种信念能成为品德之母，那它就是人人平等。

"角度、论据"练习

1. 角度小：_____

2. 论据"凝"：_____

---

⑥ 真正的高贵 （57分）

葛彤

搬运工拒绝了小女孩酬劳微薄的活计，而女孩未曾谋面的雇主诺克福公爵却以过客的身份欣然接受，并感激地收下女孩的一先令报酬，然后离开。

诺克福公爵是城堡的主人，身份尊贵；却能在女仆需要帮助时搭一把手，实属高贵；而能够以平常人的身份感激地接受无关痛痒的微薄的报酬，的确算得上是真正的高贵。

真正的高贵，体现在虽身处高位，却能对身份低微的人礼貌、关怀。

本田公司自成立以来业绩斐然，效益可观，在一定程度上应归功于公司的老板。这个和蔼的日本老人对待下属十分亲切礼貌，员工生病，他抽时间亲自探望，只有在实在脱不开身时才会写小卡片，然后由秘书将祝福送至员工手上。每次碰面，他都笑眯眯地打招呼，甚至还会向员工鞠躬。找下属有事时，从来都不是"到我办公室来一下"，而是"我在办公室等你下班"。也许这样的老板树立不起威严的形象，但事实证明，这样的老板更能受到员工的爱戴。自公司成立以来，几乎没有员工跳槽。真正的高贵，不是颐指气使，盛气凌人，而是平和待人，平常对事。真正的高贵，能给别人送去温暖，能让自己收获欣慰和意料之外的回报。

真正的高贵，体现在诚心助人，又不会使被帮助的人感到难过和自卑。在现实生活中就有这样的例子。一位作家在讲述自己母亲年轻时候的事情时说："小的时候，我们家住平房，常有乞丐来叫门，于是妈妈在门口摆了一摞砖，有人来乞讨，妈妈就请他帮忙把砖搬到后院，作为回报，给他酬劳和饭菜。再有人来乞讨，妈妈就再让他把砖搬到前门，然后给他酬劳和饭菜。"她笑了，"许多年过去，我们才明白妈的意思。"她说，"妈妈也很欣慰，因为那些人都没有再回来过。"这位母亲的帮助，不只填饱了乞丐的肚子，也使他们脱离了乞丐的名号。这种高贵的帮助，不同于施舍，不带有同情，是纯粹的帮助，是真正的高贵。较之那些鼻孔朝天，向行乞者帽子里甩钞票的富翁们，堪称天壤之别。

一个人要富有并不难，抬高身份也并非常人无法做到的事情，而要富有尊贵却能保持一颗平常心，真心实意地帮助比自己卑微的人，真心实意地对他们好，为他们着想，才当得起高贵的名号，才称得上真正的高贵。

"角度、论据"练习

1. 角度小：_____

2. 论据"凝"：_____

❼ 平等，点亮人间的一盏灯 （55分）

曲昊源

　　面对一个仅有一先令、提着重重行李的卑微女孩，搬运工人不屑地拒绝了，而诺克福公爵却以平常人的姿态接受那微薄的酬劳并替小女孩搬运行李。搬运工自认为比小女孩尊贵，向她投以鄙夷的眼光；而公爵不以高贵自居，平等地对待女孩，因此赢得了尊敬。一言以蔽之，我们要以平等的心对待他人，在尊重和理解中擦亮仁爱的火光，让世间充满温暖。

　　《独立宣言》中曾说："所有人生来都是平等的。"怀揣一颗平等之心对待身边的人，特别是那些常常被忽略甚至遗弃的人，不仅能够照亮人心，更能够赢得世人的尊重。戴安娜拥有光彩夺目的身份——英国王妃，却能够平等地对待艾滋病患者，与他们握手相拥。她甩开了头顶上王室的光环，用真心去爱护艾滋病儿童，让他们在孤独的人生路上有了依靠与信念，从此更加坚定地与病魔斗争。这些看似简单的助人之举，我们这些平凡人却很少给予他们，而戴安娜王妃能够无私地尊重并关爱他们，着实令世人赞叹！她虽然已逝去多年，但仍然被人们铭记于心。似水流年，也许带走了雍容尊贵，带不走的却是平等高贵的灵魂。以平等之心帮助他人的又何止戴安娜一人？文坛领袖鲁迅，能够低下身来为青年学生补鞋；刘少奇主席也曾经亲切地与掏粪工人时传祥握手……这些身处高位的伟人尚能以平等的姿态对待他人，我们这些普通人也不难做到。

　　相反地，若是怀着偏见与歧视对待身边的人，不仅于他人是莫大的伤害，于自己更是无益。澳洲的原住民深受苛刻的不平等待遇长达二百多年，非裔美国人曾经在教育、医疗、政治、民主方面享受不到最基础的权利……那些所谓"高贵"的白人无异于故事中的搬运工。较为强势的民族，本应该以平等的姿态帮助其他民族共同发展，但他们却恃强凌弱，深深地埋下了祸根。如今他们虽已意识到严重的后果，但种族歧视的伤疤已难以愈合！在我国，五十六个民族团结互助，共同发展。在尊重各民族文化民俗的基础上，实现百花齐放、百家争鸣，让多种文化在这片古老的土地上交融绽放。由此可见，只有以平等之心接纳其他民族，才能让全世界的人都能享受应有的权利与爱，成为一个和谐繁荣的大家庭。

　　平等，是滋养人类的甘霖，是温暖人间的明灯。真正的平等，不仅仅是一句口号或是一种姿态，更是一种博爱的胸怀，是人性的体现。在这个人的价值趋于金钱化的时代，让平等的理念能够渗入社会的每一角落，仍需要我们的共同努力。但我深信，在不远的未来，平等一定将引航社会的前进与发展，真正地点亮人间。让我们拭目以待！

"角度、论据"练习

1. 角度小：_____

2. 论据"凝"：_____

—————— 二类作文 ——————

尊重之重（二类作文1篇）

说明

这里有1篇二类作文。把它放在这里，目的是给同学们提供一面"镜子"，照出自己的毛病，引以为戒。

例文

尊重之重 （49分）

诺克福公爵欣然帮助一个爱尔兰小女孩把行李搬到了城堡，并且礼貌地接受了这位寒酸拮据的小女孩的一先令小费。诺克福公爵的行为体现的正是尊重他人的美德。我想，当我们与他人交往时，也应该尊重他人的尊严，平等地对待他人。

诺克福公爵的例子与季羡林任北大校长时的一段经历颇有相似之处。季羡林曾帮一位入校新生看管行李，而那位新生在开学典礼上竟发现那位曾经帮助过自己的老人正是学校的校长。从另一个角度来看，那位爱尔兰小女孩和那位大学生也许会深受感染和启示，会由衷地产生一种敬意，并且会将尊重在他们与他人的交往中传递下去。可以说，一个善举建立了双方和谐融洽的关系，得到了人与人之间的信任、友爱，并促进了对于尊重的传递，而这都源于平等待人，源于尊重他人。因此，平等地与人相处，尊重他人人格是和谐人际关系的催化剂，更是人际交往的重中之重。

这种重要性还在近期举行的残奥会上得到了充分的体现。

残疾人运动员相比我们正常人，他们有许多不便，有时需要我们的帮助，需要我们爱心的付出，但是很多残疾人运动员又有很独立的一面，他们都有很强的自尊心和自强不息的生存渴望。不屑一顾或者过分关心都会使残疾人产生像那小女孩被粗鲁拒绝后一样的悲观、失落的情绪。因此，与轮椅上的人讲话蹲下身子，真诚而恰到好处的帮助，才会使残疾人感到尊重和温暖。正如一位参与残奥会报道的记者所说："在与残疾人运动员的相处过程中，我感到真正的关心不是你能为他们做什么，而是你以平等真诚的态度对待他们。"我想，残奥会口号"融合"的含义也就是希望人们以平等、尊重之心与残疾人相处，与他人相处，进而构建一个和谐的人际关系，和谐的社会。从这个层面上来说，尊重他人尊严、平等待人又有了它的社会意义和社会价值。

尊重如此重要，难道我们还能将其忽视吗？如果我们能够像诺克福公爵那样懂得尊重他人，那么我们就会有和谐的人际关系；如果人人都能懂得尊重之重，那么整个社会就会更和谐，更美好。

找不足

1. _____

2. _____

3. _____

二、轿夫湿鞋

题 目

阅读下面的材料，按要求作文。

某日，明朝都察院长官王延相对新御史们讲了这样一件事：昨天雨后乘轿进城，轿夫穿的是双新鞋。开始，他小心地挑着干净地面落脚，后来一不小心踩进泥水里，于是便不再顾及新鞋。一御史听后说道："终生不敢忘。"

要求：自选角度，自拟题目，文体不限（诗歌除外），写一篇不少于800字的文章。

解 题

这是个很有现实意义的历史故事。

明朝都察院是朝廷主要负责官吏监察、弹劾、风纪管理的部门，御史是都察院负有监察之责的官员，这里记述的是发生在都察院长官和即将赴任的御史们之间的一件趣事。官场是个大染缸，王延相作为都察院长官，面对"刚刚走上工作岗位"的御史们，用"雨天湿鞋"的故事，巧妙而及时地提出了忠告。话语不多，但谆谆告诫，声声警钟，掷地有声，意味深长。御史们也心领神会，唯唯作答。读懂材料的寓意，选择一个恰当的角度，充分展开联想，就可以写出一篇见解独到的文章。

━━━━━━━━━━━ 满分作文 ━━━━━━━━━━━
手莫伸（满分作文1篇）

说 明

这篇满分作文的特点十分突出，作文后面有老师简要的"找亮点"。除此之外，你觉得还有哪些亮点值得学习，可以找出来，并抄写在横线上。

范 文

手莫伸　（60分）

张天

时间可以暗淡岁月的忧愁，抚平历史的心伤，却也在一次次的日升月落中将前人的叹息与悔恨埋葬。隐约中，那谆谆教诲还在耳畔，而其中的深意，却已飘散。

王延相用心灵告诉那些初入官海的人们，要留有一双崭新的鞋子，就永远不要让它触碰泥淖；新御史们用心灵铭记，要留有一副洁净的灵魂，就永远不要让它触碰权钱之利。"终生不敢忘。"

时至今日，除了那渐渐远去的姓名，这个故事已无人再提起。而那些悲剧，却一幕幕上演，又一幕幕落去。

2000年，全国人大常委会副委员长成克杰因贪污数目巨大，被判枪决；

2007年，国家医药管理局局长郑筱萸因贪污数目巨大，被判枪决；

同一年，天津市政协副主席、天津市公安局局长宋平顺因贪污被发现，自杀于家中。

……

当死亡来临，当风光不再时，他们选择了同一个词汇：身不由己。仿佛是身居之官位将他们推向了死亡的边缘，将他们的生活撕成碎片。略有了解会发现，他们中的每一个人无不是怀抱报国为民之志开始在政界迈出自己的人生第一步。为了施展身手、实现抱负，他们小心翼翼地绕过官场中的一个个陷阱和水滩，谨慎地守护着自己的原则和良知。而结局，我们已经知道。是什么错了？是什么为他们的眼睛镀上金银从而让他们迷失了方向？

五百年前一位都察院长官将答案备好，然后无奈地看着这些以身试法之人。是啊！第一次踩入泥水，就注定了你要背负罪恶走完整条路，除非你选择放弃。

于是，三个似乎巨大的身影轰然坠地。

试想，如果第一次摆在他们眼前的就是成千上万的巨款，他们必会断然拒绝。但无数次的小恩小惠终于使他们在一洼不起眼的泥水旁沾湿了自己的灵魂。一片纯白，只因一滴污迹便显得肮脏，便使人丧失勇气和毅力来将残余的纯净延续，毕竟它已不再完整。从此，一发而不可收。抱着一丝侥幸的心态，恩惠拿得越来越多，胆子越来越大，而灵魂陷得也越来越深，直至不可自拔。

还是陈毅说得好：手莫伸，伸手必被捉。

因此，我们更有理由崇敬那些自始至终守身如玉的人，这需要太多的决心，太多的毅力，太多次在无比艰难的抉择中选择正确的方向，留守这看似深渊中的最后一丝良知。我们感谢他们，让我们知道世间尚有纯洁的灵魂，纯粹的人。这样的人是不朽的，他们的精神，他们的话语，至今为人传颂。

"清风两袖朝天去，免得闾阎话短长！"

找亮点

1. 立意响亮，题目生动形象，旗帜鲜明。 _____

2. 主体内容紧密联系现实，论据典型。 _____

3. 几处引证非常精彩，文笔洗练生动。 _____

4. 其他亮点： _____

―――――――――― 其他一类作文 ――――――――――

在泥水边收脚（其他一类作文5篇）

说 明

下面有5篇其他一类作文，每篇作文后面已经有"找亮点"练习示例。你可以以此作为参考，在阅读中再找出其他亮点，并根据自己的看法加以补充。

范 文

① 在泥水边收脚 （57分）

赵娜

她是这个法院经济庭里刚被提拔上来的审判长。39岁，正是干事业的年龄。她的潜力不小，提干名额下来的时候领导第一个想到的就是她，还和她说："好好干，以后至少能当个副院长。"她的"野心"也不小，想靠自己的实力往上"爬爬"，为自己也为家里争点光，至少是别给父亲丢人。父亲以前是县里人民法院的院长，人送外号"当代包公"。

新买的毛衣，袖口竟开了线。她有意无意地拽着，想着事情。昨天婶婶拜托她在那件案子上活动活动，说当事人是老乡。她想着多少有层家乡的关系，举手之劳的事情是不是该按照她们的意思办呢？婶婶是最疼爱自己的婶婶，她都开口了，又怎么好拒绝呢？

中午饭的时间到了，跟着她的实习生小马送来了盒饭，看见她正在愣神儿，就说："您也该休息休息了，老这么拼命，还想评个二等功不成？"她接过饭，笑笑，没说什么。小马出去了，她打开盒饭，闻到了一股葱味。她生来对葱敏感，小时候吃饭把葱挑出来经常被父亲教训。她不禁想到了父亲，想到了关于父亲的一件事。

母亲时不时拿这件事来"讽刺"父亲，说以前日子不好的时候，有母亲的同学送了捆葱到家里（在当时，这可是不轻的礼！），想找父亲帮助活动活动案子。父亲当面并没有说什么，谁想第二天早上，父亲竟骑了十几里地的车，把葱扔回了那家的院子里。她想象父亲铁青的脸，不禁笑了。但她忽然又想起什么。或许这一切都在暗示她在这样的职位上该做什么、不该做什么……

她的衣服被什么勾到了，这时她才发现刚才开线的衣角已被她拽出了长长的一条线，不觉有些懊悔，便使劲地一拽——随着"嗤"的一声，袖角竟被她拽坏了，一件新毛衣就这样被毁掉了。那声响提醒了她，或许因为婶婶托付的这件事，好好的人生也会被毁掉。一旦有了不好的开始，有些事情将不能停止，不能弥补。

她站起身，快步走到窗台前抓起正在充电的手机，按下了重拨键，然后她平和地对婶婶说："您的忙我帮不了……"

"……"电话里一阵沉默。

是啊，有些时候我们会面临这样的选择。而我们必须明白的是，如果穿了新鞋的我们一直小心翼翼，而后却因一时不慎踩进了泥水里，那我们将会不再顾及新鞋。所以，保护新鞋的最好方法是——在泥水边收脚。

找亮点

1. 这篇作文可以当作小小说来读。

2. 主题由材料提炼而出，在泥水边收脚，很形象。主题健康积极。文风比较朴实，突出心理活动，心理活动描写具体，情节安排巧妙，发展自然。

3. 结构完整。材料丰富，内容充实。

4. 其他亮点：＿＿＿＿＿＿＿＿＿＿＿＿＿＿＿＿＿＿＿＿＿＿＿＿

❷ 当心人生路上的泥淖 （54分）

郭梦彬

雨后，轿夫脚穿一双新鞋走在泥泞的路上，他小心翼翼地找干净的路面下脚，唯恐弄脏了新鞋。后来，他一不小心踩进了泥水中，之后便不再注意脚上的新鞋了。一路下来，新鞋沾了多少污泥可想而知。生活中，多少人一次踏入人生的泥淖，从此便不再顾及内心的洁净，使心灵一次次遭到污泥的玷污，肮脏不堪，最终崩溃。

看到过这样的故事，一个新从基层调到机关的年轻警官，怀揣着理想，预备干一番大事业。他的内心十分朴实，他唯一的愿望就是给下岗的妻子也在城里找份工作，过上幸福、安定的生活。他请某大企业的老总吃饭，希望能给妻子争取到一份工作。然而，一晚的高消费下来，8000元的费用让工资微薄的他负担不起。那位老总慷慨地替他付了账，只是说了句，以后还请多帮忙。不久后，该企业由于账上的问题被公安局调查，那位老总请他透露调查的内容。在那8000元的压迫下，他第一次踏入了泥淖。此后的日子里，每当想起那8000元和他已经做过的事，他便不再有顾虑，频繁地传出内部的消息。最终，这个来自农村基层的警官那颗单纯朴实的心在污泥中变得无法辨认，他也因此而获罪。接受采访时他只是说："你吃过8000元一顿的饭吗？那不是个小数目。"他把一切都归咎于那8000元，的确，在它的驱使下，第一次踏入泥淖也许不是他的本意，但在那之后，有了一次这样的经历，他已经不会再顾及这样是否合适，他的心灵已不再纯洁。

另一个例子发生在中国在某国的驻外部门里。有关人员发现，我国的内部文件甚至秘密会议的内容总能被该国当局所掌握，而且竟然是从内部的传真机上直接传出的。不久，一个内部通敌人员被找了出来。据他自己说，他到该国后不久就有人贿赂他，在第一次传出文件之前，他犹豫了很久，但最终还是怀着就这一次的心理传出了第一份绝密文件。这是他第一次踏入人生的泥淖。从此以后，他越来越大胆，越来越无所顾忌，他不再考虑这样做是否危害国家的利益，这样做已经成为了习惯。他后悔不该那第一次的尝试，不该使那本来洁净的内心被污泥所蒙蔽。

有句古话叫"万事开头难"，虽然用在这里不太合适，但也达意。所有人都一样，一旦踏入人生的泥淖，哪怕只是一次，就不再有所顾忌，最终使原本干净、纯洁的内心变得肮脏不堪，连自己都不敢去直视、去面对。正如穿新鞋的轿夫，一不小心踏入泥水中，便不再顾及新鞋了，任凭全新的鞋子被泥水沾染，变得不再洁净。当心人生道路上的泥淖吧，一旦踏入，你的人生将步入歧途，道路将不再平坦，所以不要尝试第一次。

找亮点

1. 立意正确，题目好。＿＿＿＿＿＿＿＿＿＿＿＿＿＿＿＿＿＿＿＿

2. 论证紧扣论点。＿＿＿＿＿＿＿＿＿＿＿＿＿＿＿＿＿＿＿＿

3. 论据阐述得流畅、有条理，但论据不够典型。＿＿＿＿＿＿

4. 其他亮点：＿＿＿＿＿＿＿＿＿＿＿＿＿＿＿＿＿＿＿＿＿

---

❸ 改过助人成长 （56分）

金雅然

穿着新鞋的轿夫开始挑着干净地面落脚，然而不小心踩进泥水里后，他就不再顾及新鞋，想必最后那新鞋变成了一双"泥鞋"。其实每一个人出生时都如同一双新鞋，干干净净，可是这双鞋有时会不经意间沾上泥水，有的人任凭泥水再次玷污新鞋，这样的人长大后一事无成；也有的人及时补救，新鞋虽然脏了，但是清洗后依然洁白如新。一个人的成长中难免会犯错误，懂得改过的人才有可能拥有一份精彩纯洁的人生。

"球王"贝利小时候，曾有这样的一段经历：一次同伙伴们进行足球比赛，贝利所在的队伍暂时领先，当他再次得球准备冲锋射门时，却遭到了对方队员的顽强阻拦，贝利故意留了个空子给对方，对方一伸脚就被他一个不起眼的绊子放倒在地，他趁机把球射入了球门。当贝利正在暗自得意时，他的父亲从天而降，将贝利按在地上一顿痛打。他的父亲教训他说："踢球靠的是技术取胜，而不是下流的'小动作'。不管在任何时候，你都要做一个尊重对手、值得对手尊重的人！"父亲的教诲深深地铭刻在了贝利的心中。在以后的比赛中，贝利曾不止一次地被对方球员重重地"铲"伤过，但他从不报复对方。他有一句名言是："报复对方的最好方法，就是再进一个球！"凡是与贝利同场竞技过的人，无不被他的人格魅力所折服。贝利儿时的错误，在众多人眼中不过是一时冲动，换了别人也许不会受到严厉的指责。然而贝利的父亲及时纠正了他，因为他深知，贝利即使球技再好但是如果没有良好的道德素养，也不能成为一个优秀的球员。倘若他纵容贝利，恐怕贝利最终只能成为一个只知道踢球不知道如何做人的二三流球员。而贝利也及时意识到错误，及时改过。由此可见，改过对于一个人的成长有多么大的作用。

贝利的经历让我想起了NBA球星奥尼尔，他年轻时曾参加了一个小帮派，经常取笑或欺负别的同学。当所有人都认为奥尼尔一生注定一事无成时，他意识到自己虽然拥有高大的身躯，别人和他交流时必须仰望他，可是没有优良的品德，他只能被人所鄙视。他决心做一个真正可以被人"仰视"的人。从此，篮球馆中多了一个刻苦训练的身影，日常生活中少了一个不良青年，多了一个热心的好帮手。及时的改过，将奥尼尔从"泥潭"中拉回，帮他洗去了一身的泥沼，成为了世界巨星。

生活中处处有泥潭，而生活中也处处有洁净的湖泊。踩入泥潭并不等于你注定满身污垢，只要敢于跳入洁净的湖泊，你一定可以重新光鲜亮丽。错误，不是人生的终点；改过，可以助你铸造一份新的人生。

找亮点

1. 角度新颖。_____

2. 论据典型鲜活。_____

3. 分析论证紧密扣题。_____

4. 其他亮点：_____

❹ 给心灵以洁净的"落脚"之地 （55分）
于智玥

　　雨后的路，泥泞不堪。轿夫穿一双新鞋上路，沾得满是泥巴，这是再平常不过的事情。要命的是在踏进泥水之后，轿夫竟然想道：反正鞋已经湿了，那就随它去吧。由于心灵已经失去洁净的"落脚"之地，于是便不再顾及脚上的新鞋。这种对于错误"放任自流"的态度实在不足取。

　　眼前浮现出现实的影子。在物欲横流的今天，不知有多少人成了现代的"轿夫"，他们起初小心地守护着自己心灵的纯洁，一旦不小心踏进泥水里——不管是"赌"是"毒"是"偷"，从此就不再去理会那双"新鞋"，认为即使改过也无法再换来心灵的纯净。结果因一次错误而陷入万劫不复的深渊。

　　又想起美国著名小说家杰克·伦敦，他年纪轻轻就因《野性的呼唤》等几部极为精粹的小说佳作而声名鹊起，然而血气方刚的他面对成名后金钱、权利的诱惑，没有用一颗理智的心去对待。起初他只是收些贿赂，利用自己的职务之便给那些行贿者开些不合规矩的绿灯。有朋友劝他回归到写作的正路，不要再一味地追求名利，而杰克·伦敦却以自己早已失去了作家应有的"节操"为借口，放弃对心灵之路的重新修筑，终因无法承受生活的压力和犯罪的处罚而自杀。我们姑且不说杰克·伦敦第一次接受贿赂时为什么没有义正词严地拒绝，或许他确有苦衷。但当他自己已经意识到身陷泥潭，朋友也极力想救他上来的时候，他又为什么要放任自己，放弃悔过自新的机会呢？我想大概是他的心灵中已经没有洁净的"落脚"之地所致。

与他相比，我国文联副主席冯骥才先生却截然不同。早有所建树的他远离了名利、权势的泥沼，只期许长久地做一个中国文化的守望者，十几年、几十年呵护自己的心灵，保证它的纯洁。正是因为他有一颗积极耕耘心灵麦田的心，才使他每走一步都是稳重而成功的。

永远不要忘记给自己的心灵一个洁净的落脚之地，这样有利于改正一步走错；即便一步走错，也还有足够多的机会来弥补和挽回。惟有如此，我们才能扎扎实实地走好通向未来的每一步。

找亮点

1. 从所给材料中提炼观点，立意正确。_____
2. 论证充实，有说服力。_____
3. 事例恰当，典型。_____
4. 其他亮点：_____

---

❺ 迈好每一步路 （54分）

江雨虹

只是一件小事，却为何让御史"终生不敢忘"？我想，这是因为其中折射出的道理：人生路上，迈出的每一步都应小心谨慎。一旦迈偏、迈错，这印迹就再也洗刷不掉。因此，迈好每一步路，莫使一失足成千古恨。

有时，大的贪欲只是源于一个小的错误。某市市长，因贪污受贿、挪用公款，被判处死刑。临刑前，记者采访他，问他最想说的话。市长说："我恨我的妈妈。如果小时候我偷拿家里的钱，她能制止我，我就不会是今天的样子。我恨她！"的确，这就是根源。如果母亲知道，正是她当初纵容的小错误毁了儿子的一生，她该多么悔恨。在儿子刚迈上人生路时，母亲没有教他迈好步子，没有砍掉长出的歪枝，以致一步错，步步错！一个小小的错误，终因贪欲无法收拾！根源，只是那一小步。

有时，人生的毁灭只是源于一时的迈偏，而这失足的代价，却是所有人都无力承担的。看到现在的惠特尼·休斯顿，眼眶凹陷，目光迷离，你还能将她与那个在《保镖》中高唱"我将永远爱你"的非裔美国女歌星联系在一起吗？不能，再也不能。从她碰触毒品的那一刻，这些已成为记忆中的美好，再也无力捕捉。一个鲜活的生命，只因迈错一步路，就完成了毁灭的过程。警钟已经鸣响，现实摆在眼前！只有小心地迈好每一步路，才不致陷入泥沼之中，无法自拔。将人生的步子迈稳迈直，才能成就坚实的道路。

人生路上，迈步是每时每刻都在进行的。有些人步子轻浮，总想快点到达下一个驿站，因此他们迈出步子时没有经过多少思考，只是随意而任性地伸出脚。而另一些人深知迈步的意义，明白路是走出来的。因而他们每迈出一步都会考虑再三，慎重地留下自己的脚印。正如已卸任的法国总统希拉克在自己的资产公之于众，被人赞扬清廉时说，他为官做人的秘密，就是对每一个决定都谨慎地考虑再三。正是这迈好每一步路的意识，成就了他的美名，也成就了他的人生。

有人说："常在河边走，哪有不湿鞋。"这似乎是常情，但我却认为是借口。湿鞋的原因不是河，而是穿鞋的人迈错了步子，选错了路。迈好每一步，用一个又一个坚实的脚印书写我们的人生之路，我们才能在人生的航道上永远沿正确的航道行驶，向着未来扬帆！

找亮点

1. 论据典型。

2. 正反对比论证，是非分明。

3. 分析深入，有说服力。

4. 其他亮点：

───────── 二类作文 ─────────

不要向罪恶迈出第一步（二类作文4篇）

说 明

这里有4篇二类作文。把它们放在这里，目的是给同学们提供"镜子"，以便照出自己作文中的毛病，提醒自己引以为戒。每篇作文后面设有练习，做一做对自己会大有帮助。

例 文

❶ 不要向罪恶迈出第一步 （49分）

轿夫不小心把新鞋踩进了泥水，之后便不再在意自己的步伐。这个故事由都察院长官讲给新御史们，似乎也就有了额外的意义。长官是想以轿夫的新鞋作比，告诫这些御史不要在罪恶的道路上迈出哪怕是一步。因为即使只是一步，也可以让人从此走向万劫不复的深渊。对御史们来说，这样的告诫似乎尤为重要。因为他们的职责使他们处于犯罪的边缘，而又有太多金钱与美色的诱惑。只要有了一次犯罪的经历，他们恐怕就再也无法脱离，直到被绳之以法。这种告诫不但适用于御史们，也适用于我们每个人：不要向罪恶迈出第一步。

对我们来说，也许并不必担心走上犯罪之路，但生活中仍有许多"第一步"需要我们小心对待。无数吸毒者的教训都在向我们说明这一点。常看到媒体报道吸毒者痛哭流涕地后悔："当年我没有扛住诱惑而吸了那一次，从此便欲罢不能……"这也正是大多数吸毒者经历的真实写照。他们轻易地就迈出了走向毒品的第一步。他们中的很多人都抱着"就这一次"的心理，但一次之后就会有无数次的"还有一次"，他们就这样一步步地走进了深渊。所以，第一步对人的意义往往是极为重要的，有了第一步，就会"一而再，再而三"，这时人的心理往往会产生变化：已经有一次了，再

271

来一次也没什么。可见，避免自己走向罪恶的第一步是多么重要。

几年前在南方某省曾抓获了一名大盗，此人在火车上、公交车上屡屡下手，偷盗数百起。在狱中，他坦白自己的偷盗经历始于儿时的一次偶然。那次他发现邻居家门大开而屋中却没有人，于是他偷偷进去拿走了邻居放在桌上的一点零钱。这次也许是他一生中偷的最少的一次，但却是他一切犯罪的开始。偶然的一次偷盗，仅仅是走向罪恶的极小的一步，却开启了地狱的闸门，使他被罪恶的洪水所淹没，最终成为无所不为的江洋大盗。这样的先例数不胜数，还有服用违禁药的运动员，侵吞国家财产的政府官员，他们所犯的罪各不相同，但相同的是他们的犯罪都始于当初轻易迈出的第一步。

所以，我们每个人都应把这当作一条人生的准则：谨慎对待生活中迈出的每一步，当面对罪恶的诱惑时，请不要迈出第一步。

找不足

这篇文章的第一段太长，有些拖泥带水，论据也不够典型。此外，你还能找出其他问题吗？

1. _____

2. _____

3. _____

❷ 绝不会太晚 （48分）

明朝都察院长对属下讲了一个关于破罐子破摔的故事。轿夫因顾及新鞋，小心翼翼地躲避着雨天的泥泞，但一个不小心沾了一鞋的泥后便不再顾忌。一御史听后终生不敢忘，有的人恐怕还不太明白。做事、做官、做人，最初总能谨慎谦微，但一个不如意，难免灰心丧意，从此一蹶不振。

其实，从什么时候回头都不算太晚。

那天，打开电视，看见法庭审犯人的情景，旁边是哭得死去活来的家属，我只当是习以为常的贪污犯在受审的场景，却突然听见这样一句话："收每一个红包之前，我都有机会回头的。但一想到前面的都收了，这个也就收了。原来，之前的时光中，什么时候回头都不算太晚，现在才是真的晚了。"说完这句话，那个一直平静的犯人老泪纵横。看他文质彬彬的样子，我猜他年轻的时候一定也有着鸿鹄大志，只因一时被迷惑，在一个接一个的金钱攻势之下，没能抵挡得住。每一个选择面前，他都妥协了，他一定在后悔当初的第一笔额外收入，也一定更后悔为什么收下那接踵而来的第二个、第三个。如他所说，他一直都有机会回头的，在第二个、第三个之前，但他没有，他选择了像那个轿夫一样破罐子破摔。想着反正已经这样了，说服着自己接受了之后的一切，最终让自己抱憾终生。估计那轿夫在洗鞋的时候也在后悔着自己的第二步、第三步吧。

人非圣贤，孰能无过。犯错于我们是难免的，人的不同在于犯错后的态度。是"将错就错"不停圆谎，还是勇于承认面对失误？后者才是我们要选择的。每一个"明天再做"，每一个"下次不了"，都是对当下贪念的纵容，最终只会在泥足深陷时后悔万端。并不是一失足就能成千古恨，而是不断的失足才让人生变得不完满。第一次的犯错充其量不过是人生的一个阶段性的污点，接二连三不能坚定地抉择才是墨，染黑了你的生活。失足并不可怕，可怕的是你总自以为已经太晚而不能回头了，其实，什么时候都不会太晚。

如果下次面对这样的选择，请坚定地告诉自己，什么时候都不会太晚。

找不足

本文缺少典型论据，文字没有力量。此外，你觉得还有哪些不足呢？

1. _____

2. _____

3. _____

❸ 人生——走好每一步 （48分）

新鞋，踩进泥水，便不再是新鞋。

美玉，磕去一角，便不再是美玉。

好人，昧过良心，便再不能问心无愧。

人的一生，走好每一步并不容易，但只有拒绝诱惑，坚定信念，才能使新鞋长新，美玉长全。

走好每一步，人生才能幸福美满。清朝巨贪和珅可谓老奸巨滑，极尽溜须拍马、欺上瞒下之能事。可谁能想象到，年轻时的和珅原是一个机智正直、富有责任感的好官？那么，是什么使他堕入深渊，落得抄家自尽的下场？仅仅是一次鬼迷心窍的贪污罢了。这一步，在和珅的人生中也许只是那么微不足道的一瞬，却使他越陷越深，不能自拔，最终葬送了一生。试想：如果和珅没有走出这一步，他的人生或许可以幸福美满，无疾而终……这样的反差，令人不禁为之嗟叹。

走好每一步，人生才能问心无愧。前些日子闹得沸沸扬扬的"熊猫烧香"病毒事件中，当李俊等四名犯人在法庭公开受审时，我从他们那诚心悔过的表情中看不出什么心机——他们只是受利益诱惑而走出了那致命一步的可怜人。以他们在网络方面的丰富知识，假如能够克服困难，谋得一份正当工作，他们也不至于身陷囹圄，悔愧莫及。一失足成千古恨，一步走错，他们的人生已经沾染了永难抹去的污点。

人的一生是短暂而宝贵的，然而如今社会上的许多人还在茫然地面对着人生。有些人，以为人生长路漫漫，就对自己所走的每一步都不加约束，在歌厅、在网吧里虚度了光阴。有些人，迫于生计，就向他人伸出了罪恶的黑手。还有些人，对社会不满，甚至就杀人炸车来泄愤……他们心本善良，只是竟然没能明白，一旦走出了这一步，走上了这条不归路，他们的人生将再也无法挽回。

人生不能重来。请用心走好每一步，让你的人生之路通向一个灿烂的明天！

找不足

1. _____

2. _____

3. _____

❹ 永远不要有第一次尝试 （48分）

一双新鞋不慎踩入泥水里，便再不顾那是双新鞋，于是新鞋便和旧鞋一样，满是污垢。如果没有那踩入泥水里的第一脚，那么我相信，新鞋便永远是新鞋，一尘不染。

所以，对于明知道错误的事，永远都不应有第一次尝试。

毒品让原本动人的面孔变得憔悴不堪，让原本强壮的身躯变得枯瘦如柴。这样的结果我们谁都不愿意看到，然而又有多少个吸毒者在最初都只是想要尝试一下，可是当这最初的一口一旦侵入你的体内，你曾经幸福的堡垒便在顷刻间轰然倒塌，土崩瓦解。其实，也许明明知道会有怎么样的后果，可是还是心存侥幸地尝试了第一次。那么，后面的事情就会像那双新鞋的遭遇一样，泥泞满身。

历史上著名的大贪官和珅，最初也仅仅是想贪到一些小便宜，以满足自己的好奇心和曾经并不强烈的贪欲，又或者也只是几钱银子而已。然而一次又一次的满足感带来的是更强烈的欲望，在欲望和利益的驱使下从小贪变成了大贪，巨贪，特贪。其实我相信，在他第一次想要得到那一点小便宜的时候一定也想不到有朝一日他会贪得堪比这整个大清国的财富。和珅倒了，当人们满街叫嚷着"和珅跌倒，嘉庆吃饱"的俏皮话的同时，又有谁曾想过，这一切其实只是来源于一闪念，来源于第一次自己为不足为惧的尝试。于是，和珅这双曾经的新鞋也终于在贪污的泥塘里臭名昭著，遗臭万年。

对于好处，人是永远不懂得满足的。毒品如此，一次次吸食的快感便让一个个身躯欲罢不能。贪污如此，一次次占得便宜的满足感便让一颗颗头脑充斥到膨胀。所以，我们永远都不应该对那些明知道错误的事情有第一次的尝试。因为，很多很多时候，一旦开始，那么后面发生的事情恐怕就谁也控制不了了，包括你自己。

俗话说"一步错，步步错"，没错。不去犯第一次错误很多时候是一道防止污水侵袭的阀门，如果你永远都不去选择开启它，那么污水就永远被堵在阀门的另一头，与你自己泾渭分明。然而，如果你有一天一旦选择开启一下试试看，那么污水就早已经蓄势待发奔流而入，在瞬间与你自己混为一潭。到了那个时候，你会发现，自己早已清浊难辨。

所以，请永远都不要尝试去开启那个阀门。就像这双新鞋，永远做一双光新亮丽的新鞋。对于错误的事，永远不要有第一次尝试。

找不足

1. _____
2. _____
3. _____

点滴见功夫
——高考文理科状元的平时作文（4篇）

题 目

> 等待是一种智慧，一种胸怀，一份情思……
>
> 请以"等待"为话题，自拟题目，写一篇文章。除诗歌外，文体不限。不少于800字。

范 文

等待春天

陈秀野

（2005届北京高考理科状元　高考作文59分）

等待，是一种希望。

在漫漫长夜，多少人迷失了方向；在严酷得似乎熬不到尽头的寒冬，又有多少个绝望的灵魂也放弃了原本的追求。但是，难道他们就不曾想到，最长的黑夜之后太阳也将升起，最艰难的冬日之后也必将有一个明媚的春天？那么，就让我们等待春天吧，在等待中坚守春天的希望。

美国小说家欧·亨利有一篇著名的短篇作品：《最后一片叶子》。一个贫穷的姑娘染上了肺结核，医生认定她战胜病魔的可能性已是微乎其微。于是，绝望的她望着窗外的爬山虎预言：最后一片叶子飘落时，我的生命也将随之飘逝。然而，那久久不肯凋落的最后一片"叶子"支撑了她生活的希望，竟奇迹般使她熬过严冬而迎来康复的春天。这个在生命边缘苦苦等待的姑娘，除了希望，她还拥有什么呢？她所做的，不过是——等待春天，因为她的希望给人以力量。

珍·古德尔在生物界已是一位传奇式的女性。人们难以想象，一位白人姑娘，怎能只身闯入非洲的热带雨林而与黑猩猩为友？不过大概很少人知道，仅仅等待自己被黑猩猩接受，她就耗费了两年的宝贵青春。珍日复一日地穿着一身色调温和的衣裳，静静地在山顶一坐就是一整天，她在等待黑猩猩群习惯她的存在，从而最终有一天也许能对她表示善意。在珍等到第二个春天时，一小群黑猩猩终于允许她接近了，这使珍感动非常。于是她毅然留在了丛林里，一留就是二十年，才终于带出来了震惊生物界的研究成果。珍可谓是饱尝等待的滋味了，但她也真正地懂得——等待春天，因为她的希望带来执著和坚持，也使人更加接近成功的彼岸。

当然，仅仅有等待，并不一定能盼来期望中的景象，但是至少，伴随那等待中的希望而来的可能是一种乐观豁达的境界。党的早期领导人之一瞿秋白先生入狱后已几乎没有生还的可能，但是他心中的"春天"仍然凝成了这样一句词："信是明年春再来，应有香如故。"这是何等的革命乐观主义精神，是何等的境界！直到生命的最后时刻，他都在谱写着一段"等待春天"的美丽而饱含希望的旋律。

那么，朋友，如果你此刻正身处困境，如果你身心乏惫，如果你丧失了坚守的信心——其实，静静地闭上眼睛，默默想象四个字——"春暖花开"——你将感受到春日的阳光将希望注入你的心田。

——让我们等待春天！

"角度、论据"练习（示例）

1. 角度小：<u>等待，是一种希望。</u>

2. 论据"凝"：<u>重病女孩等来康复。珍·古德尔等来成功。</u>

题 目

> 对话，是交换看法、沟通思想、阐发事理的一种方式。它可以是盟友间的推心置腹，也可以是仇隙间的坦诚剖白；可以是亲人间的喁喁低语，也可以是论敌间的词锋凌厉；可以是近距离的舒心长叹，也可以思接千载，视通万里，和历史上的中外名人（思想家、政治家、军事家、科学家、哲学家，如孔子、孟子、墨子……）倾心交谈。
>
> 请以"与_____对话"为题目，写一篇作文，立意自定，角度自选，文体自定，不少于800字。

范 文

与苏小小对话

林茜

（2007届北京高考理科状元　高考作文58分）

幽兰露，如啼眼。无物结同心，烟花不堪剪。草如茵，松如盖。风为裳，水为珮。油壁车，夕相待。冷翠烛，劳光彩。西陵下，风吹雨。

——《苏小小墓》

当陌上花开，又是一个暮雨霏霏的傍晚。搅动千年的碧波，荡一弯时间的涟漪，小小——在我们共同的故乡，西子湖——我向你走来——带着一个有关生命的千年命题。

小小，在你心中那个关于生命的天平上，生命的长度和生命的宽度，究竟孰轻孰重?

千百年来,面对你十九岁戛然而止的生命,太多的人以为你是不在意生命的长度的,然而,正值最美年华的你真的不在乎生命的长度吗?在他败走麦城,你倾囊相助;当他春风得意,却将红尘中的你弃掷——面对心中最重要的那个人的背叛,在你之前或是在你之后,有太多兰心蕙质的女子因此而将生命付与一绫白纱或是一池春水。而你,却只是淡淡一笑,让往事烟散,你的超然和对生命的爱让你在最痛的伤害之后将生命延续。

可是,如果你在意的只是生命的长度,又为什么认为死神在你十九岁时降临,是对你最好的恩赐?又为什么选择在十九岁离世,为后世留下一个永远的谜?

小小,是不是在你心中还有比生命的延续更重要的东西?比如,生命的宽度。你长袖善舞,精通音律,尤工诗词,留下灵动的墨迹遂成经典;你美丽,但你决不仅仅倚仗美丽,后世不曾亲睹你绝代的风华,但你的才情却穿过岁月征服了历代才子,你的清灵秀逸成为一个永远迷人的传说,你后世的仰慕者们甚至为你修筑"慕才亭"——小小,你把你十九岁的韶华走成通衢大道。所以我想问,是不是你热爱的是生命本身的热烈和绚烂,所以你才会选择在最耀眼的时候谢幕?你是一颗流星,划亮历史的天空,却比任何恒星都灿烂,因为你的整个时辰都在燃烧。是不是,正因为你对生命本身纯粹的爱,所以才有对生命发自内心的敬畏,所以你才不愿玷污生命的完美?你不愿用药物延长生命——因为那样的生命太狭隘逼仄,太勉强苍白,所以,你愿你的生命之花凋而不零,委地时依然绽放。小小,你说死亡是上天对人间的最好馈赠——你是不是想告诉我们,生命因为死亡才更有价值,因为生命从一开始就接近死亡,所以人才懂得珍惜?

小小,当你荡舟西湖,赏断桥残雪,听柳浪闻莺,闻晨钟暮鼓,悦花港观鱼,品雷峰夕照的时候,你的心中是不是有着浓浓的对生命的不舍与眷恋?当你病入膏肓,卧床不起的时候,你内心的最深处也仍有对生命的深沉的爱吧？只是，因为深爱，所以不愿亵渎，因为珍重，所以敬畏。因此当你的生命走向既定的终点，你没有挽留。你让生命如一池春水，轻松地消融、升华在死亡的海洋。

小小，是你第一次让生命的天平向"宽度"重重倾斜，你用生命完成了一次绝唱，完成了一次轻盈的超越生死的升华。

一颗流星划破夜空，我看到你的笑靥，如华、升腾。

"角度、论据"练习

　　1. 角度小：_____

　　2. 论据"凝"：_____

题　目

　　歌德的院子里有一棵大树，每天清晨，歌德都要走到院里，面向浓荫蔽日的大树恭敬站定，去迎接洒落大树的第一缕阳光。多年的坚持，使歌德这一习惯成为自然。每每此时，他便觉得"所有的阳光和所有的树木，全都一齐容纳在他的心里"。

　　读了这个材料，你有哪些感悟和联想？请自拟题目，自选角度，自定立意，写一篇800字以上的作文。诗歌除外，文体不限。（60分）

范　文

寻找那"一缕阳光"

宁少阳

（2009届北京高考理科状元　高考作文60分）

当靛蓝的天与昏暗的大地的交际处落出那一抹鱼肚白，当氤氲的红晕染遍了东方那每一片淡云，当耀眼的曙光为每一栋房屋，每一棵树，每一个人镶上一道金边时，相信你也会和歌德一样陶醉其中，不能自已。的确，在忙碌的生活中，我们也应像歌德一样找到属于自己的那"一缕阳光"，从中汲取灵感，得到慰藉。

"一缕阳光"，一份灵感。那是一个阳光和煦、暖风轻拂、春意盎然的早晨，一位教授正在讲台前讲课。突然，一只蓝色的知更鸟从窗口飞入，那湛蓝色的羽毛在微风中闪出丝丝光泽，映衬出它丰腴柔美的曲线。这位教授被深深吸引，他追随着这只知更鸟走出教室，走出校园，走进春天，走进自然。他就是被钱钟书誉为20世纪最具智慧的人——西班牙哲学家乔治·桑塔尼亚。从那以后，这个"追随知更鸟"的人辞掉了哈佛大学的职位，在"知更鸟"的引领下一路来到罗马，并在那里完成一部部震惊世界的"自然主义"巨著。歌德被一缕阳光所吸引，放下工作；而桑塔尼亚被那只知更鸟所吸引，从而得到灵感，"在自然的引领下进入祥和之境"，发展了"自然主义"哲学思想。那只知更鸟，对于桑塔尼亚，正是他生命中的"一缕阳光"，在那个阳光灿烂的早晨，他从中得到灵感，凝结出耀眼的智慧火花。

"一缕阳光"，一生慰藉。在那个朴素的四合院内，住着一个不起眼的老人。门口一碗清水，其中几粒雨花石，每天清晨的第一缕阳光射进，老人总会将碗中清水滤去，舀一瓢井水，将微微纤尘冲去，将雨花石在手中反复把玩……这个老人就是近代著名作家孙犁。无论天晴雨雪，无论春夏秋冬，无论人群的嘈杂，环境的纷乱，社会的动荡，那一碗雨花石永远养得那么清澈透亮，就如同孙犁先生那纯净的心境。每日抚摸雨花石，每日更换清水，孙犁的灵魂也在一次次地得到慰藉，一遍遍地得到洗礼。于是那一句句清新纯朴的语言凝成了一幅幅纯美的画卷，最终串成一部沁人心脾的《荷花淀》，在那"油腻腻的文坛"吹起了一缕清风，让人们看到还有人保有对文学对情感最淳朴的坚持。那一碗雨花石，就是孙犁生命中的那

"一缕阳光"，它的纯净，它的清澈，它的愈发滋润给了孙犁最大的慰藉，使他在嘈杂的社会、纷乱的文坛中坚守着心灵的最后一块净土。

一缕阳光，是歌德一生的追求与坚持；一缕阳光，更是桑塔尼亚和孙犁的追求与坚持。愿你寻找到生命中值得追求和坚持的那"一缕阳光"，从中得到灵感和慰藉。

"角度、论据"练习

1. 角度小：_____

2. 论据"凝"：_____

题 目

生命的含义是极其丰富的，有生物方面的，也有社会方面的……生命的养分是多种多样的，有物质方面的，也有精神方面的……

请以"生命的养分"为题，写一篇作文。立意自定，文体自选，不少于800字。

范 文

生命的养分

宁少阳

（2009届北京高考理科状元　高考作文60分）

当你看到安迪经历千难万险后从肖申克监狱泥泞的下水道爬出，重获自由时；当你看到身患小儿麻痹症的阿甘在"快跑，阿甘，快跑"的鼓励下，跑遍整个美洲大陆时；当你看到敢于打破禁锢的老师最终被陈腐的学校驱遣，同学们竞相站上课桌高呼"船长，我的船长"时……你能不为之动容，能不泪流满面，能不在内心深处感到那一份难以名状的希望与欣慰？的确，好的电影就如同生命的养分，不仅给予我们欢笑与感动，更滋养着我们的心灵，给予我们渡过艰难、不断向前的希望与慰藉。

电影，是"绝望荒漠的一缕清泉"。《奔腾年代》，光是这个名字，就使人热血沸腾。可你是否知道，七十余年前，它"拯救"了一个国家。1939年的美国，正值"大萧条"时期，经济衰颓，社会动荡，民众绝望，然而与之形成鲜明对比的是，电影院里人满为患，大家都情愿从自己干瘪的钱包中掏出几枚硬币，去看这个与罗斯福、张伯伦共同当选"年度十大新闻人物"的一匹残次老马的励志故事。这匹叫做"海洋饼干"的赛马本来先天身体就有严重缺陷，可是它顽强的品质却打动了训练师，更打动了数以万计的美国人。当银屏上"海洋饼干"拖着破裂的韧带以打破世界纪录的成绩第一个冲破终点线时，全场观众都忘却了自己的失意，站起身子，高呼，雀跃。正是这部《奔腾年代》，给无数处在绝境中的美国人以希望，让他们重新燃起生活的斗志，使他们从中获得养分，冲破艰难的逆境，走向光明。的确，电影就是一泓清泉，如养分般滋润那些处于绝望荒漠中的生命，给他们希望、信心、抚慰。

电影，是"最暗的夜中最亮的光"。"电影是我唯一的娱乐。"鲁迅先生如是说。有谁能想到，这位"横眉冷对千夫指，俯首甘为孺子牛"的斗士，竟把电影作为生活中最大的爱好。在他生命的最后十年中，他共看了142部影片，其中很多看了不下十遍。遇到好电影，无论多远，他都会携全家去观赏，怀着"拿来主义"的态度去品评，从中汲取生命的养分，拓宽视野，丰富自我。而其中他最爱的是苏联早期革命题材的电影，他曾评价根据普希金小说改编的电影《杜勒罗夫斯基》为"最大慰藉，最深喜爱，最足纪念的临死前的快意"。是的，这些电影至于鲁迅，就是那最黑暗的夜中最亮的星光，他从苏联的革命影片中看到了中国的希望，从美国的励志影片中找到自己的慰藉，使他在无尽的黑暗与压迫下，充满斗志，举起"匕首投枪"

般的笔，在这生命的养分的补给下，更为奋勇地冲在第一线。的确，电影是一抹最亮的光，如养分般补给那些处在黑暗中的生命，给他们慰藉、斗志、光明。

当被问及生活中最大的爱好时，美国总统奥巴马不假思索地回答："怎么会有人不喜爱电影。"的确，对于每一个生命，电影都可以使他们心灵之泉得到补给，使他们灵魂之根得到滋润，成为他们不可或缺的养分。

"角度、论据"练习

1. 角度小：＿＿＿＿＿＿＿＿＿＿＿＿＿＿＿＿＿＿＿＿＿＿＿＿

2. 论据"凝"：＿＿＿＿＿＿＿＿＿＿＿＿＿＿＿＿＿＿＿＿＿＿

随处飞神采——在报刊发表的作文（3篇）

题　目

阅读下面的材料，按要求作文。

"和"是中国古代哲学术语。《国语》中有"和实生物"的说法，说的是各种不同的元素，在不同的前提下相互协调、融合，最终都能得到发展，生生不息。

古人这种认识启示我们去思考古今中外各种相关的问题，自然万物之间的，人与自然之间的，人与人之间的，文化与文化之间的……

参照以上文字，以"和"为标题，写一篇不少于800字的文章，除诗歌外文体不限。

范文

① 和

郑雯君

世人皆爱人。爱有小大之分，小爱止于亲私，大爱泽于众人。惟大爱生和。

兰州有杨姓女子，年二十九。杨女自十四年前于梦中遇得偶像刘德华，便痴恋不绝，前途学业，搁置一旁，父母亲人，亦不放在心上，每日闭门不出，只喜刘之所喜，伤刘之所伤，论及偶像，则泪水涟涟，难以自持。杨父年已六旬，中年得女，视之如珍如宝，不肯委屈半分，知其女有一愿望欲见偶像，便千方百计促成。杨家家境不宽，然为女儿收集资料和前往京、港观看刘德华演唱会，杨父竭己所能，倾其财产，卖完房屋，竟要卖肾以完女儿心愿。而杨女满心只是偶像，视父母所行理所当然，十几年家中不得片刻安宁亦不曾悔。两次演唱会欲见偶像未遂之后，杨女终于三月二十五日在港得见刘德华，并在公共场合与其合影留念。三月二十六日，疲惫不堪的杨父跳海自杀，死前留下遗书万余字，开篇竟是："刘德华，你以为你是什么人……"只怨刘不肯与女儿私下再见。悲祸已酿。杨女之于刘德华，杨父之于杨女，皆为小爱，爱之而必得之。小爱生狭隘，狭隘生怨恨，怨恨致纷乱，则万物失和，灾祸终至。

大爱则坦然，爱之不必得之，但求其善，则万物皆善而生谐和。昔虬髯客西来，于乡村野店见张氏长发及地，容光照人，更德才俱备，胆识不凡，堪称奇女子，心中未尝不生倾慕之心。及见李靖清贫而怀治世之才，只叹道："非一妹无以识李郎，非李郎无以荣一妹。"成全了李氏夫妇，更多赠与财物。又他本携宝西来欲逐鹿天下，生有龙虎之相，所爱只是江山，但见得文皇形貌清奇，举止脱俗，知天下已遇明主，便又一句："今既有主，住且何益？"扬长东去了。而后李唐开国，有贞观之治，李靖位列国公，夫妇和美，而虬髯客亦在东南海上另立一番功业。天下太平，万物谐和，逸事亦成了传奇。

大爱生和。愿天下怀大爱以泽众人，成天地之和。

点评

这是一篇让人拍案称奇的考场作文。作者从"大爱"与"小爱"的角度去谈"和"，可谓奇思妙想，此其一。古今烂俗的故事，一经驱遣点化，便妙趣横生，点石成金，此其二。

语言融庄重典雅和幽默俏皮于一体，寓庄于谐，精妙传神，此其三。文章开篇以"世人皆爱人。爱有小大之分，小爱止于亲私，大爱泽于众人。惟大爱生和"领起全篇，高屋建瓴，气势不凡；在叙述"杨氏女"事例之后以"杨女之于刘德华，杨父之于杨女，皆为小爱，爱之而必得之。小爱生狭隘，狭隘生怨恨，怨恨致纷乱，则万物失和，灾祸终至"作结，可谓见解精辟；结尾"大爱生和。愿天下怀大爱以泽众人，成天地之和"几句，画龙点睛，意蕴深邃，余韵不绝，文章读来发人深省，耐人思索，此其四。

（本文原载于《作文通讯》）

② 和

张天司

窗外的雪飘着，朔风中是赶着回家的人们，屋子里是家人们的欢声笑语，还有热腾腾的饭菜……

最不能忘记的是每一个这样的春节，奶奶、爷爷、妈妈、爸爸、叔叔、婶婶、姐姐、妹妹，还有那个每次过年都吵嚷着要和我下围棋的弟弟，当全家人都聚在一起欢度春节的时候，总有一种幸福感从心底涌出，那是家的快乐；总有一种满足洋溢在脸上，那是家的温暖；总有一首歌曲回响在耳边，它叫做——家和万事兴。

家是永远的避风港，是每一个漂泊的人永远都挥之不去的梦。"和"就是那长长的防浪堤，将惊涛骇浪挡在外，将风平浪静留在内。只有家和，我们才有了成功后的肯定，有了失败后的安慰，我们才能满怀希望地挑战理想，才能鼓起勇气面对荆棘。如果成功是一个巅峰，那么，一个和睦的家就是通向巅峰的路，家里的每一个人都会在你行走时推着你，在你蹒跚时搀扶你，在你摔倒时拉起你的手。

然而，"家和"两个字，写起来仅需要短短一瞬，却要用一生时间来实践"家和"的诺言。家和需要包容，需要允许成员犯一些小错误；"家和"需要尊重，需要每位成员用平等敬重的眼光看待他人；"家和"需要团结，需要互帮互助，相互搀扶；"家和"需要无私，需要将好的留给别人，将不好的留给自己……"家和"需要的太多，"家和"太重，只有一个和睦的家庭，所有的家庭成员共同努力才扛得起"家和"这山一样的重量，而这样的家庭又有什么扛不起来呢？！

每到冬天，到春节将至的时候，到车站去，总会看到人们拿着大包小包，排着长长的队伍候车的情景。他们来自五湖四海，此时却有着同样的愿望——回家。没有什么场面比这更浩大，因为，没有什么比一个和睦的家庭更有感召力。两根铁轨，这边是归乡的人们，那边是老母亲的守望，是小儿子的期待，是家对一个游子的召唤……

我是一个幸福的人，因为我有一个和睦的家……

点评

读这篇作文，会让你产生一种强烈的共鸣和莫名的感动。

"家和万事兴"，五个多么亲切而温馨的字眼！文章从自己眼前最熟悉、感受最真切之处入笔，行文如清风流水，流转自如。文章的成功之处主要还不在于作者确定了这样一个充满温情的立意，而在于其对"家和万事兴"独到的领悟和认识。文章第三段"避风港"的比喻是多么恰切，对"家和"的重要性的分析又是何等的充分！第四段用"家和"需要包容、需要尊重、需要团结、需要无私……来阐释"家和太重"，很有深度和分量——"'家和'两个字，写起来仅需要短短一瞬，却要用一生时间来实践'家和'的诺言。""只有一个和睦的家庭，所有的家庭成员共同努力才扛得起'家和'这山一样的重量，而这样的家庭又有什么扛不起来呢？！"对于一个涉世未深的中学生来说，这一认识是何等的深刻与难能可贵。

如果说作者对"家和"的认识足以引起人们的强烈共鸣，那么，文章字里行间那份浓浓的情感就让人至为感动了。开篇由"窗外"到"屋子里"几句话就很有感染力，紧接着的第二段其乐融融的"家和"图景带给人美妙的回味和感动，文章最后，作者放开视野，从广阔的社会背景上描绘了一幅更为动人的场景——"每到冬天，到春节将至的时候，到车站去，总会看到人们拿着大包小包，排着长长的队伍候车的情景。他们来自五湖四海，此时却有着同样的愿望——回家。没有什么场面比这更浩大，因为，没有什么比一个和睦的家庭更有感召力。两根铁轨，这边是归乡的人们，那边是老母亲的守望，是小儿子的期待，是家对一个游子的召唤……"读到这样的真情文字，有谁会不为之动容？这是一汪涌自心底的清泉，一首意味隽永的小诗，一曲情意绵绵的"家和万事兴"的赞歌。

（本文原载于《作文通讯》）

题 目

武则天的陵墓——乾陵，已在世上静静矗立了一千三百年。多少次朝代兴替，翻天覆地，多少次兵荒马乱、贼寇蜂起，它都侥幸躲过。坍塌渗漏的威胁，它躲过了；兵燹匪盗的厄运，它躲过了……才略过人的一代女皇静卧其中，随任世人的毁誉褒贬，是非评说。

据2007年1月16日《北京晚报》报道，最近有人提出了挖掘乾陵的建议——因为墓中有着价值连城的名人字画，数说不尽的稀世珍宝；有着占当时全国年收入三分之一的重达50吨的珠玉金银；更有着人们内心数说不尽的好奇……

读了上面的材料，联系生活，自选角度，自拟标题，自选文体，写一篇不少于800字的作文。

范文

请为幻想留一点空间

喻天

武则天，一位才略过人的女皇，静卧在乾陵中已经有一千三百多年。从她入土的那一天起，世人对她的毁誉褒贬、是非评说就一直没有停息过。她的陵墓——乾陵，似乎也因安葬了这样一个令人捉摸不透的女人而更显得神秘。最近听说有人建议要挖掘乾陵，不但要让那些价值连城的昔日珍宝重见天日，更要借此机会拨开围绕在女皇周围一千多年的迷雾。

可是对于这个好奇心的饕餮盛宴，我却如何也高兴不起来。冥冥之中我总觉得一个存了千年的秘密一定有它存在的理由。也许，一个令人琢磨不透回味无穷的武则天要比一个全然被人看透的武则天更有意义。武则天之所以成为一个千古之谜，并不只是因为她有鲜为人知的一面，而更多的是因为每个人对她都有不同的评断。如同莎士比亚笔下的哈姆雷特一样，一千个人的眼中也一定有一千个武则天。至于武则天到底做没做过什么事，说没说过什么话，对于后人评价她的功过是非几乎不会有丝毫影响。既然如此我们为什么不能给幻想一点空间，非得定出个黑白曲直才罢休？不愿想象，如果真的开掘了乾陵，在一切昭然若揭、尘埃落定之时，又将是怎样的情况。也许人们对她的种种说法是正确的，也有可能现实与猜测大相径庭。但是不论怎样，人们心目中原来鲜活生动的武则天的形象被破灭了，取而代之的是一个冷冰冰、死气沉沉、现实到了极点的"标准答案"。这当真是人们想要的结果吗？

　　就我个人而言，人类最为宝贵的精神财富不是广博的学识，也不是飘忽不定的感情，而是人类永不枯竭的想象力。现实的残酷将人们压迫得近于窒息，而幻想的美丽却又使人们对未来充满美好的信念，勇敢坚定地迈出每一步。如果人类不需要幻想，为什么孩子们在明知圣诞老人并不存在时，仍在每一个圣诞夜急切地等待圣诞老人的到来？为什么人们在宇宙飞船拍回无数照片证实月亮仅是一块坑洼丑陋的大岩石后，还要津津乐道嫦娥奔月的美丽传说？为什么人们在受到现代科学洗礼的今天，依旧归附于信仰，笃信上帝的存在？这一切的一切都是因为幻想的美丽填补了现实的缺憾。也许对武则天的种种想象与猜测还没有达到如此重要的地步，但是挖掘乾陵却是对人类想象空间的一次颇具挑衅意味的侵略。天知道人们在挖掘了乾陵之后，又准备向哪一个幻想磨刀霍霍呢？

　　幻想是美丽而脆弱的，在现实的压力下人类的幻想更是"命悬一线"。我需要幻想，我相信每一个人也都需要幻想。真心希望人们对那些古人留下的一个个秘密急不可耐时，能够稍稍迟疑一下，别再轻易地践踏人类美丽而脆弱的幻想空间。

点评

　　"可是对于这个好奇心的饕餮盛宴，我却如何也高兴不起来。冥冥之中我总觉得一个存在了千年的秘密一定有它存在的理由。"面对觊觎乾陵中瑰宝的叵测居心，小作者忧心忡忡，一番真情话语令人动容，"人们心目中原来鲜活生动的武则天的形象被破灭了，取而代之的是一个冷冰冰、死气沉沉、现实到了极点的'标准答案'。这当真是人们想要的结果吗?"多么有力的质疑!

那么,人们真正需要的是什么呢? 文章接下来写道:"人类最为宝贵的精神财富不是广博的学识,也不是飘忽不定的感情,而是人类永不枯竭的想象力。""为什么孩子们在明知圣诞老人并不存在时,仍在每一个圣诞夜急切地等待圣诞老人的到来? 为什么人们在宇宙飞船拍回无数照片证实月亮仅是一块坑洼丑陋的大岩石后,还要津津乐道嫦娥奔月的美丽传说? 为什么人们在受到现代科学洗礼的今天,依旧归附于信仰,笃信上帝的存在? 这一切的一切都是因为幻想的美丽填补了现实的缺憾。"多么可贵的见解。最后,文章规劝道:"幻想是美丽而脆弱的,在现实的压力下人类的幻想更是'命悬一线'。我需要幻想,我相信每一个人也都需要幻想。真心希望人们对那些古人留下的一个个秘密急不可耐时,能够稍稍迟疑一下,别再轻易地践踏人类美丽而脆弱的幻想空间。"

(本文原载于《作文通讯》)

科学·落实·激励——作文教学"三得"

第一,科学精神

2003—2005年,北京的高考作文题目分别为"规则""转折""说安"。从2006年"北京的符号"开始,高考作文命题已经由话题作文一统天下转向材料作文。如果没有科学精神,就会对这一变化视而不见,一味盲目地搞话题作文训练;考生对材料作文的写法一无所知,不管聪明与否、能力强弱,在对材料作文的了解方面,都被放在了同一起点上。于是,考场上,面对"材料作文",考生就会出现集体迷失。结果,不管是哈佛女孩,还是"横路敬二",便都一直向前走,不敢向两边看,最后一同"融化在蓝天里"。

有了科学精神,老师就会密切关注高考作文的变化趋势,把握方向,慎重选题，精心命题，以其昭昭，使人昭昭，让学生做一个明明白白的竞争者，让几乎所有的同学都拿到好成绩，让集体一起跳龙门。

第二，重在落实

重在落实也就是把写作要求落到实处，把写作能力培养落到实处。

人大附中曾经以理科见长。到高三时，一个班50名学生中，每次作文，常常有半数跑题，按照高考评分标准，跑题属于四类作文，60分的作文只能给0—24分。每一次作文讲评，我们都是讲了审题讲立意，讲了开头讲结尾，讲了内容讲章法，讲了论点讲论据，讲了四大病因又讲了十个要点……不厌其详，不厌其烦，海人不倦。不讲则已，讲则讲明白，讲透彻，讲细致，讲精彩，绝不浮光掠影、蜻蜓点水、浅尝辄止、隔靴搔痒。讲评时，注意文道统一，作文与做人的统一，既讲审题立意、章法结构，又把三观教育、情感沟通、信心支持、人格陶冶以及认识能力、思维能力的培养等因素融入其中。

第三，赏识激励

我们运用欣赏教育、激励教育和榜样教育等方法，有时讲得学生激情澎湃、热血沸腾，有时讲得学生切齿扼腕、血脉贲张，有时讲得学生如坐针毡、如芒在背，有时讲得学生醍醐灌顶、豁然开朗。在讲评课上，受到表扬的同学如同英雄凯旋、自豪万分，在鲜花和掌声中，尽享成功的喜悦；其他同学或者心急火燎、坐立不安，或者不甘示弱、跃跃欲试……于是，在老师的不辞辛劳、加倍付出中，学生的写作兴趣日渐浓厚，写作水平迅猛提高，优秀范文成批涌现。

少帅同学就是一个很典型的例子。每次作文讲评时，在后面听课的老师总能看到少帅急得抓耳挠腮的样子，嘴里还不时地嘟嘟囔囔："这么好的作文，我怎么就写不出来呢？"一段时间之后，他果然写出了有生以来的第一篇范文，而且从此一篇接一篇，越写越漂亮。我曾写过一首小诗鼓励他。

戏赠少帅同学

口中连声叹不如，

胸中填然擂战鼓。

冲冠一怒斥五常，

从此一发不可收。

同学们把我写给他们的诗称为"判词"，他们以收到"判词"为荣。组里每一位老师都以自己的方式欣赏着、鼓励着、鞭策着自己的学生，于是，全年级的作文就越写越好。

还有一位博阳同学更为典型。博阳同学急于出范文，并为此几次闯进语文办公室，主动当众朗读自己的作文。尽管一再受挫，依然毫不灰心，随后他真的写出了年级范文。老师随即写了一首小诗，为他喝彩。

寄博阳

觊觎皇陵愤已极，

再对孔圣剖心迹。

血脉贲张吟诵罢，

一鸣惊人在舞雩。

天司同学高三摸底考试语文只有84分，作文36分，上语文课经常听不懂，出洋相。但进入第二学期，居然写出了范文。我抓住这一契机，写了一首"判词"激励他。

寄天司

莫笑天司语痴狂，

剽悍之中藏柔肠。

一曲家和唱未了，

感动东西南北方。

受到鼓舞的天司兴奋异常，语文学习拼尽全力，居然在高考中获得作文满分、语文总分137分的好成绩。短短十个月的时间，天司的高考作文提高了24分，语文总分提高了53分。

一次写材料作文，张悦同学的《和汪曾祺的对话》(作文见后附) 脱颖而出成为年级范文。随后，她便得到了一首小诗《寄张悦》。

寄张悦

品读文学十五讲，
堪比德芙百千香。
一番心曲对汪氏，
流水清风压众芳。

……

在良性的师生互动中，同学们的写作积极性越来越高，作文越写越好。

在高考中，如果人大附中出几个或者十几个作文满分，不足为奇；如果出一批或者一大批作文高分，则堪称奇迹；如果高三学生平均每个人都取得作文高分，可谓神奇。而当时人大附中文科和理科的600篇作文的平均成绩整体达到或者超过50分。

范 文

和汪曾祺的对话（57分）

张悦

自从那夜，小楫轻舟，梦入芙蓉浦，我走进了《受戒》那纤尘不染的世界，你也就成了我永远的最爱——

汪曾祺，你这鹤发童颜的顽童，你的一切对于我来说仿佛异常亲切，却又是一个谜。多想和你进行一番深入的交流，它一定会是愉快的，不是吗？

你那灵动活泼的文笔令我折服。记得你曾经这样谈到写作："去掉浮躁，沉淀到仿佛童年回忆。这样的沉淀不光靠时日推移，更在于反复思索，在于凝视。"我惊讶于你那轻松诙谐的笔调下所潜藏的暗涌。在当今浮躁的社会上，模仿你搞"幽默文学"创作的人太多，但那庞大的队伍却聚不成一束沉静、深情凝视的如炬目光，缺乏人文关怀的文字令人索然无味。

告诉我，是谁教会你在一张张发黄的纸页后面，用智慧的目光，凝望你的读者会心微笑与潸然落泪？

或许是你的老师沈从文吧。你一定是从他那里学会了"凝视"，因此具备了和他一样细致入微的观察力。在众多纪念沈从文的文章中，你的《再读边城》最令我感动。你提到了《边城》中的一段环境描写："空气中有泥土气味，有草木气味，还有各种甲虫类气味。翠翠看着天上的红云，心中有些薄薄的凄凉。"这段话我读过许多遍，因为觉得它好，却说不出好在哪儿，像青橄榄的回甘。你却淘出这段文字中的金子："除了沈从文，我不知道还有哪位作家描写过'甲虫'的气味？正是一处处这样古今仅有的描写，烘托出人物最真的心境，成就了不朽。"

继承发扬沈先生的"文字遗产"，沿着他的足迹坚定地走下去，是你对恩师最好的纪念，我猜的对吗？

然而，比你的文章更令我景仰的，是你那云淡风清的人生态度。1958年你被打成右派，下放到内蒙古高原上的一家"马铃薯研究所"进行改造，远离了深爱的文学创作。我替你不平、惋惜，你呢，却两眼放光，自得其乐地干起了分配到头上的工作："我每天趁着露水，到马铃薯试验田里摘几丛花，静对着描画一上午。中午画它的叶，下午画它的根，晚上呢，就穿根棍儿，把它烤起来吃。我敢说，像我一样吃过那么多品种的马铃薯的，全国盖无第二人……这真是神仙过的日子。"

告诉我，你到底吃过多少种马铃薯？哪一种的味最香？哪一种的花最美？画哪一种时你会心地笑了？又是哪一种让你悄然落泪？……

"叶上初阳干宿雨，水面清圆，一一风荷举。"让我们把对话的地点设在你的家乡——江苏高邮，设在一叶扁舟上，但这舟要足够大，大到能载得动星辉斑斓一样的梦想、骄阳一样的热情和清风一样的胸怀……

思维清晰　逻辑严密

——成语诗文类

05

　　"思维清晰，逻辑严密"是各类作文的"共性"要求，属于作文的"通法通则"。不管什么类型的作文，都应该有一个清晰的思维、严密的逻辑。但由于材料作文增加了"命题材料"的因素，对"思维清晰、逻辑严密"的要求也就更高了。纵观历年高考，因思维混乱、不知所云而严重失分的作文往往占有很大比例，便足以说明培养学生的逻辑思维能力有多重要。

　　思维清晰、逻辑严密既是培养落实语文核心素养的需要，也是一篇合格作文的基本要求。一篇作文的逻辑思路是否清晰严谨，首先要看它的主体章法结构。主体部分一般2-3层，层与层多为"并列式"或"对比式"，其他如"因果式"、"转折式"或"层递式"等也时有所见。为明确层次间的逻辑关系，行文时常常会在每层的开头用"首括句"或"分论点"作为标志。在每层的结尾，有时会用"总括句"作为标志。这些"标志性语言"的提炼，以既简洁、凝练、形象、生动，又能把作文材料和联想材料兼顾起来为好。一旦这些做到了，一篇作文的整体架构就一目了然了。

　　不过，有了这套整体架构，文章还只是有了一副"骨架"，还不等于拥有了强大的"生命力"，还没有思辨的色彩和让人折服的力量。因为，文章的"生命力"来自分析问题、解决问题的论证能力，而这恰恰是目前中学生作文的"瓶颈"所在。要打破这个"瓶颈"，逻辑力量是一把"利器"。

　　然而，这把利器不是在老师知识传授中"教得"的，而是在大量读写积累中"习得"的。有个叫天司的同学，平时作文总在36分上下，高考却得了满分，学校多次请他回来介绍经验。每次一个多小时的作文经验介绍，概括为一句话就是：说一千，道一万，不如范文反复看。其实，只要范文看懂了，读透了，什么"思维清晰""逻辑严密""思辨色彩"等等，一切都解决了。

　　本讲的作文材料是成语诗文类。脍炙人口的成语，美不胜收的古诗文，为一年一度的高考作文命题提供了取之不尽、用之不竭的材料源泉，拓展了无比广阔、灿如星海的选材空间。考生有了清晰的思维、严密的逻辑，就能够以不变应万变。

一、作茧自缚

阅读下面的文字，按要求作文。（60分）

"人生如春蚕，作茧自缠裹。一朝眉羽成，钻破亦在我"是诗人陆游的诗句。不论是作茧还是破茧，都会引起我们的联想或感悟。请你在整体理解小诗的基础上，写一篇文章。

要求：①自拟题目，自定角度。②除诗歌外，文体不限。③全文不少于800字。

解 题

"作茧自缚"是个尽人皆知的成语，带有明显的贬义，但陆游在小诗中赋予了它新的意义，这是考生需要谨慎的，审题立意时需要注意以下几点：

一是不能粗心大意，只看到"作茧自缠裹"几个字，就误把这首诗和"作茧自缚"简单挂钩。二是要读懂全诗，两联四句诗是一个艺术整体，前后存在着紧密的联系，审题立意时切不可只见树木，不见森林，犯以偏概全的毛病。三是要明白"作茧"是"破茧"的准备和条件，要破茧而飞，此前的"作茧"过程，也即人生的积淀、磨炼和陶冶必不可少。没有"作茧"，哪来"破茧"？

审题时，尤其要注意到题目中的"不论是作茧还是破茧，都会引起我们的联想或感悟"这句关键提示。然后，就可以在仔细审题的基础上，选择一个最佳立意角度，成就一篇出色的考场作文。

文人破茧（满分作文5篇）

说 明

下面的5篇满分作文是从学生作文中精选出来的。在每篇作文的后面，主要从立意角度、论点论据、语言表达等方面做了点评分析，提供"借鉴引导"，希望借此能对学习满分作文之长有所帮助。

范 文

❶ 文人破茧 （60分）

翟大宇

中国历史上是一个有文官传统的国家。身为读书作文之人，如果没有一个说得出口的职位，没有一张身着官服的画像，便不完美。然而，文官的作用在官而不在文。文官文人的一面，已被朝服朝冠所构成的一层厚厚的硬茧所束缚。只有破茧而出，离开政治的喧闹而成就一个新的自我，一篇篇绝唱才得以光照千古。

官场是文人的束缚。整日列朝站班，抄送公文，哪里还有时间纵情山水，博览古今！贺知章仕途算是顺当，可身居帝京长安几十年，也没留下什么有名气的诗文。倒是七老八十退休返乡后的一首《回乡偶书》广为人知。"儿童相见不相识，笑问客从何处来。"非但孩童不知道，要不是这首小诗，就连现在的我们，可能早已不知这位几十年投身官场的老臣是谁了。官场是文人的束缚。在这里，文人只能随声附和，只能低头服从。任你是诗仙李白、诗圣杜甫、诗佛王维，在官场里，你的作用就是抄抄公文，理理档案，或是填几首曲子，制造点儿娱乐。官场是帝王、显贵的天下，岂能允许几个文人在这里发出自己的声音？官场是缠裹文人身心与文笔的硬茧。身在官场，文人便不再是文人了。

但是，真正的文人一定会冲破官场这层茧的。或是直爽的性格再不愿受到压抑，或是在正直秉性的驱使下说了几句公道话，文人或主动或被动地离开了官场。而就在他们走出朝堂，走出官场的那一刻，那层束缚他们的硬茧终于破开，一个个成熟的大文豪走了出来。李太白"仰天大笑出门去"，开始了神州之旅，留下了不朽诗篇。王维退居辋川别墅，寄情山水田园，迈上了诗画新的高度。没有那一道"远州八司马"的贬谪命令，怎会有柳宗元的《柳州八记》和刘禹锡那篇妇孺皆知的《陋室铭》？要不是"庆历新政"被顽固派不分青红皂白地打压下去，怎会有那与洞庭湖水一同流淌的《岳阳楼记》？破茧的文人挥毫泼墨，文照千里。

文人破茧，苏轼算是最彻底的一个。这位早年的榜眼，龙图阁大学士，虽一心走仕途，却总也找不到自己在官场的位置。无论是与改革派王安石的论战，还是同保守派司马光的争执，都以苏轼被远远贬谪而告终。而正是在贬谪当中，苏轼冲破了官场的束缚，找到了完整的自我。在黄州，他留下了著名的《黄州三曲》；在儋州，他找到了一新"奇绝"的风景。苏轼的文章不在朝堂，而在东坡，在赤壁！

冲破官场这层硬茧的束缚，文人将走向真正的成熟。文人破茧，诗文自成！

🔖 借鉴引导

1. 多么出色的人文素养，多么厚实的文化积淀，多么难得的理性思考！

2. 从"官场是文人的束缚"，写到"真正的文人一定会冲破官场这层茧的"，再写到"文人破茧，苏轼算是最彻底的一个"，步步深入，层层推进，理足气畅，水到渠成。

3. 要把作文写好，"读书积累比什么都重要"，这应该是这篇作文给我们的最大启发。

❷ 朝圣者的茧 （60分）

张安琪

人类对于美的追求从来就没有停歇过。怀揣一份对美的最朴素的热爱，无数朝圣者在这条由无穷的过去延至无尽的未来的道路上勇敢前行。他们中的一些凭借着天赋的资质和过人的毅力得以实现瞬间与永恒的直接对话，然而在那之前，他们曾身处幽暗寂寞的茧中度过漫长而痛苦的岁月。

1499年，《哀悼基督》完成，时年24岁的米开朗琪罗一举跻身欧洲超一流艺术大师的行列。随着杰出作品的相继问世，一条平坦的雕塑家之路在他面前就此铺开。然而几年后，他做出了一个惊人的决定——对于壁画技术并不在行的他决定承担西斯廷教堂的天顶画工作。在对手拉斐尔《雅典学派》的巨大成功面前，他的尝试显得毫无胜算，而暗中算计他的小人则盼望着这一次的败笔能够让米开朗琪罗名声扫地。然而明知这一切风险的他却勇敢地接受了。米开朗琪罗开始了整日的仰卧作画，并且事必躬亲。在这一项艰苦的工作中，他的脊椎和颈椎严重扭曲变形，即使是阅读书信也不得不仰视；双腿浮肿，他脱鞋的方法是用刀将靴子割破。与其说米开朗琪罗在作画，不如说他是在逼迫和虐待自己的身体。然而四年，漫长的四年之后，1512年，大艺术家米开朗琪罗破茧而出！从《洪水》到《创造昼与夜》，这幅天穹中的辉煌巨作证明了米开朗琪罗的伟大艺术天才和强力意志并将他置于"所有羡慕和嫉妒的顶点"。在西斯廷那片天空中，他终于完成人性与神性的融合，人类的对美的认识中的新柏拉图主义理念得到了最令人感动的诠释。

艺术家的人生往往是艰辛而孤独的，又如梵高。他无疑又是一位作茧自缚的朝圣者。他在最不恰当的境况下选择了自己的人生道路。我常常思索，换成自己，是否会选择梵高那样曲折的人生？这是需要勇气的。当你选择在一个固守传统的世界中尝试一些创新，你就选择了作茧自缚；当你选择在其他人用画笔欺骗双眼欺骗自我欺骗心灵而向金钱和物欲妥协时，以朴实刚劲的笔触作为盾牌守卫自己的艺术理想和心灵寄所，你就选择了作茧自缚；当你选择阿尔那颤抖抽搐的太阳，当你选择执着燃烧决不低头的向日葵，当你选择阿尔的寝室中那晃动不安的透视而不肯跪拜在世俗的眼光之下，你就选择了作茧自缚。梵高不仅仅选择了进入最寒冷和最痛苦的茧，还选择了自甘承受世人的抛弃。然而这也恰恰是自古以来大多数跨时代而立之人的共同选择。不论是阿尔民众的攻击还是家人的斥责乃至圣罗米精神病院中那扭曲人心的岁月，梵高都默默地承受了。同时他仍以每年几百幅作品的速度继续着他的成长。在黑暗的茧中他痛苦地羽化了，多少年后，世人才将他的牢笼打开，人们发现，那里是一副腐坏的身躯和一颗早已幻化出无穷美丽的心灵。

没有西斯廷的茧，就没有大艺术家米开朗琪罗；没有为印象派而挣扎的茧，就没有梵高那对于万物内在精神的坚强的再创造。没有茧，朝圣者将永远都是蹒跚而行，无法接近美学的天空，然而更重要的是，没有他们对自我的锤炼，我们也将永远停留在原地而无法发现生命中更多的潜在的美。我们将永远无法挣脱宗教那"人神分明"的约束以达更高的自我认知，也永远无法从倔强扭动的自然和逃至天边的透视中提出对生命的最深探问。那将是人类寻美的历史上无法填充的一页空白。

时代早已不是那个时代了，这个功利和浮躁的社会中已经再没有多少人甘愿承受那四年如一日的劳苦或那"众人皆醉我独醒"的寂寞。无可厚非，不可强求。但，没有茧的黑暗何来破茧的光明？没有茧中的隐忍和修炼何来双翅的坚强？一个没有茧的世界，可以安乐，但却无法进步。

那群吵嚷着要成为现代梵高的人们，请俯下身。你们会看到，最成功的朝圣者身后的，是最不幸的茧……

借鉴引导

1. 例证太好了，典型有力。

2. 分析深入，认识深刻，扣题紧密。

3. 米开朗琪罗、梵高等论据可收藏。

---

❸ 破掉束缚之茧 （60分）

张宇浩

"人生如春蚕，作茧自缠裹。一朝眉羽成，钻破亦在我。"陆游的诗句点破了"作茧""破茧"之于人生的重要意义。人生像春蚕，在我们年幼的时候，我们会在身边裹上厚厚的茧，它可能是对父母的依赖，对家的留恋。"茧"固然重要，因为它是我们保护自己的唯一途径，然而年岁增长，在茧中羽翼渐丰的我们会觉得茧是阻碍我们飞天的壁垒。从这个角度说，"作茧"是为"破茧"作准备。因此，破掉身边束缚的茧，适时独立，是人生中重要的一步。

破除自身局限之茧，适时独立，是人生中重要的一步，因为它可以让我们拥有足够的勇气和信心。将军巴顿的"破茧"经历值得我们借鉴。小巴顿一出生就患有严重的语言障碍症，直至8岁才可以勉强开口说话。胸怀军事梦想的他只身一人来到西点军校，想要成就一番事业。然而刚刚独立的巴顿却在学习过程中屡屡受挫，他开始怀疑自身的能力。他深知病症是自己走向成功的阻碍，于是，他为自己制订了"每天对墙讲话，每周坚持给姐姐写信"的计划。这是挑战自我，完成蜕变的一种破茧之举。他在破茧的过程中历尽了艰辛，而这也注定了信心十足的巴顿必将在以后坎坷的人生路途中破掉一个又一个束缚的茧，并最终登上荣誉殿堂。小巴顿的适时破茧为他赢得了足够的勇气与信心，这种"钻破亦在我"的气魄是他一生奋斗的基础。放眼古今，像这样钻破自身之茧的又岂止将军一人，从孙膑到司马迁，从海伦·凯勒到张海迪，他们无不向我们展示着破茧的重要性。

破除父母庇护之茧，适时独立，在人生中有更重要的意义，因为我们可以获得广阔的奋斗空间。让我们到印度去感受一下杜拜逊的"破茧"经历。小杜拜逊家境富有，从小父母便为他提供了优越的生活条件和优质的教育：他可以每天坐专职司机的车去最好的学校上学。然而从小迷上网络并一心想成为企业家的杜拜逊并不满足于温暖的巢穴。他在叔叔的带领下前往美国，在那里接受了专业培训。回国后，年仅13岁的他创办了自己的网络公司"易印度"。他坚持住在自己的房子里，理由是"便于工作"。在其他同龄人奔忙于家和学校的日子里，杜拜逊却已置身广阔商海。经过多年打拼，他的公司已拥有了1000多名员工，在30余个国家拥有办事处。年仅19岁的杜拜逊成了世界上最年轻的CEO。假如杜拜逊一直留恋"茧"中的日子，那么也许到现在，他还只是一个空怀壮志的"春蚕"。适时破茧让杜拜逊有机会闯荡商海，打拼事业，并最终拼出自己的一片天空。然而放眼身边，许多青年人过分地留恋"衣来伸手，饭来张口"的生活，导致他们没有勇气去创业。"三十不立"成了当下很多人生活的主旋律。

人生是现实的，社会是现实的。你不可能像《奋斗》中男女主人公那样童话般地生活着。既然"茧"已经成为了我们的束缚，那么为什么不勇敢地打破它，迈出这人生中具有重要意义的一步？只有敢于钻破阻碍，你才能得到足够你奋斗一生的勇气与信心；只有勇于打破束缚之茧，你才会找到属于你自己的广阔天空！

🏛 借鉴引导

1. 破掉束缚之茧——多好的立意角度！

2. 论据让人耳目一新。

3. 分析深入，有说服力。

❹ 金钱，这个无形的茧 （60分）

胡月朦

空中自由飞舞的蝴蝶是春蚕破茧后成就的美丽，处于厚重硬壳下的蚕，或者用自己的努力敲开通往光明的大门，或者只是安逸于自己温暖的巢，只是做一只不能飞翔的蚕，直至僵死壳中。恰如现在的流行音乐，在金钱利益的茧的诱惑下，面临着凭借努力作出原创、优秀的音乐作品与满足于金钱而止步不前的两难选择。

唱片公司JVR是这样介绍自己的："我们公司不同于别的唱片公司，我们有一种浪漫，不是指那种粉红色的浪漫，而是对于音乐人、创作人的尊重，不是一切都以商业考虑。"在我们为JVR公司的胸襟赞叹时，也看到现在的流行音乐面临着一个多么大的挑战——一个叫商业的茧包裹住了所有怀揣音乐梦想的人，要想成蝶，必须要打破这个看上去温暖舒适却羁绊住了音乐前进脚步的巢穴。

流行，这一原本应该和高雅、时尚结合在一起的词，在现在的音乐里却成了肤浅的代名词。唱片公司为了自己的利益，将一个个"音乐人"包装成"明星"，人们越来越多地关注明星、艺人在接下一个广告后得到的报酬到底是几位数，却忘记了回到音乐本身，听一听到底什么才是能够在文字之上真正表达人们内心深处思想感情的音乐。

古有言："春蚕到死丝方尽，蜡炬成灰泪始干。"音乐巨匠贝多芬在中年完全失聪后依旧不放弃自己对音乐的理想、对音乐的追求。时局的动荡、生活的贫困、失去听觉的打击……然而，他没有因此而放任自己写下哪怕一首质量下降的曲子，相反，他一直在朝着自己心目中的天空飞翔。贝多芬晚年创作的每一首曲子一直经久不衰、流传至今。人们在记住了贝多芬的同时，也不会忘记他在追求完美时所付出的艰辛，正如春蚕破茧是痛苦却又美好的那一刻。

相比之下，如今所谓的"音乐人"是否过于功利了呢？一年两张甚至三张专辑的速度，带来了专辑销量，带来了商业利益，却失去了音乐本身的纯洁。随着网络的发展与各种录音手段的日新月异，"创造"一个歌手、捧红一个歌手变得越来越容易，而真正执着于音乐，抛开一切功利之心对待音乐的人，越来越少了。当"音乐"变成了"娱乐"，歌曲质量变成了专辑销量，包装在音乐外的那层茧也就变成了一张无法冲开的网，束缚住了音乐迈向广阔蓝天的梦想。

世界名曲与口水歌的差距，就在于前者是无数音乐巨匠耗尽毕生心血的结晶，而后者不过是一些打着音乐招牌谋求利益的手段。就如同蝴蝶与蚕，如果只是留恋茧的温暖而不去做出努力，人们也就不会看到伸开翅膀翱翔的美丽。只有冲破金钱这张无形的茧，音乐，才会真正飞翔。

借鉴引导

1. 角度独特，立意深刻。

2. 论据扎实，分析透彻。

3. 思考深刻，见识不凡。

---

⑤ 耐住寂寞的成长，成就辉煌 （60分）

杨丹蕾

破茧而出的蝶，人们惊美于它打开翅膀那一刹的美丽，却没有看到它还是蛹时作茧自缚的决心和它在茧中忍受着孤独与寂寞，独自在血与汗中慢慢成长蜕变的艰辛。

成功的背后有太多的艰辛与挫败，只有耐得住寂寞的成长，才能让蛹变成蝴蝶，成就辉煌。

拉赫马尼诺夫，俄国伟大的浪漫乐派音乐家，曾因失败的"第一钢琴协奏曲"被世人耻笑。那时的他精神极度颓废，所有对音乐的感觉如流水般离他而去。在世人对他的嘲讽中，他选择钻进茧中，走一条艰苦的路，独自品尝寂寞。在之后的五年时间中，他把自己关在家中，几乎谁也不见，更是忽略了许多聚会和音乐会的邀请，连音乐沙龙也没踏进半步。他的茧让他与世隔绝，他选择的孤独让世人几乎将他忘记，然而就是在这孤独的茧中，他疯狂地用钢琴唱歌，放飞着自己的乐思。而在寂寞的陪伴下，他对音乐的控制力逐日成长，终于在五年后拿出了"第二钢琴协奏曲"。这部恢宏的如史诗般的悲怆的"钢琴协奏曲"，夹杂着俄罗斯民歌的风格，将钢琴的动人音色和交响乐团的雄浑融于一体，配上拉赫无与伦比的演奏，打动了在场的每个人。耐得住寂寞，一部音乐史上的奇迹就此诞生，我们热爱的音乐家拉赫也在寂寞的成长中积蓄了力量，一跃成为乐坛翩跹飞舞的蝶王。

同样是音乐界的泰斗，维也纳的小号演奏家亨利却有着不同常人的经历。年轻的亨利在一次被维也纳爱乐乐团拒绝的面试中偶然听到了大师的演奏，被真正的高水平打动而自惭形秽。他发誓刻苦练习，在这之后的十年，他租住在金色大厅对面的一个小地下室中，每天练习吹号，一天竟能连续练八个小时。在自己作的茧中，他艰难地成长着，中间不知吹坏了多少号嘴，嘴上皮肤也不知道多少次被磨烂。外面就是维也纳最繁华的街道，但在这段练习期间，他硬是没逛过一次街。别人享尽了生活带来的乐趣的同时，他把自己关在茧中，寂寞地成长着，怀揣着梦想，等待着破茧的那一天。十年的寂寞，十年成长，酝酿了最后的辉煌。他最终如愿进入维也纳爱乐乐团，给全世界的人们吹奏清亮的乐声，也为全世界人民展现了这样一段撼人心魄的故事。

在艺术界，寂寞是个太普遍的词。许多人，如梵高，伦勃朗，更是要终其一生在寂寞中成长，到死不被人认同。但正是寂寞让他们的成长更加坚实，赋予了他们深刻的内涵，让他们的作品传递出真正的思想，让后人在画作面前驻足，为之震撼。诚然，身处外面的世界，我们看似有更多的机会，也避免了寂寞的痛苦，但我们却流于浅层，很难深入去开拓自己。身处茧中，体会着别人不了解的寂寞，我们对外界和自己都可以有更细腻的感触，更深刻的体会，从而更好地挖掘自己的潜能，磨砺自己的品质。是茧中的寂寞孕育了蝶的美丽。

当我们为着一点小的失败和不被认同而沮丧时，是否也应想想这些在寂寞中成长的人们？人不一定要时时顺利，在困难来敲门时，为自己造一个茧，让寂寞来磨砺我们，深化我们，相信有一天，我们会看到破茧之蝶的美丽和涅槃之凤的辉煌。

借鉴引导

1. 几个事例用得太好了，分析到位，非常有说服力。

2. 拉赫马尼诺夫、小号演奏家亨利，以及梵高、伦勃朗等论据都值得收藏。

3. 清晰的主体并列式结构，精彩的开篇与结尾。

———————— 其他一类作文 ————————

最硬的茧化为最美的蝶（其他一类作文5篇）

说 明

　　下面有5篇其他一类作文，老师已经为每篇找出了几个最值得关注、最为突出的亮点。在此基础上，阅读时，你可以根据自己的认知、理解，找出其他值得借鉴之处，并抄写在作文后边。这是一条有效提升作文成绩的捷径，只要坚持，作文就会明显进步。

范 文

❶ 最硬的茧化为最美的蝶 （59分）

于点

　　蝴蝶是成功的象征，而茧就是努力拼搏的过程。人总是梦想着成功，渴望着有朝一日化为美丽的蝴蝶，遨游于天际，为天地万物所仰慕。为了成功一瞬如梦的绚烂与惊美，成功者需要忍受作硬茧的煎熬，需要经受硬茧的洗礼、磨炼，方能厚积薄发一鸣惊人。

　　现实生活中，众人的目光大都集中在蝴蝶的绚丽多姿上，感慨着它们巨大的成功，以及成功得如此轻而易举，水到渠成。人们往往忽视了美蝶背后的硬茧，因为它没有美蝶那般绚丽，那般引人注目。可美蝶的产生就是建立在硬茧的基础上。"金就砺则利"，茧的坚硬，造就了蝶的美丽。最终取得成功的人都曾在背后付出无数的辛劳与汗水，因为他们深知作最硬的茧，方为最美的蝶。

　　北京奥运会的游泳场馆"水立方"诞生了一位泳坛超人——菲尔普斯。年纪轻轻的他在夺得8枚金牌的同时，还打破了7项世界纪录。在人类体能开发已逐渐达到极限的今天，这项纪录意味着前无古人，后无来者，可谓是空前绝后。人们惊诧于他貌似轻而易举的成就，以及在每场比赛中他巨大的领先优势，认为他是为游泳而生的，他的身材以及体型非常适合游泳，甚至从他的肌肉密度来证实这一观点。似乎要极力表明，他的成功是缘于上天赐予他的完美的身体。而当菲尔普斯接受采访时，他的回答却是："我没有超人一等的能力，我的秘诀就是勤奋和持之以恒。"毫无疑问，他的成功是因为他为自己做了最硬的茧：每天他都要在泳池中游200个来回，从不打折扣。无论酷暑或是严寒，无论有什么特殊情况，就连西方神圣的圣诞节到来之时他也会照常进行训练。哪怕户外寒气逼人，他依然会在规定的时间内完成自己的训练计划。在过去的7年里，他只有5天没有下水训练。坚硬的茧，超过常人乃至同行几倍的付出，才是成就菲尔普斯神话的原动力，美蝶的成功名副其实。

钢琴家郎朗同样是钢琴界中一只绚丽的蝴蝶，而他的成功同样建立在自己所作的硬茧之上。他的不懈努力、付出，使他成为乐坛首屈一指的著名钢琴家。或许有人会说，郎朗的成功有偶然因素：如果不是交响乐团的首席以及替补钢琴师因故缺席，郎朗难有出头之日，可能一辈子都要默默无闻地当替补钢琴手。诚然，机遇是郎朗成功的一部分，但绝不是主导因素。如果没有郎朗夏日里挥汗如雨的训练，没有每天14小时以上的高强度演奏练习，没有硬茧的考验与煎熬，即便有成为蝴蝶的机会，他也难以成为那只最美丽的蝶。人们感慨着郎朗巨大的成功和辉煌，而他在默默无闻时作的硬茧注定了他将有不同于常人的人生道路。

作硬茧的过程是痛苦而寂寞的，更是常人难以忍受的。然而只有坚持不懈，度过这段难熬的岁月，方能浴火重生，破茧成蝶。作硬茧时所付出的艰辛的努力与痛苦的煎熬，必将成为美蝶最好的试金石。只有那些经历过硬茧考验和拼搏的人，方能最终成为最绚丽多彩的美蝶。

找亮点

1. 题目真好！一个"最硬"，一个"最美"，让这篇作文的立意角度变得"最靓"。

2. 入题分析深入而精彩，值得点赞。

3. 菲尔普斯和郎朗两个论据用得好，有力支撑论点，值得收藏。

4. 其他亮点：_____

❷ 像春蚕一样去成功 （59分）

翟静媛

"人生如春蚕，作茧自缠裹。一朝眉羽成，钻破亦在我。"放翁的诗简洁而智慧地道出了一种成功的方法：人要先作茧，在茧中积累能量和智慧，待到"眉羽成"，再破茧而出，方可收获翱翔天地的成功。像春蚕一样去成功，学会作茧，是我们应当领悟的成功之道。

小小的蚕要想飞上高高的天，实在不容易，所以它要先"作茧自缚"。人也一样，要想成功，先要"作茧"。古希腊的戴摩西尼从小就想成为一位伟大的演讲家，可是他年轻时总喜欢和人闲侃，平时许多的大好时光都被这样浪费了过去。为了彻底改变这种状况，他毅然把自己关进了一个地下室，三餐起居全部在地下室里，几乎中断了与外界的一切联系。戴摩西尼勇敢而聪明地给自己做了这样一个"茧"，这个茧把他与众人隔离，把他封闭起来，却也给了他一个潜心修艺、专心练习的环境——他再也别想和人闲聊了。在这样的"茧"中，他的才能突飞猛进，几个月后，他走出地下室，最终成了一代大师。

作茧是一种大智慧，它的意义在于隔绝外界的一切干扰，一切诱惑。在这种封闭中，人的心智得以净化，精神得以专注，目标得以集中，能量与才识得以积聚。作茧，是一个内敛的过程，是一种含蓄，然而这种

"收"，是为了眉羽成熟之日，能够厚积薄发，破茧而出，一飞冲天。

茧的形式可以有很多种，但茧的实质都是让自身与外界的诱惑隔离，更好地修炼自己。《明朝那些事儿》一夜之间成为畅销热书，被抢购一空，而它的作者当年明月写出这样的作品，却不是一日之功。当年明月五岁起就把自己一个人"锁"在古书之中，《中华五千年》他前后读过七遍，都翻烂了，他平时不常与人说话，极其寡言沉默，每天就是在自己的屋子里在浩如烟海的古籍中汲取知识和智慧，增长学识拓宽视野。史书都是文言文，有的还是竖排版没标点，可以想见如果当年明月不把自己"锁"在古书的"茧"里，不能潜心修炼，在外界纷繁的诱惑下三心二意，他很难取得现在的成就。纵观古今大家，在他们成功之前，很多都是一头扎进书海，扎进实验室，扎进自己给自己作的那小小的茧中。但也正是这样的茧，把他们与世界隔离，让他们专心治学，潜心修炼，最终得以钻破厚茧，羽化成蝶，翩然而飞，实现梦想。

小小的蚕即使有梦想，如果只是空想，也注定飞不上天空。成功有的时候，恰恰需要曲折地去达到，要先懂得收，懂得退，懂得作茧，在这个过程中积聚，最后才能真正地释放，智慧地前进，才能最终翱翔天际，拥抱梦想。古人的智慧跨过遥远的时空而来，放翁说得好：人要学会像春蚕一样去成功。

找亮点

1. 对"茧"的意义进行深入分析和挖掘，是本文的突出亮点。

2. 戴摩西尼、当年明月两个论据太好了！注意收藏。

3. 首尾呼应，扣题紧密。

4. 其他亮点：_____

❸ "作茧"非自缚 （55分）

朱荣策

"人生如春蚕，作茧自缠裹。一朝眉羽成，钻破亦在我。"春蚕要经过一个作茧破茧的过程来迎接羽化成蝶的未来。作为一个人，也需要不断为自己"作茧"，面对挑战，经历磨难，忍受寂寞，才能不断进步，实现人生的价值。

"作茧"非自缚，"作茧"是一个人获得成功的必要前提。因"百家讲坛"而蜚声海内的易中天今天虽被人非议为"文学超男"，但他的成功却有实实在在的付出作为基础。想当年易中天只是厦门大学一个默默无闻的教授，那时他早已有了"作茧"的决心和行动。易中天以"板凳要坐十年冷，文章不写一句空"为座右铭，潜心于史学，多年的心血才最终凝聚为那本日后使他声名大噪的《品三国》。甘守寂寞，卧薪尝胆，这种"作茧"精神指引着易中天走向成功。

"作茧"非自缚，这更是一个人保持奋进自强的心态，不为世间功名而失去自我的保证。泰戈尔在以他的文学成就获得诺贝尔奖之后，一火车一火车的崇拜者如潮水般涌向加尔各答。但是泰戈尔保持了一颗冷静的心，他没有因为突如其来的溢美之辞而被冲昏了头脑。泰戈尔深谙金钱利禄的"威力"，知道自己不能动摇。他谢绝了各种各样的颁奖典礼与演讲邀请，如同成名前一样，独自一人在恒河河畔的小木屋里写作。正是"作茧"的精神，使这位文学大师能够坚守自我，坚守住他心中的那一片净土。

"作茧"也是一个集体获得强大的凝聚力，取得飞跃的关键。当年的海尔公司，只是一家入不敷出的乡镇小企业，但公司的领导人张瑞敏和员工们同甘共苦，忍受先天条件不足带来的种种磨难，经历市场经济下优胜劣汰的猛烈冲击。产品不合格，他们含泪把自己的血汗锤碎，一切推倒重来。引进的技术不会运用，他们就加班加点日以继夜地研究。正是这种"作茧"精神，使海尔勇敢地面对挑战，抓住机遇，通过艰难困苦的洗礼，成为了中国的产业巨人。

为自己"作茧",需要脚踏实地的心态,坚定不移的决心。当我们在"茧"中搏斗之时,往往会听到旁人"作茧自缚"的讥笑;然而我们可以用乐观的微笑去面对:因为我们知道,在不远的未来迎接我们的,是众人的惊异与赞叹,是自我升华,"羽化而登仙"的永恒瞬间。

找亮点

1. 鲜明的立意角度。

2. 易中天、泰戈尔、海尔——论据由个体到集体,由轻而重,层次清楚。

3. 入题简洁明快,收篇简短有力。

4. 其他亮点:

---

④ 高三是个厚厚的茧 （56分）

李雪莹

有人说,成长一定是羽化成蝶的那个过程,不然,怎么会这么痛。

——题记

关于蝶

离高考还有273天的时候,我和朋友打了好长时间的电话。她说,我现在需要一个理想。

理想。高三的我们站得与理想最近又似乎是最远。近到273天以后就触手可及。而远,是因为我们望不透这墨色凝重的黑暗。

理想,它不像诗里写的、歌里唱的那么玄乎,但它是我们想要看见的那个黎明,它是我们都渴望成为的,美丽的蝶。

作茧

我们都是那蚕,扭动着头颅吐着白色的丝,一层一层地把自己包裹。

这是一间自己给自己的牢笼，但是为了成蝶的梦想，我们别无选择。

我开始接受一场又一场枯燥无味的考试，我开始和各种各样的数字打交道——分数、名次、平均分、前十……我独自在白色的灯光下演算着习题，抬起头，窗户的玻璃上映着的，只有自己。不断地怀疑，又不断地相信；不断地绝望，又不断地产生希望。

菲尔普斯的教练说："成功的人总是心甘情愿地去做那些不成功的人不愿意去做的事。"当我读到这位游泳"神童"五年里只有七天不曾下水训练时，我明白，所有光芒万丈的人都有着痛苦磨炼的经历，就好像梅花只有经历严寒才能绽放，凤凰只有浴火才能重生，蝴蝶只有作茧才能羽化。

于是，我只得"心甘情愿"。努力做好一切我能做好的事情，改变能改变的，接受不能改变的。好朋友说："像咸梅干超人一样，抓心挠肝地奋斗。"我也想像英雄一样大喊："让暴风雨来得更猛烈些吧！"

在这个厚厚的茧里，蚕品尝着成长的痛苦，也收获勇敢与坚强。

破茧

有人说，高三是坐在地狱里仰望天堂。坐在茧里幻想天空的我们，期待着羽翼饱满破茧而出的那一天，期待着实现梦想的幸福与喜悦。

在茧中的这一天，我读到陆游的这句"人生如春蚕，作茧自缠裹。一朝眉羽成，钻破亦在我。"破茧，要靠自己的力量。我执着地相信着，那一天，必将到来。

找亮点

1. 这是篇别致的小散文。

2. 这里没用古今中外论据去论证什么，而是写自己正在经历的高三生活，情感真切，娓娓道来，写出了真实的自我。

3. 语言在精巧灵动中寓含哲理，耐人寻味。

4. 其他亮点：_____

⑤ 经历破茧过程，得到价值提升 （55分）

闪希

也许，当固执的春蚕作茧自裹时显得愚蠢，但那之后的一番眉羽修炼，却使它在冲破硬茧的刹那以美丽灵动的身形为世人惊叹。而"人生如春蚕"又何尝不是一句箴言？只有经历钻破那自己为自己织成的硬茧的过程，我们的价值才能得到提升。

就像那执著的春蚕一样，国际红十字会的创始人南丁格尔也曾有一番经历。出身豪门的她，并不满足于衣食无忧的生活，她决定为她所钟爱的护理事业赢得全世界的认可和支持。这时，她也就在无形之中为自己织上了一层茧，它代表着艰难的生活和对自己意志的考验。的确，南丁格尔从此便奔波在克里米亚战争硝烟四起的战场上。她为受伤战士清理带脓血的绷带，每晚都要挨个儿察看病情，直至天亮。她的头发因劳累而掉光，她也多次由于疲惫而晕倒。她就在这沉重的茧中默默坚持，坚信有朝一日能够钻破，看到护理事业腾飞的曙光。至战争结束后，她的勇气和贡献终于得到了全世界的认可，她也成为了人们心中戴着人性光环的天使。如果没有南丁格尔当初那份钻破硬茧的艰辛过程，那么她今天注定与史册无缘，而人类，也将失去一次被真善美亲吻的机会。

南丁格尔钻破了她的茧，成为人们的天使。同样的例子还来自于这个年轻人：在2008年北京残奥会上，一位来自美国得克萨斯州的戴维·瓦格纳，成了残奥会轮椅网球赛场上最耀眼的明星。虽然天生四肢都残疾，而坐在轮椅上的他却灵活得令人难以置信。他的博客有一个点击率很高的视频，里面说道："我喜欢人们告诉我不可能，因为这样，我证明给他们看后会更快乐。"尽管亲人并不看好他，但他还是从小就给自己设立了几乎不可能实现的目标——在轮椅网球上夺取金牌。他也好像一只执著的春蚕，给自己织了一张厚厚的茧。但他的刻苦即使让茧也畏惧：他每天拼命地训练，有时为了练习一个用不健全的手脚捡球的动作需要成百上千次的重复。他破茧破得艰难、痛苦，而他却也自信、快乐。在残奥会赛场上，他终于打开了那副茧，而他那坚毅灿烂的微笑不仅使他自己的境界得到了提升，也鼓舞着无数后人向着他那与命运挑战的过程努力。

同样的，中国的武侠巨作中也不乏这样的例子：闭关修炼十年之久，守住寂寞，一旦重出江湖，必锋芒所指，剑扫乾坤。这些都说明了钻茧的过程使人的价值得到无限提升。作茧，是在树目标，立信念；而钻茧的过程，是在提升之前对人在物质和精神双层次的考验和历练，是在为提升准备条件。而真正到了眉羽成之日，破茧出壳也就水到渠成。

在胜利的曙光到来之前，那一段努力的过程成就最动人的高潮。经历破茧的过程，我们的价值就能得到提升。

找亮点

1. 论据典型，分析扣题，有说服力。

2. 南丁格尔和戴维·瓦格纳两个事例值得收藏。

3. 首尾呼应。

4. 其他亮点：

───── 二类作文 ─────

作茧非自缚（二类作文3篇）

说 明

　　这里有3篇二类作文。老师已经为每篇找出了几个最值得关注、最为突出的问题。在此基础上，阅读时，你可以根据自己的认知、理解，找出其他不足，并抄写在作文后边，引以为戒，避免日后作文中犯同样的错误。

例 文

❶ 作茧非自缚 （45分）

　　中国有句成语：作茧自缚。大抵是说人做事像蚕作茧一样用丝困住了自己，使自己进退维谷。然而，你只见那晶莹剔透、小巧玲珑的茧是纤细，是屏弱，却没看见它包裹着一个沉睡的、蕴藏惊人力量、正在蜕变的生命。茧于蚕，或许并不是温暖的避风港，而是隔绝，是历练，是蛰伏。作茧非自缚，只为冲破茧时生命绽放的那一刻。

　　"人生如春蚕，作茧自缠裹。"这是成功者大凡要经历的一种生存状态。有一个不知名的青年作家，出版社让他十个月内完成一部书稿，他痛下决心，一定要完成这个几乎不可能完成的任务。他买来一件灰色的旧毛衣，一些生活必需品，将日常衣物锁进柜子，开始写作，那狭小而昏暗的屋子成了一个茧，他是春蚕，他笔耕不辍，"吐"出长长的书稿。八个月后，他提前完成了任务，三瓶墨水成了三个空瓶。还有一个不幸的男孩，他生来嘴巴歪斜，面目丑陋，口齿不清，备受同学嘲笑，男孩的妈妈说："没关系，孩子，妈妈会保护你一辈子。"可是，男孩不甘心，为了练习说话，他效仿古代著名的演说家，将小石子含在嘴里，跑到没有人的地方练习说话。河流边，夕阳下，小男孩一人默默练习，再广阔的天地也成了一个密实的茧。男孩慢慢启动嘴唇，血和小石子混合在一起，听到的只有含糊的咕哝声。

"一朝眉羽成，钻破亦在我。"茧是隔绝，是历练，是蛰伏。听见了么？茧裂开了，无数崭新的生命振翅而起！

不知名的青年作家带着惊世之作《巴黎圣母院》走到世人面前，走出封闭的创作小屋，走出茧的那一刻，阳光无比灿烂，他是法国著名的作家维克多·雨果。

可怜的小男孩凭借自己的努力，以优异的成绩毕业，还赢得了好人缘。他的演说征服了无数人，他说："我要带着国家和人民成为破茧的蝴蝶。"他的事迹感染了许多人，他成为了加拿大历史上第一位连任两届的总理，他是被人称为"蝴蝶总理"的让·克雷蒂诺。多少人渴望成功，渴望像蝶破茧一样获得崭新的生命与未来。可是，又有多少人只见破茧的辉煌，而不见作茧的艰难，多少人没有勇气为自己作茧，为自己寻求历练、突破的机会。雨果作了，克雷蒂诺作了，于是他们重生了。

作茧非自缚，只为"眉羽成"，只为振翅而飞，生命绽放。

找不足

1. "蝴蝶总理"的论据不够具体，没展开。

2. 文章的后5段结构安排散乱。

3. _____

❷ 作茧自缚者的悲哀 （46分）

诗人陆游曾作过这样的诗句：人生如春蚕，作茧自缠裹。这句话堪称鞭辟入里。总有一些人过分痴迷于对名利的追求，用一种不应有的执著为自己作了厚厚的茧。结果非但感觉不到茧的温暖安逸，反而被厚厚的茧压得几近窒息。

周正龙就是一个最好的例子。轰动一时的"华南虎照片"，因其真假难辨，曾引发了诸多媒体、学者、网民间的"口水大战"。作为当事人的周正龙，曾大言不惭，说出了"如果照片是假的，我就把我的头砍下来"这样荒谬的话。然而最终水落石出，照片被鉴定为造假，再也无法遮蔽真相的周正龙，此刻只好坦承，自己制作假照片，只是想骗取政府的奖赏金。最终，他被判决有期徒刑两年半。周正龙原本可做一个纯朴善良的农民，可对名利的渴求蒙蔽了他的双眼，他开始作茧，开始造假，最后却只能以银铛入狱收场，这是多么悲哀啊！

另一位愚蠢的作茧自缚者便是大名鼎鼎的三鹿集团。作为中国乳业的几大名牌之一，三鹿集团本身可谓财力雄厚，然而正是这样一家大企业，居然也为了一毫一厘之利去坑害消费者，往奶粉中掺加有毒的三聚氰胺，全然不顾那些嗷嗷待哺的婴儿要承受多大的痛苦。作茧自缚者不会有好的结果，这段被隐瞒了八个月之久的婴儿中毒案终于被一位记者揭开，三鹿集团不仅遭受了巨大损失，被撤销了"中国名牌"的称号，更重要的是它破坏了无数家庭欢乐安逸的生活，使本应在父母怀里撒娇的婴儿在医院里啼哭不止。三鹿集团的董事长被逮捕，而这笔沉重的良心债，却不知要花多少年去还清。三鹿集团也是一个作茧自缚者，用他那被金钱、被利益夺去灵魂的双手，为自己造了一副沉重如枷锁的茧。

说这些人作茧自缚，是因为他们想用金钱、权力、名声为自己作一个坚实的茧，希冀能在这个茧中，呼风唤雨，无所不为。说他们悲哀，是因为他们从不晓得，这样的茧，迟早会越勒越紧，勒得自己都不能呼吸。用金钱、权力、名声作的茧，从来不是避风港，从来都是心灵上的坟墓。

找不足

1. 审题时忽略了"从整体上把握小诗"的要求，误把陆游的诗当作"作茧自缚"了，造成立意偏颇。

2. _____

3. _____

❸ 作茧的智慧 （45分）

作茧并不是将自己置于阻碍飞翔的牢笼，并不是一种束缚，而是一种自我的保护与历练，为的就是破茧的瞬间。

——题记

春蚕作茧，这看似痛苦而又无用的过程，实际上是一种保护。试想，如果没有茧的保护，弱小的蚕如何能等到化蝶的一刻？茧，将所有的虚弱与锋芒都隐藏了起来，它是成功者的摇篮，也是失利者东山再起的港湾。在选择作茧的那一刻，为了成功，作茧者拒绝了花花世界的诱惑，放弃了展示自己的舞台，选择了隐忍与沉默。这并不是软弱退缩，而是一种默默的克制，是一种无声的等待。这是在做最充分的准备，寻求最佳的时机，这是怎样的一种大智慧啊。

"苦心人，天不负，三千越甲可吞吴。"勾践的卑颜屈膝就是他作的"茧"。在那个盛极一时的吴王面前，他选择了隐忍，他作了一个退避、投降的"茧"。正是这个"茧"，隐藏在它背后的卧薪尝胆，掩盖了他的雄心，他的计划"阴谋"。在茧中他运筹，积蓄，最后一举吞没了吴国，吞没了那个曾经飞扬跋扈的吴王，吴国败给了勾践的智慧和隐忍。

在面对自己无法抗衡的敌人或困境面前，只有将自己置于厚厚的茧中，才能够找到胜利的契机，这张保护自己的茧会让敌人或对手轻视你的存在，忽略在你厚厚的茧中所包含的那颗永不停止的争胜的心，这种忽略对他们是致命的，他们将为自己现在强大而张狂的姿态付出代价。

其实，作茧在保护自己的同时，也是对自己的一种历练。在漫长的蛰伏过程中，你将学会控制自己的冲动与不理智，你在无数次破茧的冲动与按捺中磨炼出一颗坚强的心、一个冷静的头脑，这无疑是成功的最好的臂助。在吴国遭遇攻击时，勾践没有动。在自己具有一定实力之后，勾践也没有动。正是一颗坚定与冷静的心遏制住了他仇恨火焰的迸发，他对复仇的渴望是强烈的，他在吴国的每一刻却备受煎熬，吴王的不屑与颐指气使都化作了淬毒的刀子，深深地割伤着这个曾经一代君王的心。奋起反抗，大骂夫差而不苟活于世是痛快，可是那样，他和他的越国就再也没有了翻盘的机会。他知道，属于他的机会只有一次，如果不成功，他将承受来自吴王最大的怒火，那就是毁灭，毁灭了自己，也毁灭了越国。所以他一直在等，等到吴国最危机的时候猛然奋起，插上自己复仇的一刀。忍辱屈膝犹丧犬，韬光养晦炼心坚。卧薪尝胆问津路。十年忍辱岁月长，十年励志青山变苍凉。他成功了，他历练出了自己的成功。

作茧是一种智慧。历史的车轮已经驶过，留下一道道深深的车辙。六国的风云已经烟消云散，但是它留给我们的经验和教训却是永恒的。让我们学会作茧，隐藏自己，历练自己，待到羽翼丰满，化作彩蝶飞舞云端。

找不足

1. 论据尽人皆知，俗气。_____

2. "一例到底"，内容空洞苍白。_____

3. _____

二、和实生物

题 目

阅读下面的材料，按要求作文。

"和"是中国古代哲学术语。《国语》中有"和实生物"的说法，说的是各种不同的元素，在不同的前提下相互协调、融合，最终都能得到发展，生生不息。

古人这种认识启示我们去思考古今中外各种相关的问题，自然万物之间的，人与自然之间的，人与人之间的，文化与文化之间的……

参照以上文字，以"和"为标题，写一篇不少于800字的文章，除诗歌外文体不限。

解 题

"和实生物"是这里的关键词。作文材料先给出"和"字，进而引出"和实生物"及其解释。接着，又从立意角度方面善加引领，帮助考生打开思路，并限定了题目。命题者可谓考虑周到，用心良苦。按说考生看明白这些，就完全可以放心下笔，写好这篇考场作文了。

这篇材料作文，不仅规定了题目，而且明确了中心立意，即"和实生物"，也就是不同元素的"协调""融合""发展""生生不息"。对于考生而言，能不能写好本篇考场作文，就看考生本人能否选择最佳的立意角度，挥洒成篇了。

就"和"这个题目来说，可选角度是无穷无尽的——"古今中外、自然万物、人与自然、人与人、身与心、文化与文化"等无不能写。而一个"……"则代表了无限。但对于每个考生个体而言,"最佳立意角度"只有一个,那就是你拥有的最富于个性化的内容及最能展示自己的才华、积淀和思考因而最能让作文出彩的那个角度。

―――――――――――――― 满分作文 ――――――――――――――

和（满分作文4篇）

说 明

下面有4篇满分作文。学习的重点，是想让同学们通过范文的阅读分析，弄清每篇作文的逻辑层次和章法特点，借此提高文章结构的能力，写出章法井然的作文。

范 文

❶ 和 （60分）

潘珣

《国语》中有"和实生物"的说法，即不同的元素，相互协调、融合，最终都能得到发展，生生不息。我国伟大的祖先，用简约的文字穿越千古，向我们传递了这样的信息：民族惟以和谐而生生不息。而今，我欣喜地看到身为中华民族的子孙，人们在用自己点滴的善意推动和谐的齿轮，使民族的生命得以延续。于是我明白了这种和谐，需要每个人的努力。

2004年印度洋海啸后，青岛市的一对夫妇为赈灾捐款10万余元。当要求留下捐款人姓名的时候，这对伉俪只留下"微尘"二字。于是，在接下来的每一次捐献中，人们都发现了"微尘"的身影：新疆的地震，内蒙古的雪灾，南方的洪水……"微尘"成为了青岛市人民心目中的偶像，人们开始寻找"微尘"，渴望亲眼见见这对"人间天使"。可人们得到的回答却是"微尘"夫妇的朋友转达的信息：夫妇俩认为自己所做的一切是应该的，他们所做的好事像一粒尘埃那样渺小，但希望越来越多的人都参与慈善活动。从此以后，在青岛市各地的慈善捐献点中，我们看到市民一次次把自己充满爱心与祝愿的钱投入捐款箱，并都署名"微尘"。人山人海的捐献现场，有大大小小，字体不一的"微尘"签名。在那一刻为这个民族的生命注入新鲜的血液，人们用自己点滴的善意点亮了"和谐"的神灯，为处在苦难、灾荒、疾病的人们带去了光明；人们用自己点滴的善意推动"和谐的巨轮"，让它在中华民族的生命和历史中驶向永恒的远方。

无独有偶，上周北京地铁施工出现了塌方，六名工人被困在地下，和外界失去了联系。抢险工作争分夺秒地进行着，很多热心的北京市民也没有休息，他们惦念着牵挂着六名被困的工人。人们的电话一次次打进电台，询问抢救情况；人们成群结队地来到抢救现场，默默祈祷并满怀敬意地为死去的工人献上白玫瑰……直至昨天，六名工人都被认定死亡。可我却分明看到百姓用他们点滴的善意演绎出最完美的抢救，百姓用他们点滴的感恩护送六名工人永远地安息，百姓用他们点滴的和谐展现最美的人性和这个民族最高洁的品性。

人们都努力地为这个和谐的民族努力着，于是我们看到民间筹集了大笔资金为南京大屠杀的幸存者们付医疗费；大学生志愿者们为身患绝症的孩子精心策划去天安门广场看升旗仪式的温馨之旅；白芳礼老人为捐助贫困大学生上学而倾注自己全部积蓄……

一个民族需要一点精神，惟有和谐能让这个民族站得更直，走得更远。当这个民族的每一个成员都尽心地付出自己的善意，为和谐的丰碑添砖加瓦时，这个民族必将生生不息！

"理层次"练习（示例）

1. 用点滴的善意点亮了"和谐"的神灯，推动"和谐的巨轮"。

   论据：微尘捐助。

2. 用点滴的善意演绎出最完美的抢救。

   论据：北京地铁。

3. 结论：每个人为和谐的丰碑添砖加瓦，这个民族必将生生不息！

❷ 和 （60分）

朱剑辰

世界仿佛一帧硕大无比的穹幕，每种文明都以自己独特的色彩肆意挥洒，那一抹抹单纯的笔触便那样融合，激荡，辉映着绚丽而幻妙的生之纹路——文明之和、文化之和本身就是一门艺术，而艺术的源泉又迸发于和。

和之于艺术，不仅仅是交流与重叠，更是精髓的升华，灵感的碰撞，仿佛约翰的豌豆藤，将我们的思考引向人类性灵之巅，让绵白的生命在蔚蓝的布景下异样绽放。因而要做到艺术的神采之和，内涵之和，不仅需要纯熟的技巧，更重要的是对文明的包容，生命的博爱。

2006年12月，《秦始皇》在美国苏醒，中华文明雄浑盛世之歌响彻纽约大都会剧场。谭盾的梦实现了，中国的梦也不远了。这位有些轻狂的音乐家十年前还因用民乐与西乐同时创作而与师者对峙，还曾带着够用三年的手纸奔赴美国（有人告诉他美国手纸很贵）——一切都只为了更好了解西方文明，只为"用东方的魂魄改变世界音乐的灵魂"。如今已无人再耻笑他，因为这部歌剧仅十天就用实播与转录的方式在世界上映上千次，共计几十万人的心灵为大秦之音而震颤。他坚信，只有用西方人最熟悉的形式，才能将中华艺术传播出去。为此他日复一日研究西方经典歌剧，又夙兴夜寐潜心中国艺术与哲学——是他如此执着的包容与博爱造就了谭盾——让中国人自豪，让外国人着迷，让年轻人回归传统，让老年人依然留在那里。

和，造就了珐琅彩、圆明园；和，托起了毕加索、徐悲鸿。艺术在这里就显得格外单纯——非洲或是拉美，我们都可以毫无顾忌地取用，只要我们心无旁鹜，不计较所谓的种族与地域。难道我们不应从中得出些启示吗？难道人类只有于艺术才能和谐相处吗？政治沟通，经济合作，进而技术交流何时才能像艺术之和那般坦荡无私，纯挚而绚丽，那则将是人类文明之"大和"之日。我们，等待那一天。

愿生命的音符，文明的色彩，在历史的幕布下，起舞吧！

"理层次"练习

1. _____

2. _____

3. _____

❸ 和 （60分）

张晓光

张小永音乐中有很多元素：旋律、节奏、情感、音色、技巧、冲突、和谐……音乐大师们通过对它们的融合，并继续发展，最终使它们成为"和"的整体。对于表现力极其丰富的钢琴来讲，更是如此。

钢琴曲创作中往往体现技巧、效果、情感三个层面的"和"。

对于技巧上的"和"，我第一个想起的是李斯特。他当时在各地演奏自己的作品，使世人震撼——他将钢琴演奏的技巧性提升到了一个前所未有的高度。李斯特将前人作品中丰富的技巧和创造的技巧融合起来，相互协调，最终成就许多华美的作品。最值得一提的自然是被许多演奏者视为"顶级难度作品"的练习曲——《钟》。李斯特从小提琴曲《钟》里获得灵感，竟用钢琴来模仿小提琴曲中的高难技巧，一曲中不同技巧交替出现，但又配合得十分恰当。李斯特的创作着实让不同钢琴技巧到达了"和"的高度。

而法国印象派钢琴家德彪西，正是把效果上的"和"置于首位。他尝试把前人认为不和谐的和声完美地结合了起来。在他的作品中，很多乐段中的元素如果拆分开来，甚至让人觉得完全违背了常规，但德彪西却把它们组合成了一部优美而特殊，平静却充满激情，冲动而没有躁动感的作品。

很多音乐（尤其是和声）上的效果简单叠加在一起，结果经常是不和谐，但德彪西却让互不相融的效果成为了"和"的整体。

"和"在钢琴师肖邦身上更是体现得淋漓尽致。肖邦作品中的"和"体现在作品中丰富情感的组合。肖邦的人生历经坎坷，而他又很瘦小，很多人曾怀疑他是否像大家所说的那样风度翩翩。然而与他的外貌相反，肖邦的作品中体现着一种伟大人格力量，各种丰富情感融于其中。在肖邦的《第一叙事曲》中，开头是忧伤的旋律，后转为如夜曲一般的乐段，继而变得十分昂扬，以八度和弦为主，竟变成谐谑风格，从中可以感到肖邦内心情感的变化。然而，在这首叙事曲中，各个风格、情感基调迥异的片段转换中，肖邦表现出了令人赞叹的"和"的能力；转换看似突然，但又在肖邦的驾驭下显得顺理成章。肖邦是一个含蓄的人，他在作品中抒发情感从来不会把"纸"捅破，于是有了各种情感的融合体。肖邦的作品因此成了最难以理解，其中的情感最难以表达的。但他史诗般的叙事曲无疑用情感上的"和"把音乐上各元素的"和"提到了最高的境界。

音乐上的"和"是一种很重要的概念，正是大师们惊人的对"和"的运用能力，使音乐永远感动着我们，震撼着我们。

"理层次"练习

1. _____

2. _____

3. _____

❹ 和 （60分）
牛越

"海纳百川，有容乃大"。描绘的是江河汇入大海的壮丽图画，显示着大海宽阔的胸怀与包容日月的气度，是何等的气势磅礴啊！千万条奔腾不息的河流，唱着咆哮着大踏步地涌入汪洋大海，它们起伏跌宕，撞击出震天巨响，迸发出层层浪花，又慢慢地归于平静，渐渐地，心平气和地相互接收、交汇、融合，结为整体。这个过程，完美地阐述了"和"的精髓。在文化的冲击碰撞中，只有"和"才能使其相互协调、使其生生不息，正如百川入海一样。

"和"是一台天平，它心中自有杆秤，将文化的轻重拎在两手使它们相得益彰，相映成趣。在北京鳞次栉比的高楼大厦中，可以看到矗立在大钟寺、万寿寺、广济寺、白塔寺等古代寺庙里的古塔、庙堂和参天的古树。人们在高楼大厦中穿梭忙碌，一刻不停地用现代科技传递着快节奏的气息。身旁的古刹却静静地守望，散发着古朴的余香，时而响起的晨钟暮鼓，在这个日新月异的世界里显得稳重与祥和。在这里，现代与古朴、时尚与典雅相互融合，给都市人一种平衡、平和、轻松和安宁，这种"和"的文化，已悄悄沁入人们的心田。

"和"是一座桥梁，它沟通不同文化之间的联系，连接着不同地域、不同观念、不同种族的文化交流和交融。耶路撒冷这座古老的城市，是世界三大宗教圣地之一。作为犹太教、伊斯兰教和基督教的发源地，承载着三大宗教的共同记忆。三大教派的信徒都不约而同地前往朝拜，形成世界一大奇观。信徒们虽然分属不同教会和民族，甚至有着千百年来难解的恩怨，但在这里，却都能和平共处地在同一个地方祈求神的庇佑。信徒们对神灵的虔诚使他们之间达成了"和"的默契和共识。由此看来，在不同文化碰撞时，"和"是他们处理矛盾的最妥当的办法。与此相反，英国科学家牛顿与法国科学家莱布尼茨各自独立发现了微积分，这一同时发现的理论不仅没让欧洲人欣喜若狂，反而使两派为得到谁先发明的荣誉争执得焦头烂额。为此，英国甚至几十年与欧洲不睦，文化交流受到影响。试想如果双方互相尊重，取长补短，以和为贵，科学发明成果或许又会增加不少。

"和"是一座熔炉，它能使不同文化互相交融、取长补短，通过碰撞、扬弃、融合，形成一种新的先进的文化。中华民族文化就是各民族文化的大融合。几千年来，各民族文化相互影响、相互砥砺、相互促进、共同发展，形成了自立于世界民族之林的中华文化。美国文化也是通过各种移民文化和印第安文化的不断交融，从而形成了多元化的文化而大放异彩。

世界上有哪种文化是故步自封、孤立发展的呢？没有！只要我们有"海纳百川"的胸襟和气度，建立和谐世界，实现世界文化的融合就会给我们带来更多新的发展契机。

"理层次"练习

1. _____

2. _____

3. _____

———————— 其他一类作文 ————————

和（其他一类作文6篇）

说 明

作为范文，每篇都浑身是"宝"。怎么让范文为我所用呢？人大附中学生的成功经验是：研究别人的范文，成就自己的范文。一届又一届，有为数众多的同学通过这条路走向了成功。

分析章法结构是范文学习的重点内容之一，也是这里要解决的问题。

范 文

❶ 和 （59分）

刘朔

　　和，一个简简单单的字，其含义之广泛，其意蕴之深远，却是罕见而惊人的。哲学家谈"和"，因其容纳世间万物之本质；史学家谈"和"，因其囊括世事更迭之变数；政治家谈"和"，因其折射权利退进之恒律。和者，顺调、融洽、平衡也。

　　和，是自然的属性，是世界的法则。

　　道家讲，道生一，一生二，二生三，三生万物，说的是，无穷世界本为一统，清靡者上升而为天，重浊者下降而为地。天气下降，地气蒸上，万物乃生于其中矣。在先哲们看来，天、地、人、万物本身就是"一团和气"，是一种和谐的、融合的氛围。这是智者对宇宙和自然法则的诠释。现代生物学讲"稳态"，讲"平衡"，其核心也正是一种和谐的、可共同发展的环境。它告诉人们，自然万物都要遵循这个法则，若打破"和"的环境，终将走向毁灭。科学家的成果在为哲学家"和"的思想做着注脚。

　　和，是历史的规律，是变数中的定数。

　　《三国演义》开篇的"分久必合，合久必分"已是耳熟能详之句。而这一被很多人奉为经典的隽永之语，不正揭示了"和"的含义吗？为什么分久必合？魏晋是史学家公认的乱世。以"弑君"手段夺得权位的司马氏，在统治上身处道德两难的境地，背负着继位不德之名却又不得不谋求以孝、以德治国的为君之道。西晋是短命的。魏晋之乱，让百姓愈发渴望安宁、祥和。对"和"的企盼，"和"的力量，最终结束了乱世，隋统一全国。

和，是命运共同体，是共同发展的宗旨。

中国是"和谐社会"与"和谐世界"理念的倡导者。中国也在构建和谐社会和和谐世界中进行着不懈努力。中国免去了非洲多国数量惊人的债务，承诺互惠互利，共谋发展。在国际事务中，中国以"和"为贵，广交朋友。是的，中华民族有"和"的传统、"和"的性格，而更重要的是，"和"能使中国拥有一个保持飞速发展的环境。和平与发展，不也正是时代的主题，世界的主题吗？联合国高张"维护世界和平，促进共同发展"的大旗，昭示着人类21世纪所应走的发展道路。

"和"，一个普普通通的字，蕴含着不平凡的意义。让我们认识"和"，追求"和"，以"和"修身，以"和"治世，在世事发展中以"和"为原则，完美一个"和"的境界。

"章法结构"练习（示例）

1. 和，是自然的属性，是世界的法则。
2. 和，是历史的规律，是变数中的定数。
3. 和，是命运共同体，是共同发展的宗旨。

❷ 和 （56分）

王焯

"和实生物"这是先哲的智慧，天地之大，法乎自然。自然之法为何物？是和谐。宇宙间万物无时无刻不在为追求和谐而运动，和者昌，不和者亡，环境与人不和则生灵涂炭，君民不和则民生凋敝，万物不和则一切皆不存在。唯有和谐才可求发展，才可生生不息。和也者，天下之达道也。

梁惠王问孟子："天下恶乎定？"孟子曰："定于一。""孰能一之？"孟子曰："不嗜杀人者一之。"孟子口中的不嗜杀人者便是明君，君明则仁，仁则得民心，得民心则得天下，这便是一个君与民取得和谐的过程，他们以相互的尊重取得相互的和谐，和谐则国泰民安，风调雨顺。然后才可以发展国力，生生不息。古有圣贤之君尧和舜，却也有昏君纣王，他为了一个妲己荒废政务，沉溺于酒池肉林，致使民不聊生。万物有成理而不说，这样，武王伐纣便在情理之中了。君王不自勉，有悖于和谐之说，取而代之则是追求和谐，他一人的"不和"是咎由自取，下场只能是灭亡。这样看来，明君圣主，明于和也，圣于和也。和实生物，和则得民心，得天下，和乃达之本也，此乃自然之理。

自古的人事尚在和与不和间徘徊，今人更是如此，我们总是在追求发展，却总是忘记了不应打破人与环境的和谐，于是利欲熏心之人便忘乎所以地破坏环境以达到自己的目的，后果是什么？只能是毁了自己的生存之所，断了后世子孙的活路。据新闻报道，去年一年时间里，洞庭湖区的各家造纸厂一年内共向湖中排污水多达1.5吨。这是什么样的概念？使洞庭湖岸形成长达十公里的黑水带和泡沫带；很多地方螺蚌无影、寸草不生；越冬的候鸟失去了栖息之所，多种珍稀禽类濒临灭绝。这是何等的违背生态的平衡、自然的和谐！何等的罪孽深重！这些生产厂家与环境之和背道而驰，环境总有一天会加倍偿还给他，那时，他所得到的一切将化为乌有，还说什么财源广进。到那时，洞庭湖区的人民会因此而遭殃，破坏者会自食其果。而且这种破坏将用相当长的时间来换回重新的和谐，期间，代价是惨重的。和者兴，不和者衰，古来有之。

天地有大美而不言，四时有成理而不议，这不言与不议便是一"和"字。生物的竞争与适应是一个取得和谐的过程，日月星辰的公转自转也无时无刻不在趋于和谐。国家之间的外交活动也是为了和谐进步。总之万物之理，只一"和"字，君民和则国泰民安，天地和则风调雨顺，和实生物，和才可生生不息，才可发展，天地之大，法乎自然，自然之法，和也。

"章法结构"练习

1. _____
2. _____
3. _____

---

❸ 和 （59分）
李晶莹

《国语》有云：和实生物。自然界的各个元素如同相互咬合的齿轮，只有每个齿轮相互协调，彼此磨合，才能顺畅地带动整个机器不停歇地运转。这架机器，名叫"自然"。而在自然万物中，人与动物同为地球的主人，这对"邻居"的邻里关系是一个永不褪色的话题。只有人与动物和谐共处，自然才有可能生生不息地发展。

斯里兰卡，在这个印度半岛旁边一个不大的岛国，我们却找到了人与动物和谐共处的最好诠释。在这里，没有人会把一只松鼠关进笼子；在这里，林子里的猴子可以随便到家里"串门"；在这里，鸟儿永远不用担心会有枪口瞄准它，因为这里的居民不吃鸡以外的任何飞禽。斯里兰卡有108条河流，条条清澈见底，那里的天空总是蔚蓝得像梦境一样。曾经，这是一个连三轮车都需要从印度进口的国家，可即便在那时，斯里兰卡人也不愿猎杀动物充实辘辘饥肠，也不肯把珍稀动物关在笼子里供游人赏玩以换取金钱。他们这种与生俱来的善良，赢来了大自然的回报。这里动物物种齐全，土地富饶美丽，这里出产世界上最好的红茶，这里的人民生活简单而快乐。我们有理由相信，这个人与动物和谐共处的国度一定会有更美好的未来。

然而，令人痛心的是，并不是地球上所有的人都如同斯里兰卡人那样珍视动物，尽力与它们谋求和谐。在印尼，几只濒临灭绝的苏门答腊虎被"保护"在囚笼里，人们说："这是在保护它的物种！"然而当初，又是谁为了它们美丽的皮毛大开杀戒？在非洲某著名杂技团的表演中，黑猩猩穿着火红的舞裙，小心翼翼地走在钢丝上装疯卖傻。可怜这些最聪明的动物，却在人类的皮鞭下成为"精神严重不健全"的玩偶！人是处在金字塔的顶部还是一个圆之中？无论怎样，失去了底座的金字塔终究会坍塌，露出了缺口的残圆也会变得不堪一击。破坏了人与动物的和谐，人类终究逃不过大自然严酷的惩罚。

同为自然之子，只有人与动物和谐共处，我们的家园才会和和美美，世间万物才能生生不息。

"章法结构"练习

1. _____

2. _____

3. _____

❹ 和 （57分）

李叶如

"和"是中国古代一个哲学术语，在我们最常说的"以和为贵"的背后，蕴含着中华上千年的深厚思想根基。《国语》中有"和实生物"的说法，意思是各种不同的元素相互协调融合，最终发展，生生不息。先人的思想在今日仍启示我们思考着，思考着人与人之间最本性的关系——和。

"I have a dream."（"我有一个梦想"）几十年前，一位非裔美国领袖站在华盛顿万人游行的前方从心底喊出了这句话，"我有一个梦想，梦想着有一天，昔日奴隶的儿子能与昔日奴隶主的儿子共坐台前，畅叙兄弟情谊……"面对黑人血与泪的历史，背负着歧视压迫和命运种种的不公，面对种族歧视者残忍的手段和骄横的下巴，马丁·路德·金不是选择报复，不是领导非裔美国人用暴力宣泄血与泪的悲苦，而是用宽广的胸怀，用这篇让整个世界为之感动落泪的演讲，向全世界伸出了双手。那双手凝聚着的，不仅仅是宽容大度和对未来的向往，更是"和"，和平、和睦携手平等共进的呼声。马丁·路德·金是为"和"献出了生命。为了同一个目的而献出生命的还有林肯总统。但我想，拥有如此胸怀的他们，面对种族歧视的枪口时，心中仍会有着"和"的美好愿望而不是怨恨吧。"和"不仅是宽容大度，更是面对他人，面对不同的民族，面对世界的坦然平和，是每一个人，每一个民族，每一个国家都应该追求或应该达到的一种境界。

这个世界难免有灾难，不是老天降下天灾，而是有些人，失掉了与人和睦相处的本性。在一个个令人发指的集中营里，多少犹太人惨遭杀害。这是一个民族的灾难，更是人类文明的污点。而希特勒，那个妄想以日耳曼所谓高贵血统手执法西斯权杖主宰世界的恶魔，也终是得到了他应有的下场。人与人之间需要和谐相处。拉宾总理逝世10多年了，而我们每每想起他的影像，就是他与阿拉法特那世纪性的握手，我们看到的是他戴着的橄榄枝花环，我们感到的是他柔软的、高贵的灵魂！他的微笑让我相信，人们终有一天会醒悟：我们都是兄弟姐妹，我们应该手牵手、心连心地和睦相处！

这几天的《东方时空》在播出《岩松看日本》系列节目。当看到喜爱的作家渡边淳一先生恭敬地用双手向白岩松递过签名新作，看到那扉页上四方堂正的方块汉字时，我忽然很感动，我希望：中日的关系像中日文化年中的那首歌唱的那样："我们一衣带水，我们紧紧相随。"正是有过伤疤疼痛，正是有过不堪回首的战争灾难，我们更有理由希望，两个邻居能够和睦相处！

"和"不仅是我们先人的思想结晶，更是世界发展的经验和明训。

和实生物！

"章法结构"练习

1. _____

2. _____

3. _____

---

❺ 和 （58分）

孙思维

《国语》有云："和实生物。"的确，相生相融，生生不息的"和"文化早已成为中华文明中不可或缺的一部分。早先有"天人合一""政通人和"的儒学理念，现今有和谐社会、和谐世界的时代口号，这无一不体现了中国人兼容并蓄的历史思想。然而古人的这种认识，今天也启示我们从一个新的角度看待这样一个现实问题：文化冲突。

《巴别塔》是由墨西哥导演阿加多·冈萨雷斯·伊纳里多执导的一部世界性电影。它讲述了来自4个不同国家的12个人，在短短的11天中经历的事情，几乎浓缩了这世上所有的不幸，而这所有的不幸只是源于沟通的不畅。整部电影以理性的视角，探索并揭示了当今世界不同地区的文化之间，不断摩擦与融合的过程；以富有人文关怀精神的理念，传达给人们关注文化差异的信息。整部电影虽然一直在讲述矛盾的产生与发展，但看到最后不难发现，"融合"才是导演灌输给影片的中心思想。将矛盾转化为理解，将冲突转化为合作。所以当我们看到在美国金球奖颁奖典礼上，这位导演用西班牙语——墨西哥人的母语——向全世界问好并致谢时，所有人都为这一"融合"而感动了。文化冲突在导演的电影语言和现实行动中得到了最完美的化解。

文化冲突带来的矛盾不胜枚举，但文化相融的例子却又是比比皆是，而且更震撼人心，并且以其深刻的内在力量，长久留在人们的心中。北京奥运奖牌设计就是中华文化与奥运世界精神二者相互融合，共成一体的最佳诠释。玉，象征着高尚与纯洁，是千百年来中华文化的重要构成，也是世代华夏儿女美好希望的载体。今天，"金镶玉"的概念被运用到奥运奖牌的设计中，惊叹其巧夺天工的组合之美的同时，人们也无不为那圆润、和谐的外形所折服。这样的设计背后，完整地体现了"和谐文化"的理念，以一种难以言喻的感召力震撼了世界。这便是"和"。它蕴涵着惊人的力量，只需要在一个合适的契机下，迸发出那股强大的内在能量，从而温暖一切，融解一切，感动一切。

当这个世界变成"平"的以后，我们应该看到，文化的差异远比经济、地缘、制度的差异难以消融得多。它承载了太多不同精神的寄托，而我们，恰恰担负着传承这种寄托的历史责任。求同存异，兼容并蓄。让"和实生物"成为人心的导航，让我们每个人都站在历史的前方看世界，珍惜并共同构建一个本就该属于所有人的、和谐的文化世界吧！

"章法结构"练习

1. _____

2. _____

3. _____

❻ 和 （59分）

李贞竺

《陋室铭》有言：山不在高，有仙则名；水不在深，有龙则灵。我却要说：万物不拘于形，和谐则美。

中国古代书画历来讲究构图。小到画图中的一砖一瓦，大到挥墨时的整体布局，无不体现着绘画的最高追求——和谐。一泓清潭略显单调，非要加上一叶扁舟才算完整；一簇花朵略显冷清，非要加上一只蝴蝶才算精致。这些看似的"吹毛求疵"，实则正是和谐的完美体现。一叶扁舟，使得水具有了灵动的气质；一只蝴蝶，赋予了花朵更多的妖娆芬芳。由此，想到断臂的维纳斯。据传，维纳斯本是有双臂的，只是无论双臂如何放置，总是破坏原有的和谐。于是，维纳斯永远失去了双臂，却成为人们眼中美的象征。维纳斯之美，正在于其失去双臂后的和谐之美。艺术中的和谐，使人发现美，热爱美，沁人心脾，回味无穷。

和谐之美，在大自然中更是得到了淋漓尽致的发挥。九寨沟一直是我心神向往的地方。虽只看过照片、影像，其自然之美态却已深深烙在心中。一湾清水，映出群山之青翠，其颜色之美，浅一分则淡，多一分则浓。大自然仿佛将所有的美都倾注于此，不必说那清澈见底的湖水，重峦叠翠的青山，就连每一枝枯木，都那么恰到好处地"点缀"于其中，流露出摄人心魄的和谐之美。自然中的和谐，给人享受、启迪，褪去浮华，留人清净。

"和"是中国古代哲学术语。《国语》中有"和实生物"的说法，意思是各种不同的元素，相互协调、融合，最终都能得到发展，生生不息。这里的"和"是一种抽象的概念，它体现于人与人、人与社会等复杂的关系之中。现在所提倡的"和谐社会，和谐世界"正是这一理念的最高境界。和谐，不只在于治安的改善，犯罪率的降低，更在于人们的理解、宽容与包涵。多一份和谐，邻里之间就不会再计较小事；多一份和谐，社会就能稳健发展；多一份和谐，许多流血冲突就可以避免；多一份和谐，人类就会更加幸福地生存……。人类关系中的和谐，使人快乐，给人宁静，洗去纷扰，还生命之真谛。

万物和谐则美。

"章法结构"练习

1. _____

2. _____

3. _____

───── 二类作文 ─────

和（二类作文1篇）

说 明

　　下面有1篇二类作文。把它放在这里，目的是给同学们提供"镜子"，以便照出自己作文中的毛病，引以为戒。完成作文后面的"找不足"练习，有助于把知识转化为能力。

例 文

和 （47分）

　　"春花秋月何时了，往事知多少。"在某些悲观主义者的心里，当代文明离古典诗词宽柔宁静的追求越走越远了。地上霓虹灯的闪耀，黯淡了天上月轮的皎洁；路上嘈杂的噪音，吞没了心中吟唱的声音。但我却认为，只要古典诗词与当代文明和谐发展，和睦共处，一定会迎来华夏民族美好的明天。

　　现代人步伐越来越快，手表看得越来越频繁，越来越目不斜视，那么，为什么不慢下脚步，听从心中古典精神的召唤，看一看路边的风景？为什么不随着于良史的脚步，赏一赏"春山多胜事，赏玩夜忘归。掬水月在手，弄花香满衣。兴来无远近，欲去惜芳菲。南望鸣钟处，楼台深翠微"，幽静也会在心中一分一分地弥漫，美感也会在心中一分一分地升起。身还在纷繁的尘世，而心早已在青山绿水中羽化成仙了。这就是古典诗词对当代文明的抚慰。

　　当代文明又对古典诗词有补充与发扬的作用。在古代，交通不便，信息闭塞，往往一首名篇问世，也只能在小范围的文人间传诵，很少能普及到平民百姓。而在当代，传媒迅猛发展，其先进的图像技术又为古典诗词添上浓墨重彩的一笔。就像《唐之韵》，浑厚悠远的伴奏在心中唤起远古的回忆，清幽空灵的画面让我们重回几千年前诗人眼中的壮丽河山。在这里，诗歌在深情地述说，而我们，哪怕是目不识丁的农民，也被震撼得无言默立，也被感动得涕泪横流。李白"安能摧眉折腰事权贵，使我不得开心颜"是封建社会压迫下的文人直起腰板的惊天一吼，让我们睥睨权贵，豪气万千。杜甫"安得广厦千万间，大庇天下寒士俱欢颜"是失意文人对天下苍生的悲悯，但又无能为力的悲哀，让我们口中嗟叹，心里哀叹。白居易的"莫染红丝线，徒夸好颜色。我有双泪珠，知君穿不得。莫近烘炉火，炎气徒相逼，我有两鬓霜，知君销不得"，是清新平易的乐府诗，让我们情丝缠绵，柔肠百结。更不要提杜牧的清俊，义山的朦胧，孟浩然的淡泊，岑参的豪迈。这些诗人与他们的诗，再也不仅是白纸黑字，而是活生生的影像，变得平易近人，走进千家万户。唐诗的韵律，变为漫天春雨，洒向每个人的心头，开出一朵美的青莲；诗人的精神，化作三秋黄叶，覆盖在每个人的心田，为我们提供无尽的源泉。这就是当代文明对古典诗词的传承。

古典诗词与当代文明，再也不是格格不入的圆与方，而是和谐发展的两姐妹。姐姐的宽柔与澹泊抚慰妹妹的焦灼与急躁；妹妹的技术与先进，促进姐姐的发扬和光大。让两姐妹偕手共进，那么华夏腾飞的一天将不远。

找不足

1. _____

2. _____

3. _____

人大附中高考满分作文精选

最美的遇见——李怡的故事

八十九年前，福建长汀罗汉岭下，面对刽子手一排黑洞洞的枪口，他在草坪上盘膝而坐，微笑说道："此地甚好，开枪吧。"枪响处，山河垂泪，草木含悲……

还是在20世纪60年代的小学，从一本《革命烈士故事选》中，读到了这个故事。从此，瞿秋白的英雄形象便在幼小的心灵中矗起一座永恒的丰碑。从那时起，便隐隐萌生一个念头，期盼日后有一天，能前往罗汉岭下那片英雄就义的草坪前祭奠，以表达内心深处的无比崇敬。

机会终于来了。大约半个世纪之后的2015年的6月18日，一个纪念瞿秋白英勇就义八十周年的日子，我偕夫人来到罗汉岭下，在烈士纪念碑前深深鞠躬，并深情献上一束白菊……此刻，我感慨万千，感恩生活的赐与，让自己童梦成真。

了却夙愿之后，又去毗邻的"杨成武将军纪念馆"瞻拜，向这位指挥十八勇士飞夺泸定桥、被毛泽东同志誉为"常胜将军赵子龙"的革命前辈致敬。

次日飞上海。

虹桥机场，一条条转动的传送带前，围着一圈圈等行李的人墙。人头攒动之中，隐约感觉有一束打量的目光射来，待回头寻觅时，这目光又惊鸿一瞥，消失不见。一会儿，这份打量的目光再次射来，又稍纵即逝，真是匪夷所思。后来，我索性把头侧向一边，孰料那目光也被牵引似的跟了过来。后来我终于抬头锁定了"目标"——原来是一个二十几岁的女孩，灵气文静，气质不俗。

见自己已被发现，她拨开人缝礼貌地迎上来，笑问道："先生，您是人大附中的于树泉老师吗？"

"是呀，你谁呀？"

"我是人大附中毕业的学生，高考后去美国读心理学，最近在上海找了份工作，刚从美国飞回。见您特别像于老师，又想不可能有这么巧，生怕认错了尴尬……"

原来如此。

行李大厅，人潮涌动，熙来攘往；近旁一隅，师生叙旧，旁若无人。

"我叫李怡，我不是您班的学生，但高考前找您面批过作文。您还记得吗？"

"你是李怡？那年高考前我出了个半命题作文，叫'_____需要智慧'，你写了篇《转身需要智慧》，还去办公室找我面批。"

"您怎么记得这么清楚？"李怡感到非常惊奇。

"你两次找我面批、修改，细节我都记得呢。作文开篇写亚历山大猛然转身，果断挥剑砍断缆绳，成就千秋帝业；接着写某科学家智慧转身，毅然改变研究方向，摘取诺奖桂冠；最后，写河南卖菜小伙华丽转身，改变经营方式后，获得生意成功……"

　　真让人难以想象，自己多年前的作文老师竟然记得这么清楚。李怡显得分外激动，兴奋得面红耳赤。

　　那还是2006年的事，如今一晃已过去九年。记得一次课间，一个女生来到语文组办公室，自称"二班李怡"，要找教一班的于老师面批作文。看了她的作文之后，我充分肯定了她的立意、写法，同时也提了一些修改意见。李怡非常重视，经过认真修改润色，不仅三个抽象的"转身"故事被巧妙地形象化，典型生动，而且开篇充满传奇色彩，引人入胜；结尾富有诗意，余味悠长。于是，这篇《转身需要智慧》得了满分，选为高三年级范文。当时我鼓励她：凭你平时拿满分的实力，高考作文同样大有希望拿满分。加油！

　　没想到我竟一语言中！

　　十几天后高考，北京市的作文题是"北京的符号"。当年北京市有八万考生，有差不多半数的考生作文成绩在36分以下，作文平均分只有36分，及格率约50%，是北京市历年高考作文成绩最低的一年。

　　而李怡却拿了个登顶分数——60分！

　　真没想到，这次南国之旅，在拜谒革命先驱之后，又巧遇学成"海归"，实在让人难忘。

　　下面是李怡作文分享。

转身需要智慧（李怡平时满分作文）

　　阅读下面的材料，按要求作文。

　　智慧，即聪明才智，伴随着人类的脚步一路走来，从远古，一直走到今天。有时，它只是一笑、一颦，一个眼神，一个动作；有时，它却能解危难于一瞬，挽狂澜于既倒，化干戈为玉帛，踏荆棘为坦途……智慧的清泉，不知催绽了多少朵璀璨的花；智慧的钥匙，不知开启了多少道神秘的门；智慧的北斗，不知指引了多少条前行的路；智慧的灵光，不知点亮了多少颗晦暗的心……

请以"_____需要智慧"为题写一篇作文（在横线上添上适当词语），立意自定，角度自选，文体不限，不少于800字。

转身需要智慧（60分）

李怡

戈尔迪乌姆是西亚小亚细亚半岛的城市，传说戈尔迪乌姆有一个绳结，绳索环环绕于车辕与车辙之上，解开的人便能够成就伟业。多少年过去了，许多哲人、君主、勇士都无功而返。直到有一天，亚历山大来到结前，沉思良久，慢慢转身，手起剑落，绳结崩摧，满城人先是惊诧万分，而后爆发出雷鸣般的欢呼。看似复杂的事，一个转身，便轻易解决了。亚历山大大帝的智慧，便在于敢于突破，用思维的转换取胜，这一转身的智慧最终果然帮助他成就了彪炳千秋的功业。

无独有偶，几千年后的克里克也凭借这一转身的智慧获得诺贝尔生物学奖。那时，克里克还是海军舰队中尉，从事着物理学的研究工作。当时他敏锐地感觉到，刚经历过量子力学和相对论两场大革命的物理学，短时期内很难有大的举动。于是他毅然放弃了物理研究，转而投入生物学领域。我想，这一转身的选择，不仅需要勇气，更需要作为一名科学家的智慧。放弃开掘深度较小的物理学，而选择前景较为广阔，可以取得更大突破的生物学，这也是打破常规，敢于寻找自己的新航标的做法。与克里克同时代的科学家，有的也在物理学界取得了一定成就，更多的是一辈子默默耕耘，而没有重大突破，与他们相比，克里克一转身的智慧，为他打开了成功的大门。

同样，这一转身的智慧也为河南小伙卢旭东带来了财富与幸运。现在，北京的外国人都知道他的商店（LUS Shop），海归和白领也以逛他的商店为时尚。而三年前，卢旭东还只是三里屯一个小菜贩。成功的转机来自于一次交易，他发现外国人买菜总爱买小个儿的蔬菜，于是他瞄准了商机，开了一家专门卖小个儿蔬菜的商店，现在贸易越做越大。他自己，也成为千万富翁。我记得卢旭东在接受采访时说了一句话："成功，真的只需要改变一点点！"同样是卖菜，卢旭东只是在卖什么和怎么卖上做了一点小小的转变，就使自己和其他的菜贩截然不同了，他的摊位走出了三里屯菜场，在北京各地建起连锁店：小摊位不见了，取而代之的是洋气豪华的大店面。他只是比别的菜贩多思考了一下，他的成功，真的只是转变了那么一点点！

河流温柔地转个身，不声不响，迂回婉转地绕过先前的山头，又继续向前。老话说得好："转身，就是方向。"可知这一转身，竟也蕴含着无穷的智慧，转换新思维，突破便是成功。

角度、论据练习（示例）

1. 角度小：转身（转念）。
2. 论据"凝"：传奇大帝的转身。科学家的转身。买菜小伙的转身。

北京的符号（李怡高考满分作文）

阅读下面的文字，按要求作文。（60分）

许多城市都有能代表其文化特征并具有传承价值的事物，这些事物可以称作该城市的符号。故宫、四合院是北京的符号；天桥的杂耍、胡同小贩的吆喝是北京的符号；琉璃厂的书画、老舍的作品是北京的符号；王府井商业街、中关村科技园是北京的符号……随着时代的发展，今后还会不断涌现出新的北京符号。

保留以往的符号、创造新的符号，是北京人的心愿。

对此，请以"北京的符号"为题，写一篇文章，谈谈你的感受或看法。除诗歌外，文体不限，不少于800字。

北京的符号（60分）

李怡

积淀了千年的文化底蕴，不约而同地，多少文人风尘仆仆地朝你赶来了，古都北京，文人扎根在这儿，你宽广的胸襟温暖了他们，你深情的水土养育了他们，你慈爱的双手抚慰了他们。他们的诗歌中、散文中、传记中，他们的寓所里，魂归处，他们的血脉中，都汩汩流淌着你留在他们灵魂深处的气息，然而他们逝去了，你却依旧亘久存在着，于是你的文人孩子们留下的踪迹，成为了你永恒的符号。

是钱钟书曾居住的三里河寓所吗？一位学贯中西的硕儒，不求闻达的学者，"嘤其鸣兮，求其友声"，大儒已逝，但后人瞻仰，仍能感受到那严谨的治学之风。踱步走过，仿佛看见一盏孤灯下，独编《管锥编》的身影。

走过鲁迅曾居住的八道湾，四合院里那株紫藤还开得正旺，侍候周家一辈子的老佣人张淑英依旧踮着小脚穿过庭院，守着周家的故宅，向前去探访的客人叨唠着大先生和二先生。

走过史铁生在迷惘失落时徘徊徘徊的地坛，千年的古柏沉默不语，葱茏蓊郁，回望一眼，月季正开得烂漫，蝶儿正舞得热烈，仿佛母亲深情注视的眼光。

走过城南的陶然亭，高君宇和石评梅安然沉睡，青山无语，碑上刻着他们的墓志铭，"我是剑，我是火花，我愿生如闪电般耀亮，我愿死如彗星般迅忽"。陶然亭无语，停滞了峥嵘岁月。

走过逃脱"除四旧"浩劫的明城墙、钟鼓楼，就仿佛听见梁思成先生痛心的话语，"一个东方的文明古国，倘若在建筑上失掉自己的特色，是大大有碍瞻观的"，又仿佛看见林徽因与北京市长吴晗争执时的黯然神伤、潸然泪下。

什刹海畔，有储安平"一万分的失神，一万分的慌张"；昆明湖边，有金岳霖的谈笑风生；荷塘月色下，有朱自清的抒怀。我走过窄窄的小巷，穿过长长的胡同，走过深深的庭院，处处都是文化的气息，处处都是深藏不露的符号文化。

古都北京，你养育了一批热爱文学的孩子，他们老去逝去，成了失根的兰花、飘零的浮萍，心里牵挂着你，你是心灵的故乡。他们的灵魂远去，留驻的第一站，一定在你的心头。他们留下的严谨、狷介、正直、忠诚，他们留下的文化氛围，就是你亘古不变，浩然长存的符号啊，北京！

角度、论据练习

1. 角度小：_____

2. 论据"凝"：_____

琴韵悠悠飘何处 —— 圆中的故事

第二讲讲了"跑题专业户"的故事，本讲再讲个"范文专业户"的故事。

人大附中高三有一个成功的作文教学经验，也是高考作文取胜的法宝，叫作"范文教学"。年级每次统一布置作文后，各任课老师要从自己的两个任课班里选出几篇优秀作文，推送给年级组汇总。最后，由年级组长斟酌权衡，从高三年级的七八百篇作文中，挑选出十几篇佼佼者，作为全年级的范文，统一打印后下发给高三所有师生，人手一份，作为作文学习的重要资料。从历年高考情况看，平时能写出范文，与高考作文拿高分甚至满分存在着密切联系，回顾历年高考，可谓"屡试不爽"。因此范文更受到同学的广泛重视。

整个高三年级每次作文七八百篇，跻身范文的概率只占百分之一二，难度之大，可想而知。有同学说：高三的一年里我哪怕出一篇范文，就不虚此行。有同学调侃说："出范文之难，难于上青天！"可越是如此，越显出范文的价值和含金量。因此，在人大附中，一旦某同学出了范文，不但自己会喜不自胜，引以为荣，而且会引来同学的一片喝彩和祝贺。一旦某同学再出范文，更是难得殊荣。如果三出范文，不仅在本班，而且在整个年级同学的眼里，此同学必成为同学中的"明星"或"旗帜"，被广泛赞许，拥有很高声望。

文科班有个女生，她有个怪受听的名字——圆中。

她酷爱读书，喜欢写作，有点空就去阅览室"泡"。到了高三，时间更紧了，压力更大了，但她依然保持着这个良好习惯。她热爱生活，善于积累，热心公益和其他社会实践活动，在生活中培养自己的观察、思考能力，不断提高认识水平。这些，都为她日后写好作文打下了基础。她有个梦想——希望升入高三后，能够三次跻身范文行列。为了达到这一目标，自己的每次作文必须做到"人薄我厚，人无我有；人有我优，人优我妙"。

为了美梦成真，她脚踏实地、信心满满地努力着。

功夫不负有心人。高三开学不到两个月，圆中已经两出范文，并迎来第三次作文。

阅读下面的材料，按要求作文。（时评类）

武则天的陵墓——乾陵，已在长安静静矗立了一千三百年。多少次朝代更替，天翻地覆，它躲过了；多少次兵荒马乱、贼寇蜂起，它躲过了；多少次雷电风雨，坍塌渗漏，它躲过了……才略过人的一代女皇静卧其中，随任世人的毁誉褒贬，是非评说。

据《北京晚报》报道，最近有人提出了挖掘乾陵的建议——因为墓中有价值连城的名人字画，有数说不尽的稀世珍宝，有占当时全国年收入三分之一的重达50吨的珠玉金银。这些可以满足人们心中不尽的好奇，能够吸引全世界的眼球，进而拉动经济，提升GDP……

对此，你有何感触或看法，请自选角度，自拟标题，写一篇不少于800字的评论文。

给历史一份虔诚（圆中平时满分作文）

给历史一份虔诚（60分）

圆中

有人提出要开掘乾陵了——理由却让人怅然若失。那无字碑之下，藏有让人望眼欲穿的文物珍宝，这的确是个不错的理由。满足人们的好奇，这就未免显得轻佻了。吸引全世界的眼球，拉动经济、GDP……还有呢？

综上所述，原来"钱"就是我们开掘古墓的理由！原来如今的考古发掘，不过是合法的盗墓行径。难道没有人会困惑地问一句：我们考古发掘的目的，不应该是探究历史，追溯文化之根么？

一个民族，凝聚在文化里；而文化，自始至终积淀在历史里。作为中华民族的一员，回首望见五千年的沧桑，应当躬身，应当仰视，应当怀有一颗虔诚之心。这是我们属于中华民族的证据，这是我们向未来前行的起点。

一个人若怀有对历史的虔诚之心，岂会轻易将开掘的铁铲指向女皇的陵寝？他会夙兴夜寐，他会辗转反侧，思索着石碑下待解的谜团，担忧着开掘是否会损伤国宝的容颜。他会多方调查，他会反复论证——而不是一口气列出七八条理由，每一条下面都闪着金钱的光芒！

G, D, P, 三个英文字母, 在多少人心里压过了历史和文化。这些人想着将无字碑下的墓穴搬空, 当年技术所限兵马俑永失色泽的事早被抛在脑后; 他们想着将国宝摆满博物馆, 将墓穴装修开放, 大赚一笔参观费, 即使乾陵也变成媚俗的旅游景点, 也不会认为有什么不妥。他们对没有珍宝没有赚头的历史遗物更毫不在意, 拆四合院决不留情, 清寒的名人故居大多难以立足。两手铜臭, 满眼物欲, 他们毁着历史文物而不自觉。颐和园的谐趣园已是一地瓜子皮, 名扬天下的周庄其实已是满街的摩托车。若稍有一丝对历史的虔诚, 见了那些古建筑边的摩天大厦, 都会有一种灭顶的感觉。

幸而还有这些人。他们有的用六十年来研究一座古墓, 有的用尽积蓄来维护古城。他们看见被盗的古墓会心头滴血, 他们见到朴素的衣冠冢会肃然起敬。亏得他们, 我们保住了千年前的编钟和丝绸, 我们保住了原汁原味的乌镇和丽江, 我们留下了焕发出新生机的杜甫草堂和武侯祠。他们正是对历史深怀虔诚之心的人。

我们应当以虔诚之心, 还历史研究以纯粹。若真如此, 即使不将无字碑下搬空, 中国也将吸引世界的眼球。

点评

这篇习作有一种沉甸甸的分量——内容的厚重、忧思的深重、语气的沉重, 构成了作文的整体风格。看得出, 小作者的思考多么深入, 视野多么开阔, 见识多么可贵。这一切, 正是"人薄我厚, 人无我有"的最好说明。当空洞、肤浅、软骨成为中学生作文的普遍病症时, 圆中的《给历史一份虔诚》怎能不脱颖而出?!

"三出范文"的梦想实现了, 可望不可即的目标达到了! 圆中并未就此止步, 她在努力争取更大的突破。在接下来的两次作文中, 她又接连两次拿到范文。仅仅半年多的时间，把前后所出的范文加起来已是五篇之多，这是历年高三前所未有的纪录！于是，"圆中"的名字鹊起校园，"范文专业户"的雅号不胫而走，她真正成了高三作文学习的一面"旗帜"。

"继续努力，争取新的突破，到时会有一份意想不到的礼物等着你。"孰料几句平常批语，后来居然应验。

3月下旬，离高考还有两个多月的时候，高三又出了下面一篇作文。

> 阅读下面的材料，按要求作文。（时评类）
>
> 美国《新闻周刊》最新报道，根据美国、加拿大、英国等国家的网民投票，评选出进入21世纪以来世界最具影响力的12大文化国家，居前两位的是美国和中国。代表美国文化的符号有华尔街、好莱坞、麦当劳、NBA、哈佛大学、感恩节、自由女神像，代表中国文化的符号有汉语、长城、孔子、唐帝国、丝绸、京剧、功夫。
>
> 请在全面理解材料的基础上，自选角度，自拟题目，写一篇不少于800字的文章。除诗歌外，文体不限。

别让文化成为符号（圆中平时满分作文）

别让文化成为符号（60分）

圆中

美国《新闻周刊》根据美、英、加等国网民投票，评选出21世纪以来最具影响力的12大文化国家，美国、中国居前两位。西方国家将大把选票投向美国属人之常情，在这种投票中，中国勇夺第二，我们是否应感到荣幸和雀跃呢？

然而我们看到，在投票中，各国的文化被简化为一串一串的单词，似乎哪些词更加风靡世界，哪个国家就更具文化影响力。如此说来，打出

"华尔街、好莱坞、麦当劳"做广告的美国夺魁确是"实至名归"。但这就是文化了吗?

试问,那些不吝将选票给了中国的人们,知道汉语,却知道多少感人肺腑的诗词?知道长城,却知道多少雄关险隘下埋藏的血泪?知道孔子,却可知儒家学说在中国的演变?知道唐帝国,却可知那已是一千多年以前?即使知道这一切,离了解中国文化也还太远、太远;更何况投票网民眼中的中国文化,只是几张互不关联的照片,几个新奇神秘的剪影,只是一些忽视了文化内涵、文化精神的符号。这里的文化早已不是浑然的整体,只是支离破碎的浮光掠影,如同吸引人的广告画,能让人掏钱,却浅薄如云烟。

这样的投票,我们能为之自豪吗?它恰恰说明了我们在文化交流与传播方面做得远远不够。在将传统文化推上世界舞台的过程中,我们自己不能把中国拆成零散的符号再一个个出口。这种西方"解构"式思维在科学上或许实用,在这里却大大不宜:一部功夫片或许能让人知道功夫太极拳这些词,一台舞剧或许能让人注意到唐朝服饰的华丽,一个京剧艺术团或许能让人记住净角的脸谱五花八门多姿多彩,但这都会助长西方观众将中国文化肢解为符号的倾向。他们最后只能知道,中国有这个,中国有那个。然而文化交流的本意,是让外国朋友们明白,中国是什么。

真正要让中国文化迈出国门,深入世界人心,终究要从民族的精神和民族的思想入手,将这些最本质的东西推广出去。若让文化在每一个中国人身上放出光彩,让外国朋友们从中国人身上看到忠孝仁义和自强不息,体会到儒之风雅和道之风骨,接触到高洁的德行和深邃的智慧,他们便能从本质上理解中国的文学、艺术,中国的历史、人物,明白中国"是什么"。那样,中国才可说是最具影响力的文化国家。为此,我们每个人应理解自己的文化,让自身成为中国文化的传承者,成为文化交流传播的载体,将生动、真实、魅力无穷的中国文化带给世界。

文化的交流传播,任重而道远。我们要让中国文化从符号的禁锢中挣脱出来，在世界舞台上展现真正的风采；对待别国文化，我们同样要探究本质，从深层去理解。我希望将来在外国人们眼中，中国文化是一个激动人心、博大精深的活的整体。在人们眼中，任何文化都不再是一串符号。

点评

面对一次泛着商业气氛的所谓"文化国家"的评选结果，多数同学或陶醉或雀跃或慨叹或不平，一味在材料表面打转儿。而小作者的立意不同凡响。她一针见血地指出：简化成"符号"的所谓文化不是文化，抽去精神内涵的文化不是文化，支离破碎的神秘剪影也不是文化。要让人理解中国文化的本质，关键在于明白中国是什么，而非中国有这个、有那个，这样中国才可成为最具影响力的文化国家。她一片赤诚地呼吁道："我们要让中国文化从符号的禁锢中挣脱出来，在世界舞台上展现真正的风采。"真知卓见溢满字里行间，家国情怀跃然纸上，"人有我优，人优我妙"的特点展现得淋漓尽致。与那些假、大、空的"套子文章"、缺少理性认知的情绪表达以及就事论事的肤浅论述相比，可谓高下立判。赢得满分，当之无愧。

仲春时节，人大附中的中心花园，迎春花灿灿金黄，绽放如瀑；几株玉兰高高擎起玲珑剔透的花蕾，浓密的松荫下绿草如茵；阳光流泻而下，在草地上留下了一片片美丽的斑驳。三声杜鹃婉转流利地啼唱着，勤快的啄木鸟抱住树干，不时发出笃笃的叩击声，拖着长尾巴的灰喜鹊欢快地飞来飞去，几只长着艳丽羽毛的叫不上名字的小鸟也偶然贵客般地前来拜访……整个校园弥漫着生机勃勃而又祥和宁静的气氛。

《别让文化成为符号》因满分再次入选范文，实现了高三"三出范文"的既定目标后，圆中不骄不躁，继续努力，勇攀高峰，把写作发挥到了极致，在六个月时间里，竟然不可思议地"六出范文"！那句"收到意想不到礼物"的预言也变成现实，不过"礼物"不是"一份"，而是"一串"。

一是六个月六出范文。在人大附中高三属于绝无仅有，创造了一个难以逾越的纪录，书写了一份无法复制的传奇。二是由此收获的坚定自信和强大精神力量。在未来的人生路上，有了这些，就将无往而不胜。三是得到了来自老师的特殊礼品———首小诗。四是两个多月后的高考考场上，这首小诗居然触发灵感，"悠悠琴韵"神奇地"飘"到她的作文里，成就了她的高考满分。五是因为高考满分作文的助力，她如愿地走进了心仪已久的北大……

下面便是圆中得到的那首小诗。

改义山《无题》赠圆中

阳春三月，东风送暖，玉兰簇雪。圆中灵犀妙笔，六出范文，欣然贺之。

> 今日春光今日风，中关西畔万泉东①。
>
> 既有彩凤双飞翼，岂无灵犀一点通。
>
> 讥弹乾陵珠玉暖②，褒贬妍媸花果红③。
>
> 琴韵④悠悠飘何处，尽在天地方圆中。

【注】

① 人大附中坐落在北京市海淀区中关村大街和万泉河路之间。

② 指圆中作文《给历史一份虔诚》（见第353页）。乾陵代指某经济学家的发掘乾陵建议。

③ 指圆中关于材料作文"花与果"的范文。"花果"喻指第二讲第二节作文题目"花与果"（第129页）。

④ "琴韵"指小作者是古琴爱好者。

小诗写道：

> 在春光明媚的日子里，
>
> 在人大附中的校园里，

有彩凤翩飞祥云缭绕，

有灵犀一点灵动透通。

讥弹五常让珠玉生暖，

褒贬花果让美丑毕呈。

琴韵悠悠任飘向何处，

总离不开天地方圆中。

　　早就知道小作者酷爱古琴，诗的末尾特意把这点也带了进来。把她的作文和她的琴声并提，意在寄托一种美好的情愫和期许。期待她的琴声远播，作文也越写越好。奇妙的是，在高考考场上，当小作者提笔凝思时，眼前灵光一闪，那"悠悠琴韵"便飘到眼前，淌进高考作文里。一时间，心里那份"浑厚透净、高宏绕梁、苍古清绝"的古琴声韵满血复活，古往今来无数的贤人雅士、经典作品奔如潮涌。于是，一篇意蕴深厚、神采飞扬的考场满分作文就此诞生。

我有一双隐形的翅膀（圆中高考满分作文）

我有一双隐形的翅膀（60分）

圆中

　　老师一语不发，低头抚动琴弦。滋润了五千年文化的乐音从七弦中复苏，霎时间整个房间震颤着与古琴的低吟共鸣。穿越更迭的朝代，目送轮回的沧海桑田，古琴将中国文人的情感与精神带到我身边，给了我一双隐形的翅膀。

　　琴之行韵，浑厚透净。生命在拨动琴弦之时便会收敛沉淀，揽获不染纤尘的宁静。烟销日出不见人，欸乃一声山水绿；《渔歌》是柳河东性灵的乐章。回看天际下中流，岩上无心云相逐，便在倾听之时，我随他一起达到了纯净而悠远的精神境界，忘却了世俗苦闷，学会了超然旷达。又如闲适的《平沙落雁》，静伫倾听，或是亲手弹奏，总会让我的精神如大雁般自由翱翔，飞过那片富有自然情趣的景致；《长清》《短清》，我看到嵇康对自己灵魂的洗礼；深宅老妪的一曲《普庵咒》，让过路游人悟得禅理，也让我在那悟得禅理的游人背后，对那梵音似的旋律痴迷。茫茫数千年，多少文人在琴声里学会淡泊宁静，洗练了生命，滋润了生命，成就了温润如玉的风度和隐逸脱俗的风流。而数千年之后的我，也在古琴的引领下，接近了那超绝脱俗的人生境界。

琴之回响，高宏绕梁。余音未绝，共鸣已至，这是唯有琴才能寄托的知音之情。唯在琴声之中，我听出相如文君的千古佳话，听出伯牙子期的高山流水。灵魂相碰之时，言语何其无力，唯琴之一物，是直发于内的情感，将多少诗词都说不尽的知音之情直接送进人心，纵弦断琴毁，也是对知己的慰藉。在无数别离之处，友人们奏响的《阳关三叠》，让中国文人们鼓起远行的勇气。我触摸到了琴中寄托的知音之情，那份情让生命充实、丰富，让人挺胸抬头，让人鼓起勇气。即便未来将为前程孤帆远影，也会是天涯若比邻，情之一物，不会为时空阻绝。

琴之禀赋，苍古清绝。古琴不仅是演奏者心灵的映照，凝结、抒发着最真挚的感情，更给了中国文人困境中也磨灭不去的桀骜与风骨。我看到孔子颠沛流离，偶入空谷，见到杂草中绽放的兰花，感伤时遇，席地而坐，奏起《碣石调·幽兰》。原本对自己生不逢时满心愤慨失望的他却在弹奏中重获了挑战乱世的勇气，再度站起，去面见各国国君，为天下苍生而奔走。我看到嵇康临刑，一曲《广陵止息》，让他的生命在最后时刻成长为参天大树，结出了不朽的果实。这种任风雨如磐也不动如山的傲骨，这份坦然和坚毅，也与琴一起一直流传到当代大师管平湖先生身上。十年内乱中为了保护古琴文化，他历尽磨难，却始终未对那场浩劫弯下笔直的脊梁。是多年的古琴生涯，让他拥有了不可磨灭的尊严，他的一曲《离骚》，便是对动乱最高贵的怒火。而当时过境迁，新一批年轻人来请他演奏，他微微一笑，将苍老的手抚上那一木七弦，与他超然的风姿一同展现的，是响彻了宇宙的《流水》。浸在琴曲之中，前人的桀骜在我眼中清晰，我走近了这样一群人，这样一群永不失尊严的人。

古琴之音，持久、深沉。自三皇五帝始，中国的智者们，都为琴而深深着迷。那小小一张琴里渗透着深邃的文化和崇高的品行。自从接触了它，它就成了我的双翼，带我飞过云水翻腾的九嶷，飞过梧叶起舞的秋林，飞过三弄的梅花，飞过御风的列子……古琴之韵，陶冶了我的情操，滋补了我的精神，让我一步步靠近，一种高雅、宁静、尊严的生命。

提炼、欣赏、借鉴

1. 引论：古琴将中国文人的情感与精神带到我身边，给了我一双隐形的翅膀。

2. 本论：琴之行韵，浑厚透净。

　　　　琴之回响，高宏绕梁。

　　　　琴之禀赋，苍古清绝。

3. 结论：古琴的翅膀陶冶了我的情操，滋补了我的精神，让我一步步靠近一种高雅、宁静、尊严的生命。

我有一双隐形的翅膀——高考满分作文一组（5篇）

题 目

有一首歌唱道：

我有双隐形的翅膀，带我飞，给我希望。我有双隐形的翅膀，带我飞，飞向远方

请以"我有一双隐形的翅膀"作为题目，写一篇不少于800字的

文章。

（2009年北京高考语文作文题）

范 文

❶ 我有一双隐形的翅膀（60分）

王伊琳

　　每一个人都曾经是一个天使，当降临凡间时，上帝便将他们的羽翼幻化作尘世中的一物，若能找到这双"隐形"的翅膀，你便能振翅高翔。而诗歌，就是我一双隐形的翅膀，拥有了它，我便有了领悟美的心，洋溢力量的精神和富足的生命，助我飞向远方。

　　拥有了诗歌这双隐形的翅膀，我便从奇绝的想象和瑰丽的笔墨中体会到美，使生命灵动而鲜活。凝神望去，古典的中国浅吟着"春水碧于天，画船听雨眠"的温婉江南，高歌着"寒月悲笳，万里西风瀚海沙"的壮烈大漠；法国人福雷的笔下"墨深梦浅蝶飞去，青红橙绿舞昏黄"，如一幅梦幻的卷轴软软地铺展，氤氲开别样的美丽；还有曼德尔施塔姆将黑暗比作"远古的渔网"，用"削瘦如铅笔"形容运河那深沉的想象；叶赛宁"假如天空是口钟，月亮就是钟的铃舌"那戏谑与庄重并存的描绘。两点一线的生活让我疲惫，忘却了领悟日常的美，而诗歌这双隐形的翅膀，把生命中平凡的一切笼上迷人的色彩，让我学会感动与欣赏。

　　拥有了诗歌这双隐形的翅膀，我就从诗人高贵的品质和思想中汲取，给自己点一盏心灯，使生命洋溢希望与力量。"我心素已闲，清川澹如此"，王维在空山清泉旁款款落笔，抒写对自然本真的热爱和淡泊名利的追求；"直如朱丝绳，清如玉壶冰"，鲍照坚守着高洁清廉，毫不动摇；"臣心一片磁针石，不指南方不肯休"，文天祥迸发着浪涌般澎湃的爱国壮志。"文化大革命"的血雨腥风中，是诗人食指呼喊"摇曳着曙光那支温暖漂亮的笔杆，用孩子的笔体写下，相信未来"，一字一字，是沉甸甸的对光明的渴望和信念；而德国的黑塞明白"那时世事才不再经你心，你的灵魂才得享安宁"的心境平和的幸福。追名逐利的社会风潮曾经影响了象牙塔中的我，让我被迷惘包围，而诗歌这双隐形的翅膀，带我飞离一步步趋于苍白浅薄的生活，让我坚定地在人生道路上向着目标奔跑，不畏纷扰。

拥有了诗歌这双隐形的翅膀，我便能领悟无数哲人敏感的心洗礼出的最深沉的思考，使生命深刻和富足。王安石的"看似寻常最奇崛，成如容易却艰辛"，寥寥几笔，道出了作学问的清苦；泰戈尔用双手捧出"阳光对着我心头的冬天微笑，永不怀疑它春天的花朵"，唱出抗争苦难心念光明的旋律；俄国波普拉夫斯基饱经风霜地刻下"一根尖锐的金刺，扎进玻璃的心脏，良知快速旋转进深渊，在水藻堤坝旁的桥梁上"，呼唤知识分子泯灭的良知；以色列人耶胡达站在废墟上，射出刺人的字眼，"孩子们拿着弓和箭，玩耍，直到玩成真正的战争"，他在呼唤可贵的和平。作为即将成年的有志者，我需要让自己的思考更加深刻，而诗歌这双隐形的翅膀，帮我开拓眼界，冲破幼稚的自我，努力达到人类的广阔和哲学的高度。

我有一双隐形的翅膀，带我飞，飞向远方。诗歌是我一双隐形的翅膀，拥有这双羽翼的我，一定会展翅翱翔，飞向成功的远方。

提炼、欣赏、借鉴

1. 引论：诗歌是我隐形的翅膀。

2. 本论：诗歌的翅膀让我体会到美，使生命灵动而鲜活。

诗歌的翅膀让我汲取诗人的品质和思想，使生命洋溢希望和力量。

诗歌的翅膀让我领悟到最深沉的思考，使生命深刻和富足。

3. 结论：诗歌的翅膀带我展翅翱翔，飞向远方。

❷ 我有一双隐形的翅膀（60分）

黄沛祺

音乐，替我传递成功的喜悦；音乐，助我走出失败的懊丧；音乐，使我懂得在寂寞中成长；音乐，让我有力量去追逐梦想。带给我无限可能的音乐哦，你是我的隐形的翅膀。

永远忘不了二胡老师带着陶醉的表情弹奏《赛马》的时候，我内心所受到的震撼。在一连串的拨奏和连奏中，一个个音符迫不及待地跳脱纸张的束缚，在我周围舞动着，萦绕着，然后渐渐编织出一双翅膀，带我飞向那苍茫的内蒙古大草原，我仿佛能听到马儿兴奋的嘶吼，闻到奔马飞驰而过时扬起的泥土的芬芳……从那以后，每当我收获成功时总要拉奏它，动感强烈的音乐中流露出的是对成功的不懈追逐和再接再厉的鼓励。这音乐勾勒的翅膀总能带我飞入想象的奇妙世界，在得到物质满足的同时，让我感受精神上的幸福。

然人生不如意之事十之八九，在我独自品尝失败的苦涩时，弹一弹代表着希望的《小花鼓》总能令我振作。闭了双眼沉浸其中，就好像是看见了新年伊始之时人们喜悦的笑脸。那是一种对过往坎坷的淡然和对新的一年的无限期盼，一切才刚刚开始，而那些曾经的不如意早已湮没在震天的锣鼓声中……于是我也释然了，苦难和失败不会是人生的全部，从新开始便意味着失败已成过去，苦涩也终将变成甜蜜。这音乐的强而有力的翅膀闪着名为希望的光辉，带着我冲破挫败与沮丧的桎梏，飞向高远的蓝天。

在音乐的陪伴下，我也终于在时光荏苒中度过了我的18岁，有了一份属于成年人的忧郁，聆听《睡莲》那哀婉中更令人忍不住深思的曲调却让我懂得去咀嚼这份忧郁，品尝这份寂寞。当清冷的乐曲如流水般倾泻出来时，这个浮华功利的世界就离我远去了，只留一泓清泉和一朵遗世孤立的莲……浮躁的心在这里沉静，清冽如泉的音乐在洗涤着内心的尘垢，引导着我去思考，于是我就是在这份忧郁中渐渐成熟。这音乐的羽翼扬起的清风驱散了冲动与焦躁，带我飞翔，提升着我灵魂的高度。

　　这就是我那双隐形的翅膀，它无形无相，却不可或缺，它载着我飞过生命中的喜怒哀乐，让心灵的天空更加广阔。

　　音乐——我隐形的翅膀呵，请继续带我飞，飞向远方。

提炼、欣赏、借鉴

1. 引论：音乐是我隐形的翅膀。
2. 本论：音乐的翅膀让我在得到物质满足的同时，也感受精神上的幸福。

　　　　音乐的翅膀闪着光辉，带着我冲破挫败与沮丧的桎梏，飞向蓝天。

　　　　音乐的羽翼驱散了冲动与焦躁，带我飞翔，提升着我灵魂的高度。

3. 结论：音乐的翅膀让心灵的天空更加广阔。

---

❸ 我有一双隐形的翅膀（60分）

王恒

　　我，嘉布里尔·香奈尔，出生于法国一户农民家庭。可能是因为经济上不堪重负，再加上母亲早逝，我被送入了孤儿院。难道没有人看到我有一双隐形的翅膀吗？我是一个拥有非凡天赋的女孩，我将成就一番伟大的事业。不过那时的我看起来与一般女孩没什么区别，相貌平平，翅膀毕竟是隐形的，人们看不见。

　　在孤儿院的高墙之内，我和其他被抛弃的孩子一样，穿着统一的制服，吃着简陋的饭菜，就像《简·爱》中描写的那样。可是，我逐渐展露出缝纫的才能，我会用刺绣装饰衣服，用简单的布料制作漂亮的桌布和窗帘。18岁时，我离开了孤儿院，扇动隐形的翅膀去探索外面的世界。一切并不是那么顺利，我干过各种辛苦的工作。在酒吧唱歌时，我把自己的名字改成"可可"。

　　我终于有能力开一家属于自己的店，我想先从帽子做起。那是20世纪初，被称为"美好年代"，女士们都戴着层层薄纱堆砌而成的帽子，庞大而笨重，限制她们行动自如。我决定设计简单轻便的帽子，结果大受欢迎。于是我在巴黎康朋街开了自己的时装店。我要把女性从紧身胸衣中解放出来，告诉她们无须为取悦男人而穿衣，要做生活上和思想上的独立女性。我设计的束腰运动衫、直身裙套装、黑色绉纱晚礼服赋予女性衣橱新的生命，让她们可以自由自在地骑自行车、与孩子嬉戏、在海滩上晒太阳。果然如我所料，女人们热爱我的衣服，我非凡的天赋得到人们肯定，我想人们终于发现了我那双隐形的翅膀。

　　后来我剪短了头发，像男孩子的一样短，并且穿裤子在公开场合露面，人们简直惊呆了，但随后就纷纷效仿。他们说我引领的不是时尚而是一场革命。隐形的翅膀让我飞进了上流社会的大门，没有人再注意我的出身。我与让·考克多共进午餐，陪丘吉尔打扑克，还和威斯敏斯特公爵跳舞。公爵两次向我求婚，我毫不迟疑地拒绝了，我告诉他："公爵夫人有很多，但香奈尔只有一个。"我有一双隐形的翅膀，但目的绝不是飞上枝头做凤凰。

　　第二次世界大战爆发了，那真是一场可怕的灾难，我的时装事业也中止了。战后，沙漏型的裙装卷土重来，又把女性束缚在男性审美的桎梏里。我气愤极了，尽管已然年过七十，我决定重返时尚界。翅膀虽老，但强劲依旧，我不会让世人将我遗忘。

　　我真的老了，独自游荡在巴黎的里兹大酒店，即使隐形的翅膀也不能阻止人衰老。最后我想告诉你们：其实每个人都有一双隐形的翅膀，你要做的只是让人们看见它，就像我一样。

提炼、欣赏、借鉴

　　对香奈儿的叙事思路：

　　1. 缝纫天赋是我隐形的翅膀。

2. 初显天赋的童年。_____

3. 大展才华的经历。_____

4. 不懈追求的晚年。_____

④ 我有一双隐形的翅膀（60分）

杨春雨

有时，觉得自己越来越麻木：走过街边艰难求生的小贩却无动于衷；望着汽车尾部的浓浓烟雾却一脸漠然。总是想飞，飞离这种麻木与愚钝，却一直没有一双隐形的翅膀带我远行。一日，翻开林清玄的散文，读着那清新自然、禅意悠悠的文字，不觉产生一种飞的冲动，仿佛自己有了一双隐形的翅膀。

我有一双隐形的翅膀，那是他笔下普通人物带给我的坚忍。这双隐形的翅膀，带我飞离了偏见与骄傲，飞向平和感激。那位买馄饨的老人，常在深夜用清脆却不扰人的木鱼声，招呼那些还未眠的人来吃碗馄饨。老人一定是有辛酸往事的，不然步履不会那么沉重。但那淡然笃定的木鱼声，仿佛又像老人的手，将一页页岁月就那样轻描淡写地翻过。还有那月光下的喇叭手，十几岁便被国民党军队抓去做了壮丁，从此，别离了慈祥的祖父，别离了那金灿灿的麦田，随着部队从北方到南方，从南方抵台湾……家乡，竟再也回不去了！从此，喝酒便酩酊大醉，梦里总梦见在揭开新娘的盖头……然而清醒时分，不管多苦，生活还要继续。他用一曲曲骊歌为西归的人铺最后一程到天堂的路。这就是他笔下的人物，这也就是我们身边的人物啊！面对生活的无常，他们坚忍，面对坚忍的他们，我也受到了洗礼。辛劳的小贩不应比纨绔子弟更令人钦佩吗？而我们，不也正需要这种逆境中的坚忍吗？林清玄的散文，给了我一双翅膀，给了我坚忍，给了我对平凡的生活和平凡的人的深深感激。

　　我有一双隐形的翅膀，是他笔下对乡村生活的一往情深。这双隐形的翅膀，带着我的思绪飞离了城市的滚滚红尘，飞向了田园的袅袅炊烟。从他笔下，我第一次知道原来"光"是有味道的。在田地里耕作的农夫，他能嗅出哪些稻谷是被阳光晒过的，因为那些稻谷中蕴含着独一无二的香味。从他笔下，我第一次知道原来土地也是有感情的。人工种植的稻米与机器种植的稻米吃起来味道是不一样的，前者松软有弹性而后者寡然无味。可惜的是，这种细微差别城里人却早已分辨不出来了。我这才醒悟，生活在城市之中，终日面对一成不变的钢筋水泥，终日在大快朵颐时也吞下大量农药，如何还能轻盈灵动地飞翔呢？城市中人，只需到田间走一走，闻闻那稻香草香槐花香，抑或是读读林清玄的散文，都会有一种想飞的冲动吧！林清玄的散文，给了我一双翅膀，给了我对乡村城市的独特感悟。

　　人应该是有灵性的。这样心才轻盈，才能在碧天白云中翩翩起舞。

　　是林清玄的散文，给了我一双隐形的翅膀，让我心绪轻灵而意趣悠远……

提炼、欣赏、借鉴

　　1. 引论：林清玄的散文是我隐形的翅膀。

　　2. 本论：他笔下普通人物带给我的坚忍，带我飞离了偏见与骄傲，飞向平和感激。

　　　　　　他笔下对乡村生活的一往情深，带我飞离了城市的滚滚红尘，飞向了田园的袅袅炊烟。

　　3. 结论：林清玄的散文给了我一双隐形的翅膀，让我心绪轻灵而意趣悠远。

题 目

《白鹿原上奏响一支老腔》记述老腔的演出每每"撼人肺腑",令人有一种"酣畅淋漓"的感觉。某种意义上,可以说"老腔"已超越其艺术形式本身,成为了一种象征。

请以"'老腔'何以令人震撼"为题,写一篇议论文。

要求:以老腔的魅力说开去,不要局限于陈忠实散文的内容,观点明确,论据充分,论证合理。字数不少于700字。

(2016年北京高考语文作文题之大作文1题)

范 文

"老腔"何以令人震撼(60分)

周展平

粗粝坚实的木凳,朴素而传统的板胡、二胡和月琴,在几个年迈老人的手中,竟可以奏鸣出撼人心魄的乐曲。现代的舞台,台下是年轻的、异地的观众,竟都被这传统的曲艺形式所深深震撼。这实在是一个奇迹,也实在给了我欣喜与希望。

老腔所代表的,是我们的传统曲艺形式。在流行音乐普遍占主导的今天,在传统曲艺形式式微的今天,我们依然能被老腔、被那些传统的曲艺所震撼、感动,实在是一个惊喜,实在证明了它们强大的生命力。如果说我们还能够深受震撼,还能够理解这种生命力,那是源于我们作为炎黄子孙血脉里的文化认同。

这种文化认同,在于对地域文化的理解与感知。广袤的黄土高原,风将黄沙高高扬起,在这玄黄的天地间,纵横着深深的沟壑。满眼都是黄沙,天地的苍凉与雄浑孕育出高亢雄壮的老腔、秦腔。在张扬的歌唱中,激荡着生命的伟力与对生活的渴望，让听者血脉贲张。这是一种壮美所带来的震撼。

渡过长江，来到杏花春雨的江南，则另有韵味。粉墙黛瓦，小桥流水，在绝美的水乡，流淌着清丽绵长的昆曲。帝王将相、才子佳人的故事，以一种极其温婉的方式表现出来，一颦一笑莫不如此。在柔美的黑白水墨画中，也只会有这般柔美的昆曲，让听者陶醉其中。这是优美带来的震撼。

文化认同，还在于血脉中共有的民族精神底色。不论来自何处，不论性格如何，我们每一个中国人的精神底色是相同的，血浓于水，将我们紧紧相连。一出《四郎探母》何以经久不衰？何以能深深感动每一个人？恐怕正是因为它唤醒了我们每个人心底的忠孝仁义与家国情怀。一出《锁麟囊》何以在众多程派曲目中最为经典？大概正是触动了我们心底对于善恶因果的信仰、对完美团圆的企盼。

电影《百鸟朝凤》中，焦师傅与游天鸣共同坚守着的，是一种技艺，是一种记忆，更是一种情怀。我相信，传统曲艺有永恒的魅力，永远有守护它们的观众。

《百鸟朝凤》用唢呐奏响了一曲对于传统曲艺的凤凰挽歌。然而，我绝不希望也不相信，富有生命力的这些"老腔"们会消逝。今年的春晚上，融合了老腔与摇滚元素的《华阴老腔一声吼》，再次通过创新震撼我们，并给我们以希望。继承传统，发掘震撼人心的力量源泉，让传统曲艺焕发出新的生机与活力，这是我们的共同使命。

提炼、欣赏、借鉴

1. 引论：那是源于我们作为炎黄子孙血脉里的文化认同。

2. 本论：这种文化认同，在于对地域文化的理解与感知。

   这种文化认同，还在于血脉中共有的民族精神底色。

3. 结论：继承传统，发掘震撼人心的力量源泉，让传统曲艺焕发出新的生机与活力，是我们的共同使命。

放飞风筝　牵牢丝线
——寓言故事类

"由此及彼"是材料作文的基本写法。这里的"此"指作文材料,"彼"指所展开的联想。而把"此"与"彼"联系起来的,是命题材料的寓意。无论你的联想多宽多远,都要受作文材料寓意的限制。为了让材料寓意更显眼,行文中关键处要用一些标志性词句,使"此"和"彼"紧密联系起来。打个比方,联想就像风筝,而材料的寓意就是牵着风筝的那根线。如果两者之间的联系断了,风筝就断了线,作文就跑题了。一些同学作文时常常写着写着就丢掉了材料中的那根线,致使作文"中途易辙",甚至完全跑题。

为了避免这一严重失误,本讲着重解决两个问题:一是讲清考场作文"牵牢丝线"的重要性;二是怎么去"牵牢丝线"。

本讲的作文材料是寓言故事,是一种人们喜闻乐见的文学样式,它不仅短小精悍、生动活泼,而且言简义丰、寓意深刻。

可怕的是,尽管平时作文训练无数,高考时,当一则言近旨远的寓言类作文题出现在眼前时,还是让不少考生猝不及防,心惊胆战,甚至大脑瞬间失忆,"一片空白",不知道材料在说什么,也不知该下笔写什么;心慌意乱之际,越着急越写不出,越写不出越着急……宝贵的考试时间就这样如流水一般匆匆逝去。最后勉强仓促下笔,草率成文;或者下笔千言,离题万里。因此铸成大错者,大有人在。

解决这个问题有一个行之有效的办法,即"由此及彼,辐射生活",并让"此"与"彼"之间构成比喻联想或类比联想。这种"联想"要妥帖恰切,合情合理。其实,当看到作文材料时,只要一去联想"生活"二字,你的眼前就会豁然开朗，大脑就会从"一片空白"的死机状态，出现"一键恢复"的动人奇迹，生活中取之不尽、用之不竭的典型事例，就不尽长江滚滚来了。

一、贤明的国王

题 目

阅读下面的寓言故事，按要求作文。（60分）

先前，遥远的维拉尼在一个强悍而又贤明的国王统治之下。

然而有一夜，在全城都已入睡之后，一女巫来到城中，在城中唯一的一口井中滴入七滴药液，并宣称："此后再饮井水者必定变为疯子。"

次日晨，全城的居民——除了国王和侍从长——都饮了井水，并果如女巫所言变为疯子。

当日，全城居民都在交头耳语："我们的国王和侍从长疯了，我们必须罢黜他！"

入夜后，国王令侍从长取来满满一金杯井水，两人一饮而尽。

翌日，遥远的维拉尼城一片狂欢，人们庆祝国王和侍从长恢复了理智。

要求：

1. 读了这个材料，你有何感触，请在全面理解材料的基础上，自选角度，自拟标题，自选文体，写一篇作文。

2. 不要脱离材料的含义作文。

3. 不少于800字。

解 题

邪恶狠毒的女巫、失去理智的居民、妥协屈服的国王——三者共同导演了维拉尼城的悲剧。在这个寓言里面，女巫、居民、国王分别是邪恶、疯狂、屈服的代表。在选择立意角度时，既可以正面立意，也可以反向立意或者侧面立意，当然还可以从女巫、居民、国王彼此关系的角度去立意。总之，应该选择自己最有思考、最有积累、最有把握的角度，才有可能写出最好的作文。

古往今来，类似这个寓言故事的社会现象并不少见。展开联想时，只要选好角度，联系古今中外的同类现象，用事实说话，并由感性上升到理性，就可以写出不错的作文。

清醒者，勇士也（满分作文1篇）

说 明

范文中勾连"此"与"彼"的标志性语言，老师已用波浪线标出，认真阅读此文，学习并借鉴范文的亮点。

范 文

清醒者，勇士也 （60分）

张悦

一个疯狂的城市，群"狂"无首。

一杯清澈的泉水，法力无边。

喝下它，国王将丧失理智，但依然皇冠在顶；否则，便会被怪叫着的民众推上宝座。故事中的国王选择了将井水一饮而尽，在井水下肚的一刻，他可曾想到——喝下它，不过是给城市无望的毁灭添上一个感叹号；而倒掉它，却可能靠自己的清醒拯救一个城市，体现一个真正的人的价值：用良知去改造社会。

这样的故事曾经就发生在我们身边——

记得多年前，有人曾以太阳的名义，毒化井水，危害生灵。但有一个年轻人却拒绝饮用——他就是遇罗克。当这位24岁的北京青年学徒工用滴血的心写下长篇论文《出身论》，把流行全国的、令无数人惨遭迫害的"血统论"比作美国的黑奴制度、印度的首陀罗制度时，清醒的他，不会没有想到井水无边的法力会使情同手足的人们跳出来，用利爪撕破他朴素的衣衫。但他清醒到甘愿为了做人的基本准则，为了在一个谎言时代喊出常识般的真理而献身。当年仅27岁的遇罗克背负"恶毒攻击革命"的罪名，在发狂的人们胆怯的枪声中倒下，这位清醒的勇士已经用呐喊唤醒了执迷不悟的人们，用热血浇灌出烂漫芬芳的自由花。

到了80年代，伴随着改革开放的洪流，原来星罗棋布般遍布全国的古镇，忙着填河开路、拆房建厂，你争我赶地完成现代化。真快啊——一张张龙飞凤舞的"同意"，一声声推土机的轰鸣，几千年春风秋雨雕琢出的天人合一的人文景观，旦夕之间葬送于"雄心勃勃"的父母官们手中。如今，上百个江南古镇，我们这一代人能够亲手触碰的只有6个，它们全部是上海同济大学建筑学教授阮仪三挽救的。这位年逾古稀的老者历经艰辛，却仍保持着一个知识分子的清醒与良知。

当年，阮仪三来到一座座古风犹存的镇上，宣传自己为之设计的保护方案时，饮了"井水"的镇长们一面忙着计算着古镇"巨变"后的"钱途"，一面冠冕堂皇地以"保护古镇就是保护落后，马达响才是硬道理"为由打发他，甚至拒绝为风尘仆仆的他提供食宿。"众人皆醉我独醒"，在表面风风火火、实际暗藏浮躁的时代背景下，阮仪三保持了清醒。他赶到当时还很贫困的周庄，带去了5000元科研经费——那是一毛钱能吃顿早饭的年代——古镇暂时保住了。后来，一条大马路的蓝图画进了古镇，阮仪三拍案而起："要在周庄开路，请从我的身上轧过去！"于是，大马路在周庄的镇口戛然而止。

即使再先进的社会，再明智的人群中，也可能潜藏着一口魔鬼的井，井水看似清澈，实则致命。惟有那些拒绝饮水并拆穿诅咒的清醒者，才是造福社会的真正的勇士，他们的英名，将会穿越蒙昧的岁月，为历史永远地铭记！

"牵牢丝线"练习（示例）

1. 找出"风筝线"：喝下井水还是倒掉井水。

2. 画出文中的标志性词句：详见文中波浪线标明的地方。

3. "国王""民众"等分别对应文中什么内容：遇罗克，阮仪三；"情同手足的人们""饮了井水的镇长们"。

4. 其他亮点：开头引人入胜，结尾又干脆有力，寓含哲理；论据新颖，典型有力（遇罗克和阮仪三）；分析深入具体，见解深刻，语言简洁洗练，富于表现力。

———— 其他一类作文 ————

尊重少数派（其他一类作文5篇）

说 明

1. 找出文中"此"与"彼"相互联系的标志性语言，并用波浪线标出。
2. 完成作文后面的练习。
3. 学习并借鉴范文的亮点。

范 文

❶ 尊重少数派 （58分）

王萌

当维拉尼城最后的两个清醒者被迫饮下使人变疯的泉水，当理智最终向愚昧与疯狂做出妥协，全城居民心满意足地长长舒了口气——他们的国王和侍从长终于"恢复了理智"。

这是一个多么荒诞的寓言，然而类似的荒诞事却曾在世界的各个角落上演：狂热群体中的少数清醒者，愚昧民众间的少数启蒙者，黑暗现实中的少数革新者，却被人视为疯子，被唾弃、被放逐、被消灭、被打倒在地并踩上一千只脚……我们看到面色憔悴、形容枯槁的屈原在汨罗江边长叹："举世皆浊而我独清，众人皆醉而我独醒。"；我们看到阮籍驾着他的牛车、载着他的酒桶，在穷途末路放声大哭；我们看到李白醒了又醉，醉了又醒："古来圣贤皆寂寞，唯有饮者留其名！"雅典的公民大会上，民众投票处死疯子苏格拉底时爆发出阵阵欢呼；古罗马的鲜花广场上，神父将耶稣受难像举到火刑柱上的布鲁诺面前，劝他迷途知返；缠绵病榻的哥白尼，被迫放弃自己坚持的学说，临终前却喃喃自语："然而地球仍然是绕着太阳转的呀！"这些人被视为疯子，视为异端，只因为他们的目光超越了时代，他们比同时代的大多数人更接近真理。

历史是一位耐心的教师，如果你没有学会，它便会不断重复。脑海中又浮现了那个为保护北京古城墙和古建筑四处奔走的单薄身影。在轰轰烈烈的社会主义建设大潮中，在一片破旧立新的喧嚣里，那身影显得那样孤单，那样的不合时宜。一位当时的北京市副市长就曾对梁思成说："您是老保守，将来北京城处处建起高楼大厦，您那些老牌坊、旧门楼在高楼包围下不都成了鸡笼、鸟舍，有什么文物鉴赏价值可言！"时至今日，当初那位副市长的预言已不幸应验。当我们在北京城宽阔的柏油马路上驱车，车窗外掠过一片片欧陆风情北美园景时，已很难忆起那个我们曾经拥有的北京城，那个属于中国也属于世界，其文化底蕴和历史积淀可以傲视巴黎、伦敦、威尼斯、佛罗伦萨的北京。我们禁不住遗憾地想，如果当初梁思成的声音得到了倾听，如果少数派的意见不被大多数的声音淹没，而是能获得尊重，今日的北京城该是多么珍贵的民族文化的瑰宝！可惜，历史没有如果。

从弱肉强食的蛮荒中走出来的人类文明，一向缺乏尊重少数派的传统，我们曾为此付出过太多的代价，走过太多的弯路。奥维尔在《一九八四》中曾写道："身在少数派，即使是一个人的少数派，也并不证明你疯了……""自由，就是在整个世界都认为二加二等于五的时候，可以不受迫害地说二加二等于四的自由。"当少数派能够自由地发表意见，当整个社会学会倾听少数派的声音，容忍"不和谐的声音"的存在，历史也许便能永远告别狭隘、偏执与疯狂的一页吧！让我们学会宽容和尊重少数派。

维拉尼城的人在欢呼：他们的国王和侍卫长又恢复了理智。我却在慨叹，这世上又多了两个上演从众悲剧的疯子。

"牵牢丝线"练习（示例）

1. 找出"风筝线"：尊重少数派。
2. 画出文中的标志性语言：详见文中波浪线标明的地方。

3. "国王""民众"等分别对应文中什么内容：<u>少数清醒者，狂热群体。</u>

4. 其他亮点：<u>角度新颖，见解独到，让人耳目一新；中外论据典型，"北京城墙保护"的论据有说服力；奥维尔的名言恰到好处。</u>

❷ 众人皆醉，孰能独醒 （54分）

雷磊

药液作乱，疯气弥漫，再强悍的国王也顶不住全民的疯话而喝下井水，全城因变疯而狂欢。当多数人颠倒黑白的时候，即使是国王的强悍也毫无用处。我们不禁要问，在这种众人皆醉的情况下，究竟什么样的人还能保持清醒？

是那些坚持真理、忘掉私利又保持客观的人。

回想几百年前，西方科学家刚刚从欧洲开始萌发，有"科学百科全书"美誉的亚里士多德，他的学说，即使是其中错误的部分，比如重物落地理论，也被人们神化美化，与教义平级。一些在我们看来荒谬的、丝毫经不起认真检验的理论也被视为真理，人们不辨真伪、上下皆疯。在一片疯潮中，政府跟了过来，教会跟了过来，而一些勇敢的、坚持真理的早期科学家却站了出来，其中的代表就是伽利略。他坚持实验、推理，用自己的这种坚持，为科学的健康发展做出了巨大的贡献。可见，坚持真理的人能够保持清醒。

让我们把目光拉回到现在，转回到如今中国的医疗事业。也许是改革开放猛烈的春风吹得一些人晕头转向了，他们只看到了眼前的利益，不顾他人，不顾国家，做尽了疯事。这些人在医疗部门尤其猖獗。为了利益，前有"光量子"有毒针剂"流行"整个上海滩，后有在未排水情况下大输液19升胀死人的荒唐医疗。某些医生与官员面对不赚钱就下岗的"时局"，上下皆疯。在这种利益的疯潮中，一些有良知的人站了出来，他们忘掉私利，救死扶伤，那些在"非典"时期奋斗在一线的英雄们不就是最好的代表么？还有的人不顾下岗甚至威胁恐吓，坚持将"医疗黑幕"曝光，让更多的人认识理智与疯狂。可见，忘掉私利的人能够保持清醒。

我们身边也许会有各种各样的疯潮，我相信，如果我们坚持真理、忘掉私利、保持客观，我们一定能保持真正的清醒，中国也一定能步入强国之林。

"牵牢丝线"练习

1. 找出"风筝线"：＿＿＿＿＿＿＿＿＿＿＿＿＿＿＿＿

2. 画出文中的标志性语言：＿＿＿＿＿＿＿＿＿＿＿＿

3. "国王""民众"等分别对应文中什么内容：＿＿＿＿＿＿

＿＿＿＿＿＿＿＿＿＿＿＿＿＿＿＿＿＿＿＿＿＿＿＿＿

4. 其他亮点：正面立意，旗帜鲜明；中规中矩，便于借鉴；关注现实，联系生活紧密。＿＿＿＿＿＿＿＿＿＿＿＿＿＿＿＿

---

❸ 向"女巫"宣战 （57分）

杨屹

很久以前，古城维拉尼的居民们在喝了有毒的井水后，都变成了疯子，惟有国王与侍卫长幸免。一觉醒来，疯狂的人民拥向王宫，要求罢免那"疯掉"的国王。国王震惊了，却又苦笑着。他取来那有毒的井水，看了他那无知臣民们最后一眼，慢慢喝下了毒水。刹时，世界一片死静……

我为那清醒的国王惋惜，清醒却无力改变那个疯狂的世界。在绝望与无助面前，他苦笑着选择了屈服，选择了随波逐流。但若反抗呢？穷尽他的一生去使他的臣民觉醒，去医治这国家之疾呢？有人做到了。当中华民族面临亡国灭种之灾时，他站了出来，勇敢地向"女巫"宣战。他拼尽全力地呐喊，在黑暗中冲杀，只是为点亮一条路，一条民族解放之路。他无数次被"女巫"通缉，无数次被饮了毒水的民众诅咒，但他决心不做那屈服的国王。他名叫孙文，字中山。

晚清时期，昔日的泱泱大国已完全褪尽了它全部的光辉。在清政府这一"女巫"的魔爪下，中华民族正深陷于一口无底的毒井中。战败，割地，赔款，却没有人以此为耻。官员们依旧做着天朝之梦，士兵们仍在吞云吐雾地吸食着鸦片，百姓们仍遵从着三纲五常。整个社会，一片死水。中间或有几个暂时清醒的人，但很快又被"疯狂"的民众"罢黜"下去。或死，或如那国王一样，选择沉沦。因长期旅居他乡，孙中山成了一个侥幸没疯的中国人。

面对与国王相同的选择，他选择了用他那并不强壮的肩膀扛起民族的脊梁。同盟会的建立，《民报》发刊词中的"三民主义"，是他为医治这个早已失去理性的民族而向"女巫"开的第一枪。"驱除鞑虏，恢复中华，创立民国"，他叫喊着"疯言疯语"，向仍在混沌中的国民阐述着他们从未敢想的事。人们不理解，认为他离经叛道，应株连九族，封建的卫道士们，恨不得人人诛之。面对"女巫"此起彼伏的威胁声，他更意识到只有用武力推翻清王朝，才能使四万万同胞们从毒水中清醒过来。他四处游说却处处碰壁，在他眼中，死已是必然，但是随波逐流醉生梦死，还是为民族觉醒而死？站在历史的浪尖，孙中山选择了后者。

辛亥革命胜利了，五色旗在武汉三镇上空高高飘扬。此时的孙中山已不再感到寂寞，因为他用血泪播下的种子已结出果实。作为临时大总统，他高声宣布了《临时约法》。"还主权于人民，建立一个真正的民主共和国。"民主之风第一次如此猛烈地吹击着我们这个沉睡已久的民族，与"女巫"的决战取得了决定性的胜利。

如果孙中山当时也喝下那杯毒酒呢？他不会的，因为他早已为自己选择了向"女巫"宣战这条用鲜血铺就的光辉大道。

"牵牢丝线" 练习

1. 找出 "风筝线"：_____

2. 画出文中的标志性语言：_____

3. "国王" "民众" 等分别对应文中什么内容：_____

_____

4. 其他亮点：专题性是本文的最大亮点，孙中山的论据翔实、典型有力；题目鲜明响亮，宛如一声战斗号角，让人精神为之一振。

❹ 坚守理智的勇气 （58分）

李铁合金

金杯掉落在地上，井水已被一饮而尽，杯底只剩下国王和侍卫长疯狂的笑脸。面对来势汹汹的疯狂，理智还是没能守住自己最后的领地，败下阵来。仿佛是千年的宿命，让人惋惜，甚至，有些迷茫和绝望。井水泛出诡异的光，让人不寒而栗。这光像是一柄锋利的匕首，不知曾有多少人在它的威胁下，无奈地做了妥协。这才发现，坚守理智，原来也是一种勇气。

程蝶衣幽幽地站在我的面前，那么的瘦弱，似乎会随一阵风而飘散。作为倾国倾城的一代名伶，在特殊年代遭受各种冤屈时，他曲折的生命之线又一次跌到了谷底。凭着自己对艺术的热爱和最后的一点理智，他怎么肯让那些古老的腔调、华美的辞章，哪怕受到一点点无耻的篡改。也因此，他被他们逼着认罪，逼着坦白。"我揭发姹紫嫣红，我揭发断瓦颓垣"，这是他心底最痛苦的呼喊，这是他面对猛兽一样发了疯的人们，鼓起勇气的理智的呼喊。他不妥协，因为他爱艺术；他不妥协，因为他坚守理智。他不再只是舞台上那个最娇柔的花旦，他更是台下面对疯狂井水，勇敢说不的男儿。

浓重的一字胡须是他桀骜不驯的标志，犀锐的一杆利笔是他永不放下的武器。鲁迅，用他乱世中的一颗理智之心，试图为一个个疯狂侵入骨髓的人做一次最彻底的手术。来自各方面的压力压迫着他，形形色色的人用咒骂和诋毁刺他。若是一个平凡的人，早就已被这巨大的压力压得喘不过气，被这锋利的刀子刺得鲜血淋漓。"横眉冷对千夫指"，他却有永不和疯狂同流合污的勇气，是闪烁在浓密的黑夜里的明星。

想到了安徒生《光荣的荆棘路》。

坚守理智，不也正是这么一条路吗？踏上这条路，需要的不仅是理智，更是一种无所畏惧的坚守的勇气，是一种最强悍的精神力量。

坚守心中的理智，把握坚守的力量。

"牵牢丝线"练习

1. 找出"风筝线"：_____

2. 画出文中的标志性语言：_____

3. "国王""民众"等分别对应文中什么内容：_____

_____

4. 其他亮点：中规中矩，语言干脆，论据典型。

---

❺ 小心对群体的过分依赖　（57分）

张锦

在遥远的维拉尼城中，发生了引人深思的一幕，喝了药水的居民都变成了疯子，他们却指责清醒的国王变疯，并迫使国王喝下了药水，也变成和他们一样的疯子。这个看似荒唐的故事影射了当今社会的一种现象：群体往往会对个体施压，迫使个体在行为和思想上保持与整体的一致，不管这种行为思想是否正确。

在茹毛饮血的时代里，人类为了生活，学会了采取集体行动来抵抗野兽的攻击，抵御残酷的自然条件。逐渐地，人们总结出一些经验，并将它们定为社会"规则"。随着时代的进步，一些陈旧的规则依然保留下来。年复一年，人们按照"规则"办事，并产生了惯性，最终酿成了悲剧——少数几个坚持真理的人刚提出异议，就会被强大的社会言论打压下去。当对这种社会群体的"规则"产生过分依赖时，社会的个体将变为会走路的机器，每个人都将像从一个模子里刻出来的，没有丝毫区别。可以说，对群体的过分依赖正是那滴入井水的毒药，侵蚀着社会，阻碍着人类的发展。

还记得一位美国作家这样描述几百年后人类的生活：人们穿着统一的黑色服装，在工厂里干活。他们分工明确，只有序号，没有名字。如果有人胆敢做与众不同的事情，他/她就将被处死。难以想象，当我们变为被标号的"活木头"时，这个世界将变成什么样子……唯一可以肯定的是，如果现代人再不及时脱离对群体的依赖，人类创造的文明就将在地球上永久消失。

房龙在《宽容》序言中描述的"无知谷"是人类社会的缩小版。守旧老人天天向村民们宣扬"天书"中那些陈旧规则。当为村民寻找新世界的先驱者归来时，守旧老人残忍地处死了先驱者，只因他的描述与"天书"相违背。历史上，一幕幕群体对勇敢的真理捍卫者施加残忍压迫的画面浮现在我的眼前——布鲁诺在中心广场上被活活烧死，苏格拉底在监狱中饮下他深爱的人民留给他的毒药，儒士们奋身反抗却与心爱的书籍长眠在一起，坚持真理的斗士张志新被割断了喉管……

人类的这一错误，一犯再犯，已不知造成了多少无法挽回的损失。为了不让悲剧重演，我们需清醒地意识到：群体在面对个体时，需要理性地看待不同意见，宽容地吸取正确的观念，而不是倚仗群体优势在数量上战胜个体，顽固不化地坚持那些陈旧的规则。

对群体的过分依赖，已成为一个不可忽视的问题。它的毒害正渗入到我们每个人的生活中，影响到人类未来的命运。它酿成的悲剧，过去发生过，现在也在发生，我们真切地希望，将来，这样的事情再也不要发生！

"牵牢丝线" 练习

1. 找出 "风筝线"：_____

2. 画出文中的标志性语言：_____

3. "国王" "民众" 等分别对应文中什么内容：_____

_____

4. 其他亮点：<u>立意独到，视野开阔，分析深入。</u>_____

荆棘路上的背叛（二类作文2篇）

说 明

这里的2篇二类作文，各有各的不足。阅读后找出每篇存在的问题，以便日后作文时引以为戒。

例 文

❶ 荆棘路上的背叛 （47分）

遥远的维拉尼城里，因饮井水，一日之内臣民尽疯。拯救灾难的任务落到神志尚清醒的国王与侍从长身上。但众口铄金，"国王神志不清"的消息言之凿凿，霎时间传得满城风雨。谁能够忍受无休止的诟骂与无情的诬蔑？也许凡人与伟人的差别就在此：是否拥有坚定的信念与九死不悔的精神。

国王与侍从长本已踏上光荣的荆棘路，他们本可以引导人民重新找回理智的天空，但他们没有，反而"与民同疯"，用失去理智与责任再次换来那虚伪的荣誉、富贵与人民的"拥护"。这才是最大的悲哀。他们背叛了光荣的荆棘路，他们悄悄卸去上帝交付的重任，变成贪生怕死、苟且偷生的庸碌之辈，谁说他们不会遭到后世的不齿？

四月的古战场，吴王夫差在光荣的荆棘路上走得坚定而自信。十几年励精图治，今日终于凯旋而归。可这是荆棘路的尽头吗？不，苦难却光荣的荆棘路永远没有尽头。可夫差却不以为然，他在温柔乡里消磨了斗志，在歌舞升平中迷失了方向。在荆棘路的中途背叛更为可怕，不仅自己身死人手，为天下笑，人民也从原来的和平安逸的乐园落入充满战争的尘世，其苦万状。"三千越甲可吞吴"，吞的正是荆棘路上的背叛者——吴王夫差！当一轮夕阳染红半边江水，当越国旗帜在吴都上方飘扬，横剑须前的夫差可曾意识到：对他背叛的惩罚是多么残酷！且不说声名扫地于后世，在今世已是国破家亡！

　　背叛一次次上演，恍然间举国尽疯的维拉尼已变为硝烟漫天的北京城。在西方列强枪炮的凌辱下，一些爱国人士挺身而出！"献身甘作万矢的，著论求为百世师"，梁启超为了正义而出，《少年中国说》字字血泪。康有为领导"公车上书"终于感动了光绪帝，一场革新即将到来。处于水深火热中的人民充满希望地抬起沉重的头颅，企盼上帝的荣光可以通过他们传遍世间。但人们看到的却是：戊戌变法失败，康、梁逃亡日本，由"革新派"沦落为"保皇派"，阻碍辛亥革命的到来。这真的是背叛：康梁无法坚守心中的信念，无法矢志不渝地领导改革，更无法消除陈见与孙中山等革命党人携手共进。他们将光明的道路走成歧途，只留给失望的荆棘路一个模糊的背影。

　　谁才能在艰苦卓绝的情况下坚守荆棘路不背叛？警惕那一金杯井水，它会使你丧失意志而背叛；警惕进献的珠宝与佳人，那是背叛的诱饵。只要坚守心中的信念，就可以拒绝背叛，将光荣的荆棘路走尽，了却千古兴亡事，赢得生前身后名。

找不足

1. "此"与"彼"不能构成比喻或类比。

2. 吴王夫差论据不妥。

3. 康有为、梁启超论据不妥。

---

❷ 坚持自己的准则 （46分）

　　太平的维拉尼因为女巫的魔水使全城居民陷入疯狂。清醒的国王和侍从长在众人的压力下也将井水一饮而尽，举国欢庆国王恢复了理智。造成这可笑结果的原因是国王和侍从长在百姓们的"舆论压力"下失去了理智，迷失了自己的准则。众人"潜移默化"的错误观念会让理智的人陷入孤独，坚守准则是如此艰难。但是坚守准则，把握住人生的方向，前方定会有路通向光明。

2005年曾名噪一时的韩国首尔大学教授黄禹锡似故事中的女巫一般，向世界宣布他培养出了首例人类克隆胚胎，并提取了干细胞。顿时，一向以自己国家为傲的大韩民族的居民们吹捧报道他的事迹，视他为"韩国民族的英雄"。在事情"轰轰烈烈"上演几个月后，直至2006年年初，首尔大学调查研究会才宣布黄的研究成果是造假。为什么这么长时间没有人站出来提出非议，清醒的国王和侍从长亦陷入在民族精神的"鼓舞"之下，原则被放弃，是非被混淆，这个事件成为科学界的一大笑话，亦使韩国的世界声誉受到影响。

坚守准则确实艰难，但是，殊不知坚守的前方将会是辉煌的明天。位于甘肃省岷县的小寨村之所以闻名于世，不是因为它像华西村那样富有，而是因为全国大中城市中大部分的"乞丐大军"竟来自这里。迫于贫困、土地贫瘠等原因，村中人世世代代出外乞讨谋生。人们像中了魔一样走出家乡，发展成浩浩荡荡的"乞丐大军"。这时"国王"站出来了，他叫李玉平。他还记得儿时心灵所受到的戕害，记得八岁时，他因为要上学，坚决拒绝和父亲外出乞讨而遭到父亲的暴打。记得上小学时同龄孩子随大人外出乞讨的场景。而最后他成为了小寨村有史以来唯一一位大学生。他在上大学期间就开始了他的"拒讨"行动，他发表了《致全村中小学生的话》，告诉孩子们乞讨下跪会丢掉做人的尊严，要挺起脊梁做人。他的行动招来了大人们的反感、斥责和家人的不理解。但是李玉平坚持准则，他不管是否给"家乡人"留面子，请来《南方周末》的记者采访村民。这之后"乞丐大军"的队伍渐渐缩小。更多的孩子回到了课堂。

坚持准则会面临重重阻力，但是，当你从容淡定，理智地面对众人的压力时，你生命中的华美之树定会绽放最绚丽的光彩。

找不足

1. 韩国黄禹锡的学术造假与寓言内容能构成比喻或类比吗？

2. _____

3. _____

二、鲸与沙丁鱼

题 目

阅读下面的文字，按要求作文。（60分）

鲸遇到身体瘦小的沙丁鱼时，便张大嘴巴跟在逃命的沙丁鱼后面穷追不舍，离海滩越来越近了，鲸却浑然不觉。等鲸以极快的速度，接近海滩时，要避开险境已经太迟了，巨大的身体因为惯性冲上了海滩，陷在海沙中无法动弹。而沙丁鱼只要很少的水就可以存活甚至逃生。

要求：

①全面理解材料，可以选择一个侧面、一个角度构思作文。

②自拟标题，自选文体。

③不要脱离材料的含义作文。

④不少于800字。

解 题

鲸和沙丁鱼，一个硕大无朋，强悍无比，处于绝对优势；一个弱小不堪，逃生无路，处于绝对劣势。这本来是一场毫无悬念可言的追逐，孰料最终却成败异变，胜负相反——鲸鱼穷追不舍，结果一头冲上沙滩，搁浅而死。而沙丁鱼却凭借身体小巧伶俐的优势，轻轻一个转身，又游进广阔无垠的大海。

这个现代寓言故事的寓意浅显明了，现实针对性很强，立意角度也很多。学生既可以从鲸的角度去写，也可以从沙丁鱼的角度去写。展开联想，联系生活，写成一篇富有认识价值的作文，对于一个高中生来说，要求并不过高。

虽然材料理解不难，写起来相对容易，但由于材料里有两个对象，通过出人意料的结局，揭示了小大、弱强、胜败、生死的辩证关系。展开联想时，要和两种对象形成对应，不可顾此失彼。如果只看到"鲸"而丢了"沙丁鱼"，或者看到"沙丁鱼"却丢掉了"鲸"，就不合题意，偏题跑题了。

────────── 满分作文 ──────────

学会取舍（满分作文1篇）

说 明

范文中勾连"此"与"彼"的标志性语言，老师已用波浪线标出，认真阅读此文，学习并借鉴范文的亮点。

范 文

学会取舍 （60分）

崔莹

鲸为了追赶一条小鱼在浑然不觉中冲上海滩，身陷于海滩之中，最终丧失了生命。其实，它本可舍弃那到嘴的美味来换得遨游大洋的机会。生活中的我们也时常面临取舍的难题，我们应该学会舍弃眼前的即得利益，以便换取更长远的发展。

至今，87版"红楼"依旧是我心中的经典，这部经典的成就正是因为剧组舍弃了对商业利益的疯狂追求。从计划到拍摄完成，剧组用近5年的时间打磨出一部真正经得起时间考验的经典，使之在20年后依然赢得广泛的赞誉。在拍摄"史湘云醉卧芍药丛"一折时，开机前，导演王扶林才发觉芍药花已经半谢了，于是临时决定将这一折挪到来年春天再拍。其实，在半谢的芍药丛中也可以将就着将这一折戏拍完，而把拍摄期延长一年会造成拍摄成本大幅增加。然而为了把最美的画面呈现给观众，剧组舍弃了对商业利益的追求。87版"红楼"历时五年，几乎以耗费一整批演员的青春为代价来成全一部经典，也许正是这无数对眼前利益的"沙丁鱼"的舍弃，才得以让这部电视剧成为一代人心目中永恒的精品。当年王扶林为"红楼"做出的种种舍弃或许曾为人嘲笑，然而时至今日，我们不得不感叹导演对"取舍"这门学问的深刻领悟——舍弃眼前即得商业利益，来取得87版"红楼"在中国电视剧发展史上的重要地位。

颇为反讽的是20年后的今天，一场以"红楼"为主题实则"追求商业利益沙丁鱼"的文化闹剧曾轰轰烈烈地上演。从2006年6月到2007年9月，经过45万人的海选，最终只有两人胜出，这场旨在为新版红楼造势宣传的"红楼梦中人"选秀仓皇落幕。选秀结束后的第四天，李旭丹等选秀胜出者应邀为某时尚杂志拍摄封面照片，并为活动赞助商之一的"温都水城"拍摄广告。作为商业活动，这场选秀的确是成功的，它取得了不菲的商业利润和人们极大的关注。作为新版红楼的前期宣传活动，这场选秀无疑又是失败的。为了取得商业利益，为剧组筹资，电视台、赞助商不惜以舍弃观众对新版红楼的期望为代价。一时的商业利润或许可以让剧组开支宽裕，而失掉了潜在的观众群，没有为成全一部经典甘愿放弃眼前利益的演员，新版红楼也不过是一出商业化的红楼残梦，注定远离艺术经典的海洋，而搁浅在一味追求利益的沙滩上。

"鱼与熊掌不可兼得"，凡事都需要做出取舍，都可以做出不同的取舍。让我们学会正确地取舍，舍弃眼前的即得利益来换取更长远的发展。

"牵牢丝线"练习（示例）

1. 找出"风筝线"：学会舍弃眼前的利益，换取长远的发展。

2. 画出文中的标志性词句：详见文中波浪线标明的地方。

3. "鲸"和"沙丁鱼"分别对应什么内容？剧组和商业利益。

4. 其他亮点：这是一篇出色的专题作文。面对商业利益这个诱人的"沙丁鱼"，电视剧《红楼梦》的两个剧组态度截然不同：一个坚决舍弃，一个疯狂追求。结果前者成就经典，后者遗人笑柄。正反对比分析娓娓道来，入情入理，很有说服力。小作者丰富的人文素养和厚实的生活积累值得称道。

那么，什么是专题作文呢？所谓"专题作文"，这里指的是，在一篇作文的写作中，只通过一个事件（或一个特定专题），经过分析挖掘而连缀成篇。专题作文的这种写法，往往可以使考生的才华尽情展露，故考场上常常取得意想不到的成功。如本书第一讲的《〈红楼梦〉，"出圈"之作》和写文徵明书法的《生命的养分》，第二讲"精彩分享"中的《蓝玉蓝玉，难成美玉》，第三讲《与诗鬼对话》等，都属于专题作文。

―――――――――― 其他一类作文 ――――――――――

智慧在水底发光（其他一类作文7篇）

说 明

　　阅读下面7篇其他一类作文之后，同学们可以仿照老师给的"练习示例"，完成每篇作文后的练习。这是借鉴范文的有效途径，是取得作文进步的重要保证。

范 文

❶ 智慧在水底发光 （55分）

张泊宁

　　鲸与沙丁鱼的故事，一大一小，一追一逃，一死一生。区别何在？我以为，成败之间，生死关头，重要的不是速度，而是智慧。

　　鲸缺少一种警惕性的智慧，体大力壮者，多有此缺点。爱斯基摩人曾发明了这样一种捕杀北极熊的方法：他们用动物的鲜血冻成冰块，放在北极熊的觅食地。冰天雪地中，极地霸主们自然不会放过这样诱人的免费午餐。它们尽情地舔食着。但过不了多久，那纯白色的庞然大物就会轰然倒下，伺机而动的猎手们只需把它扛回部落。原来，在那血淋淋的冰块中央藏了一把锋利的猎刀。北极熊吃得忘乎所以，它的味蕾早已陶醉于新鲜的血腥味，以致分辨不出那正是自己的血。最终，北极熊因舌被割裂，失血过多而亡。这就像生活中很多腰缠万贯、财大气粗者，很多身居高位、手握大权者，他们倚仗着自己庞大的"身躯"，行走于世，无所顾忌，好不威风。殊不知，高处不胜寒，却少了应有的警惕和严谨，早晚有一天要搁浅在罪恶的海滩，动弹不得。

　　沙丁鱼的胜利在于它拥有一种扬长避短的智慧。从古至今，以少胜多，以弱制强的战役不胜枚举。然而我想谈的是集广大劳动人民智慧于一体的抗日游击战。日军万人围攻，我军不足一团；日军飞机、坦克，我方小米加步枪。无论人力、物力，我们都毫无优势，这是我们的"短"。但我们有效地发挥了自己的长处。占据熟悉的复杂地形，引狼入室，让他们进得来，出不来，我军从而转危为安。真正的战役不是速度与速度的比拼，不是硬碰硬的较量，而是智慧的对决，使用"以己之长攻彼之短"的策略。

生活中，那些看似强大的对手，不过是穷追不舍的鲸鱼。它们张着血盆大口，露出尖锐的牙齿，凶猛、恐怖，让人窒息。但那只是表象，最迷惑，最肤浅的表象。真正的智慧正在你心底发光。

记住，一汪水养活的不只是一只沙丁鱼，它嘉奖的是一种智慧。

"牵牢丝线"练习（示例）

1. 找出"风筝线"：重要的不是速度，而是智慧。

2. 画出文中的标志性词句：详见文中波浪线标明的地方。

3. "鲸"和"沙丁鱼"分别对应什么论据：北极熊、位高权重者、日寇等。

4. 其他亮点：好题目，有文采和意蕴；结尾洗练而耐人寻味。

---

❷ 不要栽倒在自己的优势上 （55分）

王百强

庞大的鲸拼命追赶瘦小的沙丁鱼，它张着大嘴企图依靠自己庞大的身躯吞掉对方，结果却冲上了沙滩，动弹不得。身躯庞大本应该是鲸鱼的优势，却葬送了它的一生；身躯瘦小本应该是沙丁鱼的劣势，却拯救了它的生命。这个故事告诉我们，在发挥自己优势的时候，一定要谨慎，绝不能像鲸鱼一样栽倒在自己的优势上。

从前有三个人一同赶路，他们一个是跳远冠军，一个是游泳冠军，还有一个是没有任何特长的普通人。一天，一条山涧挡住了他们的去路，游泳冠军和普通人只好寻找其他道路，跳远冠军却想凭借自己的一技之长跳过去，结果差几厘米没有到达对面，摔下了山涧。剩下的两人后来又遇到了一条大河，他们一起在河中洗澡。那位普通人因为不会游泳，只是在河边水浅的地方洗，而游泳冠军仗着自己水性好，一直向大河中间游去，结果一个大浪打来，他便被无情地淹没了。和鲸鱼一样，两位冠军也是因为自己的优势而失去了生命。他们错就错在没有进行谨慎的思考就盲目发挥自己的优势，最终被自己的优势无情地绊倒。

东晋年间，北方少数民族互相征战，最终建立前秦的符坚统一了北方。此时南方的东晋十分腐败，国力衰微。符坚想靠着自己占绝对优势的兵力一举歼灭东晋，统一全国。兵强马壮，这本是符坚的优势，然而在自己的优势面前，他却产生了麻痹思想，认为东晋怎样努力也不可能战胜自己，因而对东晋的一切举动都毫不在意。两军相遇于黄河，隔河相望。东晋派出使者，请求符坚下令让秦军后退一段距离，使晋军渡过黄河，两军便可交战。符坚想都不想便答应了，一来因为自己兵力占绝对优势，不怕晋军耍伎俩；二来他想趁晋军渡河渡到河中时发动袭击。可他万万没有想到，自己的军中已经混进了晋国的探子。撤退一开始，晋军探子就大喊"秦军败了"，其他人一听，信以为真。秦军中很多士兵都是当年北方少数民族战争时秦从其他国家俘获的，军心一下就散了，结果晋军大胜。符坚之所以会失败，在于他尽管手握优势兵力，但是在安排战事时不够谨慎，"我的军队多我怕谁"的想法，一直占据着他的大脑，使他一时大意让晋军钻了空子。如果他的优势少一点，秦军定会倍加小心，取胜的可能反而会大大增加。

鲸如果没有庞大的身躯，便不会陷在沙滩上；两位冠军如果没有那一技之长，便会平安到达目的地；符坚如果优势不那么明显，便不会产生麻痹思想哀叹千古。因此，发挥优势时一定要谨慎，否则优势就会阻碍我们前进的脚步。

"牵牢丝线"练习

1. 找出"风筝线"：_____

2. 画出文中的标志性词句：_____

3. "鲸"和"沙丁鱼"分别对应什么论据：_____

4. 其他亮点：<u>题目生动形象，见解独到，发人深省；论据充实，古今兼用，灵活自如；篇末总结扣题好，简练生动，概括力强。</u>

❸ 轻视的悲剧 （59分）

李静馨

庞大的鲸鱼并不把小小的沙丁鱼放在眼里，只当它是到了嘴边的美食。然而鲸鱼最终却输给了这只体积只有它数万分之一的鱼儿。它输的或许不是这只小鱼，而是输在了这场追逐中对于敌人的轻视。

很多事情就是如此，没有绝对悬殊的较量，态度决定一切。不要被你的眼睛所蒙蔽，对于对手永远不要轻视。

明天启六年即天命十一年，宁远城硝烟四起，战火纷飞。天命汗努尔哈赤率数十万将兵攻入宁远。宁远城本是孤城一座，而落没的明王朝更是一座风雨飘摇的屋子，时刻可能倒塌。后金军队从未想过失败二字。更何况这孤城的守城者袁崇焕本为进士出身，从未指挥过战斗。努尔哈赤一生戎装铁骑，八旗军个个能骑善射。然而，当硝烟散尽，努尔哈赤却败了，败给了区区袁崇焕，败在这小小的宁远城。他悔，他悔恨自己对于敌人的轻视，如若有足够的重视，那么他一生戎马44年的天命汗，又怎么会败给年方二十二岁的袁崇焕呢？而这更是他一生中唯一的败仗。事实上，他从未想过去研究宁远的地形和军械台的情况，他只以为和当初轻易拿下的广宁城一样。所以他最终吞下了这枚自己因轻视而种的苦果。不久，一代名汗努尔哈赤，郁疾而薨。天命汗就好像是那硕大的鲸鱼，败只败于自己太过轻视那些看似不堪一击的敌人而最终却毁灭了自己。

2005年欧洲冠军杯决赛，当上半场AC米兰队大胜利物浦队3球的时候，几乎所有人都认为米兰队历史上第七座大耳朵杯已经到手了。主教练已经收到了朋友发来的祝贺短信，而中场休息时米兰队的更衣室里更甚至开了香槟庆祝。他们只当下半时的比赛是在走过场。然而当一个小时过去后红军队长杰拉德手捧奖杯登上冠军领奖台的那一刻，米兰队的队员胸前挂着银牌，眼神空洞。谁也没有勇气去回忆下半场的6分钟那鬼使神差般的三粒丢球。也许有人会说那是利物浦队员被灵魂附体的6分钟。而事实上，若非米兰队队员们看着到手的3粒入球便以为胜利已经唾手可得，轻视了对手，又怎么会让自己成为他人日后永久辉煌记忆中的陪衬呢。红军队的胜利得益于米兰队的轻敌，而米兰队这苦涩的伊斯坦布尔之夜也只恨自己败给了计分牌上一度领先的分数，败给了自己被蒙蔽的双眼，还有冲昏头脑后的轻视。

毛泽东同志曾说："战略上要藐视敌人，战术上要重视敌人。"行军打仗如此，而我们生活中的学习和工作也应如此。也许你有足够的实力去应对一道小小的题目，可如果你在考试时轻视它、粗心了，那么最后卷子上那个刺眼的红叉你也只得接受。

事情在未发生以前没有绝对的谁胜谁负，外在的实力很多时候只是一种帮助，然而胜利与否取决于你内心的重视程度。如果因为相信自己而忽略了对手、轻视了敌人，那么等待你的恐怕也就只有失败二字。

相信，聪明如你，对于对手，永远不要有一丝轻视。

"牵牢丝线"练习

1. 找出"风筝线"：_____

2. 画出文中的标志性词句：_____

3. "鲸"和"沙丁鱼"分别对应什么论据：_____

4. 其他亮点：立意棒，题目好；开头简洁，导入巧妙；袁崇焕和冠军赛两个论据精彩。

❹ 难得清醒 （58分）

杨奔

一场似乎没有悬念的战斗。然而，胜者却是身体瘦小的沙丁鱼，而败者，则是可以称霸海洋的巨鲸。这其中的玄机便在清醒二字上。小鱼清醒，因而躲过一劫；大鱼不清醒，因而曝尸海滩。将郑板桥先生的名言"难得糊涂"窜改一下，用在此处再合适不过：难得清醒。无论你正得意或是失意，处于弱势或是强势，时刻保持头脑的清醒，才能使你稳操胜券。

当你正春风得意、踌躇满志之时，切莫高估自己的胜算而忽视潜在的危险。此时保持头脑的清醒尤为重要。

遥想孟德当年，舳舻千里，旌旗蔽空，挥师南下，势不可挡。然而，在赤壁之战中他却沦为配角，八十三万大军弃甲曳兵，狼狈不堪。曹操在最关键的时刻未能保持清醒。在火烧赤壁之夜，曹操麾下的有谋之士曾向曹操进谏，指出敌人若用火攻，则我方危矣。然而，认为自己已稳操胜券的曹操并没有给予这潜在的危险以足够的重视，仍在城门之上饮酒赋诗。他和他的部队就像那不可一世的巨鲸一样，离海滩，离自己的坟墓越来越近却浑然不知，而结果，也就可想而知。一仗败而天下三分，这是曹操为自己的不清醒所付出的代价。

处于顺境中的人保持清醒尚且不易，而处于逆境险境绝境中的人要想做到临危不乱，处变不惊，则更是难上加难。一颗清醒的头脑，正是他们化险为夷的法宝。

中央红军在长征过程中，屡次遭遇敌人围剿，但最终，在伟大领袖毛主席的带领下，红军终于突围成功，会师延安。四渡赤水出奇兵，兵临贵阳逼昆明，调虎离山袭金沙……红军在与敌人一次次的周旋中，总能占得先机，这就要归功于毛主席超乎常人的军事才能。他在长征期间永远保持着头脑的清醒，在他的指挥下，红军就像那条身材瘦小，却机智敏捷的沙丁鱼，穿梭于敌人布下的天罗地网之中，将身后那条大鱼耍得团团转，最终击败了强大的对手，取得了以小胜大、以弱胜强的伟大胜利。

在我们的生活中，时刻保持清醒却是十分重要。胜不骄，败不馁，永远以一颗平常心去面对，永远以一颗清醒的头脑去思考。既不要被胜利冲昏头脑，也不要因失败而迷失方向。只有这样，我们才能畅游于人生的海洋中而永不搁浅。

难得清醒。

"牵牢丝线"练习

1. 找出"风筝线"：_____

2. 画出文中的标志性词句：_____

3. "鲸"和"沙丁鱼"分别对应什么论据：_____

4. 其他亮点：曹孟德、毛泽东两个论据用得好，值得收藏；并列式结构，对比鲜明，容易借鉴；分析紧扣作文材料。

---

❺ 知己知彼　百战不殆 （57分）

李昂

巨大的鲸遇到瘦小的沙丁鱼时，拼命追击。它们离海滩越来越近，而鲸却浑然不觉。等鲸以极快的速度冲向海滩而搁浅时，沙丁鱼却可以凭借小巧灵活的身躯掉转方向，脱离危险。鲸无疑是这场斗争的强者，而沙丁鱼明显处于劣势。然而，正是沙丁鱼了解自己和鲸各自的特点并加以利用，取得了这场斗争的胜利；而鲸却盲目追杀，误中沙丁鱼的计算，殒身海边。

"知己知彼，百战不殆"的道理在这则故事中体现得淋漓尽致。

在人际之间的交往中，总会有竞争。在竞争中，无论我们是强者还是弱者，都应该仔细了解我们和对方的优势劣势，才能成功。反之，盲目行动必然失败。唐太宗初年，突厥屡犯，长安几乎不保。李世民倾全国之力，却不能胜。然而在一次与突厥可汗的会面中，他发现了突厥组织制度上的松懈，此后韬光养晦十年，一举歼灭突厥主力。中原与漠北，人口、财力悬殊，而唐朝却屡战不胜，大辱于天下，是因为不了解敌人。一旦摸透了敌人命脉，知己知彼，则一战而克。

相反，身处优势而傲视敌人，忽视敌人，后果将不堪设想。西班牙是16世纪海上霸主，英国欲取而代之。英西海战在风暴中的大西洋上爆发。西军舰船硕大，理应取胜，却不知英军的轻巧帆船在狂风中灵活性远胜自己。于是，巨大笨重的军舰被暴风吹得自相撞击，西军惨败。身处巨大的优势中而结局如此可悲，正是由于西班牙根本不对英军情况进行调查。这就好比一个盲人拳击手和一个正常人比拼，即使拳击手力拔泰山，后果也可想而知。所以"知己知彼，百战不殆"。

今天，这条两千多年前的古训依然有着巨大的生命力。商场中，政坛上，"知己知彼"的赢家不胜枚举，"盲目行动"的失败者也比比皆是。"知己知彼"是一种全局的观点，一种对时局的整体把握和审视。它已不仅限于沙丁鱼和鲸的一对一对抗，而成为一种综合性的眼光和前瞻。李嘉诚想做香港某码头的大股东，当时的大股东英国政府当然不允。恶战即将开始。李嘉诚明察暗访，得知包玉刚也持有码头的部分股份，于是暗中用自己公司的股份与包玉刚交换，一举夺取了大股东的席位。此时英国政府还蒙在鼓里，一无所知。这就是企业家对多方利益、力量的熟知与把握。另一例，美国政府自恃军备强大，悍然进军伊拉克，却没有顾及到国际社会的反对、美国人民的怨恨和当地居民的反抗。如今军费支出累计达到一万亿美元，而仍然深陷战争泥沼。这就是政治家对于全球局势的了解不准，把握失当。

"知己"容易，"知彼"难。更何况在纷繁变化的当今社会！一旦不"知彼"，失败在所难免。只有透切地"知彼"，方可"百战不殆"。

鲸倘若了解自己的庞大身躯，则不会扎入海滩而受困；沙丁鱼倘若不明辨自己身躯小巧的优势和鲸笨重的劣势，恐怕在劫难逃。无数的事例一致证明了"知己知彼，百战不殆"的道理。让我们全面审视自己，深入了解他人和社会，做一个成功者。

"牵牢丝线"练习

1. 找出"风筝线"：_____

2. 画出文中的标志性词句：_____

3. "鲸"和"沙丁鱼"分别对应什么论据：_____

4. 其他亮点：角度新颖，积累丰富；李世民智战突厥、英国和西班牙争霸、李嘉诚明察暗访包玉刚等论据你都可以纳入囊中，为你所用。

---

⑥ 优势与劣势 （56分）

房毓菲

与鲸的庞大、迅速相比，沙丁鱼的瘦小绝对是一种劣势。然而，在险境中，沙丁鱼的瘦小可使自己安全逃生，而鲸只能搁浅。在这个世界上，没有绝对的优势，也没有绝对的劣势。关键在于，我们怎样看待优势和劣势。

处于劣势，就应该懂得将劣势转化为优势。一个失去左臂的小男孩，在柔道比赛中轻松过关斩将闯入决赛，并击败高大且经验丰富的对手夺冠。每一个人，包括小男孩自己，都深感惊讶。毕竟几个月来，他的师父，一位柔道大师，只教了他一个动作。面对疑惑的小男孩，大师淡淡地说："据我所知，制服这招的唯一办法是抓住对方的左臂。"读罢，有一种震撼的感觉。失去左臂，多么大的劣势啊！然而，大师并未把它视为绝对的劣势，而是将其转化为优势，巧妙地引导小男孩取胜。就像一条瘦小的沙丁鱼转了个身，小男孩远离毁灭，看到希望。我相信，小男孩悟到师父的用意后，定然会在生活中时刻努力化劣势为优势，从而为自己创造美好的人生。不因某些方面的劣势而消沉，在适当的时候转劣为优。一如那浅滩上的沙丁鱼，你定将看到柳暗花明。

若是不想做一条搁浅的鲸，我们应怎样对待优势呢？答案是，在合适的地方发挥优势。著名的摩托罗拉公司最初是生产军用产品的。二战期间，摩托罗拉借战事的东风取得了不错的收益。然而，战争结束后，民用工业发展，公司业务迅速萎缩，处于困境。在公司即将被市场竞争淘汰时，总裁终于决定进军家电领域。靠着精良的设备和过硬的技术，摩托罗拉成功转型，成为了今天家喻户晓的名牌。MOTO是一条优势明显的鲸，也是一条险些误入歧途的鲸。还好，它及时减速、调转方向，找到了可以发挥优势的水面，不仅脱离了那条不归路，更迎来了光明的前途。

唯物辩证法的思想告诉我们：矛盾会在一定条件下向相反方向转化。既然如此，我们就应该用辩证的眼光看待自己的优势和劣势。如果你是一条疲于奔命的沙丁鱼，那么请不要轻易被劣势吓倒。在劣势背后，有时蕴蓄着转机，只要你认清形势努力扭转，命运将为你打开一扇全新的大门。如果你是一条志得意满的鲸，那么请不要被优势冲昏头脑。在优势背后，也许暗藏着危险，在你最放松的时候，命运将不带任何感情地对你下手。

优势、劣势，都并非固定不变。让我们正确地对待优势和劣势，游向更深远的海洋。

"牵牢丝线" 练习

1. 找出 "风筝线"：＿＿＿＿＿＿＿＿＿＿＿＿＿＿＿＿＿＿＿＿＿＿

2. 画出文中的标志性词句：＿＿＿＿＿＿＿＿＿＿＿＿＿＿＿＿＿

3. "鲸"和"沙丁鱼"分别对应什么论据：_____

4. 其他亮点：<u>立意别出心裁，论据不俗，独臂男孩和摩托罗拉两个论据可以积累；分析富于思辨色彩，有说服力。</u>

❼ 强大不等于胜利 （57分）

姜汉

在茫茫的大海上，一条沙丁鱼为躲避鲸鱼的捕杀而拼命逃窜。在这场看似实力悬殊的搏斗中，沙丁鱼以其身材小巧、灵活而成功地逃脱捕杀；而鲸鱼却因身躯庞大、行动不便、横冲直闯搁浅沙滩而死。"弱者"因弱小而胜利，"强者"却因强大而灭亡，这看似荒谬的结论，蕴含着深刻的道理：弱小不等于失败，而强大不等于胜利。

阅遍古今史书，以弱胜强的经典战例数不胜数，我们往往称这些战役是战争史上的奇迹，而战役中获胜方的指挥，也会被奉为军事天才。难道以强胜弱是天理，是必然？而以弱胜强就是神话、是奇迹？我看不然，南北朝时，雄踞中原的前秦大王苻坚发兵百万，企图一举消灭偏安江南的东晋小朝廷，一统海内。这百万大军，将马鞭掷于水中，长江将为此断流，箭弩齐发，太阳的光芒也会被遮挡，可是，如此之势，却在与东晋区区几万部队的交锋中溃不成军，兵败如山倒，以至苻坚风声鹤唳、草木皆兵，最终身死国灭为天下笑，何也？自恃强大，目中无人，忽视了军队过于庞大而造成的种种弊端，是前秦灭亡的根本原因。在这场旷古的混战中，秦军竟有近三十万人是因自相踩踏而死。游牧民族军队灵活机动的战术完全无法施展，焉能不灭？前秦军因过于强大而招致毁灭，足以发人深省，为后人所戒之。

在现代战争中，以弱胜强之事也屡见不鲜。20世纪30年代，日本侵略者大举入侵我中华，他们凭借武器装备方面强大的优势，妄图"三个月内灭亡中国"。在正面战场上，国民党正规军在日军猛烈火力的进攻下节节败退，丧失大片国土。而与此同时，在敌后战场上，比国军军力装备还要落后许多的共产党八路军，却扛起了抗日的大旗，成为日本侵略者的眼中钉，肉中刺。看似弱小的八路军，充分利用灵活机动的优势，深入敌后，团结群众。貌似强大的日军，深陷于人民战争的汪洋大海而不能自拔。在共产党的领导下，中国人民最终取得了抗日战争的胜利，将狂妄的日本侵略者彻底赶出了中国。

在这个世上，小到人与人，大到国与国，到处都存在着恃强凌弱的现象。我想说，强者有强者的资本，弱者也有弱者的智慧，强大并不代表可以欺凌弱小。自强而不凌弱，才是真正的强者；而那些恃强凌弱者，终将因自己所谓的"强大"而走向毁灭。

"牵牢丝线"练习

1. 找出"风筝线"：_____

2. 画出文中的标志性词句：_____

3. "鲸"和"沙丁鱼"分别对应什么论据：_____

4. 其他亮点：立意角度独到，见解新颖深刻；苻坚、日寇两个论据很有说服力，值得收藏；首尾呼应，点题准确，扣题有力。

—————————— 二类作文 ——————————

请在意人生路上的荆棘（二类作文2篇）

说 明

　　这里有2篇二类作文。把它们放在这里，目的是给同学们提供"镜子"，认真照一照，照出自己作文中的毛病。这种做法，有利于提醒自己时时引以为戒，在日后作文中别犯同样的错误。

例 文

❶ 请在意人生路上的荆棘 （48分）

　　面对可口的沙丁鱼，鲸无心顾忌浅滩的危险，一心追赶，终身陷浅滩无法动弹；同样，面对诱人的利益，某些人也会无所顾忌，"忘我"追求，终身处困境，无力回天。试想，如果鲸鱼在追赶沙丁鱼时能够保持清醒的头脑，认清前路的危险，及时收嘴，便已有所收获，亦可全身而退。所以，这则故事给我们以警示：请当心成功之路上的荆棘。

　　回望历史长河，多少英雄，多少传奇，多少风流，多少辛酸，这变化着的世界无时无刻不在揭示着这亘古不变的真理！一代枭雄曹操，在官渡大战中大败袁绍，统一北方，心高气傲，决心立即一统中国。面对看似弱小的孙、刘联盟，毫不把其放在眼里，战旗一挥，几十万大军直扑东吴。而这结果看似明显的战争却因为长江天险以曹操的失败而告终，留下了"火烧赤壁"的千古佳话，实在让人叹息。没错，曹操的势力之强大正如鲸，面对如沙丁鱼一般的孙、刘联盟没有什么理由不打胜仗，于是曹操被这种形势冲昏了头，一心想将其一网打尽，但他却忽略了长江这道天险正如浅滩一样可以使鲸陷入困境。于是，曹操败了，败在他没有保持清醒的头脑，败在没有在意他统一全国这条"成功"之路上最难跨越的一道荆棘。

　　再着眼于当今社会，这样的例子依旧比比皆是。安徽省的一个年轻人在初入股市时机缘巧合受了高人的几句指点，赚了不少钱。于是他入迷于股市，认为这正是他一生中通往成功的道路。不久之后，他向家里人借了一大笔钱，准备大捞一笔。可是，深奥的股市怎是他一个初涉其中的年轻人能够驾驭的？而股市中的重重荆棘又怎是他能轻易跨越的？结果不言而喻，他赔光了家里所有的钱。事后采访他时，他说："我当时确实被那形势冲昏了头，股市中到处有陷阱，希望后来人能够小心其中的荆棘。"这话真切地体现了一个没有在意成功之路上的荆棘而最终失败的人的懊悔。所以，无论从事什么，当成功近在咫尺时，都要保持清醒的头脑，时刻注意前路上隐藏的荆棘。

亲爱的朋友，请在意这条鲸鱼带给你的警示吧。每当你身处盛势，就要触及成功之时，请留意前方路上的荆棘，这样，你才不致像那鲸鱼一样身陷困境，你才会真正得到你想要的成功！

找不足

1. _____
2. _____
3. _____

❷ 去掉利欲目方明 （47分）

鲸死在了海滩，只为了一条沙丁鱼。但若仔细想来，鲸其实是死于自己的欲望。它太过急切地想吃鱼，眼中的一切危险便不复存在，才会让一时的利欲熏了心，蒙了眼。推而及人，人若是利欲太盛，便不容易看得全，看得远，有时会毁了自己。所以，去掉利欲人才能心明眼亮。

北方的俄罗斯人冬天捕杀狼时便利用了狼过分的嗜血。他们在一把匕首上涂上鹿血，干了再涂一层，再干再涂，直到厚厚的，盖住了匕首，然后把它插在雪地里。狼看见了会去舔舔，觉得好吃就会一直舔下去，血慢慢融化，狼也越来越兴奋，舔得更快，直到匕首已露出了刀刃，狼自己的血也和了进去。但它让一时的欲望冲昏了头脑，竟不觉得疼，终于血流得太多倒地而亡。猎人们则可以轻松地扛着猎物回家去。在狼被血刺激得发狂时，又怎么会知道自己的欲望正把自己推向死亡呢？欲望过盛则殆矣。

几个月前的彩票事件至今让人唏嘘。两位金库管理员想要买彩票，于是私自从金库里拿了几千元出来，一心只想着："我们一下子把所有的号都买了，肯定能中奖，中了再把金库的钱还回去。"第一次他们倒是中了几千元，于是两人认为这样赚钱很快，就再次到金库去。这次他们拿了几万元买，却没中多少。两位管理员想要中奖的心情如此迫切，以致又拿几百万去买，把公款变成了一筐一筐的彩票，却也只零零散散地中了些小奖。他们却还没意识到危险，仗着自己有金库钥匙，一次次地取钱，最终东窗事发，两人以贪污罪被论处。由于损失数额达到千万，其中一人被判了死刑。但直到宣判完毕，他们都一直认为自己没有贪污，只是借钱，是要还的，可他们忽视了一点：中奖的几率微乎其微，即使是买连号，买下所有奖券的金额也都已超过了奖金。只是利欲熏心，他们被自己过盛的欲望蒙蔽了眼睛，最终走入监狱，甚至走向死亡。

利欲太盛，于是有了数以万计的贪污者。利欲太盛，于是有太多的人再也走不出赌场。利欲太盛，于是有人失去了自己的判断力，跌入深渊，迷失方向。如果去掉那些过分的欲求，我们的眼界其实可以大开，把自己、把事物看得更清楚。所谓嗜欲深者天机浅，为何不去掉那太盛的利欲，擦亮双眼，来把握自己的方向？不要让自己变成冲上海滩的鲸，要做一个真正心明眼亮的人。

找不足

1. _____

2. _____

3. _____

高考满分作文是怎么炼成的——宝贵启示

凝视天成世称奇——习子的故事

6月中旬的北大燕园，到处花团锦簇，群鸟啁啾；未名湖中，波光塔影，一片灵动祥和。中文系楼里，高考阅卷老师挥汗如雨，突然一个惊喜传来：某阅卷组发现一篇美文。老师们争相传阅，赞不绝口。一篇满分作文在毫无争议中就此诞生。按说高考出几篇满分作文不足为奇，但这次有点例外。此文一经发现，媒体闻风而动，又是访谈，又是刊发，又是转载，还有人把它编进"写作教程"……

著名高考专家周京昱老师毫不掩饰自己对这篇考场作文的激赏，写下了重磅点评，盛赞文章的"绝妙的发现""出色的构思""令人赞叹的多重构建""过人洞见""非凡的学识与感悟""不凡的题记""精气神上展现的光华""闪耀的智慧"……

这篇满分作文，就是习子同学的《文学，需要凝视》。

说明

下面选录的，有的是习子同学的平时作文和老师的点评，有的是获得高考满分作文后的媒体采访，有的是著名高考专家的点评。从中，可以看到小作者在作文学习方面一步一个脚印的努力。而老师们那充满真知灼见的点评，则回答了人们关于作文学习的普遍关切——高考满分作文是怎样炼成的？

媒体报道

小女生　大智慧

——2007北京高考满分作文作者习子专访

《北京晨报》记者　慎思

2007年6月，人大附中的习子同学的高考作文《文学，需要凝视》一鸣惊人，获得了当年北京高考作文满分！对此，她都有哪些独家心得和体会呢？今天，本报记者特意采访了现就读于中国人民大学的习子同学，带大家去看一个满分作文作者最真实的想法。

（采访实录）

记者： 首先恭喜你高考作文拿了满分！如果说高考是一场有千百万人参加的脑力"全运会"，作文满分可是整个赛事中分量最重、含金量最高的一块"金牌"，是名副其实的金牌之冠！今天想请你谈谈面对高考作文试题时的第一感觉。

习子： 新颖，有难度，很意外，但是我觉得自己很在行。我从小就对诗词鉴赏有兴趣。我父亲特喜欢讲古诗词，我想我是受了他的影响。还有，你留意到提示语的那几个"有人说"了吗？我当时就想，我一定不能写那几个"有人说"，否则肯定就和别人重了。

记者： 对，写作角度的选取很重要。不人云亦云，也是高考作文获得高分的一项起码要求。对了，听说你在不到一小时的时间内就办完了这件大事，能谈谈写作速度的训练吗？

习子： 我们常进行"纯作文考试"，就是要求学生在一小时以内完成考场作文，有时还会进行分解练习——给你10分钟想出值得写的角度，再给你10分钟列出提纲、理出思路。我想，这种严守时间的训练对我的写作非常有帮助。

记者： 拿到题目后有没有想过找点新颖的或者另类的形式？

习子： 我考虑过采用小标题的形式，但后来怎么想怎么觉得不自然，生硬。

记者：因为你的文章是浑然一体的，小标题反而会产生割裂感？

习子：对，就是这个意思！

记者：你觉得这篇文章还有能够提高的地方吗？

习子：嗯，我觉得文章中运用的材料不够多，也不是特别新，我总觉得我要能找出一则别人都找不出的材料不就更强大了吗，呵呵。

记者：很多北京考生曾在网上说担心自己跑题，你是否曾有过这种担心呢？

习子：有过有过。我考试回来就问我父亲意见，父亲听了我的话后一脸深沉地说，不算跑题，写好了就是好作文，但我还没看见你的原文呢，我也说不准呢，哈哈！

记者：有意思，想不到满分作文作者也和大家一样，有为自己作文跑不跑题担忧的时候啊。你刚才谈到：考场作文要想成功，必须选好角度，不人云亦云；内容上要浑然一体，不要有割裂感；还少不了平时的严格训练。这几点体会太重要了，我代表读者表示真诚的感谢。

习子：不客气，希望自己的一点想法，能给学弟学妹一点帮助！

记者：好的，祝福你！谢谢接受我们的采访！

大家一定想知道：在紧张的考场上，小作者为什么能写出这么好的作文？是什么因素促成了这一成功？满分的背后有哪些经验值得借鉴？高考满分作文是怎样炼成的？

下面我们转换角度，让小作者站出来"现身说法"。从这里，相信大家会获益匪浅——因为，没有谁能比自己更清楚自己的成功原因了。

最先推出小作者的两篇文章，一是高一时的年级范文《我与书为伴》，它告诉人们，写好作文离不开丰富的人文积淀，而丰富的人文积淀来自于读书。二是高三第一学期年级范文《放弃的智慧》，从中可以看到小作者的成长和进步。

我与书为伴（习子平时一类作文）

> 请以"我与_____为伴"为题写一篇作文，角度自选，立意自定，文体不限，不少于800字。

我与书为伴（58分）

习子

记得从小就是这样，我拗不过爸妈时有一个绝招：进屋，关门，开灯，打开书。不管当时火气冲天，气急败坏，只要在柔和的灯光下摊开书本，就有如一股冰凉的清泉浇灭火苗，又汩汩流入心谷的最深处，引诱着我诉说衷肠。天地万物仿佛都已不在，却也没有一丝的孤独之感，因为有书与我为伴。

书是我最好的朋友，是我情绪此伏彼起时的酸碱中和剂。

记得上一个生日，是我的"大丰收"季节，我抱着一大堆礼物迈向图书馆。路上的一切都像在满脸堆笑地向我献媚，我却美得顾不上理它们。一走进图书馆，就像到了另一个世界一样，一本本书平静安详地摊在书架上，书香满纸，却没有丝毫艳俗的气质。我顿时像钉子一样立在了那里，只觉得所有的礼物和祝福都消失不见，只剩下一本本书，静静地等待我去翻阅。我看到一本名叫《奥秘》的杂志，轻轻一翻，又傻在了那里：那页上是一片黄埃散漫的沙地，与天交接处被风吹起一层层缥缈的"黄烟"；近处有一些模糊的大脚印，形状奇奇怪怪的，不知是何年何人——或不是人吧，留下的呢。不知这几个印迹经历了多少遗失的岁月，又记录了多少流逝的文明呢。在这一页的右下方写着五个字：遗失的文明。我被立刻带入一个神奇诡秘的世界，与这书一起，忘了一切……

书不但在快乐时分告诫我不要忘乎所以，在悲伤时节它也是我无话不谈的知心人。

那次的期末考试成绩下达时，我的胸口仿佛被一块坚冰狠狠划过，死了一般。期中考试已经给了我沉重的打击，这一次竟然……我想得头痛欲裂，浑身马上要炸开了。我旧戏重演，进屋，关门，开灯，打开书。眼前是一本《呼啸山庄》。它只是平静地立在那里，丝毫不理会我的暴跳如雷。我一下子感觉有点冷，却平和了许多。翻开几页，读了下去。它只是在平静地讲述着一章，又一章，可是内容却是波澜起伏，扣人心弦！凯瑟琳与希克厉暴风骤雨般的爱情和希克厉烈火焚烧般的仇恨让我忘记了自己的一切痛苦和怨恨，甘听书的"摆布"……这时一切烦躁、痛苦都消失了，创伤在冥冥之中被抚平了，世界上只剩下我和我最亲密的战友——书……

不管是在欣喜若狂的时候，还是心碎欲裂的时候，书都在我的身边，与我为伴。它教会了我平和，沉稳，成熟，深沉，不但是我的伴侣，也是我的恩师。

与书为伴：

"宠辱不惊，闲看门前花开花落；

去留无意，漫随天外云卷云舒。"

点评

从小作者高一时写下的《我与书为伴》中，我们看到这样一个女孩——她把"书"当作形影不离的伴侣，当作倾诉衷肠、交神交心的知音和人生中"最好的朋友"。而这，正是她考取高考满分作文的秘诀——这个"秘诀"，就是读书。

读书之于写作，如同树根之于枝叶，源泉之于河流，基础之于大厦，血脉之于躯体，灵魂之于生命。树根强壮则枝繁叶茂，源泉充沛则河流汹涌，基础坚固则大厦安泰，血脉丰足则躯体安康，灵魂充盈则生命旺盛——读书这个"根"丢了，写作就难免百病丛生、久治不愈了。

相对于语文学习而言，课本充其量只是滴水，课本之外则是浩瀚的海洋。而真正的语文学习必须扩大阅读面，增加阅读量，学生要把世界当作课本，而不是把课本当作世界。否则，以课本画地为牢去培养"人"，就如同玻璃杯里栽松树、小水沟中赛龙舟，到头来，至多养养绿萝、放放纸船而已。远离了读书的滋养，学生的精神土地就会板结，情感田园就会荒芜，心灵泉眼就会枯竭。只有"多读书，好读书，读好书，读整本的书"，才不至于变成视野狭窄、情感苍白、精神软骨、认识侏儒、心灵乏氧的"字纸篓"和"空心人"，才能在考场上左右逢源、挥洒自如，写出真正优秀的作文。

情绪波动时，书是习子调整情绪的最好"酸碱中和剂"。小作者写道：小时，每当和爸妈发生矛盾，"进屋，关门，开灯，打开书"便成了自己的招牌动作。而不管当时如何火气冲天，气急败坏，"只要在柔和的灯光下摊开书本，就有如一股冰凉的清泉浇灭火苗，又汩汩流入心谷的最深处，引诱着我诉说衷肠。天地万物仿佛都已不在，却也没有一丝的孤独之感，因为有书与我为伴"。通过这些自心底流出的真情文字，我们可以看到，对于一个孩子的成长，书是有着多么重要的作用啊！即便是父母，也不可替代书的情感慰藉、精神哺育的作用。久而久之，书成了小作者最好的朋友。一个孩子一旦喜欢读书，写好作文就指日可待了。

沉浸兴奋中时，书是告诫习子不要忘乎所以的"清醒剂"。一个生日的一天，小作者获得"大丰收"。然而，小作者并没有被溢满美好祝福的生日礼物所湮没，仍一如往常，按时走进了图书馆。一到这里，自己"就像到了另一个世界一样，一本本书平静安详地摊在书架上，书香满纸，却没有丝毫艳俗的气质。我顿时像钉子一样立在了那里，只觉得所有的礼物和祝福都消失不见，只剩下一本本书，静静地等待我去翻阅"。由此可见，中学时代的小作者，读书已经成了一种生活习惯和生命自觉，无论情绪低落时还是被幸福包围时，都不会中断读书。如此日复一日的读书积累，自然会让小作者的精神仓储日渐丰富，写作水平水涨船高。面对高考作文，也就可以左右逢源、挥洒自如了。

遭遇挫折悲伤时，书是习子抹平伤痛、回归喜悦的"快乐剂"。考试失利的打击，让小作者"头痛欲裂"，浑身仿佛马上要"炸开"。这时，让自己走出情绪低谷、回归理性和自信的，依然是读书。

"眼前是一本《呼啸山庄》。它只是平静地立在那里，丝毫不理会我的暴跳如雷。我一下子感觉有点冷，却平和了许多。翻开几页，读了下去。它只是在平静地讲述着一章，又一章，可是内容却是波澜起伏，扣人心弦！……"读着这样真切细腻的文字，小作者紧张、焦虑、挫败、失落的形象仿佛就在眼前，甚至那急促的呼吸、紧张的心跳、焦躁的面容、颓丧的双眸都可以感觉到、触摸到。然而，当一部名著摆在面前，"一切烦躁、痛苦都消失了，创伤在冥冥之中被抚平了，世界上只剩下我和我最亲密的战友——书"，于是，"我忘记了自己的一切痛苦和怨恨，甘听书的'摆布'"……这些生动形象的描述，写尽好书所具有的神奇的疗疾作用。读书在为小作者的生命成长源源不断地提供了丰富滋养的同时，也使她的读写能力获得了同步提升，文章写起来是那样的得心应手、洒脱自如。有了这种能力，面对高考作文题，一挥而就获得满分，也就不足为奇了。

放弃的智慧（习子平时一类作文）

（作文题目见第六讲第二节"鲸与沙丁鱼"）

放弃的智慧（56分）

习子

人是拥有智慧的种群，并可以利用它追求自己的成功。然而，我们的双眼有时被某些东西——比如金钱，比如地位——这些利欲的"沙丁鱼"所吸引，于是利令智昏，只一味地"奋不顾身"，结果可想而知……秦汉之际，楚汉相争，英雄豪杰群星灿烂。可一代名将韩信的结局让人扼腕痛惜。萧何月下追得韩信，使他在波澜壮阔的历史舞台上有足够的空间展示自己的才华，"十面埋伏""四面楚歌"……项羽的一次次失利见证了他的军事谋略。而他呢，也一面"揽得名利归"，胜仗一场场，升官一次次，跻身王侯，名扬天下。然而，他并未就此打住，因为利欲的"沙丁鱼"一直在眼前晃动，使他忘记了"搁浅"的危险，以致在王位被削之后仍耿耿于怀，甚至想铤而走险。最终，缺少"放弃的智慧"给他带来灭门之祸。也许他在望见了死亡的"沙滩"时才猛然醒悟，原来自己的文韬武略，也不及一点及时放弃的智慧。

　　有些人则不然。春秋时期的范蠡，帮助越王打败吴王后，就驾一叶扁舟，归隐江湖了。这便是一种懂得适时放弃的大智慧。然而时至今日，不懂得这种放弃的智慧的仍大有人在，譬如某些贪官的落马，怎能说与不懂放弃无关？成克杰、胡长清、王宝森、李真，包括刚刚落马的原上海市委书记陈良宇，这些人并不缺乏智商，更不是法盲。但，是什么让这些高官忘记了搁浅的危险，一个个前"腐"后继，殊途同归？稍微了解一下这些人的犯罪经历，就会发现，他们都是一味追逐名利权位，在物欲"沙丁鱼"的"引领"下，离"深海"越来越远，离"浅海"越来越近，搁浅的危险一步步逼近却浑然不知，最终的结局也就可想而知了。

　　放弃，不意味着不追求；追求，也不意味着不放弃。追求可能成就一生，而不放弃可能毁灭一生。如果懂得在适当的时候抽身而退，譬如那只鲸，在预感到海水渐浅时"放弃"追逐，转身游入大海，那么它不是至今仍在蔚蓝无垠的深海中享受生命的美妙吗？

点评

本文集中体现了考场作文的"圆合美"。

一表现在论述的思辩性。文章开篇先由鲸鱼的"亡命追逐"提出立意："放弃的智慧"。然后全文的论据与论证紧紧"凝"在弃与取、得与失、生与死、智慧与愚蠢这个"思辨点"上："人是拥有智慧的种群，并可以利用它追求自己的成功。"然而，"我们的双眼有时被某些东西——比如金钱，比如地位——这些利欲的'沙丁鱼'所吸引，于是利令智昏，只一味地'奋不顾身'"。接下来展开联想，论证懂得"放弃的智慧"的重要，可谓顺理成章。篇末写道："放弃，不意味着不追求；追求，也不意味着不放弃。追求可能成就一生，而不放弃可能毁灭一生。"两者相反相成，正反互补。文章的圆合美，显示出小作者见解的深刻性。

二表现在论据的互补性。缺少"放弃的智慧"的韩信惨遭灭门之祸，懂得"放弃的智慧"的范蠡泛舟江湖，这是正反对举互补；历史上的名将身败名裂，现实中的贪官频频落马，这是古今对举互补；对韩信的事例深入分析，充分展开，对范蠡与"贪官"的事例点到为止，一笔带过，这是详略互补；鲸鱼的"事实上的搁浅"，与结尾的"懂得适时放弃追逐……至今仍在蔚蓝无垠的深海中享受生命的美妙"，是实与虚的对举互补……多重互补，让论证全面而严密，论据与论点浑然一体。

《和伟大预言家的对话》写于高考前两个多月的年级月考。和《文学，需要凝视》比较一下，我们会发现，本文毫不逊色于高考满分作文，甚至似乎更胜一筹。由此可见，高考满分作文靠的不是运气，而是实力。没有扎实的作文功底，考取高考作文满分是不可能的。

和伟大预言家的对话（习子平时满分作文）

> 对话，是交换看法、沟通思想、阐发事理的一种方式。它可以是盟友间的推心置腹，也可以是仇隙间的坦诚剖白；可以是亲人间的喁喁低语，也可以是论敌间的词锋凌厉；可以是近距离的舒心长叹，也可以思接千载，视通万里，和历史上的中外名人（思想家、政治家、军事家、科学家、哲学家，如孔子、孟子、墨子……）倾心交谈。
>
> 请以"和_____的对话"为题目，写一篇作文，立意自定，角度自选，文体自定，不少于800字。

和伟大预言家的对话（60分）
习子

您，老子，古树一般地静默而坐，两眼垂帘，心外无物，但却视通宇宙，洞察古今。我不解，为何您静如山峦，激如流水的心里贮满了常人难以企及的大智慧？

您轻轻吐出五个字——"无为无不为"。

我一直为您思接神明的智慧而着迷，我不禁开始相信天地有灵，而您则是与神灵神交的人，天地是靠了您来把自己的神思转达给人类的，于是，你道出了"人法地，地法天，天法道，道法自然"这个终极真理以开悟启示人类，并警示人类：天地设定的法则是不可违逆的，顺之则生，逆之则亡。遗憾的是，两三千年之后，人们对此还一片懵懂。

你，一个生于强凌弱、众暴寡的春秋乱世的血肉之躯，是如何拥有如此神秘的智慧？您的"谷神不死"道出一个永恒真理："物质的任何有限的存在形式都是暂时的，唯有物质的运动和变化及其所依据的规律永恒。"可是，您是如何在一个蛮荒的时代，用自己的心灵感受到了客观规律的存在？"有无相生，长短相形，难易相成，高下相倾"——置身一个科学尚未启蒙的时代，您是怎样悟得几千年后德国哲学家呕心沥血才发现的自然辩证法？您如何以"上善若水"概括出以柔克刚的本质？您默念着："道生一，一生二，二生三，三生万物"，这一感悟如何竟与几千年之后的宇宙大爆炸理论契合无痕？

几天前，"国际《道德经》论坛"在西安举行，来自世界的各色人等汇集在您"工作"过的地方，对您顶礼膜拜，对您的大智慧称奇不已——作为东周的"国家图书馆馆长"，您怎样从古籍中获取了丰富的营养？您怎样从先民那汲取了不凡的智慧？您怎样对日月星辰作了细致的观察？您怎样对世间万物作了独到的思索？您从宇宙的哪个角落窥见并预言了世界万物枯荣兴衰的法则？

面对这些充满好奇与探究的发问，您眼神只是清水无痕地一瞥："道可道，非常道。名可名，非常名……"

您蕴含玄理的话让我一时不解，于是只得转过头，去和16世纪上半叶的犹太人努斯特拉达木斯对视。只见他手持《诸世纪》，口中喃喃："四个世纪后，一群强大的党徒，将把多瑙河两岸征服，他们去废墟中寻找黄金和奴仆。"20世纪那场世界大劫难如何提前四百年进入您的脑海？您不语，仰望星空，目光再次转向银河系那缥缈的银白。"几百年后，东方有红色的太阳冉冉升起。""北方将有女子乘船遨游太空。"果然，20世纪中叶，《东方红》的旋律响彻中华大地，苏联的女宇航员展翅飞上太空。

您魔幻一般的话语为何准确地预言了20世纪的世界大事件？您，一个普通家庭走出来的外科医生，怎么知道几百年后的人世变迁？这一切是偶然巧合？还是你的聪颖与博学给了您预知未来的智慧？鲁迅先生说："以过去和现在铁一般的事实推测将来，洞若观火。"莫非，"过去和现在铁一般的事实"正是您洞悉未来的根据？

您不语。

预言家们，我渴求与你们的心灵对话，因为你们的智慧令我惊叹，你们把一生凝成了让人着迷的精华。

专家点评

读罢此文，我有一些惊讶，一些欣喜，但更多的还是感动，眼前似乎浮现出小作者的形象——神态安和，眼眸深邃……那是痴迷"智慧"的小哲学家的形象。

应该说，这是考场作文当中非常别致的一篇佳作。读罢此文，我似乎一下子明白了小作者笔下流出《文学，需要凝视》那样出色的满分作文的原因——获取高考作文满分不靠运气，不凭偶然，不是侥幸，而是凭着深厚的人文根基与强大的实力支撑，由小作者的平时作文《和伟大预言家的对话》比高考满分作文《文学，需要凝视》更出色，完全可以证明这一点。

这篇作文至少有三点过人之处。

其一，思维灵异，角度独到。

"秧好一半谷，题好一半文"，此文标题"和伟大预言家的对话"，满足了命题者对题目开放性期待的最大渴望，既为读者留下悬念，又为行文明确了话题，使文中对话内容集中于中西方两位伟大的哲学家，有思维力度，体现了小作者与众不同的智慧。

其二，内容不俗，厚积薄发。

老子之外，努斯特拉达木斯、宇宙大爆炸理论、苏联的女宇航员等鲜活的论据，小作者信手拈来，为文章增添了时代感与现实意义。当然，厚积薄发的前提，不是只知道，只会背，还需有内化，有思考，才能将知识真正变成自己的，使自我与知识相通相融，这点，非有心人难以企及。

其三，文脉贯通，一气呵成。

此文写到了两位伟大的预言家，老子和努斯特拉达木斯，要同时呈现中西相隔、时空跨越的两位伟人的预言智慧，非巧思妙构不可得。小作者面对老子，连连发问，颇有屈原问天之感，引人深思。接下来以"您蕴含玄理的话让我一时不解，于是只得转过头，去和16世纪上半叶的犹太人努斯特拉达木斯对视"自然过渡，将笔锋自东而西，何等巧妙，令人赞叹。

将一篇洋洋洒洒的"研墨"心得于考场付诸笔端，且篇幅不短，小作者扎实的写作功底，畅达的语言能力亦可见一斑。美文若兰，幽香绵绵，细品思量，只觉一"小小哲学家"在静静成长……

文学，需要凝视（习子高考满分作文）

阅读下面的文字，按要求作文。（60分）

"细雨湿衣看不见，闲花落地听无声"是唐朝诗人刘长卿在《别严士元》中的诗句。有人说，这是歌咏春天的美好品格；有人说，这是暗指一种恬淡的做人境界；有人说，这是叹息"细雨""闲花"不为人知的寂寞；有人说，"看不见""听不见"不等于无所作为；还有人说，这里的情趣已不适合当今的世界……

请你根据自己读这两句诗的体会，展开联想，写一篇文章。

要求：①自拟题目，自定角度。②除诗歌外，文体不限。全文不少于800字。

文学，需要凝视（60分）

习子

成功的文学创作，在于对生活的细心观察，在于凝视。

——汪曾祺

"细雨湿衣看不见，闲花落地听无声。"亦浓亦淡的初春之意一下子笼上我的心头。我无声而叹：既然"看不见"，何以得知"细雨湿衣"；既然"听无声"，又何以觉察"闲花落地"；为何无形无声却能感人至深？我想，那是诗人的心灵默默地"凝视"着这不易觉察的春天。文学，需要凝视。

清新的笔风需要凝视。

还记得为"空里流霜不觉飞，汀上白沙看不见"而感动，月光如水，不安静的心灵无法感知它的存在。而张若虚做到了，并且看到了月光的微粒霜一般旋舞于空，水一般与白沙融为一体。这是怎样一种凝视啊，用一颗珍珠般的心灵影射着纯洁的月光，所以，月光才在清新的诗句里熠熠生辉，感动着千年之后少女的心灵。

犀利的笔触需要凝视。

不得不提起鲁迅的那一双眼。"横眉冷对千夫指"是他紧锁眉头的生动刻画。那一双冷眼不再凝视自然风景，而是凝视中国社会和劳动人民。他冷观"看客"，纵看众生，才道出"不在沉默中爆发，就在沉默中灭亡"的犀利批判；他纵观古今，笑看中外，才知道"通过过去与现在铁一般的事实预测未来，洞若观火"；他洞察历史，解读现在，才断言"世上本没有路，走的人多了，也便成了路"……正是那一双无人能敌的眼，成就了鲁迅，成就了以笔为匕首的文学战士。

心灵的感悟需要凝视。

论哲思，很少有人比得上史铁生。生死在常人眼中是无可言说的，甚至是避而不谈的。而在史铁生这里，生死之事是已明了的。他虽身患尿毒症，每天只有半个小时是清醒的，可他不是用来休息，恰恰是用这30分钟对自己的心灵凝视，看心路历程，看生离死别，看病痛与人生……于是，他懂了"死是一件不能急于求成的事"，人生只分为"爱情"与"疾病"两部分……一句句痛苦中挣扎出的话语如振聋发聩，敲击着我们盲目不懂得凝视的心灵。他那双病痛中凝视的双眼，使他的文字升华。

……

文学，是心灵的歌曲，是灵魂的舞蹈。在盲目的人流中它将不复存在。优秀的作家凝视出绝妙的作品，他们更希望的是读者凝视的目光和宁静的心灵。让我们屏息凝视，"看"那看不见的湿衣细雨，"听"那听不到的落地闲花。

高考后不久，《2007北京市高考优秀作文选》一书出版发行，《文学，需要凝视》被收入书中并置于首篇。北京市著名高考专家周京昱老师为这篇800多字的作文，几乎破天荒地写下800多字的精彩点评。

专家点评

考场作文，常常是"无中生有"的。当面对一个突如其来的陌生题目时，无论你是否情愿，都要写得出来，写得合理，甚至写得精彩——一般读者和阅卷考官都能垂青。从这个意义上说，考场作文所需要的心智，其实是不亚于作家创作的。

《文学，需要凝视》这篇考场优秀作文，具有怎样的智慧呢？

第一，对"细雨湿衣看不见，闲花落地听无声"两句诗的独特解读，令人赞叹。作者没有选择题目中五种"有人说"的视角，而是别辟蹊径，发现大天地："既然'看不见'，何以得知'细雨湿衣'？既然'听无声'，又何以觉察'闲花落地'？为何无形无声却能感人至深？"首段这一组耐人寻味的追问，是推出"文学，需要凝视"这一合理思维的起点，是一篇个性文字诞生的源泉。

由此看来，出色的构思，源于绝妙的发现。

第二，对于"凝视"的多重构建，令人赞叹。提出一个"凝视"，本属难能，更可贵的是文章的主体部分，作者又能从"清新的笔锋""犀利的笔触""心灵的感悟"三个方面对"凝视"加以开掘。这不仅是三个取材的方向，而且是三个认识的层次——由写意到战斗，由文字而心灵。而文章末尾，又翻出第四个"凝视"——读者的会心，这又由写到读，由自赏到共鸣，将文学"双边互动"的特性诠释得深刻，自然也将文章推展到一个新的境界。

由此看来，支撑这四个"凝视"、催生这一系列过人洞见的，是作者非凡的学识与感悟。

第三，本文在表达方面亦令人赞叹。思路的清晰、语言的从容不必说，单说"题记"一项。近年来，文首冠以"题记"的考场作文不少，但从形到神皆出彩者不多。本文取已故作家汪曾祺"成功的文学创作，在于对生活的细心观察，在于凝视"一句，不但丰富了文章的内容，带有一丝书卷气，更重要的是在思想上镇住全篇，睹一叶而知天下秋。这是一则真正意义上的"题记"，单凭这则题记，便显示了作者的不凡。

由此看来，考场作文在"精"、"气"、"神"上所展现的光华，固然有应试训练的功劳，但从根本上说，还在于修养，而非技巧。

《文学，需要凝视》一文所闪耀的智慧，值得"凝视"。

（周京昱老师）

结语

叶圣陶先生说过："阅读是吸收，写作是倾吐。"习子同学热爱生活，勤于积累，发奋读书，一步一个脚印地努力，一步一层楼地攀登，最终走向高考成功。"满分作文是怎么炼成的？"从习子的作文经历中，我们可以发现一串清晰的脚步，一个十分肯定的回答，一条美丽的弧线，一首隽永的小诗。

致习子
岂止骨秀得于天，更有平稳本之习。①

心澈神明静如水，眸闪灵动鸟翩飞。

从容对语预言家②，放弃之中谈智慧③。

雨中一翼冲天起④，凝视天成世称奇⑤。

【注】

① 一二句化用曾国藩"灵秀本之于天，平稳得之于习"。

② 这句指小作者范文《和伟大预言家的对话》（见第422页）。

③ 这句指小作者范文《放弃的智慧》（见第419页）。

④ 这句写小作者高考作文成功。"雨中"，当年高考作文题中有"细雨湿衣看不见"句，这里代指此作文题。

⑤ 小作者高考满分作文题目为《文学，需要凝视》（见第425页），这里代指这篇作文。

诗意大致为：

你钟灵毓秀，得之于天，

你行稳致远，来自历练。

你玉壶冰心，澄澈如水，

你神思灵动，碧空海蓝。

你穿越时空，对话先哲，

你笑谈放弃，智慧彰显。

你闲花细雨，一飞冲天，

你挥洒佳篇，世人惊叹。

师生酬唱　情趣盎然
——读人大附中师生赠答诗有感

易　行

　　一个偶然的机会，读到中国人民大学附属中学特级教师于树泉的著作，其中记录了他多年来与其学生互相赠答的诗，觉得非常有情趣、有意思、有意义。我们常说诗教、诗词进校园，这种师生作诗互赠互励的"诗教"，对于学生的练笔头和养灵气或者说作文与做人来说，不都是很有益吗？

　　请看《咏云湖山小松赠豆豆》：

　　电闪雷鸣，骤雨永夜。清晨天气放晴，万里碧空如洗。登山四望，但见风雨过后，满山小松青翠欲滴，生机勃发。念及豆豆考试失利，赋小诗勉之。

　　　　一番风雨一番新，枝戏清风叶伴云。
　　　　青崖斜倚披晓月，翠峰伫立眺北辰。
　　　　掣电惊雷无悔意，栉风沐雨有精神。
　　　　岂止苍虬铜铁色，一般筋骨一般魂。

　　这是于老师以松树不屈不挠的精神勉励他的学生。诗写得很有情致，也很有力道，其两联之间失黏亦无伤大雅。因为于老师所作并非正体律诗，而是格律较自由的类似"新古体"的诗。

于树泉诗题中提到的豆豆系人大附中2007届高三学生，高考因一分之差无缘北大。所以，于老师才作诗勉励她。豆豆同学见诗后回信说："谢谢老师的鼓励，我会朝着小松的境界努力的。四年之后，我将坐在北大历史系研究生班的教室里。日后得暇必当奉和。"

豆豆"日后得暇"果然和诗一首：

> 泮溪岁月日如新，未敢凌云只伴云。
>
> 晨课最宜邀玉藻，夜归不碍赏星辰。
>
> 替人裁嫁无余恨，对律描诗半入神。
>
> 为谢师恩兼厚谊，此身长做附中魂。

> （《次韵于师〈云湖小松〉兼作留念》）

这诗写得工整且有韵味，只是尾句稍弱，如改成"此心长赋赤松魂"是否更扣题也更有力一些呢？当然，人大附中学生的"附中情结"无可厚非，诗这样写也是表达对老师的谢意和对母校的留恋。

于树泉老师对其学生的突出成绩更是赞赏有加。他在《赠段然》诗中写道：

上课讲文言语段，内容涉及晋"八王之乱"，段然同学自告奋勇介绍背景，西晋四帝八王之名脱口而出，纷繁复杂的史实了如指掌，从容道来。因赋诗赞之。

> 少年生就胆气豪，司马头上试牛刀。
>
> 三国两晋玄妙世，五代十国诡异朝。
>
> 烂熟乱世兼治世，了然武略与文韬。
>
> 一朝振翮扶摇去，海阔天空舞狂飈。

这是于老师写于2008年的诗，诗写得气势夺人、学识尽显。段然同学读后作诗回赠：

得于师赠诗，惭愧、感谢无以言说。作小诗一首。回赠于老师，经不起推敲，请见谅。

> 雕龙墨妙遐思翱，浩然之气凌云霄。
>
> 吟诗作赋神飘逸，泼墨挥毫意逍遥。
>
> 谈笑微言孔孟好，躬行希声老庄道。
>
> 寻常一样旧朝事，于师道来如浪涛。

段然同学此诗的意思不错，其格律确实"经不起推敲"。如将"躬行希声老庄道"中的"道"改为"高"，韵就谐了。

让人感动的是每逢班上同学生日，于老师也常赋诗祝贺。例如《贺茗菲生日》：

闻茗菲18岁生日与米老鼠八十华诞巧合，欣然赠之。

> 活蹦乱跳米老鼠，聪明伶俐戴茗菲。
>
> 米翁果硕八十树，戴姝花开十八蕾。
>
> 八十夕阳无限好，十八旭日正当时。
>
> 翁姝双双生辰乐，茗菲牵手迪士尼。

这首诗写得风趣活泼，一定会给茗菲同学的生日增添不少喜气。茗菲同学读后十分感动，当即回赠于老师一诗：

看了您的短信我非常激动，虽然还不会写诗，我还是和了一首表达对您的敬意和感谢，算是狗尾续貂吧。

> 才情欲掩料应难，文自飘然意自翩。
>
> 七步成诗随心吟，千言倚马信手拈。
>
> 齿间沁梅香可嚼，腹中兰气阜比仙。
>
> 得君数语成人日，不枉此前十八年！

戴茗菲同学此诗写得也很有情致和韵味，算是很不错了，实不必过谦为"狗尾"。

到2009年，于树泉老师有一首诗赠戛玉同学：

> 唐风楚韵童梦流，戛玉敲金歌不休。
>
> 敢向多少潮头立，乐于长短弄扁舟。
>
> 慨然蔡公凝碧血，莞尔汪逆扮楚囚。
>
> 一曲尧都正未了，境阔言长两悠悠。

其中的"多少"代指数学，是说戛玉诗书满腹，理科更佳，和诸多数学高手相较，毫不逊色。"长短"指长短句，即"词"。"蔡公"指蔡公时。在课堂讲及蔡公时，戛玉曾起身作解："1927年，日军因袭济南，蒋介石派以蔡为首的代表团赴鲁谈判。日军官酒井隆使人割去蔡之耳、眼、鼻等，欲迫其就范，蔡大骂。日军用刺刀捅进蔡喉咙搅动，蔡终不屈，英勇就义。日军旋入济南市区，戮平民五千余人，是为济南惨案。"戛玉同学侃侃而谈，语惊四座。由此可见人大附中课堂气氛活跃之一斑。"楚囚"，在课堂上有一次讲晚唐赵嘏《长安秋望》诗，有"鲈鱼正美不归去，空戴南冠学楚囚"句，言及"楚囚"，在没有事前准备的情况下，戛玉同学主动举手解"楚囚"之典。还有一次课堂上讲某同学范文，有"尧之疆，舜之土，禹之都"的引用，戛玉当即正误，说出自南宋词人陈亮《水调歌头》，原句应为"尧之都，舜之壤，禹之封"。

上述这些事例足以说明戛玉的博闻强记。

戛玉后来曾填一词赠谢于树泉老师：

自于师执教至今，匆匆大半载矣。别离之日，亦当屈指可数，此所谓隐忧也。故赋此以寄幽情，兼酬恩师七律之赠。戊子岁末戛玉谨记。

韶光有几许，今复几春秋。浩歌同数清兴，西北有高楼。止水心如香茗，领入空明禅境，学海纵扁舟。能此几今夕，秉烛看吴钩。

桃自谢，李自落，两绸缪。落花风景，年年春水一何愁。载我十年欢笑，诉我一襟离思，施爱满沧州。明日定携酒，重续梦中游。

读了这首词，确知于树泉老师所言绝非溢美，戛玉同学的确满腹经纶，有学者风，只是文气略重，应力避"泥古"倾向，舍"秉烛""携酒"

等旧识而取新的意象。另外，"沧州"一词，不知是指县名呢，还是"心在天山，身老沧洲"的"沧洲"？总之，诗写得老到，再多注入一些新意、新的时代气息就更好了。

像于树泉老师这样，能在课堂之外，与学生互赠诗词，其作用不仅可"互励"，而且可"互长"，也是对中华诗词的普及与提高。如果有更多的教师像于老师这样，何愁中华诗词后继无人？何愁中华诗词不在我们或我们的下一代繁荣昌盛？所以说，于树泉老师与学生酬唱，不仅是一件有趣的事，也是一件很有意义的事，更是一件值得推而广之的事。

（本文转载自《中华诗词年鉴》。作者易行，本名周兴俊，著名诗人、出版家和学者，在出版界和诗词界享有很高威望。历任线装书局总经理兼总编辑、中华诗词研究院执行副院长、中华诗词学会副会长等，现为中华诗词学会顾问。）

附录

高考作文（60分）一至五类卷等级划分

一类卷（54—60分）

能准确把握题意，立意深刻，选材恰当，中心突出，内容充实，感情真挚，结构严谨，具有新意和文采。

二类卷（45—53分）

符合题意，立意较深刻，选材较恰当，中心明确，内容较充实，感情真实，结构完整，语言通顺。

三类卷（36—44分）

基本符合题意，立意一般，选材尚恰当，中心尚明确，内容尚充实，感情尚真实，结构基本完整，语言基本通顺，偶有语病。

四类、五类卷（略）

精读三国演义 20 讲

读写与思辨能力提升之道　　王迪 著

小升初、中高考语文名著配套阅读

专为学生阅读量身打造

有阅读新见解，融学习知识点，含思辨读写题

名校名师阅读课
引人入胜的名著领读精读

⇨ **有趣**：横读竖读，发现你未曾发现的关键细节

⇨ **有料**：抽丝剥茧，提炼你可能忽视的写作养分

⇨ **有用**：融会贯通，打通你需要的文学常识、历史典故

名校经典课

语文取胜　读写双赢

人大附中"金牌教师"于树泉点拨之作
传授阅读、文言文、作文取胜之道